第三部

国殇

A NATIONAL
MARTYR

王晓华 徐霞梅 主编

国民党正面战场
空军抗战纪实

团结出版社

图书在版编目（CIP）数据

国殇：国民党正面战场空军抗战纪实 第三部 / 王
晓华，徐霞梅著 . -- 北京：团结出版社，2011.7（2023.2 重印）
ISBN 978-7-5126-0523-7

Ⅰ . ①国… Ⅱ . ①王… ②徐… Ⅲ . ①国民党军 - 抗
日战争时期战役战斗 - 史料 Ⅳ . ① E296.93

中国版本图书馆 CIP 数据核字 (2011) 第 136424 号

出　　版：团结出版社
　　　　　（北京市东城区东皇城根南街 84 号　邮编：100006）
电　　话：（010）65228880　65244790（出版社）
　　　　　（010）65238766　85113874　65133603（发行部）
　　　　　（010）65133603（邮购）
网　　址：http://www.tjpress.com
E-mail：zb65244790@vip.163.com
　　　　 tjcbsfxb@163.com（发行部邮购）
经　　销：全国新华书店
印　　装：三河市东方印刷有限公司

开　　本：170mm×240mm　　1/16
印　　张：27.5
字　　数：410 千字
版　　次：2011 年 9 月　第 1 版
印　　次：2023 年 2 月　第 9 次印刷

书　　号：978-7-5126-0523-7
定　　价：59.00 元

目 录
CONTENTS

（序）他们是那样的年轻

朋友，当您翻开这本《国殇第三部——国民党正面战场空军抗战纪实》时，不知其中滚烫的文字能否激起您心中的感动，泛起沉重的思念？

往事如同天上的云，随风飘散，如缕如烟。

昨夜，曾有无数的流星雨，纷纷扬扬划过长空，迸发出万丈绚丽耀眼的光芒。

头顶，曾经飘过一团红云，一片一片，血一样的鲜红、灿烂……

雪山上，曾经飞过一群年轻的鹰，面对强大、无情的暴风雪，纷纷折翼、凋零……

中国空军就像那年轻的鹰，在强大的日本侵略者面前毫无畏惧，奋勇一击，哪怕战斗到最后，也要继续。

他们当中，有战神高志航，他的名字曾让日本飞行员胆寒，他们说："我如果有亏心事，就让我碰上高志航。"有"江南大地的钢盔"之美誉的乐以琴；有"红武士"刘粹刚和"四大天王"之一的李桂丹。在这个英雄的群体中，有被敌人尊敬、礼葬的阎海文；有驾机猛撞敌机的陈怀民；有"空中骑士"周志开、臧锡兰和击落8架敌机的王牌飞行员高又新；华侨英雄陈瑞钿，一门忠烈的郑海澄……

这些烈士中还有许多无名英雄，他们的功绩一样值得我们缅怀与歌颂。

中国空军英勇杀敌的壮举令人振奋，英烈们的所作所为，只要求证明自己无愧于中华儿女，却将无穷无尽的痛苦和眼泪，留给了属于自己的爱人和亲人，还有嗷嗷待哺的孩子。

那些与抗日空军血肉相连的女人们，更让我们无数次地感动。特别是那些和抗日空军英雄一样，"生当作人杰，死亦为鬼雄"的烈女们，在一寸山河一寸血的八年抗战中，她们同样用青春、鲜血甚至生命，书写了悲壮、凄美、可泣的一页。这些人中有冒着敌机轰炸而趴在丈夫身上不幸殒命的伍月梅，也有闻知爱人阵亡而殉情自杀的杨全芳；有终身不嫁的恽逸安烈士的未婚妻唐三才；有陈怀民的女友王璐璐，纵身一跃，去长江中寻找爱人的遗体……演出了一曲现代版的"梁祝"，一出凄美的生死恋！更有含辛茹苦，将老人和7位子女养大的烈士狄志扬的妻子陈观滔……

这一曲曲天上人间的天鹅绝唱，令人欷歔不已。虽说抗日战争的硝烟早已散尽，湮灭人性的侵华战争离我们已经很远很远，但是生活在和平环境里的人们，是否还记得这些在战争中，似梅花傲霜斗雪，却又不争艳的烈女们。

烈士们对祖国的热爱和甘愿为国献身，就像郁达夫的一首诗：

"我爱我的祖国，我就把我的祖国当做了情人罢了。"

多么的纯真、贴切。

祖国——你到底是什么样的概念？为什么值得那么多的优秀儿女抛头洒血，去义无反顾地战斗，视死如归？抗日空军烈士们的平均年龄不到25岁，他们的壮举与事迹，很多后来人已经完全不了解。

作者采访空军烈士的后人，翻阅尘封已久的历史档案时，为这群年轻战士的故事，感动得热泪盈眶，不能自已……

"在八年抗战中，我空军始终以不足300架的劣势兵力，与敌寇数倍的兵力周旋，先后击落敌机1543架、击伤敌机330架。更在最后的两年中，获得我领空制空权。空军的成就，实在超过仅仅成长十年所应有的表现，展读许多空中英雄为国写下的壮丽史诗，中华民族勇敢的精神充分流露……这本记载，不在激发英雄主义，而是要让大家知道空军将士是如何以牺牲来拯救国家，如何以血肉来换取自由和胜利的，这是一册光辉的记载，也是一页骄傲的颂赞。"

没有抗日烈士的流血牺牲，就没有后来者的一切。

……

出不入兮往不反，
平原忽兮路超远。
带长剑兮挟秦弓，
首身离兮心不惩。
诚既勇兮又以武，
终刚强兮不可凌。
身既死兮神以灵，
子魂魄兮为鬼雄。

这首屈原的《国殇》已经流传了两千多年，它体现着中华民族反抗侵略的民族精神。当今的时代风云变幻，我国的主权、领海被夺占的情况也时有发生，要时刻不忘战争的阴霾突然降临，保卫祖国依然是每个公民应尽的责任和义务。因此，弘扬抗日空军烈士的精神自然是当今时代的主旋律之一。

作　者

抗战时期随时准备升空作战的中国战机

◎ 1. 初生牛犊不怕虎

1927 年 7 月，日本政府在《对华政策纲领》中写道："欲征服世界，必先征服支那；欲征服支那，必先征服满蒙。"可见其侵略中国的野心由来已久。

20 世纪 30 年代的上海，是我国最大的城市和经济中心，也是当时中国首都南京的东大门。九一八事变后，日本政府妄图将上海作为入侵中国内地的桥头堡，四个月后，一手炮制了一·二八事变。

1932 年 1 月 18 日，日本日莲宗僧侣五人路过上海杨树浦东华棉纺厂时，被日方事先买通的流氓故意殴伤，以便为其侵略制造借口。

1 月 20 日凌晨，日本浪人袭击并纵火焚烧上海三友实业社工厂。两千多名日侨于当天下午向日本驻沪领事及海军陆战队"请愿"，途经北四川路一带时，捣毁中国商店十余间，杀死、击伤中国警察 3 人。惯用贼喊捉贼伎俩的日本政府，由总领事松井苍松在 21 日向上海市政府提出书面"抗议"，提出道歉、惩凶、赔款和解散反日团体等四项无理要求。当天日本军舰"大井"号、第 15 驱逐队水上母机舰从日本出发，先后于 23、24 日抵达上海。26 日日方又派遣第一水雷战队来沪。27 日日本驻沪总领事通知上海市长吴铁城，中国方面于 28 日下午 6 时若还无令日本满意的答复，日本将采取行动。29 日，日本海军司令盐泽又以同样语气，告知上海租界当局。

上海市政府秉承中央意旨，于 28 日 15 时 15 分答应了日方的要求。但日方得寸进尺，于 28 日夜 11 时 25 分以保护日侨为借口，通知上海市政府撤退我闸北驻军，防务交日军接管，并不待我方答复，就于当夜 11 时 10 分（在我方收到公文前 15 分钟）向上海闸北天通庵车站的中国驻军发起进攻。

是可忍，孰不可忍！面对日本侵略者不断滋事寻衅的强盗行径，忍无可忍的中国军民终于被迫反抗。国民党爱国将领蔡廷锴、蒋光鼐、戴戟所率的驻上海第十九路军奋起还击，淞沪抗战由此爆发。

从1月28日到3月3日的一个多月里，日方投入兵力近10万人，日本第一航空战队的"加贺"号和"凤翔"号航空母舰、第二驱逐队和"能登吕"水上母机舰及舰上的飞机上百架，各型舰艇约80艘。1932年1月29日拂晓，日军在装甲车的掩护下连续发起猛攻，日机也从航空母舰起飞，对闸北、南市一带狂轰滥炸，战火迅速蔓延。

在日军占绝对优势的情况下，中方参战的第十九路军、宪兵第六团、张治中第五军，总兵力约5万人，飞机32架，与敌展开激战，顽强抗击日军的进攻，以集束手榴弹对付日军的装甲车，组织敢死队炸毁敌装甲车，在炮火掩护下向日寇实施反击，打退日军多次进攻，并乘胜追击，一度攻占日军上海陆战队司令部，迫使日军退至北四川路以东、靶子路以南地区。上海军民同仇敌忾，浴血奋战，真正做到了寸土不让。

在整个战役期间，中日双方空军交战五次，这是年轻的中国空军首次参加抵御外敌的空战，中国空军勇士英勇顽强，不怕牺牲，以生命和鲜血捍卫国家主权，给人以深刻印象。

参战空军是国民政府军政部航空署第2、6、7航空队，以及北上助战的广东航空队。由中央空军第2队队长石邦藩率领第6队副队长黄毓铨及该队飞机5架和第7队飞机4架（飞行员黄毓铨、赵甫明、昆仲钧、黄普伦、余正平、蒋孝堂、龙荣萱、黄国聪、朱达先）从南京飞赴上海助战。洛阳航校教育长黄毓沛驾驶美制飞机也奉命到沪参战，被编为第6队任队长。

黄毓沛与副队长黄毓铨为兄弟俩，均系广东籍旅美华侨飞行员，两人原在广东空军服务，黄毓铨后去苏联深造。

黄毓沛原任广东航空学校教育长，后因广东航校易长风潮，故离粤前往南京，后在洛阳航校任教育长，此次奉命到南京。

2月初，广东飞机队以丁纪徐为队长，谢莽为副队长，分队长陶佐德、吴汝鎏，队员容章炳、梁达文、刘沛然、余彬伟、陈信源、林振亚。他们从大沙头机场出发，在长沙休息两天，飞抵南昌。当时有要人劝告广东参战空军："你们暂时不要再往东飞了，日本人扬言，广东飞机队飞到什么地方，他们就打到什么地方。"丁纪徐代表广东空军坚定地回答："我们求之不得，而且我们是代表三千万同胞的抗日意愿而来的。日本人现在侵略上海，我们就要去上海打日本人！"

第二天，广东飞机队在南京明故宫机场着陆。是晚，军政部长何应钦在励志社设宴招待广东的飞行员们。何应钦认为敌强我弱，我空军只能白白去送死。他说："你们是我们空军的种子，不能以此作牺牲！"但广东空军人员坚持参战，表示不能辜负广东全省同胞寄予的希望。

3天后，广东参战飞机飞赴杭州笕桥，这时，笕桥机场已经成为日本飞机袭击的目标，跑道上弹痕累累，无法降落。他们只得继续向东南方向飞行，在海边沙滩临时修建的乔司机场着陆。队员们不顾疲劳，加紧作战前的准备工作。中央空军第2队几架飞机在此担任警戒；第6队驻扎在虹桥机场，协同第十九路军作战。

1932年2月5日早晨，黄毓沛率9架飞机从南京明故宫机场飞往上海。其中道格拉斯式轰炸机5架、可塞式战斗机2架、德制K-47及英制林格式战斗机各1架。7时左右，他们降落在上海虹桥机场后，立即加油、挂弹并装载传单，准备出击吴淞口，并在上海上空散发传单。黄毓沛队长与枪手黄国聪驾驶K-47飞机1架，朱达先驾驶林格式单座战斗机1架，黄正裕驾驶可塞式战斗侦察机1架，胡伟克与后座余正平驾驶可塞式战斗侦察机1架，共4架战机升空迎战。当时天空云层很低，黄毓沛队长与战友们在云层中穿进穿出，频频向敌机发起攻击，尔后4架战机先后平安降落在虹桥机场。

据黄国聪事后追述，空战中，黄毓沛队长驾驶的K-47双座战斗机遭到3架敌机从后上方的俯冲攻击，身为后座手的黄国聪紧握机枪连续向后上方敌机射击，两架敌机中弹，第3架敌机见势不妙即调转机头逃离。

朱达先冲入敌阵欲向敌开枪，岂料机枪出了故障，子弹射不出去，反被敌机击中受伤，只得先行降落。

在广州结婚假满由粤返沪的第6队副队长黄毓铨，刚抵达虹桥机场，获悉胞兄黄毓沛正在空中与敌作战，黄毓铨放下行装，立即穿上飞行服，不顾一切地登上朱达先的受伤战机开车起飞。当飞机增速升高之际，骤然操纵失灵，飞机即坠地，机毁人亡。事后经检查，发现操纵系统的钢丝绳大部分已断，骤然大力拉杆上升，剩余钢丝承受不住，全部断开，造成事故。

出师未捷身先死的黄毓铨，成为中国空军为抵御日寇牺牲的第一人。

黄毓铨原籍广东省台山县石坂潭乡，1904 年生于美国，1925 年在美国芝加哥"西斯鲁"（Cicero）飞机场附设的三民飞行学校毕业。1926 年回国，服役于广东空军。次年 1 月，被革命政府派往苏联陆军第二航空学校学习。毕业后回国任广东航空学校飞行教官，后在中央空军任第 6 队副队长。牺牲时新婚不足 20 日。是年 6 月，广东台山县百姓为了纪念这位年仅 28 岁的空军英雄，特在县城东部石花山上树立了纪念碑，以示对烈士的怀念。

朱达先原籍印度，自幼痛恨英国对印度的殖民主义统治，来到中国后，于 1928 年考取广东航校第 3 期乙班，毕业后服役于广东空军，后加入中央空军为第 6 队飞行员，受伤后脱离空军，在上海经营咖啡馆。抗战期间，曾以印度人身份为掩护，为中国搜觅日军情报，身为国际友人的朱达先不愧为抗日英豪。

另一位在淞沪战役中帮助中国人民抗击日本侵略者，献出宝贵生命的国际友人是美国飞行员罗伯特·肖特（Robert Short）。

原任美国陆军航空队飞行员的罗伯特·肖特，是美国华盛顿泰科玛市人，美国航空学校毕业，任美国陆军航空队飞行员。1930 年应美波音飞机公司之聘来华，担任该公司出售给中国的波音 P-12E 型战斗机（有材料说为波音-281 式战斗机）试飞员兼教练员。波音-281 是当时最新式的战斗机，时速达 378 公里。他飞抵上海时，一·二八事变爆发。飞机由船装箱运沪，先贮放在码头仓库中，乘夜秘密运送至法租界一汽车公司，由外籍机械工程师装配，先试飞，再安装机关枪。一连几天，肖特往返飞行于京、沪、杭机场，作侦察和护送工作。

1932 年 2 月 20 日，罗伯特·肖特驾驶波音-281 型战斗机，由上海虹口机场飞往南京。升空不久，即与 3 架日本三式舰载攻击机遭遇。肖特充分发挥了波音式飞机速度快的优势，激战近 20 分钟，击伤日机两架。

2 月 23 日下午 4 时半左右，肖特驾驶波音-281 型飞机由上海起飞，在苏州上空巡逻时，发现 6 架日机欲空袭挤满中国难民的苏州火车站和列车，肖特立即从下方以螺旋方式冲向敌阵，反复穿插，机智地摆脱日机，咬住长机，冒险近逼，在距敌机 30 米处猛烈开火，将日方小谷进大尉驾驶的长机击毁。这是日本海军在空战中被击落的第一架飞机。当时，在云层中担任掩护的 3 架日本三式舰上驱逐机俯冲攻击肖特的飞机，孤军奋战的肖特躲闪不及，不幸被生田乃木次大尉击中，脑、胸、腰三处中弹，飞机坠毁于苏州吴县车坊乡高店镇浮漕港的水中，肖特牺牲。

为了表彰罗伯特·肖特为我国抗日事业英勇献身的崇高精神，南京国民政府特追赠他为空军上校。4 月 19 日，肖特的母亲伊丽莎白（Eliabeth）、胞弟埃德华·肖特（Edward Short）应中国政府之邀，乘坐塔夫脱总统号轮船抵沪参加葬礼，受到我国各界人士的欢迎。4 月 24 日，上海各界在汉口路慕尔教堂召开了隆重的追悼大会和公祭仪式，与会各界人士达 5000 余人。国民政府代表张治中、蒋光鼐、蔡廷锴、张海安等送了花圈。群众代表吴经熊致悼词，称赞肖特"所流热血，可作中美两国民族之胶漆"。会后，灵柩运至虹桥机场墓地安葬。登车、下车、入穴均由中美飞行员各 4 人共同抬棺；灵车所经之处，沿途夹道送葬者不下万人，上海各处下半旗志哀。

同年，在烈士殉难处，苏州吴县人民募资在苏州公园内坚立"赠上尉美国肖特义士碑"。碑文由北洋时期教育部总长张一麐撰文，全文如下：

> 赠上尉美国肖特义士传：上尉姓肖特氏，名劳勃脱，美利坚华盛顿泰科玛市人。为人义侠，习航空有声，任职于其国盖尔飞车公司主驭。旋来吾国上海贸易，送任吾国航空教士。今岁日侵上海，见其残虐无人理，愤不可遏。2 月 21 日忽变服至吴淞，狙击日机，竟碎其一。23 日闻致飞炸苏州耗，立驭一机蹑其后，遇敌机 6，方肆虐，遂上下革攻之。上尉从容力御，碎其一机，顾倘多力亏，卒以殉，年 27。耗闻，我国人皆惊叹，国议追赠上尉，中外震惊。上尉中立国人，第人类而见非人类之残杀，为正义人道计，纵死亦以所

甘，以视同践国之上，同食国之毛，独熟视其国之人宰割呼号而无视者，何如哉！呜呼！

中华民国二十一年吴县人民公立

张一麐书 黄慰萱刻

在肖特牺牲的吴县车坊乡高店镇浮槽港竖起 3 米高的华表式的花岗岩纪念柱，以示纪念。

第一位牺牲在中国的美国飞行员

肖特

1937 年八一三抗战时，肖特的墓地被日军炸为平地，苏州公园内的肖特纪念碑由苏州市民朱家康收藏起来，现由苏州博物馆珍藏。

1932 年 2 月 26 日拂晓，集中在杭州附近乔司机场的中央空军第 2 队的德制 K-47 型战斗机，以及丁纪徐队长所率的 6 架可塞机和 Waco 型战斗机正在发动加温。日军航空母舰上起飞的 6 架轰炸机，9 架驱逐机组成密集编队来袭时，第 2 队队长石邦藩，抢先背上保险伞与飞航员沈延世登上一架 K-47 型战斗机，飞行员胡伟克和枪手曾广平、丁炎和狄志扬各驾驶一架 K-47 型战斗机，第 6 队飞航员赵甫明与龙荣萱驾驶一架新可塞机，即起飞迎战。

当赵甫明发现敌机正在围攻石邦藩时，他马上冲入敌阵，向敌机开枪，但不幸被敌击中胸部，身负重伤的赵甫明与龙荣萱合力将飞机安全降落在乔司机场。

石邦藩的飞机从日机编队右上方大角度向敌编队长机俯冲攻击。激战中，石邦藩左膀中弹，发动机的三个汽缸也中弹，遂高速俯冲脱离战斗，迫降于机场附近的田野上。击中石邦藩的子弹为达姆弹，达姆弹穿入人体时口小，待穿出时方爆炸，故足以使人致命。毕业于保定航校的石邦藩被截去左膀。后成为空军高级指挥官的石邦藩被誉为"独臂将军"。

赵甫明降落后也被送进医院，由于弹片深嵌入肺内，只能将肺伤一侧切除。赵甫明得知要切除半个肺，从此为废人，不能再为抗战出力，坚决不同意手术切除，因伤势过重救治无效，于3月18日去世，时年22岁。

1936年2月26日，《革命空军》第三卷第5期专门推出《赵甫明烈士纪念塔揭墓典礼特刊》，其中选载了烈士生前两封信的片断。

九一八事变后，赵甫明致信其堂兄："国事防危，弟决心殉国，母亲在堂，请兄照顾。"

一·二八抗战时，又致函堂兄："2月5日，黄队长毓沛奉命率队赴沪参战，弟因所驾之机，机枪忽生故障，不克随往，以尽职责，殊为憾事！但现在参战机会正多，报国有期，唯老母在堂，请代奉省，并勿以弟参战消息报知，以免忧虑。"

烈士家乡广东三水县，全县百姓特建立纪念碑一座，以表彰他为国捐躯的英勇事迹。

国民政府将乔司机场更名为"甫明"机场，以告慰英灵。

空战中，广东第2飞机队队员吴汝鎏驾驶Waco单座战斗机直扑一架日本双座机，并开枪射击，由于高度不够，俯角小，没有达到机枪有效的射程，却遭到日本飞机密集编队后座机枪的射击，吴汝鎏的座机被击中油箱，被迫降落在农田里，吴本人负伤。

在这次空战中，我中央空军第2、第6两队，以及广东空军第2队在危急中起飞应战，阻截敌机，保卫了杭州机场。

参战十多天后，南京航空署电令广东空军丁纪徐："即飞蚌埠集中，不必入南京。"广东飞机队直飞蚌埠，休整一个多月。5月上旬，全队飞回广东。

参加首次对日空战的飞行员胡伟克、丁炎、曾广平、狄志扬，第6队的王天祥、后座射手沈洁、广东北上助战的航空队队长丁纪徐，分队长吴汝鎏、陶佐德，队员余彬伟、陈信源、刘沛然、龙荣萱等人，经过这次空战，积累了宝贵的实战经验，在后来的八年抗战中，个个都成了空战英雄。

附：1932 年至 1937 年期间，中国空军的主要作战飞机

制造国	机名	机种	最大时速	升限（米）	航程（公里）	武器装备
美国	霍克-2	驱逐机	304	8600	460	机枪 7.6mm×2、炸弹 52 公斤×2
美国	霍克-3	驱逐机	387	7750	625	机枪 7.6mm×2、炸弹 52 公斤×2
美国	波音-281	驱逐机	378	7864	625	机枪 7.6mm×2、炸弹 52 公斤×4 或 215×1
美国	道格拉斯 02M	轻轰炸机	238	不详	524	机枪 7.6mm×2、炸弹 210 公斤
意大利	诺斯罗普-2E	轻轰炸机	365	7400	580	机枪 3 挺、炸弹 500 公斤
意大利	菲亚特 BR-3	轻轰炸机	240	4860	1192	机枪 2 挺、炸弹 600 公斤
意大利	萨伏亚 S-72	重轰炸机	293	不详	2880	机枪 4 挺、炸弹 2000 公斤
美国	马丁 B-10	重轰炸机	344	7600	2200	机枪 3 挺、炸弹 2316 公斤
德国	亨格尔 111-A	重轰炸机	342	不详	1490	机枪 1 挺、载重量不详
美国	可塞 V-92C	侦察机	322	4200	不详	机枪 7.6mm×2
美国	雪克莱 A-12	攻击机	283	4620	不详	机枪 7.6mm×5、炸弹 222 公斤

注：霍克-3 为中国仿制。

◎ 2. 密令——飞机送达

1937 年七七卢沟桥事变前，中国空军大部分飞机都集中在江西南昌青云谱机场，有 200 多架。这些飞机来自三个方面：

（一）原有的旧式飞机；（二）1936 年为祝贺蒋介石五十寿辰而捐献的飞机，计有 100 架；（三）两广事变后陈济棠的广东空军的飞机。当时共分为 9 个大队，下设中队，中队下有分队。

1937 年 7 月 7 日，日军在卢沟桥挑衅，向我守军开火，日本迅速扩大战争。7 月 11 日，日本陆军参谋本部和海军军令部订立了《陆海军航空协定》，其主要内容是：在开战之初，就要一举急袭歼灭中国空军实力，夺取制空权，同时策应地面部队和舰艇作战。进攻华北以陆军航空队为主，入侵华南以海军航空队为主，华中由陆、海军航空队协同作战。陆军计划首先投入的兵力为 28 个中队，飞机 240 架；海军准备使用的兵力为航空战队、联合航空队各 2 个，独立航空队 3 个，加上部分舰载机，共有飞机 220 多架。

卢沟桥事变发生之后，日本凭着飞机大炮的优势，继续大举入侵华北，叫嚣三个月占领中国。7 月 12 日，日本关东军飞行集团立即抽调战斗机、侦察机、轰炸机各两个中队开赴天津，支援日军在华北的作战。7 月 15 日，日本陆军成立临时航空兵团，以德川好敏中将任兵团长，负责日本陆军的对华航空作战。

日本海军岸基航空兵也先后进入大连周水子、大村、台北各前进机场，其航空母舰及水上飞机母舰也向中国东海集结。

中华民族到了最危急的关头，全国军民一致要求抗日的呼声空前高涨。

当时中国空军很多飞行员对日寇的入侵义愤填膺，纷纷请战，要求与日军决一高低。航空委员会下设立了前敌总指挥部，担负空军作战事宜。周至柔任总指挥，毛邦初任副总指挥。

航空委员会制定了空军"以奇袭敌空军基地，轰炸敌舰船，并担任重要城市之防空为原则"的作战概要。

不久，前敌总指挥部命令：轰炸机司令由张廷孟担任；驱逐机司令由高志航担任；侦察机司令由晏玉琮担任。

长江中下游的重庆、武汉、南京，是著名的三大"火炉"，此时如同扣在腾腾的大蒸笼中，酷暑难当。离武汉只有200多公里的庐山之巅，云遮雾绕，清凉宜人，气象万千，又是一番景象。国民党军政首脑、共产党代表、各界名流齐集这里，共商抗战大计。

七七卢沟桥事变爆发后，全国性的抗战形势已经到来。蒋介石在庐山谈话会上报告卢沟桥事变时，慷慨宣言："如果战端一开，地无分南北。人无分老幼，皆有守土抗战之责……"

7月底，南昌报纸刊以《空军为何还不北上抗日》为题，公开对军事委员会和空军指挥机关提出质问。

为了尽快适应战事体制与作战的需要，中国空军机构作了调整：航空委员会委员长仍由蒋介石兼任，秘书长宋美龄，主任委员周至柔，常委黄秉衡、黄光锐，主任参事曹宝清；航空委员会下设前敌指挥部，总指挥周至柔、副总指挥毛邦初。空军编制和各飞行部队如下：

空军前敌总指挥部

空军轰炸司令部

第1大队大队长曹文炳	南昌
第1中队（轻轰炸机9架、教练机1架）	南昌
第2中队（轻轰炸机9架）	南昌
第2大队大队长张廷孟	广德
第9中队（轻轰炸机9架）	广德
第11中队（轻轰炸机9架）	广德
第14中队（轻轰炸机9架）	广德
第8大队大队长晏玉琮	南昌
第10中队（轰炸机12架）	南昌
第19中队（轰炸机6架、教练机1架）	南昌
第30中队（重轰炸机6架）	南昌

空军驱逐司令部

第 3 大队大队长蒋其炎   句容

    第 7 中队（驱逐机即战斗机 9 架）   句容

    第 8 中队（驱逐机 7 架）   句容

    第 17 中队（驱逐机 10 架）   句容

第 4 大队大队长高志航   南昌

    第 21 中队（驱逐机 10 架）   南昌

    第 22 中队（驱逐机 9 架）   南昌

    第 23 中队（驱逐机 9 架、教练机 1 架）   南昌

第 5 大队大队长丁纪徐   南昌

    第 24 中队（驱逐机 10 架）   南昌

    第 25 中队（驱逐机 9 架）   南昌

    第 28 中队（驱逐机 9 架、教练机 1 架）   南昌

    独立第 29 中队（驱逐机 12 架）   广东

空军侦察司令部

第 6 大队大队长陈栖霞   南京

    第 3 中队（轻轰炸机 9 架）   南京

    第 4 中队（轻轰炸机 9 架、教练机 2 架）   南京

    第 5 中队（轻轰炸机 9 架）   南京

    第 15 中队（驱逐机 9 架、轰炸机 7 架）   南京

第 7 大队大队长陶佐德   西安

    第 6 中队（侦察机 9 架）   西安

    第 12 中队（侦察机 9 架）   西安

    第 16 中队（侦察机 9 架）   西安

    独立第 31 中队（轻轰炸机 9 架）   西安

第 9 大队大队长刘超然   许昌

    第 26 中队（攻击机 10 架）   许昌

    第 27 中队（攻击机 10 架）   许昌

笕桥航校暂编大队   笕桥

    第 32 中队（轻轰炸机 9 架）   笕桥

第 34 中队（驱逐机 9 架）	笕桥
第 35 中队（侦察机 9 架）	笕桥
独立第 13 中队（轻轰炸机 7 架）	徐州
独立第 18 中队（轻轰炸机 9 架、侦察机 3 架）	广东
独立第 20 中队（轻轰炸机 9 架）	汉口
独立第 33 中队（驱逐机 9 架）	四川

空运队队长杨光宇

国民党航空委员会密令空军第 2 大队（大队长张廷孟）和第 4 大队（大队长高志航）离赣北上，准备进驻山西的阳明堡机场，随时准备参战。

为了对付日本对华北的侵略，中国空军拟订了《冀北作战计划》，其要点为："先以空军主力奇袭天津、丰台等处，摧毁敌陆军根据地，并相机协同我陆军击破该方面之敌，同时以空军一部担任京杭防空及沿海沿江之侦察与警戒，并对京沪方面仍作紧急时主力转移之准备，以防万一。"中国空军设立了天津支队和南苑支队，担任华北作战。天津支队由第 2、第 4 大队及第 8 大队的第 30 中队组成；南苑支队由第 5 大队的第 24、第 25 中队和第 9 大队组成，合计兵力共 11 个中队。中国空军的作战方针是："集中使用，奇袭敌空军根据地，逐渐消灭敌空军之实力，而作持久战，间接协助陆军取胜为目的。"

7 月下旬，南京国民政府在中央军校内召开了最高国防秘密会议，会议研究决定了陆、海、空三军歼灭日军的战略步骤。

1. 陆军方面，张治中率领两个师与炮兵保安团从（8 月）11 日星夜兼程进入预定阵地。

2. 空军方面，于（8 月）12 日前隐蔽于各地待命。

3. 海军方面，最高当局命令海军第一舰队司令陈季良于（8 月）12 日夜封锁江阴航道。率 20 余艘军舰、

汤恩伯大战南口，民众呼吁飞机北上抗日。

10 余艘商船，待午夜时，沉入两公里宽的江面，以此拦截停泊在长江上游江阴至汉口一带江面上的 70 多艘日本大小兵舰。

但是该计划被行政院机要秘书黄正秋（又名黄浚）出卖，正在武汉吃午饭的三千多名日本海军陆战队得知这一消息后，马上扔下饭碗登舰逃窜。由于泄密而使封锁江阴要塞的计划未能实施。此事引起了最高当局的高度重视，因此在加强保密的同时，如何迅速安全地下传作战命令，也成了非常重要的问题。

8 月上旬，华东形势骤然紧张。日本海军向淞沪地区增派兵力，集结舰艇，大战迫在眉睫。中国空军被迫改变原定的北上作战计划，抽调兵力南下，将主力向华东集结，以保卫首都南京及上海。

8 月 13 日，淞沪会战爆发。周至柔、毛邦初等立即研究敌情，中国航空委员会在南京下达了《空军作战命令第一号》，全文如下：

一、上海之敌，约陆军 7000 人，凭借多年暗中建筑之工事，及新近集中之大小兵舰约三十艘，有侵占上海、危害我首都之企图。连日以来，敌水上侦察机二架或三架，陆续侦察我宁波、丽水、杭州、阜宁、海州诸地，其有无航空母舰在远海游弋，我正侦察中。

二、空军对多年来侵略之敌，有协助我陆军消灭盘踞我上海之敌海陆空军及根据地之任务。

三、各部队于十四日黄昏以前，秘密到达准备出击之位置，完成攻击一切准备。

四、各部队之出击根据地如下：

第九大队　曹娥机场

第四大队　笕桥

第二大队　广德，长兴

暂编大队　嘉兴

第 5 大队　扬州

第 6 大队第五队　苏州　第 4 队

航空委员会主任周至柔

淮阴

第7大队第十六队　滁县

第八大队　大校场

第3大队第八队　大校场　第十七队　句容

五、各部队于明（十四日）日开始移动，以十六点至十八点到达根据地为标准。其由现驻地出发之时间，由大队长定之。已驻在各根据地之部队，可就地休养准备。

六、各大队可以大队或中队成队航行，但须避开省会及通商大镇，第4大队可在蚌埠加油。

七、每飞行员可带极简单之寝具。

八、到达后须迅速报告。

九、出动开始日时刻另行命令。

十、各大队长（第7大队长除外）于十四日十时到京，面授机宜。

十一、余在南京航空委员会

右令

空军总指挥　周至柔

副总指挥　毛邦初

军情紧急。航空委员会灯火通明，14日凌晨2点，周至柔、毛邦初颁发《空军作战命令第二号》：

一、敌舰昨晚在吴淞口附近向我市府炮击。其大部兵舰约十余艘，仍麇集崇明岛东方海面。在公大纱厂附近，敌有构筑机场，为其空军根据地之模样。

二、本军奉命：（一）毁灭公大纱厂敌之飞机及破坏其机场。（二）轰炸向我射击及游弋海面之敌舰。

三、第2大队由航校霍机掩护，以一队轰炸公大纱厂附近敌构筑之机场及飞机，以两队轰炸吴淞口向我市府射击之敌舰，吴淞口若未发现敌舰，应向麇集崇明岛附近之敌舰轰炸之。

四、航校霍机六架，应掩护第2大队之轰炸。

五、第2大队及霍克队，以九时四十分钟到达目标为准，其出发时间、高度、队形、航线、掩护方法，均由张大队长与陈校长协商后定之。

六、第5大队（欠二十八队）先集中扬州，携带五百磅炸弹于本（十四）日午前七时准备完毕，向长江口外敌舰轰炸之，以午前九时到达目标为准，其出发时间、高度、队形、航线，由丁大队长定之。

七、第3大队自本（十四）日晨起，采紧急警戒姿势，担任首都之防空。

八、第6大队仍不断侦察海面，特须侦察敌航空母舰之行踪，自拂晓起，应以一机自苏州经启东出海，向东飞四十分钟，方返苏州，以避开长江口外敌之注意，确实侦查敌航空母舰之行动为主，如发现敌航空母舰时，则加马力飞回，迅速报告。

九、本（十四）日出动之空军，以达成轰炸任务为第一个目的，切忌与敌在空中作战，应注意之点如下：

1. 第5大队如遇敌机，应绕行以轰炸为主，轰炸后若遇敌机向我攻击，亦以极力避免空中决战为主。

2. 航校掩护机只求使第2大队达成轰炸目的，不可挑起空中战斗，设敌机向我掩护机攻击时，则采取吸引敌机远离我轰炸机之手段，如敌机向我轰炸机攻击时，则采取攻势，以牵制之，使我轰炸机安全脱离后即设法归还。

十、各驱逐机在离地之前，遇敌机来袭时，应在地面拉脱炸弹，立即起飞应战，以掩护友机之起飞。

十一、十四日开始轰炸后，应迅速准备连续轰炸，通信、油、弹、卫生等，均利用各根据地原有之设备。

十二、余在南京航空委员会。

右　令

签　署

下达法。以飞机传送至大队部

台湾退役空军上校李德标，当时在空军第 15 中队任中尉分队长。他在与肖强合著的《"国父"与空军》一书中，曾将在淞沪战争中驾机传送八一四作战公文的过程，作了详细的描述。

李德标是广东澄海人，1933 年 4 月毕业于广东航校第 6 期。1936 年 7 月广东空军为了摆脱军阀陈济棠的统治，全体飞行员驾机北上南京。在 8 年抗战中，李德标多次参加歼敌空战，曾在 1939 年 2 月保卫兰州的空战中击落敌机一架，获一星星序奖章一枚，后侨居美国洛杉矶，现已去世。

李德标回忆：1937 年，卢沟桥事变发生后，国内局势越来越紧张，空军第 15 中队全体人员奉命飞回南京，驻防在南京大校场总站待命。在此期间，15 中队的飞机和所有人员的主要任务是负责运送人员、器材及传达命令等任务。航线所经遍及大江南北，远至西北、西南等边远地区。当时他们驾驶的飞机均为美国道格拉斯飞机制造厂生产的双座机，每小时速度约为 110 英里，火力不强，飞机上只有速度表、罗盘、汽油表等简单设施，各地机场设备也很简陋，因此若在飞行中遇到不好的天气，发生事故的概率就比较高。

8 月 14 日清晨，南京大校场机场的壁报栏里贴着当天出版的标题鲜明夺目的首都报纸，站内的空军第 6 大队的飞行员们争相前往阅读。众人情绪激愤，都想驾机与日寇决一死战，但当时大校场总站能用于战斗的飞机却寥寥无几。正在议论纷纷的时候，队长黄志刚找到李德标、张唐天两人，命令他俩立即飞往周家口和许昌传送紧急秘密公文（即空军作战第二号令）。

空军第 4 大队原驻地江西南昌，7 月中旬奉命秘密进驻河南周家口机场待命。

（一）第一任务目标：天津市南开区，日军兵营指挥所。

（二）第二任务目标：绥远百灵机场飞机六架。

（三）第三任务目标：支持地面作战，协同防卫保定外卫新防线。

当时该大队昼夜随时备战，由于未接到攻击命令，一直处于待命状态。

李德标和张唐天当即在地图上标出周家口和许昌的航线，量出罗盘角度，测算出飞行距离、航程所需时间，以及飞行时应注意地面与其他有关事项。在详细地分析了两地的天气情况之后，他们穿好飞行服，携带好一切所需物品和紧急公文立即登机起飞。

二人驾机离地升空后，对正航向，沿着南京城南侧越过长江后，飞机继续攀高，由于天阴多云，只能贴着云底飞行，此时高度约在2500米。

李德标想作云上飞行，但又不知道目的地上空的云量云高如何，想到肩负重任，所以不敢贸然冲上云顶。因此只能谨慎小心地在云幕下飞行，并随时注意地面上的地形地物，按照地面目标逐段校正航向。

虽然地图上皖豫两省标有分界线，但飞抵皖、豫两省的边界附近时，从空中看下去，地貌地形相似，一时竟无法确定界线何在。只好根据飞行时间作粗略的估计，此时飞机前面云幕仍无空隙，他们仍只能继续低飞，好在不久便欣喜地发现了周家口那一大块呈正方形的机场，绕机场飞了两圈仔细观察后，便按照 T 字布指示的方向下降着陆。迎接他们的是站长张明舜，在张站长的带领下，在第 4 大队的办公地点，李德标将公文亲手交给姜广仁参谋长签收之后，（根据命令，高志航已于 14 日 10 时到京）便又立即登机向许昌方向飞去。

这时的天气变得更加恶劣，云幕更低，还下起了毛毛细雨，能见度极差，为了把公文尽快送达许昌，李德标与张唐天便谨慎小心地驾机飞行。幸好不久天气渐渐变佳，云层逐渐消散，飞过平汉铁路不久，就见到了许昌机场，绕场一圈后，仍照着 T 字布指示的方向下降着陆。见到了第 9 大队的大队长刘超然和副大队长容章炳，李德标将公文交予刘大队长，大队长亲自签收后，李德标和张唐天才如释重负地松了一口气。刘大队长阅过公文后，招呼他俩一起共进午餐，他俩经过连续三个多小时的飞行早已是饥肠辘辘，便坐下饱餐了一顿。待飞机加过油后，李德标和张唐天便驾机飞回南京。

回航途中，由于任务完成还算顺利，两人的心情十分舒畅，在云顶上飞行，似有一种飘飘欲仙的感觉。当时他们并不知道，接到他们送去的命令后，空军第 4 大队随即飞往指定地域的上空，参加围歼日寇的战斗去了。

与此同时，空军各大队都接到紧急作战命令，一场大规模的抗战即将爆发。

◎ 3. 中国空军淞沪亮剑

得遂凌云愿，空际任回旋，

报国怀壮志，正好乘风去，

长空万里，复我旧山河。

努力，努力！

莫偷闲苟安，

民族兴亡责任，待吾肩。

须具有牺牲精神，

凭展双翼一冲天。

　　这支中央航空学校的校歌，是九一八事变后，年轻的中国空军每日必唱的，也是他们最喜爱的战曲。在航校校歌的鼓舞下，他们苦练飞行技能，随时准备冲霄逐倭。

　　1937年七七卢沟桥事变发生后，驻守信阳、许昌、周家口等地的中国空军主力，待命协助我华北地面陆军对日作战。同时也随时准备调回南京、杭州、广德、扬州、淮阴等基地，以保卫京沪杭地区。

　　8月4日，空军第5大队第24、第25中队被调往扬州机场，第28中队被调往句容。

　　扬州机场设备简陋，没有住房。24、25中队的飞行员与机械师都住在扬州西门外的一座小土地庙里，既无床铺、桌椅，又无被褥。好在天气还热，大家便席地而卧。土地庙附近没有饭馆，只能派人进城买大饼、油条充饥。

　　8月9日下午17时，日本海军陆战队中尉大山勇夫与士兵斋藤要藏驾驶军用摩托车闯入上海虹桥机场警戒线内，被我守卫机场的保安队开枪击毙。我空军鉴于上海虹桥机场事件后，形势日益紧张，为防患未然计，于 12 日令驻南京附近部队特别戒备，以防敌机暗袭首都。8 月 13 日上午 9 时 15 分，日本军舰向上海闸北八字桥开炮轰击。之后，日本海军陆战队由通天庵和横浜路方向越过淞沪路冲入宝山路，向中国驻西宝兴路附近的保安队开枪射击，中国军队奋起抗击，淞沪战役由此打响。为了中华民族的生死存亡，国共两党再度合作，携手揭开了中国人民八年抗战的序幕。

截至 13 日 14 时，空军指挥部综合各方情报及我飞机侦察所得情况是：

1. 吴淞、浏河口一带及黄浦江上，敌军舰、运输舰等不下二三十艘，连日甚为活跃。

2. 11 日有日本水上飞机三架，盘旋于龙华、虹桥之间，又有日兵五千登陆，丰田纱厂驻有日军约两千名，另有在乡军人散布各工厂中，日军并决意破坏我虹桥飞机场，昨晨似有向虹桥移动模样。

3. 公大纱厂以西广场内，麻棚甚多，约为长方形，如将棚拆去，即可作为机场之用。

4. 13 日 9 时 15 分，八字桥有冲突，旋即停止。

5. 驻沪日本海军陆战队现有防空武器之配置如下：

（1）移动高射炮四门，现设司令部内，随时可用汽车拖至作战地点。

（2）固定高射炮四门，装置于司令部后面黄陆路及天通庵车站间之操场内。

（3）高射机关枪十八挺，现装在司令部屋顶四角，每角四挺，余二挺在烟囱房。

8 月 13 日午夜，电话铃声突然大作，正在队部值班的第 5 大队第 24 中队中队长王倬拿起电话，只听见电话另一头的宁波话："我是委员长，在长江中的日本 50 多艘军舰和轮船，正在向东逃跑，你们大队立即带上炸弹，于拂晓前出动追击，加以歼灭。但已经停在黄浦江里的，则不准轰炸。"

王倬立即将蒋介石的命令传达给大队长丁纪徐。丁纪徐命令中队长刘粹刚率领 18 架霍克 3 式驱逐机，各载 500 公斤炸弹去执行任务。大家听到出战的消息，情绪非常激昂，都争着参加。最后，参战人员有梁鸿云、王倬、雍沛、袁葆康、董庆祥、姚杰、余腾甲、胡庄如、董明德、张伟华、宋恩儒、刘依钧、邹赓续等人。

在淞沪会战之前，日本海军在华东地区没有陆上基地，其陆上航空队要从中国台湾、朝鲜济州岛甚至本国的机场起飞，航程太长。日本航空母舰及其他军舰上的飞机毕竟有限，尤其是轰炸能力不足。淞沪战火燃起后，日本海军就力图在上海开辟陆上机场，作为其陆上航空队的前进基地。

8月是我国东南沿海一带台风肆虐的季节。沪杭地区正值台风过境，华东和华中部分地区受台风影响，尤其是苏州、无锡、常州、上海等地区也狂风大作，暴雨倾盆。

8月14日早上5时30分，日本第三舰队司令长官谷川清命令驻台北的鹿屋航空队和驻千叶县的木更津航空队，以及三艘航空母舰上的航空部队待天气好转后，轰炸我杭州、广德和南京机场。

可是日方做梦也没想到，就在三个半小时前，即14日凌晨两点，位于南京小营的中国空军总指挥部颁发了"空军作战命令第二号"，命令我空军轰炸上海日军司令部、军械库以及游弋海面的日本军舰。

枕戈待旦的中国空军一批批从南昌、笕桥、广德、扬州、南京等机场起飞，一架架中国战鹰呼啸掠过直抵上海。中国空军针锋相对，集中主力打击敌航空队，阻止敌军在上海地区建立机场。

8月14日凌晨2时，空军正副总指挥周至柔、毛邦初下达第二号作战令。

早晨7点开始，从笕桥起飞的我空军第35中队5架可塞V-92C侦察机飞抵上海，轰炸的目标是上海公大纱厂内的日军军械库和汇山码头。

听见隆隆的飞机声，日军在地面上的高射机枪一起向中国飞机开火。

当时天气阴雨，能见度很低，我空军钻出云层，以1500米的高度，沉着飞抵公大纱厂上空，用右梯形的队形，冒着密集的地面炮火对准目标俯冲投弹，目标当即起火，浓烟冲天。我机轰炸任务完成后，安全返回，经过检查，各飞机都有不同程度的弹伤。

淞沪战役之初，我空军飞赴战区

8点40分，空军第2大队副大队长孙桐岗率领21架诺斯罗普-2E（伽玛）轻型轰炸机携带14枚250公斤炸弹，50公斤炸弹70枚，分用运动式延期信管，从广德机场出发，经昆山赴上海，目标是轰炸上海公大纱厂附近正在修建中的日本机场、汇山码头，以及在蕴藻浜、吴淞口一带的日舰。由于天气恶劣，云雾过低，原定担任掩护的笕桥航校驱逐机队未能飞赴上海。

我轰炸机群抵达上海后，当即分成两队，一队直扑吴淞口炸敌舰，一队轰炸公大纱厂和汇山码头。轰炸公大纱厂机场和汇山码头的飞机编队，于9时50分抵达目标上空，在800米高度水平目测投弹，全数集中目标。只见公大纱厂第一厂内数处起火，海军货栈附近大火熊熊；日本海军上海陆战队司令部和汇山码头均被击中。我轰炸机群采用中队成队防御，敌之地面防空炮火密集对空展开射击。10点5分，我机完成轰炸任务后开始经昆山返航，各机均有损伤。至11时，降落在广德机场上的战机只有15架，其余6架有的降落在嘉兴，有的因为故障临时降落在长兴，还有的紧急降落在笕桥。大约在两小时后，陆续飞回笕桥机场。

轰炸吴淞口敌舰的另一编队机群于10点10分抵达敌舰上空，由于江面上浓云密布，我机以800米高度进行投弹，一颗颗炸弹呼啸而下，均在敌舰旁十多米至数十米处爆炸，激起数十丈高的水柱，日军第三舰队旗舰"出云"号等舰发生剧烈摇摆与颠簸，即向长江口外鱼贯而逃。

9点20分，第5大队丁纪徐大队长率领第24中队8架霍克3式驱逐机，每机携带1枚250公斤炸弹，用速发信管，由扬州机场起飞，沿长江飞往上海，轰炸长江口的日本军舰。当飞机编队飞过江阴要塞，沿长江向东搜索前进，却一无所获。原来，由于行政院机要秘书黄浚事先将情报报告给日本大使馆，日方连忙将长江内的船只撤离，该大队未能发现一艘敌舰。正在失望之余，在南通

我空军轰炸吴淞口外敌舰

附近时，透过云层，遥见吴淞口东白龙港口尚有日舰一艘（约1300吨），长200尺（1尺约0.3米），宽20尺，正向上海方向前进。机长立即下令改变队形，丁纪徐命令各机由2000英尺高度作连环俯冲投弹。敌舰见状不妙，一面组织多门高射机枪构成密集的火网对空射击，一面加速调转舰首作回旋状进行躲避。

飞机一架接一架向下垂直俯冲投弹，第一枚炸弹没有击中，在水中激起数十丈的水柱，副中队长梁鸿云驾驶的2401号飞机投掷的第二枚250公斤炸弹击中日舰舰尾，腾起熊熊的烟火。日舰舰首即向左倾斜约40度，舰身偏侧航行。

"击中！击中！"

梁鸿云和队友们兴奋地大喊，并互相摇摆机尾以示庆贺。

顿时浓烟弥漫，敌舰逐渐倾斜下沉，在我机轮番俯冲轰炸中，日舰被炸得无影无踪，舰上所有日寇均葬身鱼腹。11时30分，大家怀着喜悦的心情安全地返回扬州机场。14时20分，第2大队第24中队中队长刘粹刚率领霍克机3架，各携带250公斤炸弹一枚，用速发信管，自扬州出发，沿长江飞赴上海，轰炸虹口日军司令部及兵营。15时40分抵达目标上空，由1800英尺（1英尺约0.3米）投弹，弹落于目标800米处。当时天低云暗，地面炮火猛烈，并有7架日军九五式水上侦察机隐藏在云层之中，乘机钻出云层向我偷袭。副中队长梁鸿云的2410号战机被敌机的机枪击中，梁鸿云腹部和背部多处中弹。梁鸿云咬紧牙关，强忍着伤痛，驾驶受伤的战机歪歪斜斜地在虹桥机场附近实行迫降，机毁人伤。赶来的人们救出了梁鸿云，只见他浑身是血，连忙将其送

任云阁

梁鸿云

至医院抢救，但终因伤势过重，梁鸿云于17时许殉国。

梁鸿云（1913—1937），山东栖霞县人。毕业于中央航校第二期。历任空军驱逐第1队飞航员、空军第6队队员、中央航校洛阳分校飞行教官、空军第8和第7队队员、空军第5大队第24队副队长，升至中尉本级。牺牲后，追赠少校。遗有父母及子女各一。

该中队另一名队员袁葆康的战机上的起落架被日机击坏，飞机轮子放不下来，在实行迫降时机毁人安。

14时45分，第2大队第25中队中队长胡庄如率领霍克机3架，各携带250公斤炸弹1枚，用普通信管，自扬州出发，飞赴上海轰炸虹口日军司令部及兵营，于15时50分抵达目标上空。敌军早有提防，凶猛的防空炮火密集对空射击，当时天气恶劣，轰炸效果不明。但我机亦无损伤，完成投弹任务后，该中队于17时20分安然降落在扬州机场上。

14时40分和15时40分，第2大队副大队长孙桐岗率领21架诺斯罗普轻型轰炸机，共携带250公斤炸弹18枚，120公斤炸弹22枚，50公斤炸弹26枚，均用瞬发信管，分两批次从广德出发，经青浦、松江飞赴上海。一队轰炸公大纱厂、汇山码头和公大纱厂以西、招商码头以东地区的日军据点。一队轰炸狄思威路（今溧阳路）一带及虹口日军司令部。

16时和17时分别到达目标上空，分别由1000英尺和2000英尺高度，目测单机投弹和编队一齐投弹，当即全部击中目标，腾起浓烟烈火。

公大纱厂、杨树浦、汇山码头一带起火达11处之多。当时，日本海军陆战队在高楼上架设了高射炮和高射机枪，对准俯冲而来的中国战机猛烈开火；黄浦江上的日本军舰上所载的九五式水上侦察机也倚仗机动灵活的特点，紧急升空，混入我编队进行偷袭，与中国战机展开周旋。任云阁与祝鸿信所驾驶的907号战机与日机对战。

是役，我机两架被击伤，一机失踪。其中907号中弹起火，飞行员任云阁不幸阵亡，祝鸿信身负重伤，坚持将战机迫降于虹桥机场。

任云阁（1910—1937），河北雄县人（今文安县）。中央航校第六期毕业，牺牲前为第9中队少尉飞行员，牺牲后追赠中尉。

失踪的飞机为第2大队第14中队的李传谋驾驶的诺斯罗普2E轻型轰炸机1408号，被敌防空炮火击伤，李传谋驾着受伤的座机返航时，在常州坠地牺牲。

李传谋，这位牺牲在常州土地上的少尉飞行员是湖南醴陵人。1931年九一八事变后，师范毕业的李传谋毅然投笔从戎，考入中央陆军官校后转入中央航校六期甲班，牺牲时年仅23岁。身后留下了年迈的祖母、母亲、妻子和两个年幼的孩子。与他同机牺牲的还有后座的一名毕业于中央航校第六期乙班的准尉见习官。

我轰炸机群攻击后，经青浦、吴兴，于17时10分和17时50分先后飞返广德机场。

14时40分，笕桥航校暂编大队第35中队的3架美国可塞式侦察机，在中队长许思廉指挥下，再度袭击上海公大纱厂，当经过汇山码头时，停泊于该处的几艘敌舰用高射机枪向空中开火。该中队巧妙地躲过敌炮火，从容抵达公大纱厂上空，依次单机投弹，将所携带的4枚35公斤炸弹全部投向目标，投弹后安然返回笕桥机场。

机械师在检查许思廉驾驶的战机时，发现机身中梁被打断，机身机翼上均有子弹洞数处。队员杨绍廉所驾驶的飞机左右支柱被打断，机身机翼上中弹五六处。

15时50分，第34中队长刘领赐率领霍克、3式驱逐机一架，携带50公斤炸弹2枚、18公斤炸弹5枚以及霍克2式轰炸机5架，每机携带18公斤炸弹6枚，由杭州笕桥机场出发，沿铁路线飞抵上海轰炸公大纱厂。16时30分抵达目标上空，只见日方沿江边建造的飞机场内，有飞机正在装备。该中队冒着日军的地面炮火，当即自8000英尺高度俯冲投弹，命中率达95%以上，公大纱厂附近顿时成为一片火海。日军在这里修建临时机场的工程被迫中断。我机完成任务后，于17时10分返航。

8月15日，日军木更津航空队向南京侵袭，遭到负责保卫首都、驻守在句容第3大队第17中队空军将士的迎头痛击，当场被我空军击落敌机3架，其中1架坠毁在机场附近。

李传谋

此次空战之后，宋美龄曾亲临句容机场慰问有功人员。

在保卫南京的空战中，在江苏句容南天王寺附近击落敌机的有功人员有旅美华侨飞行员黄新瑞和陈瑞钿、黄泮扬以及广东航校第六期飞行员岑泽鎏、黄居谷、马庭槐、邓政熙、邓从凯等人。其中岑泽鎏、黄新瑞、黄谷居、邓从凯4人后来在其他空战中阵亡。邓从凯牺牲得尤为壮烈：在1939年11月4日的成都空战中，邓从凯击落日本空军奥田大佐后，冲入敌轰炸机群内，撞毁敌机后阵亡。

淞沪战役开战后的12天中，中国空军与地面部队密切配合，沉重地打击了日军的嚣张气焰，打破了"皇军不可战胜"的神话。日军不得不自8月23日起，不断向上海增援，兵力达到10万人之多，战车200余辆，军舰70多艘，飞机300余架，并使用上海陆上基地对南京开始大规模空袭。

我空军第9大队第26、27中队当天出动18架单翼双座对地攻击机，袭击上海附近驻罗店的日军阵地，空战中，第26中队张俊才和洪冠民驾驶的2607号单翼双座对地攻击机，被地面敌军炮火击伤，返航时在常州机场迫降，不幸机毁人亡。

24岁的张俊才，湖南醴陵人，中央航校第4期毕业生。23岁的洪冠民，广东梅县人，中央航校第六期毕业生。

从8月中旬至9月下旬，中、日两国航空部队为争夺华东地区的制空权展开了空前规模的激战。

自八一三开战以来，年轻的中国空军不畏强暴，以弱敌强，与占有空中绝对优势的日本空军展开殊死搏斗，粉碎了日本"三个月拿下支那"的狂言。至12月13日沦陷的四个月里，有127名抗日空军飞行员等献出了宝贵的生命。

这些为中华民族献身的英雄，并没有因岁月流逝而被人们遗忘。

陈纳德与空军正副总指挥导周至柔、毛邦初（左一）

◎ 4. 八一四辉煌的一天

日本侵华战争期间，日军飞行员在发誓时经常会说"我要是做了亏心事，出门就碰上高志航"。

高志航是何方神圣！对日军飞行员的威慑力竟这么大呢？

1937 年 8 月 14 日晨 7 时，中国空军各部队奉命对日作战。在上海公大纱厂、汇山码头、四川北路日本上海特别陆战队司令部、白龙港等地进行轰炸，给日军造成很大损失。为了报复中国空军，日本海军第三舰队司令官长谷川清中将命令驻台北新竹的日本海军鹿屋航空队立即出击。

日本鹿屋航空队以浅野楠太郎少佐指挥的 9 架九六式陆上攻击机组成广德空袭队、新田慎一少佐指挥的 9 架九六式攻击机组成杭州空袭队，8 月 14 日下午 14 时 50 分，18 架九六式轰炸机从台北机场起飞，飞越台湾海峡，于永嘉飞入大陆领空，经青田过温州，在永康附近兵分两路，分头飞往预定目标：杭州笕桥机场、乔司机场和广德机场，企图摧毁我空军主力。

高志航

由于当天气候恶劣，云层又厚，新田少佐指挥的第一批 9 架陆攻轰炸机，编队不易，敌第 1、第 3 分队的 6 架飞机，就变成分队或单机飞行，于下午 18 时 30 分左右到达笕桥机场上空，高度均在 500 英尺左右。

当时中国空军第 4 大队第 21、第 22、第 23 中队的霍克 3 型驱逐机，奉命从河南周家口机场转场至笕桥机场，随时准备参战。当时，大队长高志航迫不及待地先去南京领受任务，第 4 大队暂由第 21 中队长李桂丹指挥。

天气恶劣，各中队依然冒险飞行。第21中队首先在广德加油后，就径飞杭州，在溧阳上空，在云堆中依稀发现9架日机，当时，飞机之间没有通信设备，有飞行员便摇晃机翼，向中队长黄光汉请示攻击，黄光汉未奉上级命令，不敢下令行动，让9架敌机在眼皮下溜走。第21队率先抵达笕桥，并开始加油。这时第23中队的飞机陆续到达笕桥机场，刚落地，空袭警报就拉响了，敌机来袭。此时，大队长高志航刚从南京赶回，警报声就是命令，于是果断下令："大家不要下机，立即出击！"随即他跃入机舱，发动战机，第一个起飞，冲上蓝天，其余战机停止加油，还有刚刚着陆的战机重新启动，一架接一架升空迎战。

从东北方向飞来的一架敌机投下的两枚炸弹，击中我机场的油罐车，地面燃起一片大火。敌机在向右后方转弯时，当即遭到高志航的尾随攻击，在分队长谭文的配合下，高志航紧紧咬住敌机不放，瞄准后就是一顿机关枪的扫射，一举击中敌机，该敌机中弹后，拖着滚滚黑烟坠落在半山附近。中国空军击落首架敌机后，士气大振，众飞将愈战愈勇，斗志更昂。

这时，另一架敌机由笕桥方面进入，见我戒备森严，未投弹就窜入只有800米的低云层之中，向钱塘江方向逃去，第22中队分队长郑少愚见状急忙拉起操纵杆，上升到云层之上，飞机往钱塘江口拦截，追过翁家机场时，敌机刚钻出云层，郑队长抓住战机，追击过曹娥江，占得攻击位置，一举击中敌机的发动机，敌机起火后坠落在钱塘江口。这时，第21中队队长李桂丹和队员柳哲生、王文骅也共同击落敌人九六式重轰炸机一架，见势不妙的日本鹿屋航空队落荒而逃。根据日本战报，这两架被击落的飞机是：指挥小队的3号机正驾驶姚崎，三等航空军曹；第3小队2号机，正驾驶三井，一等航空军曹。其余日机也有多架被击中。此次空战，中国空军共击落日机3架，击伤1架（该机返航至台湾基隆以北海面坠毁），加上日机在到达笕桥前失踪2架，实际日军损失飞机6架，中国空军八一四首战告捷。

八一四空战大捷后，一曲英雄的赞歌一夜之间传遍了大江南北、唱响中华大地。

八一四，西湖滨，

志航队，飞将军，

怒目裂，血沸腾，

振臂高呼鼓翼升，

群鹰奋起如流星，

掀天揭地鬼神惊，

我何壮兮一当十，

彼何怯兮六比零。

一战传捷，举世蜚声。

……

这首歌扬我军威，成为激励我中国军民抗战必胜的歌曲。

8月14日，中国空军多次袭击了淞沪地区的日本海军舰艇及陆战队据点，并取得了中日空战的首次胜利，一举粉碎了日军航空兵不可战胜的神话，增强了中国军民抗战的必胜信心。为此，1940年，国民政府把8月14日定为"空军节"。

讲到中国空军首战告捷，不能不提到让日军闻风丧胆的高志航。

1907年5月14日，高志航出生在辽宁通化县三棵榆树村的一位普通

以"八一四空战"为主题的油画

农民家庭里，原名高铭久，字子恒。东北人豪爽耿直、勇猛尚武、淳朴重情的性格特征，在高志航身上得到充分体现。在人生得失的舍取上，高志航以国为重，以民族利益为重，甚至不惜牺牲生命。高志航自幼聪敏好学，性格倔犟好胜，9 岁入学受蒙，13 岁离开家乡，进入奉天（沈阳）中法中学。

美丽富饶的东北，一直是日本和沙俄垂涎欲滴的争抢之地，为了保卫国家疆土，世代生活在这里的汉族和北方马背上的游牧民族，在反击外来侵略者的斗争中，造就了许多民族英雄。目睹日俄两国在东北为所欲为的侵略行径，少年时代的高志航认识到，唯有尚武，方能救国。从此立下从军报国的鸿鹄之志。1924 年，17 岁的高志航考入东北陆军军官学校炮兵科。同年东北扩建空军，他立志去法国学习航空。而东北陆军军官学校的教育长郭松龄将军对他说："你个子太小不能出国，给中国人丢脸。"高志航生气地回答："法国人也不是高个子，尤其是拿破仑，而且我也学过法文。同时，我决心把高铭久的名字改了，叫高志航，以示我出国学习航空的决心，以便将来杀敌报国！"当时在座的郭松龄将军夫人韩淑秀说："你有这样的好学生，一定派他出国留学深造，说不定将来会成为一个英雄人物呢！"

在郭夫人的鼓励下，1925 年，18 岁的高志航被选送赴法国留学，先后在牟拉纳民航学校及义斯特陆军航空学校学习两年。

学习期间，高志航刻苦钻研飞行理论，反复苦练每一个高难度的飞行动作，学完初级课程后，又进入马塞伊斯特陆军航空学校驱逐机专业继续深造，毕业后在南锡的法国陆军航空队第 23 驱逐团见习。他从严从难的学习风格，令外国教官深感钦佩，派他在法国空军第二十三团见习。

1927 年高志航学成归国，在东北航空司令部飞鹰航空队先后任队员、分队长、中队长。1928 年 12 月东北易帜后不久，高志航调任东北航校飞行教官，在一次演习中，因机械故障，右腿被折断；在南满医院做手术后，右腿稍有些弯曲，对驾驶飞机有障碍，高志航又到哈尔滨医院做了第二次手术，愈后，右腿比左腿短了 1 厘米，只得穿增高鞋加以调整，经过一段时间的适应锻炼，被称为"高瘸子飞行员"的高志航又重返蓝天。

九一八事变后，张学良率东北军撤入关内。当时沈阳机场上有东北飞机300余架，高志航去飞机场含泪告别，之后化装进了山海关，到了济南，投靠山东军阀韩复榘空军聂队长。聂与他是同学，对他说："你在这里有危险，还是去南京吧！"

1932年春，经好友邢铲非介绍，高志航加入中央航空署所属的航空队任队员。1933年高志航进入杭州笕桥中央航空学校，军衔为空军少尉，任见习员。当时，南京国民政府歧视东北人，高志航不受重用，后任高级班教官。根据规定，空军军官不能与外籍女子通婚，而高志航的妻子是俄罗斯籍。因此，该校不让高志航驾驶飞机上天（高志航后来同俄籍妻子离婚，与一位名叫叶蓉然的女士结了婚，生了一儿一女），只让他授课。

高志航深知为国培养飞行员的意义和责任，在毫无保留地将飞行技能传授给学员的同时，更是严格训练学员的战斗风格，平时与战时一样，不能有丝毫懈怠，吃饭只能五分钟，加油自己动手。训练学员学会如何消除机械故障，如何应对突发事件。他对飞行员们说："谁不爱惜自己的生命？我也有父母妻女，但是如果大家都珍惜自己的生命，不敢拼命，不肯牺牲，那中国还有救吗？一旦当了亡国奴，那就是生不如死，国家都没有了，光有生命做什么？所以我要求大家拼命，督促大家苦练，有了高超的飞行技术，才能挽救国家危亡，作战时才能救自己，使我们的子孙不会变成亡国奴！"

1936年6月，广东军阀陈济棠对抗南京中央政府，双方剑拔弩张，时任广东抗日救国军空军司令的黄光锐，率领广东空军归附南京国民政府，促使陈济棠下野。8月6日黄被航空委员会任命为中央航空学校校长。

黄光锐第一次去航校检阅时，飞行员纷纷表演，唯独高志航是见习员，没有资格表演。黄校长让高志航表演一下，高志航飞得很好，但他降落时飞机腿子放得稍迟一些，使飞机受了伤。不少人说："这家伙是东北人，来搞破坏的，我们都不让他飞。"

黄光锐说："难怪高志航出了故障，原来是几年没有训练，能飞成这样，很不简单。这个人我要重用，提升他为空军中尉分队长。"

高志航任分队长期间，自修自练，刻苦钻研，常常夜间在不开灯的情况下，起飞无阻，把飞行的各种技术，如倒飞、弧形飞等，都练得精益求精。

不久，黄光锐荣升航空委员会委员，在第二次检阅航校时，高志航将他的飞行技术大秀一把，表演得淋漓尽致。黄光锐认为："高志航的技术在中国飞行员中独一无二。"

事后，晋升高志航为空军上尉高级飞行教官。高志航在部队中训练部属，均甚严格，常说："空中作战，决胜负于俄顷之间，如不于平时养成守纪负责，服从命令的习惯，则临阵之际，有如散鸦，何以作战？"所以他能在很短时间训练出大批杰出人才，成为空中劲旅。他又对军需人员训话："经费手续及一切应办事项，必须每日清理，因为空中作战，随时随地可以牺牲，设有不测，则一切经办事项，将不免一塌糊涂，对不起职务，即对不起国家。"

半年后，高志航被提升为空军教导总队少校总队附，而当时总队长是毛邦初。当时，正值蒋介石50寿辰，全国掀起了一个捐献金钱购买飞机运动。英国、法国、德国、意大利各国为了向中国推销飞机，都派出飞机在南京上空表演作战技术。

一天，中外飞行员在南京举行飞行表演。代表中国参加表演的高志航在蓝天作弧形拐弯，或向前滚翻，灵活自如，技术精湛，各种特技令外国飞行员赞叹不已，伸出大拇指一个劲地叫好。全场观众无不感到惊异，外国来宾也连连惊叹：想不到中国也有这样出色的飞行员！

蒋介石看得眼花缭乱，自觉面子上有光。于是他问身边的总队长毛邦初："这个飞行员叫什么名字？有这样高超的技术，简直比外国飞行员表演得还要好！"

毛邦初说："是我的总队附高志航在表演。"

蒋介石立即传令召见。蒋介石说："你的技术很高，敢超世界水平！我把我自己的'天窗'号飞机奖励给你！"

一时间，高志航声名鹊起，人人皆知。不久，蒋介石派高志航去意大利购买飞机，会见了意大利的军火商。军火商向高志航推销落后的机型，并用大量金钱作为回扣进行贿赂。高志航将回扣拍在桌上。他向意大利首相墨索里尼辞行时说："贵国飞机已经太落后了，还想以行贿的方法来推销飞机，我们中国绝不接受，请原谅，我们将去美国采购！"

高志航到美国购回霍克2式驱逐机100架（后来中国仿制了该机型，即霍克3型）。高志航回国后，中国空军立即成立了五个大队，高志航任第4大队大队长，在杭州笕桥开始训练新的飞行员。

面对日本侵华气焰日趋嚣张的局势，他对全队的训练更是处处从实战出发。他对日常训练抓得很紧，每个飞行动作，每次射击练习，都要做到百分之百的弹无虚发。有人对"弹无虚发"的可能性表示怀疑，高志航便率先苦练6个中午，打出6个"百分之百"，用事实证明，只要下决心苦练，就没有不可能的事情。为了演练空中攻击技术，他身先士卒，连续飞行14个小时，飞机加油三次，粒米未进，滴水未沾，直至全部掌握为止。在他的带领下，空军第4大队成了一支军纪严、敢打敢拼、作风过硬的空中战斗队伍。

八一四空战胜利后，当全国军民沉浸在胜利喜悦中的时候，高志航料到日本空军一定会来报复，他命令勇士们抓紧时间休息，做好迎接新空战的准备。

果然不出所料，8月15日天才破晓，从"加贺"号航空母舰起飞的30多架九四式舰上轰炸机再次袭我杭州。第4大队先后起飞21架飞机迎敌。敌机未及投弹，即遭我机攻击，高志航身先士卒，率先击落一架敌机，使之坠于半山附近。

高志航仍奋不顾身，向敌另一队攻击，左臂为流弹所中，他用右手开机，在鲜血进流中回场降落。

第21中队队长李桂丹在曹娥上空击落敌机一架，还与第22中队分队长郑少愚共同击落敌机1架；分队长王远波在翁家埠上空击落敌机1架；分队长谭文在乔司上空击落敌机1架；队员王文骅在笕桥南击落敌机1架；队员苑金函在笕桥东南三里许击落敌机1架；队员柳哲在翁家埠上空击落敌机1架。第22中队，除分队长郑少愚与第21中队队长李桂丹协同击落敌机1架外，分队长乐以琴连续击落敌机4架，队员梁添成击落敌机1架；第23中队队长毛瀛初与分队长杨梦青、队员王荫华各击落敌机1架。是役击落敌机十余架，我机仅3架微损。

战后，高志航因伤赴庐山休养，奉发奖金一万五千元，其大队长一职由第 3 大队副大队长王天祥暂代。高志航将所得奖金全部给了其妻叶蓉然，告以"我平日没有积蓄，对你们不无顾虑，这笔奖金备你们将来过活吧！"

10 月 1 日，高志航不待伤势痊愈，遄返首都，担任空中警戒。旋晋任空军上校本级驱逐司令，仍兼第 4 大队大队长。12 日（旧历重阳节）11 时，敌水上侦察机二架，由沪向西侦察，高志航率霍克机 4 架，由南京起飞，沿京沪铁路线向东搜索，发现该两敌机后均予击落。14 时，敌单翼驱逐机 6 架，掩护轰炸机 9 架空袭南京，高志航率队升空迎击。与敌驱逐机一架相遇，双方你来我往回旋数次，高志航抓住战机，将该敌机击落。

高志航精湛的飞行技术和勇猛的作战精神，令日本空军闻风丧胆，这便是"我要是做了亏心事，出门就碰上高志航"之说的由来。

◎ 5. 赢得对手钦佩的阎海文

1937 年 8 月 14 日晚 24 点，中国空军发布"第三号空军作战命令"，要求前线空军部队全力出击，寻歼敌舰，配合陆军歼灭上海市内日军。

8 月 15 日，中国空军分 8 批进攻上海的日本海军陆战队和舰艇。因受台风影响，第 5 大队有 3 批飞机被迫中途折返。第 6 大队第 5 中队的 5 架轻轰炸机于 9 时冒雨轰炸了敌海军上海特别陆战队司令部，多枚炸弹命中目标。但因 18 公斤炸弹威力太小，仅在敌司令部的钢筋水泥房顶上留下了几个窟窿。紧接着，从滁县出发的第 7 大队的 6 架可塞式侦察机，再次袭击敌司令部大楼。敌海军陆战队高射炮中队在楼顶上用 4 门高射炮及数挺机枪不断朝天空射击，形成弹幕。一架中国飞机中弹，前座飞行员聂盛友当场阵亡，后座飞行员范汉淹立即接替前座，驾驶着伤机返回。

第 2 大队的 17 架轰炸机从广德起飞后分作两路：一路飞往杭州湾海面轰炸敌舰；另一路飞往上海，继续攻击敌司令部。

阎海文

当晚，第 4 大队代理大队长王天祥、第 22 中队副中队长赖名汤率领 8 架驱逐机前往上海，袭击在虹口的敌军兵营。

8 月 16 日，华东地区的台风影响基本消除，日本航空母舰飞机大批参战，中国空军在前两天作战中的优势地位已失去。蒋介石下令征集 20 名敢死飞行员，袭击敌航空母舰。凡炸沉一艘得赏金 20 万元，并授勋章。

这天清晨，中国空军第 6 大队第 3

中队长孙省三率领道格拉斯式轰炸机 8 架从苏州起飞，分三路轰炸上海敌陆战队司令部、公大纱厂和汇山码头等地点。当轰炸机逼近目标上空时，遭敌机袭击。中国 303 号飞机被击伤，飞行员桂运光中弹牺牲，黄文模负伤后仍坚持把飞机安全降落在中国阵地后方，终因伤势过重，于 9 月 7 日殉国。

当天，日本海军航空母舰"龙骧"号和"凤翔"号上的舰载飞机攻击了上海周围的嘉兴、虹桥、龙华等机场，中国空军第 33 中队分队长黄保珊在嘉兴上空被敌机击落牺牲。

黄保珊（1912—1937），江苏江宁人。中央军校第八期生，被保送中央航校第三期毕业。牺牲前任第 33 中队中尉分队长，牺牲后追赠为上尉。

同一天，日本鹿屋航空队奉命空袭国民政府首都南京，因天气原因临时改成攻击苏州。中国空军起飞迎敌，在句容上空与敌机展开激战。日军至少有 1 架攻击机被年轻的中国空军击落。

8 月 14 日至 16 日这三天中，日本海军号称"虎之子"的第一联合航空队 38 架新型九六式陆上攻击机竟损失了 18 架。日军方面感到震惊，发誓消灭中国空军。

8 月 17 日，张治中将军率第 87、第 88 师进攻上海日军虹口、杨树浦据点。中国空军第 2、第 4、第 5、第 7 大队奉命轰炸上海敌军阵地和日军司令部，配合地面部队作战。

我方共出动 44 架次战机，其中第 4、第 5 大队霍克 3 型飞机 17 架，第 2 大队诺斯罗普 2EC 机 12 架，第 7 大队新可塞 03U-2 机 15 架，在第 2 大队孙桐岗副大队长、第 5 大队 25 中队董明德副队长、第 4 大队 21 中队李桂丹队长、第 5 大队 24 中队刘粹刚队长、第 7 大队 16 中队杨鸿鼎队长率领下，分 6 批出击。

阎海文所在的第 5 大队 25 中队，8 架霍克 3 从扬州起飞，每机携带炸弹 6 枚，轰炸上海

黄保珊

虹口日本海军陆战队司令部，以配合地面陆军第 88 师作战。阎海文在出发前曾说："我是一名流亡者，我要打回东北老家去，要为东北三千万同胞复仇！"

阎海文与战友们驾机飞抵目标上空后，即俯冲投弹轰炸，3000 多磅炸弹多数命中目标。日军地面的高射炮和机关枪一起对空开火，炮弹在空中爆炸，激起团团烟雾。在空战中，阎海文失踪了……

奇事奇闻！

骄横狂妄的日本军人，向中国烈士阎海文（1916 年生，辽宁北镇道台子村人。高中毕业后，1934 年考入中央航校第六期，毕业后任第 25 中队少尉飞行员）致敬。关于阎海文牺牲以及后来的下落，国民党空军当局是从日本报纸的报道中得知的：

致敬！

日报惊叹，中国已非昔日支那！

东京新宿，阎海文英勇事迹公展。在东京最繁华商业街的上空，"支那空军之勇士阎海文"横幅触目惊心。明亮的橱窗内，陈列着：

中国空军飞行服

降落伞

手枪

子弹壳

……

原来，在激烈的空战中，阎海文所驾的 2510 号飞机，不幸被敌军的高炮击中，中弹后的霍克 3 机尾逐渐冒出浓烟和火光，渐渐离队独飞，阎海文下意识地握紧方向盘，努力控制心爱的战机。

这时，一声巨响，一侧机翼又被高射炮打掉，飞机像断了线的风筝，直往地面翻滚坠落。危急之下，阎海文不得不跳伞，他拼命从燃烧的机舱中跳了出来。

空中一个小黑点，转眼之间成为一朵蒲公英一样的降落伞。敌我双方不约而同地发现了跳伞的飞行员。因风向稍偏，跳伞后的阎海文降落在上海天通庵公墓，这里已是日军阵地。

日军海军陆战队队员狂叫着："活捉支那飞行士！"他们像蝗虫一般向天通庵公墓拥去。

隐蔽在坟丘后面的中国飞行员迅速地计算着枪中的子弹，用于自卫的左轮枪里只有区区 6 颗黄灿灿的子弹。

有汉奸喊话："别装死了，投降吧，小子，皇军优待俘虏！"

"砰！呼！"

几声清脆的枪响，伴随着一声声凄厉的惨叫，跑在最前面的几名日军应声栽倒了。坟区又复死寂。

被激怒的日军军官歇斯底里地下达了"活捉他——"的命令。一阵急风暴雨般的子弹从坟头上方掠过，四周笨重皮靴踏起的尘雾扑向那座荒坟……

"砰！"

受了重伤的阎海文在击毙了 5 个敌人之后，将枪膛里最后一颗子弹射进了自己的太阳穴！阎海文的死，强烈地震撼了崇尚武士道的日本军人。一个大大的问号留在他们心里：有这样的军人，日本还能够征服中国吗？

阎海文牺牲的第二天，日军的白川大将在汇山码头向全体海军陆战队训话时说："过去在日俄战争时，大和民族勇敢而不怕死的精神安在？现在被中国的阎海文夺去了，这值得我们钦佩。对这个英雄，我现在命令用我们大日本帝国的海军军礼进行安葬！"

日军在上海大场附近特意为阎海文建墓，墓碑上刻着"支那空军勇士之墓"，日本帝国海军举行了隆重的葬礼。

中国空军第 4 大队第 25 中队少尉飞行员阎海文的遗体上，覆盖着日中两国国旗，参加礼葬阎海文的日本海军官兵怀着对中国军人的敬畏之心，向宁死不屈的中国飞行员行注目礼。

汽笛长鸣！

历史，将这位中国勇士被侵略者礼葬的镜头永久地摄入人类战争的奇观。

9 月 1 日的日本大阪《每日新闻》中，刊登了日本驻上海特派员木村毅以《中国已非昔日之支那》为标题的文章，对阎海文的事迹进行了报道，并以崇敬的口吻描述了阎海文杀身成仁的壮烈过程，文中这样写道："我将士本拟生擒（阎海文），但对如此壮烈之最后，（指阎海文杀身成仁的壮举）不能不深表敬意而厚加葬殓。"他发自内心地感叹道："支那已非昔日之支那！"

阎海文出战后没有归队，最初我方以为是失踪了，直至看到日本记者木村毅的《中国已非昔日之支那》一文后，方知阎海文已为国英勇捐躯，而且牺牲得那么悲壮，那么豪气凛然，凛然得连敌人都向他景仰致敬。

1931年九一八事变后，日寇侵占了中国的东北三省，15岁的阎海文和无数东北同胞一样，不甘沦为亡国奴受辱，纷纷弃家流亡关内，他们唱着凄婉的悲歌"松花江上"，从关外唱到关内，直唱到抗日狂飙从天落。他流亡到北平，进了北平东北中学，1934年秋天，考入杭州笕桥的中央航校第6期。经过两年的严格训练，毕业后分配在中国空军第5大队25中队，任少尉飞行员。

阎海文在他的自传中这样写道：

> 我的祖先，原在山东省邹县阎家河，后由山东搬到河北昌黎县，再从那儿搬到辽宁堵北镇县的西北导台子村，就是如今日本铁蹄下的地方。论到我祖先的职业，有为农者，有为士者，有为军者。我的家庭是个农户，因为遭受多次水灾和兵灾，曾几度发生衣食方面的恐慌，加之东北沦亡，国将不国，堂堂的中华民族竟受倭奴之摧残与蹂躏，令人痛苦。所以我常为之悲，为之泣！我们中国人，现处在一个极危险的地位，中国在国际的地位，是说不到的。现在我们九死一生，敌人已逼到我们家里来了。非反攻，和它一拼，是不可活下去的。现在我们应以总理的革命手段，实行总理遗教，才可能有出路。当我知道总理一生之事略，革命呼号，不避艰险地奔走海外，百折不挠的精神，我对于总理的革命主义，便开始研究起来，非常发生兴趣，因此，我自己的前途，也就有了标准。于是我平时很注意一些名人史料，非常羡慕革命的伟大事业法之霞将军，欧战

时闻名全世界的拿破仑之武功，轰轰烈烈；华盛顿之血战八年而唱独立。印度之甘地，土耳其之基玛尔等等，都是古今中外之完人。他们事业的伟大，也是努力奋斗得来的。他们有干干干的精神，所以我在学生时代，守纪律，爱惜光阴，自励自行，努力苦干，以期能为国家出一份力，完成我的杀敌之志愿。

但我个人太微小了，比起世上伟人来，真是九牛一毛耳。然思国怀乡之念，不弱于他人，救国之志，永存于心。

身为东北黑土地儿子的阎海文，牢记着孙中山先生的教诲，以伟人为楷模，胸怀大志，为革命出力，为国家尽忠。一旦到了生死关头，面对残忍的敌人，宁可站着死，不愿跪着生。

土能浊河，而不能浊海；风能拔木，而不能拔山。

大义凛然，为民族立节；傲骨铮铮，虽死亦犹生。

10月间，日本新宿区举办的"支那空军勇士阎海文"之展览会上，陈列了阎海文烈士的飞行服、降落伞和手枪等遗物。前来参观的日本人络绎不绝，在尊崇武士道的国度里，许多日本人对阎海文这位作为敌手的空军勇士表示了深深的敬意。

阎海文牺牲后，在他的飞行帽里有一张折叠的纸片，这是一位名叫刘月兰的南通姑娘写给他的。

如果没有战争，阎海文和刘月兰理应是沐浴在爱河里的幸运儿，可是日本法西斯毁掉了这一切。英雄阎海文以自己的生命向日本侵略者显示了中华男儿铁可折，玉可碎，海可枯，但军皆殊死战、不可败的民族气节。

根据空军飞行员阎海文的英雄事迹而创作的歌剧《血洒长空》，舞台上，"阎海文"即将奔赴战场，他的情人在西湖边上与"阎海文"深情告别，依依不舍。她用西洋歌剧的咏叹调唱道：

饮酒，请饮尽，我们这离别的酒楼，
今夜啊！请记住，这西子湖滨，
这黄昏幻影，
这悲壮的饯行。明天啊，明天！

你是鹏程万里，

完成你那壮志凌云

恋人分手的第二天，阎海文就在激烈的空战中，座机中弹被迫跳伞，落入敌阵。几名包围他的敌军喊着："支那飞行士投降！"阎海文拔出手枪怒斥："想让我成为你们的俘虏吗？滚开吧！他一连打死几个敌军，将最后一颗子弹对准自己的太阳穴……"

每演到这激动人心的场景，所有观众热血沸腾，爱国口号此起彼伏。一次，南昌的湖滨音乐堂正在演出《血洒长空》的歌剧时，阎海文的弟弟正路过南昌，应邀观看了演出。他在台下目睹了哥哥的爱国精神和勇敢杀敌的壮烈行为，痛哭失声，观众无不热泪盈眶。

8月19日，中国空军第2大队第11中队队长龚颖澄，第9中队队长谢郁青各自率领7架诺斯罗普2E轻型轰炸机，携带500磅炸弹2枚，250磅炸弹12枚，由第4大队掩护，分两批飞往上海浦东白龙港，轰炸佘山海面敌舰。当我机群飞抵白龙港、花岛山一带海面时，发现敌舰10余艘集结，日军当即拉响防空警报，各舰集中火力对空开火。

我空军冒着随时可能被击中的危险，沉稳地翱翔于高空，透过弥漫硝烟寻找目标。一旦发现敌舰，随即实施俯冲投弹。龚颖澄中队长于11点多，自7000英尺高空瞄准投弹，均命中敌舰左右舱附近，掀起一个个巨大的水柱。下午13点，谢郁青发现一艘二等巡洋舰，立即率队友们于7500英尺，分两个批次俯冲投弹，一串串炸弹落入水中，最近的一颗炸弹命中敌舰左舱一公尺处，敌舰船身剧烈地摇摆，甲板上的日军顿时乱作一团，海面上也不时窜起巨大的水柱。

我机完成轰炸任务，突然，中国空军第2大队第9中队分队长沈崇诲和轰炸员陈锡纯所驾驶的904号战机发生了故障，机尾冒出一缕青烟，速度慢了下来，渐渐与队友们拉开了距离，在南汇附近脱离队形。

杀敌心切的沈崇诲在生命的最后瞬间，他想到敌舰上至少有三五百敌人，再加上一艘军舰，怎么算都是划得来的，于是他心一横："撞舰！"

侠胆义肝的沈崇诲与同机的轰炸员陈锡纯从2000米高空对准一艘敌

舰俯冲直下，飞机上的炸弹爆炸了……

一声震天巨响，沈崇海和陈锡纯与敌舰同归于尽。一代天骄以生命和鲜血写下了中国空军抗战史上最壮烈的一页。

烈士没有留下忠骨，但他们的英名永存，笕桥航校有一座飞行员的塑像，下面的大理石基座上刻着这样的文字："我们的身体、飞机和炸弹与敌人兵舰、阵地同归于尽。"

沈崇海用年轻而宝贵的生命，为祖国、民族书写了光辉的一页。

与沈崇海同为航校第 3 期毕业的姜献祥，闻悉沈崇海的壮举后，深情地回忆起毕业时离开笕桥航校的那一天——绵绵春雨中，同学们再次列队向母校敬礼告别，沿着风光旖旎的西湖，徒步来到火车站，启程前往各自的飞行部队报到。送行的是一些留校担任飞行教练的同窗，他们在月台上互相拥抱，互道珍重，列车启动时，难舍难分的他们竟全部挤进了车厢，对重情重义的他们来说，多聚一分钟也是十分珍贵的，突然一声玻璃破碎的声响，惊得大家纷纷回头，原来是留校任教的沈崇海，结束飞行教练任务后，匆匆赶来送行，眼看列车即开，竟不顾一切破门而上。幸好这位毕业于清华大学的足球健将脑袋犹如铁铸，撞碎了车门玻璃竟毫发未伤。欢呼声中，身穿连身飞行衣的沈崇海，孩子似地摸着额头，腼腆地笑了。

陈锡纯

沈崇海

1936年12月12日，西安事变中，姜献祥所在的飞行大队被东北军拘禁。事变和平解决后，姜献祥被获准返乡探亲，刚刚返回故里，已调至空军第9轰炸机队担任分队长的沈崇诲就前来探望他。好友相见自有说不完的话题，当沈崇诲知道姜献祥的弟弟姜献松因为家境拮据，升学有困难时，家境富裕的沈崇诲当即慷慨解囊，表示姜献松求学期间的全部学费由他承担，姜献祥全家都被沈崇诲热心助人的义举所感动。忆起沈崇诲生前的历历往事，悲愤的姜献祥发誓，一定要多杀敌寇为好友报仇。

中国著名影剧家洪深，很快就把沈崇诲侠胆义肝撞敌舰的英雄壮举写成了话剧"飞将军"，并亲自担任导演和主演，在武汉演出时，轰动了整个江城。许多空军战士观后，纷纷找到洪深，感谢这场戏给他们的鼓舞和力量，表示他们的杀敌决心。1938年该剧又被改成电影《忠义之家》，当时才23岁的著名影星秦怡，首次在银幕上亮相，扮演女主角——沈崇诲的妻子，再现了抗日空军飞行员沈崇诲为国捐躯的壮举。影片还描绘了沈崇诲的妻子和老父亲在敌伪统治下受尽欺压，但始终坚强不屈，参加抗日活动，一直坚持到日寇投降。抗战胜利后，国民政府授予沈家"忠义之家"的光荣称号。

半年以后，空军第5大队又出现了一位阎海文式的英雄飞行员——骆春霆。

1938年3月8日，中国空军第5大队17中队队长黄泮扬与第25中队副中队长袁葆康各率6架E-15机，自西安飞往山西风陵渡轰炸敌军，华侨飞行员容广成与骆春霆随队出征。他们到达目的地上空后，即对敌沿河边船只进行炸射，完成任务后，返航途中，在华阴渭南上空与敌驱机群遭遇。在敌众我寡的情况下，容广成与骆春霆的战机遭敌击毁，被烧焦的容广成烈士端坐在机舱内，当日寇妄图生擒骆春霆时，23岁的骆春霆举枪自尽，视死如归的英雄气节又一次震撼了日军，日军厚葬了这位宁死不屈的中国空军英雄，在墓碑上书写着：中国英勇空军骆春霆墓。

容广成（1912—1938），广东台山人。美国罗斯福航空学校、中央航空学校第五期毕业。第17中队少尉飞行员。牺牲后追赠为中尉。

骆春霆（1915—1938），浙江杭州人。中央航空学校第六期毕业。第17中队少尉飞行员，牺牲后追赠为中尉。

◎ 6. 登陆与反登陆

8月的南京，一到夜晚，尤其燠热不堪，知了在高大的法国梧桐树叶中撕心裂肺地鸣叫着，居民们都在马路两旁和街道上乘凉，一个劲地摇动着手中的扇子。

南京的鼓楼北极阁下的空军指挥部内，墙上有巨大的作战地图，下有华东地区大沙盘，其上还有标明各机场的小飞机模型。桌上的电话铃声不停地响着，参谋人员大声地接电话。

电风扇在不停地摇头，指挥部内灯火辉煌，气氛异常紧张，参谋人员进进出出，挥汗如雨。

淞沪会战初期，日本海军在华东地区没有陆上基地，航空队要从台湾、济州岛甚至本国机场起飞，航程太长加上航空母舰及其他军舰上的飞机毕竟有限，尤其是轰炸能力不足。淞沪战火燃起后，日本海军就力图在上海开辟陆上机场作为其陆上航空队的前进基地。日本陆军航空队起初没有前来华东作战。中国空军针锋相对，集中主力打击敌航空队，阻止敌军在上海地区建立机场。

8月20日，中国大本营下达的《国军战争指导方案训令》中，规定空军的任务是"应集中主力协同陆军，先歼灭淞沪之敌（以敌舰及炮兵为主目标）"。

这天下午，晏玉琮的第8大队第19中队3架德国亨格尔式重型轰炸机在副大队长黄普伦率领下，从汉口出发，飞至上海江湾轰炸敌军指挥部，投下大量杀伤弹和燃烧弹。3架飞机都多处中弹，但未伤及要害，全部安全返航。次日，第19中队的3架重轰炸机又袭炸了浏河登陆之敌。

是日深夜11点，空军最高领导依旧在研究敌情，制定战术。副总指挥毛邦初的军服上的扣子全部解开了，一面浏览手中拿着的各方汇总来的敌情通报，一面对总指挥周至柔说："截至今晚22点，各方面情报和飞机侦察所得的报告情形如下：

一、今晨6时30分，敌由虹口溃退至外白渡桥时，遭到我空军轰炸，仓皇冲至桥南公共租界，被英军缴械约百余。

二、敌占川沙荒滩作机场，其航空母舰在崇明岛海面。

三、汇山码头已被我军完全占领。

四、敌拟打捞浦江之沉船，以便其兵舰开进，攻击南市及浦东。

五、苏省花鸟山即嵊山岛，于17日被敌海军27驱逐舰占领，岛上的灯塔和无线电台已被其摧毁。

六、我中路第87师，拟今午进抵岳州路、唐山路一线，大场、南翔今被敌机轰炸……"

周至柔打断他的汇报："行了，你谈谈今天我空军的战绩。"

毛邦初说："本日敌被我24中队击落水上飞机两架！"

周至柔走到作战地图前，沉思片刻，抬起手腕看了看表，此时，带荧光的指针正指向11点。他转过头命令身边的参谋："记述空军作战命令第九号：

一、我空军明日以毁灭杨树浦之敌建筑物为目的。

二、第2大队全部明（21）日受第4大队掩护携带250公斤炸弹轰炸公大第一纱厂。

三、第4大队明（21）日以九机携带100磅炸弹及燃烧弹护送第2大队，并轰炸杨树浦裕丰纱厂至明华糖厂之间敌人。

四、第30队两机，明（21）日受第4大队之掩护，携带500公斤炸弹，轰炸目标与第4大队同。

五、第5大队明（21）日，第一次定5时起飞，携带500磅炸弹，轰炸恒丰纱厂至汇山码头间敌人，高度12000英尺。

六、第2大队、第4大队，5时开始起飞。其次序如下：

诺机、霍机、马丁机

七、起飞后，一同向目标飞进，其高度如下：

霍机14000英尺

马丁机10000英尺

诺机8000英尺

八、各部队进入目标之航线，自上海市中心方向，沿浦江向西攻击。

九、第4大队掩护诺机及马丁机时，须占后方之位置，遇敌机时，即拉高空投弹，专任掩护。

十、第一次轰炸后，第2、第4大队回南京，第5大队回扬州，装载油弹准备第二次轰炸。第30队则回汉口宿营。

十一、第二次轰炸后，第2大队回安庆宿营，第4大队回南京宿营。

十二、第4大队余部第28队、第34队、第17队，明（21）日均须于4时30分准备完毕，以防敌机袭击。

十三、余在南京空军总指挥部。

命令下达法：以电话分别传达，随补油印命令，扬州、句容由第6大队派机送达，并通报第一军区司令部、防空指挥部，并用电话通报沪杭警备司令部。"

8月21日，第2大队第9队队长谢郁清率诺机6架，携带250公斤炸弹6枚，使用迟发信管，5时自广德出发，经南京转赴上海轰炸公大纱厂之敌。同时第22中队队长黄光汉率领霍机9架专任掩护，但机群进入上海后失去联络。敌水上驱逐机9架，自上海西面来袭，包围我诺机。我轰炸机群乃分成两队，用分队防御队形，仍向目的地航行，数度进冲，均未奏效，不久，我两编队失去联络，被迫折回。飞行员顾全祥、游云章、王万全等所驾之机3架，返航途中均将炸弹投向太湖。

此役，原定8机出发，其中有两机因故障未能起飞。已出发飞机，其中两机于返航时失去联络，降落滁县，其余4机于8时40分回降南京机场。

同日，第5大队大队长丁纪徐率领霍机4架，以两机任轰炸，各携带250公斤炸弹一枚，使用迅发信管，以两机任掩护。7时15分，自扬州机场出发，飞往上海轰炸恒丰纱厂及大阪和平公司、南满铁路公司各码头。8时05分飞抵目标上空，由一万英尺俯冲至5000英尺开始投弹，炸弹落于汇山码头东北约3000英尺处，其时敌高射炮向我密集射击，幸无伤损，于9时25分飞进扬州机场降落。

同日，第2大队第9队队长谢郁青率领诺机8架，12时携带500公斤炸弹各两枚，250公斤炸弹8枚，使用迟发信管，自南京出发，经广德加油后，于 14 时起飞，经南汇往泗焦岛轰炸敌航空母舰。同时，由第 4 大队 23 中队队长毛涛初领霍机 6 架任掩护，15 时飞抵目标上空，自 7000 英尺一次投弹全数爆发，未经命中，当轰炸时，敌防空炮火甚多，但仅在 5000 英尺以下，并在大战山发现敌水上机两架准备起飞，当由第 23 队吕基城、姜世荣骤降射击数次，敌方损坏情况不明。又侦得防空炮火多由泗焦岛发出，泗焦及花鸟山附近游弋兵舰甚多，泗焦口可作水上飞机场，泗焦掘出新土甚多，以作永久工事，17 时经泗焦、镇海飞返南京机场降落。

同日，第 4 大队第 22 中队分队长乐以琴赴上海轰炸敌航空母舰，在沪西朱家宅击落日驱逐机 1 架。

8 月 22 日，增援淞沪地区的日本陆军上海派遣军所辖第 3、第 11 师团开始在吴淞附近登陆。中国空军的作战重点转为打击登陆之敌。当天，中国空军第 4 大队代理大队长王天祥率领 18 架霍克式机飞往浏河一带攻击敌军。原来，在 8 月 15 日日机空袭杭州的战斗中，空军第 4 大队大队长高志航作战负伤，王天祥奉命兼代第 4 大队长职务，连日在京沪上空与敌激战，击落敌机，炸伤敌舰，战果辉煌。

同日，王天祥率领第 4、第 5 大队机 18 架，飞往上海浏河一带，轰炸敌登陆部队。敌航空母舰上的飞机及其他军舰舰载机分别起飞迎战。双方发生空战。王天祥率先冲入敌人炮弹密集之火网之中，向目标投弹多枚，并击落敌机 2 架。王天祥在击落了敌机之后，身负重伤，座机也被击中，他弃机跳伞后落入海中，在海浪的推动下漂至岸边，因伤势过重而牺牲。

王天祥（1909—1937），浙江黄岩县人。少年时代仰慕宋代民族英雄文天祥之为人，因袭其名。其家为巨族，四代同居。天祥 10 岁丧母，赖祖母抚养成人。在黄岩县立中学毕业时，拟考黄埔军校，其父以其年幼，且是独子，未许。1927 年，入陆军第 26 军在杭州创办之军官教育团，该团旋并入中央军校第 6 期。及中央航空学校成立，王天祥又进航校第一期毕业。历任航空第 2 队飞航队员、中央航校飞行教官、驱逐组兼组长、空军驱逐第 1 队队附、第 6 队副队长、第 7 和第 8 队队长、空军第 3 大队第 8 队队长、第 3 大队副大队长，升至上尉本级。由于王天祥擅长飞行，在航校任飞行教官时，被称为该校三杰之一。1932年一·二八首次空战中，王天祥受伤。因功奉颁七等云麾勋章。牺牲后追赠为少校。遗有老父及妻王氏与子三女一。

同一天，中国空军还派出数批轰炸机在吴淞口对登陆之敌进行轰炸。

是夜，乌云遮月，天色昏晦，派遣支队就开始了首次夜袭行动。由于是第一次执行夜袭任务，经验不足，效果不明显，但给淞沪之敌造成很大的心理恐慌。

8月23日，日军第3、第11师团已在吴淞口附近登陆。日本海军以陆上攻击机奔袭南京、安庆、宁波等处，以牵制中国兵力，并以航空母舰及其他军舰上的飞机掩护登陆行动。上午7时许，中国空军第4大队第22中队中队长黄光汉奉命率领第3、第4、第5大队的19架霍克飞机，再次飞往吴淞上空，轰炸敌军舰艇、运输船及已上岸之敌军。第3大队第17中队的7架波音-281式驱逐机，自句容出发负责掩护霍机。刚抵吴淞口，即与敌机遭遇，中日飞机再次激战。中国空军击落敌机2架，自己也损失飞机1架，第17中队分队长秦家柱驾1702号机在吴淞上空激战阵亡。我机1704号一架重伤。

秦家柱25岁（1912—1937），湖北省咸丰县人，中央航空学校第四期毕业。历任中央航校洛阳分校飞行教官、空军第27队队员、空军第4大队第22队队员、第23队分队长、空军第3大队第17队少尉本级分队长。生前因功奉颁一星星序奖章，追赠为中尉。遗嗣子一。

8月24日，日本海军停泊在吴淞口外的3艘航空母舰及其他军舰上的飞机百余架一起出动，疯狂地轰炸中国军队的阵地，中国官兵伤亡很大。

8月25日，日本海军又出动了50多架飞机对淞沪地区进行狂轰滥炸。中国海军在江南造船所内建的轻巡洋舰1艘和"永健"号炮舰均遭袭击，"永健"号被击沉。日军第三师团登陆后，向罗店镇发动进攻。

据情报说有一大队日军要在上海附近罗店的小川沙河登陆，我空军第9大队接到任务后，飞行员们个个摩拳擦掌，并认真地做着战斗准备；每架飞机带上10捆伞弹，5挺机枪……

就在这时，陈纳德正好来到南京机场，看到这情景，他笑着对飞行员们说："这几天敌人的驱逐机很少，你们可以痛痛快快地扫射一番，如果有敌机攻击你们，你们可以超低空飞行，以蛇行（S）躲避，准无问题。"

第9大队银白色的雪克莱机群升空起飞，风驰电掣地沿着京沪铁路飞去。转眼就看到了长江南岸的罗店，只见地面上硝烟弥漫，遍地烽火，原来待我方获悉敌人登陆的情报时，敌人已经登陆了，并已深进了一步，与我方地面部队交上了火。眼见得陆军兄弟正在与日寇浴血奋战，攻击大队2分队副队长张劲夫顿时热血沸腾，恨不得立即飞到敌人上空，把日寇炸个稀巴烂。

越飞越近的张劲夫看到江面上有一艘日本兵舰，正掩护着两条运输船，由两只小快艇在转运人员和物资，张劲夫决定向兵舰和运输船、小快艇开火。张劲夫看到一只快艇上装满了穿着黄军服的日本兵，便立即对准目标扣紧机枪，将复仇的子弹猛烈地扫向小快艇，密集的火力将小艇打翻了，就像一只倒扣的鱼篓，伏在江面上，落水的鬼子泥鳅似的在水里扑腾着，江水也被染红了。坐在后座的李松龄急得拍打着张劲夫的背，大声喊："副队长，快拉平飞，让我过过枪瘾！"

张劲夫得意地点点头，他把机头稍微带高一点，李松龄便有了射击的角度，他把漂在水面上的敌人全部扫进了江底之后，才露出了笑容。其他攻击机上的勇士也纷纷把敌舰当作最佳目标，一次又一次地向兵舰攻击，打得敌舰甲板上火光四溅，鬼子兵抱头四下里乱窜，也有人向陆地上日军阵地攻击，打死了不少日本兵。

勇士们全身心地投入战斗，只顾低飞搜索目标，打得过瘾，却忘记了把自己飞机肚皮下面的那个大油箱拉掉。他们一次又一次地低飞，第一次攻击之后，又进行第二次攻击，张劲夫飞得更低，翅膀几乎擦断敌舰的桅杆，他的四挺小扣提也射得敌舰成了蜂窝。

突然，飞机一抖，张劲夫的脚后跟觉得热辣辣的，于是张劲夫把飞机稍稍带离一点，低头一看，脚下一片血水，但是他并不觉得痛，也不觉得怕，他只想子弹还没打完，还可以打上一阵，这时他发现机舱里都是黑烟，呛得眼睛什么也看不见，他决定把飞机再拉高一点，把座位也拉高一点，希望露出座舱，看清楚一点后把下油箱拉掉，避免着火，然后准备迫降，就在这时张劲夫却什么也不知道了。

等到张劲夫苏醒过来的时候，发现自己正躺在田埂上，忍痛抬头去寻找后座的李松龄，他竭尽全力大声喊道："李松龄，你在哪里？"但这声音只是在他的喉咙里蠕动了一下，紧接着一阵剧痛，他支撑不住，终于又昏了过去。

待他再一次醒来时，发现周围站着好些个当地村民，是这些村民把受了重伤的张劲夫救了。

村民们小声地商量着如何把张劲夫藏起来。有人说："日本鬼子就快来了，我们赶快想办法把飞将军藏起来吧。"

另外一个人说："藏在哪里呢？飞将军的伤又这么重，必须马上找医生，否则飞将军会没命的。"

一位有见地的农民说："赶快把飞将军送到上海去吧。"

右肩、右额和脚被子弹射穿的张劲夫被好心的村民换上了老百姓的衣裳，睡在门板上，偷偷地躲过了日本人的眼线，由村民们通过熟悉的小路连夜送往上海，才得了救。

而李松龄在这次战斗中光荣牺牲了。

李松龄（1915—1937）22岁河北人。毕业于中央航校第六期，第9大队少尉飞行员，牺牲前为少尉本级，追赠为中尉。

九一八事变后，李松龄目睹日人在华北暴行，立志从戎，誓雪国耻，考入中央航空学校第六期，毕业后任空军第9大队第27队准尉见习员。

此次战斗，第9大队第27中队也奉命出动，副队长张旭自南京率雪克莱攻击机2架飞往上海川沙，攻击登陆之日军。17时，我机到达时敌已登陆，敌舰及地面对空炮火甚密，我机分向敌舰及地面敌军扫射。张副队长所驾2702号机的油箱被机枪子弹击穿，李松龄中弹阵亡。飞机迫降敌阵地内，张旭副队长重伤，脱险回队。李松龄被追赠为中尉，遗有父母。

另一架飞机2708号中弹累累，后排座位上的李文韶身负重伤，飞行员杨道吉坚持把飞机开到杭州，李文韶于次日不治身亡。

李文韶（1913—1937）24岁，吉林省宾县人。中央航空学校第6期毕业。任空军第9大队第27队准尉见习员，被追赠为少尉。

为了保卫南京，在陈纳德的策划下，中国空军第6大队组织了夜袭支队。8 月 25 日凌晨 3 点，第 6 大队 15 中队的常州籍飞行员高谟，驾驶着 404 号轰炸机，单机飞往上海虹口，在杨树浦上空袭击日军。冒着敌军猛烈的高射炮火，高谟从容地把炸弹投向目标，并在浙东上空击落一架敌机。返航途中，在舟山海面上空与前来报复的敌机相遇，在寡不敌众的情况下，背部受伤的高谟在临安城郊 40 里外迫降，因出血过多，孤胆英雄高谟壮烈牺牲。

高谟（1913—1937）24 岁，江苏省武进县人。原名尧宪，高中毕业时，值九一八事变发生，立志从戎，考入中央陆军军官学校，复转入中央航空学校第五期毕业。任空军第 6 大队第 15 队少尉本级队员。1937 年 8 月 15 日，日机空袭南京，高谟曾击落敌机一架。牺牲后追赠为中尉。遗有父母。

16 时许，中国空军第 9 大队雪莱克式（A-12）攻击机 4 架在大队长刘超然率领下，自南京机场起飞，直扑罗店上空，发现敌橡皮艇颇多，装载人伏，正在登陆。于是各机均俯冲进行扫射，敌死伤甚众。

张俊才与见习员洪冠民所驾 2607 号机，猛击敌登陆部队，被敌高射炮火击中，坚持驾机飞返南京。途经镇江时，天气昏黑，碰触山头，飞机燃起熊熊大火，张俊才与洪冠民壮烈牺牲。

张俊才（1913—1937）24 岁，湖南醴陵县人，中央航空学校第四期毕业。历任中央航校飞行教官、空军第 9 大队第 26 队少尉本级分队长等职。1937 年 8 月 15 日，日机 20 架袭浙江杭州曹娥，我第 26 队起飞迎战，张俊才与队友共击落敌机 4 架。

张俊才牺牲后，追赠为中尉。遗有祖母及父母。

洪冠民 23 岁（1914—1937），广东省梅县人。中央航空学校第六期毕业。任空军第 9 大队第 26 队准尉本级见习员。牺牲后，追赠为少尉，遗子一。

同日上午 8 时，驻汉口的第 8 大队（即轰炸机大队）大队长谢莽率领第 19 中队亨格尔重轰炸机 1902 号、1903 号、1905 号 3 架和第

高谟

30队中队长石友信率2架马丁-B-10式重轰炸机，飞赴南京。

14时50分，谢大队长驾1902号机领队，自南京飞上海，轰炸日舰及敌登陆部队，另有第17中队5架波音P-12式驱逐机护航。任务是袭击长江口日舰，破坏日军登陆行动。

16时15分，轰炸机机组抵浏河附近上空，见浏河狮子林江面，停泊大小敌舰24艘，在其上空发现敌战斗机4架。我波音驱逐机立即迎头飞过去，掩护我轰炸机。由于云层太厚，轰炸机群失散。两架新近购进的新式马丁机在波音驱逐机的掩护下，分别投下各自携带的一枚800公斤重磅炸弹和2枚250公斤炸弹，使一艘日舰中弹受伤；另外还击落了一架日机。

完成任务后，编队在返航时，正遇上4架日机围攻一架掉队的亨格尔式轰炸机，于是，波音驱逐机扔下马丁机而不顾，立即冲上前去向敌机开火，马丁机只得在缺乏护航的情况下独自往回飞。当晚，只有一架亨格尔式重轰炸机降落在大校场机场。

原来第19中队副队长薛坤炳、刘焕所驾1903号机，在战斗中，该轰炸机被敌机击中着火，机枪手云逢增及机械士茹康怦中弹阵亡，另一名机枪手陈雄基受重伤。于是该机急忙离开队形，救熄火焰。又因油箱漏油，迫降虹桥机场，却被敌机跟踪至上空投弹，飞机被焚毁。

云逢增（1910—1937）27岁，广东省文昌县人。广东空军教导队毕业。任空军第8大队第19队准尉本级爆击士。追赠为少尉。遗妻及子女各一。

陈雄基（1910—1937）27岁，广东省花县人。广东空军教导队毕业。任空军第8大队第19队准尉本级爆击士。追赠为中尉。遗妻及嗣子一。

另一架轰炸机1905号中弹多处，冲出包围后，飞行员把飞机向南京方向开，但半途实在坚持不下去，于是迫降在常州机场。

傍晚，只有1902号轰炸机歪歪斜斜地降落在大校场机场上。该机也弹痕累累，副大队长谢莽咬紧牙关将飞机开回了南京。

毛邦初跌足道："坏了，坏了，这下麻烦大了。"

原来，当时中国空军经费有限，购买的重型轰炸机总共才有十几架，其中的几架还有故障，不能执行任务，而为了阻止日军登陆并击沉其军舰和摧毁其坚固的工事与阵地，必须靠重型轰炸机的威力。一次执行任务就损失了两架重轰炸机，等于将空军的实力砍掉百分之十，怎么向蒋介石交代？

毛邦初虽然年轻，当时只有34岁，已经成为中国空军司令部副总指挥。他与蒋介石有亲戚关系，为蒋介石元配夫人毛福梅的亲侄子，从黄埔军校第3期毕业后即投身于军事航空界，先后留学于苏联、意大利，成绩优异。他在空军建设和教育中立下汗马功劳，深为蒋介石所器重。"八一三"抗战时，成为指挥中国空军对日作战的重要人物。8月14日中国空军对日空战过程中创造了斐然的勋绩，与毛邦初不无关系。

毛邦初向周至柔汇报后，两人都感到事态严重，商量了半夜，在第二天向时任航空委员会秘书长的宋美龄进行汇报，希望能予以转圜。由于事情太大，宋美龄无法隐瞒，只得告诉蒋介石。

蒋介石听说一下子就损失了两架重型轰炸机，勃然大怒。立即与宋美龄驱车前往大校场机场。

在炎热的大太阳下，机棚内温度在摄氏40度以上。飞行员们汗流浃背，却以整齐的队列迎接蒋介石的到来。蒋介石怒气冲冲进了机棚，大喝一声："马丁机队长石友信出列！"

石友信立即挺胸而出，肃立在队列之前。

蒋介石指着他怒斥道："你以为打了胜仗是不是？你的胜仗也是败仗，因为你掩护的飞机被打掉了！"

石友信和在场的飞行员都丈二和尚摸不着头脑。马丁机也是重轰炸机，而担任掩护的应该是波音机。

他张口刚要辩驳这不白之冤，却见蒋介石身后的毛邦初神色紧张，连连向他摆手，只得伸着脖子咽了，强忍着继续听蒋介石的大骂。半晌，宋美龄劝说："大令，消消气，这么热的天，当心身体啊。再说，石队长他们没有功劳也有苦劳……"

蒋介石对周至柔说："石友信记大过一次，降级处分！撤职调离！"

石友信蒙受不白之冤，心中怨恨，离开空军后，去了他的同族兄弟石友三部，成为亲信。1940年底石友三曾派其到天津与日军秘密联系投降之事，事泄后，石友三、石友信先后被高树勋处死。

8月26日，第6大队第3中队自杭州前往上海轰炸日军阵地，彭仁忭驾机至目标上空，投弹完成任务。返航途中，突遇敌机数架环攻，阵亡于浙江临安。

9月初，攻防转换。日军2000人于9月1日再度在吴淞口登陆，由张华浜上岸，以密集的炮火向我扼守吴淞部队发起猛攻，我军抵挡不住后撤，日军继续向宝山推进。日本援军第11师团浅间支队在炮火掩护下，猛攻狮子林炮台，我守军与敌激战数小时，全部牺牲殉国。日军旋向杨家桥、月浦前进。

1日，罗店的日军被我军三面包围。次日，由青岛调来之日军第11师团天谷支队沿吴淞、月浦、罗店公路进攻罗店以北我军，以图解救被围困日军。日飞机在罗店狂轰滥炸，协助救援。我军死伤惨重。

此时，日援军久留米第12师团自福冈、第11师团一个旅团自截岛、第3师团一个旅团自静冈、第9师团一个旅团自敦贺、第6师团自鹿儿岛，合约3个师团的兵力开抵上海，日军开始由战争初期的守势转为攻势。

3日上午，日军夹击月浦镇，打通与罗店之间联络线。狮子林炮台遭日机的轰炸和舰炮轰击，我军伤亡极大。

9月3日下午15时，中国空军第4大队第21中队队长李桂丹率领霍克机9架，继续出击，目标是驱逐罗店我军阵地上空的敌轰炸机。

21中队在江苏浏河上空同敌机双座战斗机七八架相遇，展开激烈的空战约30分钟之久。中、日双方各有伤亡，敌机2架受伤，向上海方向逃窜。中国飞行员谭文所驾驶的2310号驱逐机的油箱被日机击中，当即发生大火，谭文壮烈牺牲。

谭文（1912—1937）25岁，山东省海阳县人。中央航空学校第三期毕业。历任中央航校教官、空军第4大队第21中队分队长，升至中尉本级。牺牲后追赠为上尉。遗有父母及妻姜氏与子一。

9月10日，原在大连附近周水子机场驻扎、完成了掩护日本陆军从海上向华北运输任务的日本海军第2联合航空队移驻上海公大机场。该联合航空队拥有战斗机24架、轰炸机

谭文

30 架、攻击机 12 架，实力较强。

9 月中旬，日本陆军也在吴淞以西约 4 公里的王滨抢建了前进机场。从 9 月底起，日本陆军第 3 飞行团开始进入王滨机场。该团起初拥有战斗机 12 架、侦察机 9 架、轻轰炸机 10 架、重轰炸机 6 架，编为独立第 4（侦察机）、第 10（战斗机）、第 11（轻轰炸机）、第 15（重轰炸机）共 4 个中队。原已在沪作战的独立第 6 中队（侦察机）后也归第 3 飞行团序列，抵达王滨机场。

1937 年 9 月 18 日，恰逢农历八月十五中秋节。是日，我军再克罗店，团长李友梅殉国。是日，我空军 6 次飞沪，袭击杨树浦等地日军阵地。

当天下午，第 4 大队第 21 中队队长李桂丹由南京率队友张光明与李有干等霍机 6 架，飞赴上海轰炸招商中栈至汇山码头一带之日军阵地。李有干这位曾在 8 月 15 日保卫南京的空战中击落一架敌机的勇士，在执行轰炸任务时，他所驾驶的 2506 号战机不幸被日寇地面密集交叉的高射炮火击中，飞机在浦东坠毁，献出了 24 岁的年轻生命。

李有干（1913—1937），原籍四川江油县，生于北京。中央航空学校第五期毕业。历任中央航校飞行教官、空军第 4 大队第 22 中队少尉本级队员。牺牲后追赠为中尉。

佩戴空军徽章的宋美龄

日军第 3 师团一部向公大纱厂以北地区进攻，迫使中国守军后撤，占领了军工路一线。这样，就解除了中国军队对其设在公大纱厂的前进机场的威胁，敌军飞机可在公大机场自由起落了。

在罗店作战期间，中国空军频频出击，给登陆之敌较大杀伤。但中国空军飞机消耗无法补充，后劲不足，不能发挥更大的作用。

◎ 7. 绞杀与反绞杀

面对中国空军有效的抵抗，日本方面提出了绞杀中国空军的"灭巢"行动，即要以空袭战术，将中国空军消灭在机场上。日本的特务机构加紧派出间谍收集中国的军事情报，夜以继日地破译中国军用电台的密码。此后，日机开始频繁空袭中国的机场，以摧毁地面停放的飞机。

淞沪战役爆发后，1937年8月14日，空军第9大队奉命自河南许昌移防浙江曹娥。第26中队雪克莱A-12型攻击机9架，以及第27中队雪克莱机2架，当日到达曹娥机场。15日，第27中队又有5架飞机到达曹娥机场。飞行员们还未及休整，空袭警报大作，敌机20架前来空袭。大队长刘超然立即命令第26中队起飞5架迎击敌机。我机冒着被敌机射击和炸毁的危险局面，强行升空，经过20分钟的苦战，击落敌机4架，我机也有损伤。空战结束后，大队长刘超然令未受损伤的飞机移飞浙江长兴机场。转场的途中，第26中队再遇敌机9架，双方发生激烈的空战，因众寡悬殊，飞行员张光蕴和刘维权所驾263号机被敌击伤，迫降海宁县路冲镇，张光蕴负轻伤。刘维权在该机后座，中敌弹重伤，送到医院医治无效，延至22日不幸以身殉职。

刘维权（1915—1937），河北省武清县人。中央航空学校第六期毕业。任空军第9大队第26中队准尉本级见习员。

八一三沪战发生后，由于我空军连续出动，轰炸上海敌重要据点和水面舰只，日机采取"灭巢"行动，连续数日空袭南京、杭州一带我空军基地。

我空军连续出动，轰炸上海敌人据点和水面舰只

8月15日9时10分，日本海军木更津航空队少佐飞行长林田如虎率领20架九六式攻击机，从日本长崎附近的大村航空基地出发，冒着风速15米/秒之上的台风，越过大海，从杭州湾侵入中国大陆上空。"九六"式海军陆上攻击机是日本海军在侵华战争初期的主战机种，是由山本五十六担任日本海军航空本部部长时主持研制的新式飞机。该机由三菱飞机制造厂生产，最大时速372公里，最大续航距离4500公里，装有20mm机炮1门、7.7mm机枪3至4挺、60公斤炸弹6枚，单翼，双发动机，各1000马力，空气冷却系统，乘员5人。装备该机种的日本海军第一联合航空队所辖的木更津、鹿屋航空队，深受日军首脑器重，被誉为"虎之子"，是日本海军精锐部队。

由于海上的恶劣气象，日机飞行十分艰难，在苏州上空又遭中国空军拦截，有4架日机被冲散。14时50分，16架日机飞临南京上空。中国空军13架飞机起飞迎战，高射炮也猛烈地向敌机开火。日机一边还击，一边强行冲入南京市区，扫射和轰炸了明故宫机场、大校场机场、八府塘、第一公园、大行宫、新街口等军事设施和人口密集处，共投弹7枚，造成南京一些建筑受损，军民伤亡数十人。伤员被送往中央医院、下关传染病院、丰富路卫生事务所、复成桥卫生事务所、煤炭港博爱医院救治。日机4架被击落，6架受伤，日军航空曹长渡边勇等30名飞行员毙命。当晚19时20分左右，16架日机返回日本海军济州岛航空基地。

日机首次空袭南京后，引起了世界的震惊，中外人士纷纷谴责日本空中强盗的暴行。

八一三淞沪会战以来，日寇出动了大批飞机对沪宁沿线的城市进行狂轰滥炸。

然而，日本当局却大肆鼓吹这是世界上首次"渡洋爆击的壮举"、"铁锚象征的长征"。一名日军飞行员还作诗写道："渡洋联翼袭南京，爆击敌机碎敌营，归还洋中三五月，悠悠机上赏清明。"其不可一世的神情昭然可揭。

中国空军飞机起飞迎敌，地面高射炮火也对日机进行拦截，被我一举击落5架（日本方面承认被击落4架，损失官兵30余人，另有6架受伤）。当时，航空委员会秘书长宋美龄在中山陵住宅一直仰头观战，中国空军每打下一架飞机,她便兴奋地击掌欢呼。战斗结束后,她一一接见了飞行员,然后坐车来到牛首山方向察看敌机的残骸。

南京上空第一次空战告捷后,全国各地各阶级、各阶层和各党派人士纷纷来电祝贺,远在延安的中国共产党毛泽东主席亲自撰文:

> 所有前线的军队,不论陆军、空军和其他部队都进行了英勇的作战,表示了中华民族的英雄气概。中国共产党谨以无上的热忱,向所有全国的爱国军队,爱国同胞,致以民族的敬礼。

8月16日拂晓,日机6架,袭我暂编大队第32中队驻地浙江嘉兴机场。

凌晨4时20分,天气恶劣,大雨倾盆。就在晨光微熹中,突然在风雨声中,观察哨兵听见自太湖方面传来敌机声,立即报警。我航校暂编大队起飞4架意大利菲亚特BR-3轻型轰炸机迎敌。这时,雨势稍稍小了一些,只见敌机3架九六式舰上轰炸机已经到达机场上空。副中队长徐卓元因所驾驶的意大利轻轰炸机不适于战斗,只身向西飞行,以图躲避,并用机尾机关枪对日机作自卫式的还击。分队长黄保珊与队员吴纪权驾驶的118号机,在嘉兴附近江面上空被敌机紧紧追逐,机枪子弹密如飞蝗,在空中闪烁出一串串的弧光。两机你来我往,你左我右,翻腾上下,发生格斗,终因意大利生产的飞机性能远不及敌机,中弹累累,飞机在空中着火,分队长黄保珊和飞行员吴纪权牺牲。

黄保珊(1912—1937),江苏省江宁县人。中央陆军军官学校第八期、中央航空学校第三期毕业;历任中央航校飞行教官、空军第2大队第9队队员、中央航校暂编大队第32中队分队长等职,升至中尉本级,追赠为上尉。遗妻孙氏及子一。

吴纪权

吴纪权（1912—1937），祖籍安徽省合肥县，寄居宣城。1933年中央航校第4期生。毕业后留校任飞行教官。由于对日备战甚急，调航校暂编大队第32队少尉本级队员。牺牲后追赠为中尉。遗妻徐氏及女二。

空军第5大队在大队长丁纪徐的率领下，驻防在江苏扬州机场。第5大队所辖的第24中队、第25中队，有霍克3驱逐机18架；第28中队，装备有霍克2驱逐机9架。

8月21日凌晨3时45分和4时30分，扬州机场接到指挥部发来的两次日机空袭警报。大队长丁纪徐命令所有的飞行员、机械师起床，做飞行前的准备，由于实行灯火管制，不得点灯，装弹加油等各项准备工作进行得很缓慢，但未见有日机来袭。

5时整，机场上各战机马达轰鸣，开始试车，机械师和地勤人员忙于加油挂弹，飞行员整装待发。

5时15分，东方发白，远处的天边出现几处小黑点，在云层中时隐时现。由于当时有薄雾，未被地面发现。敌轰炸机6架，分成两个小队，成V字形，高度在1000英尺，自西飞来，飞临扬州机场上空。其第一小队俯冲而下，用机枪对停机坪上的飞机进行疯狂的扫射，随即5枚250公斤的炸弹呼啸而下，霎时间，机场上飞机起飞的轰鸣声、机枪射击声、爆炸声响成了一片，地面上被击中的飞机燃起了熊熊大火。

日机投弹后便向东直飞，一架日机转向西飞。三颗红色信号弹飞上天空，丁纪徐大队长率领的霍克机6架强行开车，一架一架滑向跑道的尽头，升空迎敌。其余的飞机因有轰炸任务，挂有沉重的炸弹，未能及时出动。

在空袭中，地面飞机被炸毁两架。飞行员滕茂松起飞不及，被炸重伤，医治无效而牺牲。追赠为中尉。遗有父母。

滕茂松（1917—1937），安徽省舒城县人。先世本姓毛，为明显宦。清兵入关，屡次参加起义失败，乃隐居，改姓滕，世以务农为业。其父从业新闻，率眷居北平。茂松于北平安徽中学高中毕业，值九一八事变，矢志报国，考入中央航空学校第六期。临行时，其父告以"精忠报国，勿以家累为念"，烈士以"不成功便成仁"为对。滕茂松于航校毕业后，任空军第5大队第25中队少尉本级队员。八一三沪战发生，第5大队驻防扬州，滕松茂连日随队参加轰炸上海日兵营各役。在此次空袭中不幸殉职。

此时，日机第2小队到达扬州机场上空，发现中国的驱逐机已经起飞，来不及投下炸弹即向东逃窜。董明德与宋恩儒各自驾驶自己的战鹰，追击敌人第1小队东飞的两架日机，由于霍克3型机动灵活，很快便拉近了与敌机的距离。天空中弥漫着薄雾，透过云层，泛白的天空中，敌机身上的红膏药标记清晰可见。中国空军的勇士们纷纷瞄准开火，敌机吓得向太阳的方向仓皇而逃，企图用强烈的阳光干扰中国飞行员的视线。

第5大队的勇士们复仇心切，一阵穷追猛打，日本九六编队被打散了，敌机一架一架地被击落，幸存敌机纷纷逃窜。我空军健儿则盯紧目标紧追不放。激战中，年轻的东北小伙子董明德把座机的速度由150公里提到160公里，一直追到泰县附近，眼看就可以向敌机开火了，狡猾的敌人开始放烟，企图遮挡中国飞机的追赶。

董明德的霍克3却开始减速了，因为座机速度已到了极限。而这时敌机的后座枪已开始向他射击。董明德一面在心里命令自己"沉着"，一面不断向敌机逼近。眼见两机间距离大约100公尺了，九六式轰炸机的庞大机身已横在照准环内，董明德的大拇指狠狠地按在电钮上，两挺机枪同时开火，"轰"的一声巨响，被击中的九六式轰炸机闪起一团巨大的火花，向下坠落。

仅打下一架敌机哪能解心头之恨！此刻，董明德环顾四周，发现前面有一架敌机被战友朱恩儒穷追不舍，董明德毫不犹豫地一推机头，再次加速俯冲朝敌机猛追过去。追是追上了，但想把这架九六式轰炸机击落还是有一定难度的，因为九六式轰炸机的速度不容许霍克3在瞬间选择有利的攻击位置，董明德只能紧咬住敌机不放，在战友朱恩儒的配合下，两架飞机同时向敌机开火，面对着敌人射向自己的雨点般的子弹，董明德咬紧牙关，冒着机毁人亡的危险，对准敌机连续射击。突然，董明德眼前闪起耀眼的红光，一阵热浪迎面扑来，他猛拉机头，右脚用力一蹬……

只见敌机已化成一团火球向地面坠落，又一架敌机被击毁了。董明德想拉高回航，座机却操纵失灵了，机舱里所有的仪表不是指着红线，就是指向零，最严重的是油表显示为零。没法返航了，怎么办？跳伞吗？

他实在不能舍弃自己的战鹰，五百米，两百米，他发现下面是一片农田，为了保全座机，他决定迫降。董明德把在航校训练时学到的技术和经验全用上了：放下了起落架，拉高机头减少下滑速度，做到了轻三点着落，随着一声巨响，巨大的震动使董明德失去了知觉。

飞机落地时，村里人可吓坏了，后来看清楚上面是中国飞机的标志，这才纷纷围拢来，把已经昏迷的董明德从机舱里救出来，飞机的机身上都是枪洞，发动机也报废了。

"他醒了，你们看，他总算醒了。"为董明德生死担忧了半天的农民们看到负伤的飞行员终于醒了，他们欣喜地为董明德递茶水，被扶起来的董明德，第一句话是："我的飞机呢？"乡亲们告诉他，飞机还在，并没有摔坏。董明德这才放下心来。

午后的扬州城里沸腾了，鞭炮声、欢呼声此起彼落，男女老少都欢呼着："看飞将军呀，快来看飞将军呀！""大家快来看打落日本飞机的飞将军啊！"江都医院门口人山人海，鞭炮声震天，鞭炮屑撒满地，人群中两位身强力壮的农村小伙子，肩扛着两根粗竹竿，竹竿上绑着一张竹椅子，这顶简易轿子上坐着年轻的飞行员董明德，人们用最淳朴最真诚的方式，把最崇高的敬意送给年轻的空军英雄。

在江都医院里经过一段时间的疗伤，董明德很快就恢复了健康，投入了新的战斗。

在这次反偷袭的空战中，第5大队董明德击落敌机两架（一架坠落于泰县，一架坠落于东台），刘依钧击落敌第1小队转向西飞的另一架（坠于六合、仪征间），袁葆康击落敌第2小队一架（坠于如自皋以东）。

是役，敌重型轰炸机被我击落4架，而扬州机场上我方也被敌机炸毁飞机4架，在空战中一架（董明德）遭击伤迫降，机毁人伤。

8月21日，第3大队接到敌机趁拂晓袭击首都南京之电报，于4时20分起飞，分为两队，第1队由第17中队队长黄泮扬率领霍机7架，在句容、南京之间上空巡逻。

5时许，我机抵南方，黄队长发现敌机3架，成V字队形，在南京以北山地上空飞行，因有训令我机不能经过南京市上空，只可绕城前往迎击，当到达目的地时，已不见敌机。第17中队分队长秦家柱，5时20分正在南京以北巡逻，忽见扬子江有弹落下，水浪翻腾，发现敌机3架，高度12000英尺上下，我机高度仅6000英尺，于是急向侧方升高。但敌机已发现中国驱逐机到来，急忙将炸弹全数投入江中，向东方沿江逃遁。我机隐藏在敌机下方追踪，急飞升高，直追至扬州上空，但敌我相差仍有3000多英尺，此时，我两架机上机枪故障，加以机身中弹6处，无法再追，即向句容返航，其余各机未与敌机遭遇，于7时后飞回降落。

针对日本飞机的夜袭活动，中国空军也采取了相应的措施。从8月21日起，中国空军前敌总指挥部下令成立派遣支队执行夜袭任务。飞机和飞行员均抽自第6大队，以乔司、笕桥为基地（8月底，又将第4、第5中队全部调来搞夜袭，直到9月12日撤离）。派遣支队长陈栖霞少校，副支队长李怀民少校，参谋吕志坚中尉。成员为熟悉夜航技术的飞行员王仁恬、陈历寿、徐述仁、高冠才、吕亚杰、王孟恢、张培义、王健珍、刘景枝、肖九韶等。该支队有道格拉斯式轰炸机6架，每夜至少必须出动3架次，均为单机出击，袭击淞沪之敌。

1937年8月26日夜间，派遣支队执行夜袭任务，飞行员许箕炳自安徽广德驾机准备飞沪轰炸日兵舰，因天气昏黑，加上灯火管制，咫尺不辨，起飞时误触棚厂失事，不幸殉职，同机牺牲的还有队友彭仁忭。

许箕炳（1914—1937）23岁，安徽芜湖县人，父业商，因母随父旅居在外，幼为祖母所抚养。中央航空学校第五期毕业。任空军第2大队第11中队少尉本级队员。

彭仁忭（1913—1937）24岁，山东省德县人，中央航空学校第六期毕业，任空军第6大队第3中队少尉本级队员。追赠为中尉。遗有父母及妻。

此外，在执行夜袭任务中牺牲的飞行员还有汪雨亭和侯耀先。

1937年8月29日夜间，汪雨亭、侯耀先奉命执行自安徽广德驾机袭击上海浏河一带日兵舰任务，飞机起飞时，机翼触地，引发所挂炸弹爆炸，不幸殉职。遗妻及女一。

汪雨亭（1913—1937）24岁，江西省贵溪县人。中央陆军军官学校第六期、中央航空学校第二期毕业，历任中央航校暂编轰炸队飞航员、空军第1大队第2中队队员、队附、分队长，空军第2大队第11中队副队长等职，升至中尉本级。

画报封面上的蒋介石夫妇

侯耀先（1912—1937）25 岁，黑龙江省肇东县人。中央陆军军官学校第九期、中央航空学校第五期飞行科毕业，任空军第 2 大队第 11 中队少尉本级队员。1937 年 8 月 29 日夜，随副队长汪雨亭机携带炸弹，自广德机场起飞前往炸敌，因机翼触地，炸弹爆炸，与汪副队长同殉。遗有妻滕氏及女一。

从 8 月 14 日到 8 月 31 日，中国空军损失飞机达 27 架。鉴于我空军的飞机损失和人员伤亡很严重，从 8 月下旬开始，空军总指挥部命令扬州的第 5 大队、笕桥的第 4 大队和句容的第 3 大队全部集中于南京光华门外大校场机场。原因有二：一是淞沪战争已经扩大，日机经常空袭南京，南京不能没有较为巩固的空防；二是连日作战，飞机数量在减少，如果把作战飞机分散使用，容易被日机逐一击溃，集中起来，统一领导，更能发挥作用。

据第 5 大队第 24 中队王倬回忆："我们第 5 大队首先到达南京，夜间寄宿于中山陵图书馆。这里丛林茂密，幽静雅致，是航空委员会秘书长宋美龄指派励志社总干事黄仁霖为我们安排的。励志社还成立了一个战地服务团，提供弹子房、扑克、棋子、书刊画报等。饮食方面丰富多彩，各界群众所捐献的慰劳品堆积如山。医院里放着各界赠送的花篮，从病房一直摆到走廊和扶梯。

起初几天，宋美龄每晚必由黄仁霖陪同来我们宿舍闲谈，了解当天空战实况，鼓励我们的士气。她的普通话讲不好，只会讲广东话和上海话，所以喜欢同广东人和上海人聊天，更喜欢同华侨飞行员用英语交谈。后来临时宿舍的地址被日军侦察到了，日军丢了几个炸弹，我们便分散居住，宋美龄也不大来了。"

空军 3 个大队集中以后便增加合力，给日军以更大的打击。

◎ 8.奇袭"龙骧"号

1937 年八一三淞沪会战开始，中国空军拉开了保卫大上海的空战序幕，集中轰炸了上海日军的各重要军事目标。蒋介石迫切希望中国空军能炸毁日本的航空母舰，一来可以提高士气与斗志；二来可以打击日军的舰载机基地，减轻日军对上海和南京的空袭压力。但战争年代，经常会有一些出乎意料的事情发生。

抗战初期，误炸大世界和美国商船"胡佛总统"号就是两例。

误炸大世界事件的来龙去脉是这样的：我空军得到情报，日军有一艘航空母舰泊在浙江钱塘江口大戢山海域，空军司令部即派第 5 大队第 2 中队轻轰炸机队 6 架诺斯罗普轰炸机各带 800 磅炸弹一枚前往袭击。待我空军飞抵该海域时，敌舰已经逃得无影无踪。返航时，我空军飞抵上海跑马厅附近时，分队长祝鸿信与后座轰炸员雷天眷，所驾的诺斯罗普轰炸机发动机减速，年轻气盛的雷天眷，本来就对帝国主义和日寇在上海开设赌场贻害我人民恨之入骨，在没有得到机长同意的情况下，随手将掣动开关一拉，把一人高的炸弹投了下去。这枚炸弹恰恰在公共租界与法租界交壤的大世界十字路口爆炸，路面被炸出一个深约一丈、直径约两丈的大洞，大世界门面一片焦黑，天棚和附近的西药房、五味斋食物店等商铺的橱窗玻璃均被震毁，当场炸死四百多人，血肉横飞的现场惨不忍睹。

惨案发生后，蒋介石当天即电责第 2 大队队长孙桐岗治军不严，给予记过处分，撤职留任，戴罪立功，以观后效。轰炸员雷天眷则押解到南京，经军法审判入狱服刑。

当时，全国军民正沉浸在八一四空战大捷的喜悦之中，倘若把实情公布，这将对中国空军和全国的抗战形势不利，因此，为了影响问题，就由中央社发布了一个与事实不相符的报道，说我们这架飞机在执行任务时，被敌人的高射炮击中炸弹架，以致造成此惨案，国民政府已对受害者给予抚恤。

岂料半个月后，又发生了误炸美国邮船"胡佛总统号"的事件。

八一三事变发生后，中国空军最想打击的目标，即是停泊在黄浦江的日军"出云"号旗舰。它是日军在沪最大的一艘舰艇，空防力量强大，中国驱逐机所载炸弹威力不足，始终没有把它炸沉。有一次，空军总指挥部接到一份情报，说钱塘江口外舟山群岛的海面上发现日军一艘"航空母舰"。总指挥周至柔立即命令在南京机场值班的第 4 大队第 22 中队中队长黄光汉率领霍克式战斗机 9 架前往轰炸。黄光汉命令各机携带 100 磅的炸弹飞往目标地。

机群以 12000 英尺的高度，飞到嵊泗海面附近，见到那里有只大船，黄光汉立功心切，未用望远镜仔细观察，贸然丢下一颗小炸弹，炸中该船船舷。后来低飞一看，原来不是敌舰，而是美国"胡佛总统"号邮船。这个乱子闹大了，蒋介石一面向美国驻华大使道歉和赔偿损失，一面下令要枪毙领队黄光汉，又把那些扔炸弹的飞行员关起来，一个挨一个地查，一定要把造成误炸事件的肇事飞行员找出来。黄光汉吓得脱下军服连夜逃走，经一个德国传教士帮忙去了香港。

就在这时，早在 1935 年就来到中国担任了张学良的私人飞行员，1936 年西安事变后改任蒋介石专机飞行员的美国人罗亚尔·伦纳德，被宋美龄请到位于南京城外的空军指挥部，在指挥部的会客厅里，神情庄重的宋美龄以一口纯正的英语，开门见山地对罗亚尔·伦纳德说："我希望你负责中国所有的轰炸事宜。"

罗亚尔·伦纳德极力推辞道："我是开驱逐机的，我对飞机轰炸一窍不通。"

宋美龄说："没关系，你是一个优秀的飞行员，而且善于动脑子。我们需要你的判断力。你值得信赖，这正是我们所需要的。这次'胡佛总统'号遭轰炸，真是太糟糕了，这样的事下不为例。"

宋美龄和罗亚尔·伦纳德就"胡佛总统"号误炸事件进行了讨论，最后采纳了陈纳德和罗亚尔·伦纳德的意见，这就是不处罚肇事的飞行员，因为不能动摇中国空军的军心。

通过这两次误炸事件，中国空军也加紧空中训练，不断提高战斗水平。

11月初，在浙江舟山群岛以北的大戢洋海面上，我空军发现了日本"龙骧"号航空母舰，日本飞机在"龙骧"号上起飞，对我上海、南京进行轰炸。大戢洋的地理位置十分重要，因为这里是东海和黄海的要冲，是南北航线的咽喉，"龙骧"号驻泊于此，对中国军队保卫东南沿海的战略实施构成了严重的威胁。

中国空军获悉情报之后，即于11月11日拂晓出动三架诺斯罗普轰炸机呼啸着朝东南沿海方向飞去。6时左右，机长徐卓元从8000米高度往下俯瞰，发现目标"龙骧"号正冒着浓烟，甲板上排列着几十架飞机。徐卓元心里不禁一阵欣喜，立即下令降低高度，准备攻击。

7000米，6000米，5000米……

英勇的空军战士早已将生死置之度外，他们飞得很低很低，对准了"龙骧"号开始俯冲投弹，投下的每枚炸弹几乎都击中了目标。巨大的爆炸声划破了海面的宁静，滚滚烈焰腾空而起，敌舰甲板上的飞机有的被击中，有的被气浪掀翻，坠入大海，幸存的几架立即起飞逃窜，舰上的日本水兵也纷纷逃命，有的爬进救生艇，有的则慌乱之中跳进了大海。在这次战斗中有13架敌机被炸毁，"龙骧"号舰体也遭到了严重破坏。

徐卓元见轰炸任务基本完成，即下令返航，岂料敌军在遭到我空军轰炸后，立即出动了6架敌机向我方反击，徐卓元一面率领战友们升高反击，一面急速向西北方向撤退，在撤退过程中，我军有2架飞机不幸被敌机击中，4位空军战士献出了生命。

在这次空战中牺牲的4位勇士是：

彭德明：籍贯四川，生于1914年，中央航校六期生，中尉，23岁。

宋以敬：籍贯河北，生于1914年2月，中央航校五期生，中尉，23岁。

李锡永：籍贯河北，生于1912年10月，中央航校六期生，中尉，25岁。

李恒杰：籍贯山东，生于1914年10月，中央航校六期生，中尉，23岁。

而误炸大世界的雷天眷也并没被永久性停飞，经空军毛邦初、王叔铭等人向蒋介石求情，请求给予雷天眷戴罪立功的机会，于是在中国空军新编的"神鹰中队"中队长徐焕昇上尉的率领下，他参加了1938年5月19日飞往日本东京散发传单的飞行远征，胜利完成这次任务后，雷天眷正式重返蓝天，更加勇猛地杀敌保国。1942年11月1日，雷天眷随大队长郑长庚所驾的C-53大达机前往苏鲁地区执行任务后飞回兰州基地时，因电厂停电，机场夜航灯光不足，导致飞机降落时失事殉职，时年31岁。

　　雷天眷，四川省铜梁县人，生于1911年6月19日。在空军军官学校航炸班第二期毕业。历任航委会服务员，空军第8大队第19及第14中队队员、第2大队第30中队、第8大队第14中队轰炸员，处总队教官兼任特种士训练队副队长、第8大队参谋，

日本启用九五式水上侦察机

升至上尉二级。1938年5月19日，曾随第14队队长徐焕升架机远征日本。1942年11月1日，飞机降落时失事殉职。生前因功奉颁二等宣威奖章、三等复兴荣誉勋章。遗有父母及妻。

◎ 9. 巍巍钟山泣英灵

1937 年 9 月 17 日，宋美龄在南京孝陵卫的一幢别墅里对正在开会的国民政府航空委员会的将领们说："将军们，不说你们也知道明天是什么日子，九一八事变六周年了。为了雪洗国耻，委员长命令空军给日军以最大限度的打击，我把陈纳德顾问带来了，让他与你们一起搞份作战计划。"

为了纪念九一八事变 6 周年，空军指挥部决定对上海的日军实行夜袭。中秋之夜，天高云淡，月朗风清，然而亲人团聚、祭月赏月、共享天伦的喜庆氛围已被日本侵华战争破坏殆尽，中华大地一片萧瑟。

随着日本海军第 2 联合航空队的 66 架飞机和陆军第 3 飞行团的 37 架飞机被调到华东地区，以及日军飞机开始使用陆上机场，中国空军飞机的大量消耗和难以补充，华东地区的空战形势发生了急剧的变化，制空权被日军掌握。中国的飞机已无法在白天出击，只能进行夜袭和担任南京城及各机场的防空任务。

驻守在南京大校场的空军第 4 大队、第 5 大队的王常立、刘粹刚、李桂丹、张光明、刘志汉、姜广仁、张威华、邹赓续、王远波、柳哲生等一批东北籍飞行员，从 1932 年起，6 年来每逢九一八都要绝食一天，以示不忘家仇国恨。

这群血气方刚的年轻飞行员正悲愤地怀念着沦陷 6 年的东北老家，思念着遭受日寇奴役的父老乡亲，就在这时他们接到命令："中国空军要以死的决心，由傍晚打到天亮，以雪九一八之耻。人休息飞机不休息，轮番飞到上海去，到海上去，炸平上海的日军阵地，炸沉海上的日本军舰……"

终于盼到了报仇雪恨的时刻，义愤填膺的飞行员们纷纷求战歼敌，请战声、欢呼声响彻一片，大校场沸腾了。

后侨居美国洛杉矶的张光明将军是 70 年前中秋夜袭的参战者之一，95 岁的张光明将军身体健康，思维清晰，记忆过人。他回忆说，当年从中央航空学校第五期毕业后他便在空军英雄高志航任大队长的第 4 大队里任飞行员，淞沪战役开战时他 24 岁，在著名的八一四首次空战中，他就在笕桥上空和队友合作，击落敌机一架，后又屡屡参加保卫上海、南京、武汉、重庆等的空战。

自 1937 年八一三淞沪抗战爆发以来，中国空军由于连续作战，人员和飞机损失很多，为了保存实力，航空委员会于 8 月 21 日发布第 12 号作战命令：空军作战的方式由群机出动改为单机出动，白天行动改为夜间行动。空军第 6 大队两个中队老旧的美国道格拉斯 O 型 2MC 机，原担任侦察轰炸任务，后专责夜间轰炸，组成夜袭支队。第 4 大队在大队长高志航的带领下，飞行员们个个智勇双全、技术超群。是年 9 月份，张光明先后 7 次参加对日的夜间轰炸任务，经常单机飞往上海轰炸日军的军舰、码头、阵地。

参加中秋夜袭行动的是我空军第 4 大队、第 5 大队和第 6 大队。目睹队友李有干壮烈牺牲的张光明，当然不会放过九一八夜袭为战友报仇的机会。

晚上 19 点 30 分，首批参战的李桂丹（队长）、王远波（分队长）、柳哲生、龚业悌、王文骅、曹世荣 6 位勇士驾驶着 6 架霍克 3，每机携带 8 枚炸弹，从大校场起飞，向东呼啸而去。

从 5000 英尺的高空鸟瞰地面，茫茫大地漆黑一片，偶见一些城镇萤火似的灯光若隐若现。当时上海公共租界里的发电厂灯火通明，无形中为我空军指航，勇士们很快就飞抵南汇上空。

上海的侵华日军正陶醉在所谓"支那空军已被日本空军击溃"的喜悦中，此刻空中突然响起隆隆的飞机引擎声，瞬间几十颗炸弹陡然而落，在日军士兵尚未反应过来时，日寇的军火库已是火海一片，阵地上日军士兵鬼哭狼号，四下乱窜，死伤无数，惊慌失措的日军忙不迭地用高射炮对空反击。

我空军飞抵吴淞口，海面上日本军舰亮着灯光，空袭警报拉响了，探照灯雪亮巨大的光柱在夜空中摇曳着，照射着天空中的飞机。高射炮和高射机枪的射击声响彻海面。我空军掠过军舰上方，打开弹舱门，一颗颗复仇的炸弹呼啸而下，落在军舰的甲板上，剧烈的爆炸将甲板炸穿；日军航空母舰上的飞机中弹后爆炸起火，几艘护航的军舰也被我方的500磅炸弹炸沉海底。

紧接着第二次袭击开始，20点30分由第5大队第25队队长胡庄如率张伟华（分队长）、邹赓续、张慕飞等6位勇士驾机前往上海参战。一阵轰炸过后，汇山码头燃起熊熊大火，货栈里堆放的大量刚从日本运来的军用物资化为灰烬。

22点05分，第三次夜袭由第5大队队长王常立率第22队的乐以琴（分队长）、张光明、巴清正、梁添成驾驶5架霍克3，由浦东飞入杨树浦，轰炸苏州河一带日军和码头上的物资，日军被炸得鬼哭狼号，死的死伤的伤，四下乱窜。目标上空天都是红的。

23点20分，第四次夜袭开始，第21中队队长李桂丹不顾劳累，再次率王远波（分队长）、柳哲生驾驶3架飞机，前往上海吴淞口轰炸日军阵地。

午夜后，第6大队第5中队夜袭支队的飞行员陈历寿、刘盛芳、封仕强、叶子云、严镇川、曹朝觉分别驾驶着3架道格拉斯O型2MC，分三批，单机前往上海轰炸日军，将一颗颗复仇的炸弹投掷在日军的营房上。

整个夜袭行动一直持续到拂晓，给上海的日军造成了重大损失。

我方唯一的人员伤亡是第4大队代理大队长王常立。

王常立，东北人，毕业于东北航校高级班，后任中央航校战术学科教官（第4大队队长高志航8月中旬在空战中负伤后，由王天祥代任大队长。王天祥在8月22日空战中殉国后，由王常立代任大队长）。当晚23时左右，王常立驾驶的霍克3夜航落地时出了意外，不幸坠入大校场边缘的壕沟里，机毁人伤，王常立被紧急抢救，终因伤重不治而亡。

在这次夜袭中，中国空军出动23架次飞机对上海日寇实施了通宵达旦的轮番轰炸，取得了八一三开战以来空战的又一次胜利，使日军损失了价值700多万元的军火。

据陈纳德将军回忆：夜袭中，中国飞机曾以3枚500磅的炸弹炸毁了日本在1904年从俄国购买的军舰"出云"号，中弹后的"出云"号船身起火并引起爆炸沉入海底（回忆有误）。遭到中国空军沉重打击并损失惨重的日军当然不会善罢甘休，第二天即向我空军进行疯狂报复，一场恶战在所难免。

1937年9月19日，是日军攻击南京的战略转折点，按照其"南京空袭计划"，这天日寇出动三菱九六舰载式战斗机22架次，28架次舰载轰炸机，水上侦察机27架次，共77架次，日本以三菱九六式舰载机打头，在上下午分两批大举空袭南京。

面对阵容强大的敌机群，在中日双方军力明显悬殊的情况下，无畏的中国空军飞行员们早已将个人生死置之度外，他们浴血奋战，誓死保卫首都南京。

早上8点30分，南京大校场机场上响起了尖厉的空袭警报声，44架敌机由东南方向南京飞来，其中有12架航速每小时428公里的三菱九六式舰载战斗机，17架携满炸弹的舰攻轰炸机，15架水侦机。

严阵以待的中国空军分别从南京、句容机场起飞迎战。我空军4大队23中队毛瀛初队长率领8架霍克3起飞迎击，在青龙山上空与日寇的九六式舰攻轰炸机和九六式舰载战斗机遭遇，交战中，毛瀛初率先击中一架九六式舰载轰炸机，敌长机见势不妙，寻隙逃脱。

随后我空军第5大队第25中队队长胡庄如率领8架霍克3，分三个分队自南京大校场机场升空拦截。在京郊东南方升高之际，突然发现敌驱机30架以上，胡庄如立即命令各机按战前的计划分区格斗。在敌强我弱的情况下，我方处于被动挨打状态，完全凭借精神勇气向敌冲击。

杨吉恩所驾2306号机，与僚机两架成为一个分队，被敌机6架攻击。杨吉恩的飞机中弹着火，他负伤跳伞，头部擦伤血流不止，背部中碎片，两腿烧伤。

第3大队第17中队黄新瑞副队长率波音821机5架遭遇敌九五式侦机8架围攻。第8中队刘炽徽分队长率2架菲亚特CR32机，在青龙山也遭到敌机的围攻。

下午敌机数十架再袭南京，第3大队蒋其炎大队长率6机与第4大队23中队毛瀛初中队长再度率队起飞迎敌，拼死相击，战况异常激烈，两架被我空军击中的敌机，拖着长长的黑烟坠向地面，一架坠落在镇江附近的高资，另一架坠落在扬州附近的仪征。

由于我空军的飞机与日寇新上阵的九六式舰载战斗机性能相差过于悬殊，激战中我方损失惨重，黄居谷、刘炽徽（龙光）、刘兰清、戴广进，四位勇士血洒蓝天为国捐躯，蒋其炎大队长座机亦被击中，身负重伤被迫弃机跳伞。

黄居谷（1914—1937），广东省揭阳县人。广东航空学校第六期毕业。历任广东空军第3、第2队飞行员，中央空军第3大队第8队队员、分队长，升至中尉本级。1937年8月15日，日机侵袭南京，黄居谷与第8队副队长陈有维合力击落敌机一架，坠于句容之南天王寺附近。9月19日，敌机30余架又袭南京。驻在南京和句容各机场的飞机共起飞21架，分区迎战。黄居谷在南京市太平山上空与敌九六式舰载机激战时不幸阵亡。生前因功奉颁一星星序奖章。追赠为上尉。遗有父、母及妻与子二。

刘炽徽（1911—1937），广东省中山县人。自幼侨居美洲，在美国华侨航空学校毕业。返国后，又在中央航空学校第三期毕业。历任空军第8大队队员、空军第3大队第8分队长等职，升至中尉本级。1937年7月抗战军兴，刘炽徽随队转战各地，曾独自击落敌机1架。9月19日，敌机30架袭首都南京，我驻南京、句容各机场起飞21架分区迎战。在激战中刘炽徽不幸阵亡。生前因功奉颁一星星序奖章，追赠为上尉。遗妻陈氏及子一。

刘兰清（1914—1937），广东省兴宁县人。广东航空学校第五期毕业。历任广东空军司令部、广东空军第6、第3中队飞行员，中央空军第3大队第17队少尉本级队员。1937年9月19日8时许，日军以舰上轻轰炸机、水上侦察机、单翼驱逐机30余架空袭南京，我机21架自句容、南京各地起飞迎击。9时许，第17队副队长黄新瑞率波音机5架，在句容上空与敌水上侦察机8架遭遇，展开格斗，互有伤亡。刘兰清驾1701号机与敌缠斗中，被子弹击中，负重伤。跳伞后复被3架敌机追踪射击，在江宁县西成乡境内阵亡。追赠为中尉。遗妻及子二。

戴广进（1914—1937），安徽省合肥县人。在上海光华大学读书时，为运动健将。后入中央航空学校第六期毕业。任空军第4大队第23队少尉本级队员。1937年7月抗战军兴，空军第4大队驻防首都大校场。戴广进致书其弟说："自古忠孝不能两全，我将为国而捐躯，弟当加倍孝奉双亲，勿以我为念。"戴广进多次参加南京市上空空战，并飞淞沪轰炸敌舰及敌军阵地，予与敌以重大打击。一次，轰炸敌航空母舰，遇雾失群，被敌机包围，戴广进镇静如常，相机应付，最后关上油门，对准敌机猛撞，企图与敌同归于尽，而敌机退缩闪过，他乘势占领高空，向敌机群扫射，击退敌机，安然返防。9月19日8时许，日军以舰上轻轰炸机、水上侦察机、单翼驱逐机等30架，袭我首都，我机21架自句容、南京各地起飞迎击。第23队队长毛瀛初率霍克机8架，自南京起飞，在青龙山上空，与敌机遭遇，激战良久，互有伤亡。戴广进驾驶2590号机，攻击敌第2分队，在敌机凶猛的射击下，油箱中弹起火，机身下降，遂以身殉职。追赠为中尉。遗有父母。

9月20日上午10时，日本海军的32架轰炸机和战斗机，组成混合编队再次空袭南京，企图彻底摧毁我大校场、明故宫等机场的空军力量，并向南京城内的宪兵司令部和警备司令部投掷燃烧弹、杀伤弹。

11点30分，日寇3架九六式战斗机、6架三菱九六式陆攻轰炸机再次来犯。眼睁睁地看着日寇如此嚣张，而我空军却因为没有与敌相匹的战机而恨忧交加。我空军第5大队24中队队长刘粹刚忍无可忍率领第5大队仅存的9架霍克3和第3大队17中队仅剩的1706号、1707号两架波音281战斗机升空应战。

面对敌机强大的攻势，毫无畏惧的刘粹刚，驾着2202号霍克3在空中翻了一个半滚筋斗，从敌机尾后拉起，在滚转俯冲时瞄准了一架九六式陆攻机的发动机，射出一连串的子弹，中弹起火的敌机正欲逃离时，又遭我其他几架战机的围攻。此刻刘粹刚再次俯冲射击，将一架九五式水侦机击落在南京城边。

刘粹刚的僚机袁葆康也咬住目标不放，一举击落一架九五式水侦机。对于刘粹刚的技术，日本航空兵第16联队第2大队大队长、侵华以来其战机已涂上8颗红星、号称"四大天王"之一的加藤建夫在日记中特意写道：

我回忆在太湖上空与刘粹刚2401号遭遇战时，他的驾驶术特别熟练而狡猾，射击也准确，他是赵云（赵子龙）式的勇士。尤其在飞机即将失速，万分危险时刻的一个巧妙的急转，顷刻间使不利地位变成优势的绝招……

第4大队的飞行员乐以琴在空战中素以勇猛著称，他紧紧盯牢敌人的一架飞机，一路穷追猛打，终于在镇江以西将敌机击落。

在敌强我弱的情况下，中国空军一举击落敌机4架，又一次向全世界豪迈宣告，中华民族不可侮！

9月22日，日本海军航空队纠集战斗机11架、轰炸机30架、攻击机6架、水上侦察机14架分三批空袭南京的航空委员会、中央党部、南京市政府、下关火车站等处。

刺耳的警报声在南京上空响起，刘粹刚率领10架霍克3从大校场起飞拦截，第17中队的两架波音281也升空参战。

11点30分，庞大的敌机群在南京上空4500米高度出现，守候在5800米高空的刘粹刚立即率领僚机袁葆康俯冲而下，直接杀进敌轰炸机群中，待日寇战斗机有所反应时，刘粹刚和袁葆康已各击落敌机一架。

这次空战中，中国空军击落敌机2架，击伤2架，我方受伤5架。

9月25日，日寇出动舰载战斗机20架次，舰载轰炸机52架次，舰载攻击机10架次，水上侦察机12架次，共92架次分5批空袭南京。南京的下关发电厂、市政府、市党部、火车站、军政部、"六零"兵工厂、中央通讯社总社、财政部等处都遭到了大轰炸，损失惨重。

上午11时，一颗炸弹落在寿康里，中央通讯社总社5栋楼房全被炸毁，日本共同社发布消息说："中央社既已炸毁，此后将不再有中央社的新闻广播，也将听不到中国人的声音。"谁知仅隔了数小时，中央社工作人员就将储存在阴阳营的发报台的器材搬到鼓楼附近陶桂林的馥记大楼，经过彻夜安装，第二天又恢复了正常播报。

是日，中国空军虽起飞迎战，但未获战果。地面防空炮火在对空射击中，先后击毁2架敌机。

9月26日，日军再次出动61架次，分三批空袭南京，在空袭南京时担任掩护的1架日本海军九六式舰上战斗机被中国空军击伤后迫降江苏太仓境内，驾驶员山下七郎（第13航空队战斗机第2分队大尉分队长）被俘。他是唯一被中国军队捕获的日本海军"四大天王"之中的一个，后因在关押期间搜集中国军事情报和组织越狱罪行被判处死刑。

日本空军违反国际法规，不顾国际舆论的谴责，从9月19日至26日短短的几天里，对南京进行了11次空袭，出动各式飞机299架次，投弹355枚，计32 0.3吨。中央社总社、中央广播电台、电灯公司、自来水公司、市卫生局、医院均遭到炸弹袭击，南京的政治、经济、文化教育设施均遭到严重破坏。惨无人道的日本空军还把炸弹投向人口密集的城南地区，一座座民居被炸成了废墟，下关江边数千座难民避难的草棚被炸成灰烬，成千上万的平民百姓在战火中丧生。就连哈瓦斯（富人）通讯社、海通（越洋）通讯社、合众社和一些外国大使馆也未能幸免。9月25日，法国领事馆院内就落下一颗炸弹。

南京城里浓烟滚滚，血肉飞溅，国民政府的首都已成一片焦土，毫无人性的日本侵略者使古老的石头城坠入了万劫不复的苦难深渊。

9月28日，在江苏句容上空发生激战。中国空军第5大队飞行员傅啸宇机毁人伤，后不治身亡。

傅啸宇（1915—1937），福建省闽侯县人，寄居北京。母早故，稍长又丧父，备极孤苦，与祖母相依为命。初读于海军学校及商船学校，咸以志趣不合，未终所学。及考入中央航空学校第四期，高兴地对朋友说："我在不久的将来，可有机会和我们的敌人在空中作战。"航校毕业后，历任中央航校教官、空军第5大队第24队队员、少尉本级分队长等职。他除了爱好飞行外，还喜欢运动、音乐、绘画和摄影。1937年7月抗战发生，8月14日，随队长在长江口合力击伤日舰数艘。16日，参加镇江空战。17日，第24中队队长刘粹刚率霍克机3架，自扬州出发轰炸上海虹口敌兵营后，正准备返航，突然发现敌轰炸机8架、驱逐机2架。刘粹刚立即率领我三机向敌驱逐机攻击，激战中傅啸宇击落敌驱逐机一架。8月19日，傅啸宇在上海参加了轰炸敌航空母舰及敌军司令部；23日，在吴淞口轰炸敌舰。9月13日，傅啸宇在上海炸敌阵地。20日和22日敌机大队分批袭首都南京，傅啸宇均随刘粹刚队长参加作战。我机由刘队长率领，分三小队，截击敌机于句容上空，战斗甚为激烈。傅啸宇所驾驶的新4号机在芜湖当涂间，为敌机攻击，中弹坠地，人受重伤。至10月5日，医治无效殉职。生前因功奉颁二星星序奖章，追赠为中尉，遗妻及女一。

10月6日午后，日本海军第2联合航空队18架飞机飞临南京上空后，因未遇到中国空军的拦截，敌机耀武扬威，如入无人之境，投下的炸弹对南京造成极大的破坏。日机在轰炸过后，欺负中国无先进战机，于是洋洋得意，有的飞机甚至摇晃机翼、尾翼，大秀其战机性能和高超的飞行技术，气焰十分嚣张。

我空军第5大队24中队队长刘粹刚忍无可忍，把自己身上的钱包交给战地服务团服务科科长刘兴亚说："这帮狗杂种太欺负人了，我要上去跟他们决一死战！这个钱包请你替我保管，我活着下来，你还给我，如果我战死了，你就把它捐给国家，聊表我一点心意！"

毫无畏惧的刘粹刚，义无反顾地跨上自己的2202号霍克3，滑向跑道，飞上蓝天。

当日晴空万里，双方空战即在南京市上空进行。因来袭的敌机无轰炸机，全是九六式战斗机，所以南京的老百姓几万人都仰着脖子观看这场激烈的空战。在敌众我寡情况下，刘粹刚只用了一两秒的时间，射出一排愤怒的机枪子弹，击中一架敌机的要害，敌机在一阵滚滚的浓烟中坠落于南京东郊。刘粹刚孤胆逞威，打击了日机嚣张的气焰。南京市民亲眼目睹了难得一见击落敌机场面，顿时群情振奋，雀跃沸腾，欢呼"中国空军万岁！"

10月12日为中国旧历九月九日重阳节，下午1点30分，敌轰炸机9架、驱逐机6架，联合袭击首都南京。中国空军5架霍克式、2架波音式驱逐机及1架菲亚特式轰炸机升空交战。

刘粹刚咬住了1架敌机正准备攻击时，

傅啸宇

另 1 架敌机狡猾地从旁边逼来，企图偷袭，情况十分危急。刘粹刚急中生智，凭着过硬的飞行技术和超人的胆略，猛转机头，而敌机猝不及防，见刘粹刚要与之拼命，迅速拉高，想摆脱刘粹刚的攻击，却将自己的油箱暴露在刘粹刚的有效射程之内，刘粹刚抓住稍纵即逝的战机，以一个"回马枪"击中油箱，顿时空中燃起一团大火，敌机摇摇摆摆，像断了线的风筝一样，栽向地面，"轰"的一声，凌空开花，坠毁于水佐营。刘粹刚以出色的战绩受到人们赞扬，被誉为"中国的红武士"。

第 3 大队第 17 中队队长黄泮扬也击落敌驱逐机一架。

对于这次空战，宋美龄曾作了详细的记述：

现在是下午 2 点 42 分。这是一个晴朗的下午，头顶上是积云，天空高处是整齐的鱼鳞云。3 架重型日本轰炸机从一片积云的蓝色罅隙中出现，由北朝南飞来，后面还跟着 3 架。高射炮密集的炮火向头 3 架飞机射击着，现在又转向前 3 架。这时又有 3 架飞来，所以总共是 9 架。我听见驱逐机在云层上空鸣响，高射炮声从我前面的军事机场附近传来。日本轰炸机的目标正是这座机场。我方的几架驱逐机出现了，它们从云层背后飞来，机枪声这时从高空传来。驾驶员正在云层上空战斗。9 架日本轰炸机平稳地飞过市区，它们为了轰炸目标必须保持队形，前面 3 架飞机现在已经到达南城墙。

下午 2 点 46 分，地面升起腾腾火焰，烟柱和尘土飞扬。日本飞机投下了炸弹，它们然后散开了。我们的几架驱逐机在进攻，在我北面一场凶猛的混战正在进行。这是下午 2 点 34 分开始的，现在所有的轰炸机都不见了，飞入了云层，但几架日本驱逐机仍被我方的飞机追逐着。

"中国的红武士"刘粹刚登机作战

2 点 50 分，西北方向展开鏖战。一架鹰式歼击机紧紧咬住一架敌机，敌机掉了下来，在紫金山背后消逝了。

战斗仍在云间穿梭……

这次空袭在 3 点 40 分结束，宋美龄驱车到街上去察看空袭后城市被破坏的情况以及调查空战的胜负情况。在驱车前往敌机坠落的地方时，她发现沿途市民很镇静，即使有房屋倒塌也不惊慌。

事后查明，这次空战我空军击落敌机 3 架，当天上午在日机进犯南京时被我空军在途中击落 2 架。

这次空战我方有两架飞机被迫降落，机师四人受伤，一人牺牲。

在这次空战中为国捐躯的是中央航校第六期毕业生，24 岁的空军中尉曹芳震。

曹芳镇驾 2017 号机，英勇杀敌，身负重伤，飞机坠于燕子矶江中，殉职。

曹芳震亦名芳镇（1913—1937），24 岁，湖南省湘乡县人，其母早故，其父为湖南大学教授。烈士先在湖南大学选习航空机械，后考入中央航空学校第六期毕业。历任空军第 29 中队、飞航员、空军第 5 大队第 24 中队少尉本级队员。1937 年 7 月抗战发生，从 8 月 14 日起，曹芳震几乎每天随队长刘粹刚出击淞沪各地敌兵营及仓库，并与敌机在上海、扬州、南京、句容等地空战。10 月 12 日空战，敌水上侦察机被击落 4 架，我机亦损失 2 架。追赠为中尉，遗妻李氏。

在南京王家湾航空烈士公墓的纪念碑上，镌刻着他的名字。

曹芳震：中尉，籍贯：湖南，生于 1913 年 5 月，阵亡于 1937 年 10 月 12 日。

10 月 14 日上午 9 时 35 分，日本海军第 13 航空队派轰炸机袭击南京。空军第 5 大队第 24 中队队长刘粹刚率霍克机 7 架，升空警戒。9 时 45 分，敌轻型轰炸机 3 架，另有驱逐机 9 架掩护，在大校场机场东边投弹。张韬良及范涛各自驾机迎击，因敌众我寡，张韬良所驾 2102 号及第 7 队见习员范涛所驾 2207 号机在空战中被敌机击中，范韬的飞机被击毁于来安上空，张韬良的飞机被击落于六合，飞行员范涛、张韬良牺牲。

张韬良（1913—1937）24 岁，河北省宁津县人。中央航空学校第六期毕业。任空军第 3 大队第 8 中队少尉本级队员。牺牲后追赠为中尉。遗有老父及妻侯氏与子一。

范涛（1914—1937）23 岁，吉林省延吉县人。因其家乡附近的煤矿和金矿，被日本人强占，九一八事变后，日本军在东北横行，范涛激愤不已，间道入关，矢志从军报国。中央航空学校第六期毕业。任空军第 3 大队第 7 中队准尉本级见习员。牺牲后追赠为少尉。

10 月 14 日夜，第 8 大队第 30 中队的马丁式轰炸机自汉口飞抵南京，准备飞沪，因受敌机空袭之影响，未能出发。午夜以后，天气恶劣，黑暗特甚，黄正裕与分队长方长裕，分驾马丁机 3003 号、3004 号机各一架，勉强起飞赴沪，在机场之东，两机撞山坠地，炸弹爆发，不幸遇难（也有材料说是汉奸破坏所致）。

黄正裕（1910—1937）27 岁，浙江省杭县人。幼年受其父严格教育，说话行动，不敢丝毫逾越规范。在父亲教育下学剑术、拳术及围棋，一颗棋子放下去，其父还要问他许多理由，因此自幼养成严肃认真及好学深思的习性。进中央陆军军官学校六期，后又报考中央航空学校第一期，

黄正裕

名列第一。所以一入校，便引起同学们的注意。黄正裕头部圆大，剃光头，待人接物以诚，不滥交游；但对贫苦同学，多乐于接济。说话谨慎，不矜不伐，像一位老学究，从不与人开玩笑，并很谦虚地接受别人的质疑与指示。每晚必修的课程，是操练铁杠，技术的纯熟，动作的灵活，令人惊服。最怪的是他可用后脑壳的力量，挂在铁杠上，全身直挺挺地挂起五分钟之久。毕业后历任航空第 7 中队队员，第 1、第 2 中队队附，空军第 7、第 11 中队队长，空军第 8 大队第 30 中队队长，升至上尉本级，并考取陆军大学第十五期肄业。由于1937 年 7 月抗战发生，南京受敌机威胁日

甚，再度奉调任第 30 中队队长。马丁是当时仅有的双发动轰炸机，他到职之初，对器材的性能尚未熟习，便站在轰炸员位置，夜以继日地指挥作战。烈士生前因功奉颁七等云麾勋章，追赠为少校，父母俱存。

方长裕（1909—1937）28 岁，浙江省慈溪县人。中央航空学校第二期毕业，后去意大利皇家轰炸学校深造。升至空军第 8 大队第 30 中队中尉本级副队长。曾随队长黄正裕转战淞沪各地，予敌重创。与黄正裕同时殉国。追赠为上尉，遗妻周氏。

张琪，山东省潍县人，在中央航空学校第三期毕业。升至空军第 8 大队第 30 中队中尉本级分队长。追赠为上尉，遗有老母。

赵庸（1910—1937）27 岁，辽宁省庄河县人。空军军官学校航炸班第二期毕业。任空军第 8 大队第 30 中队少尉本级队员。追赠为中尉，遗有父母。

蔡振东（1909—1937）28 岁，湖北省蕲春县人。国民革命军总司令部无线电教练所毕业。历任国民革命军总司令部及各部队无线电部队通信员、队长，空军第 32 中队队技副三级通信员等职。1937 年 10 月 15 日凌晨，蔡振东与队员魏国志自南京飞沪轰炸日军，起飞时失事殉职。

10 月 23 日，第 8 大队第 30 中队一架 3005 号马丁式轰炸机从汉口飞抵南京，当晚 22 时赴淞沪一带轰炸日军阵地，在敌人地面高射炮火密集的轰击下，马丁机的右发动机被敌弹击伤，飞行员杨季豪用单发动机驾飞机飞返南京。在降落时机头下坠触地引发大火，杨季豪与吴范、袁汝丞同时殉职。

杨季豪（1914—1937）23 岁，原籍上海，寄居北平。中央航空学校第三期毕业，空军第 8 大队第 30 中队中尉本级队员。追赠为上尉，遗有父母。

吴范（1915—1937）22 岁，安徽省歙县人，寄居杭州。其父曾任县长及法官，

杨季豪

以清廉著称。吴范幼年聪慧，好文学，初在浙江兵工讲习所毕业，入军界任职。后又考入空军军官学校航炸班第二期毕业。任空军第8大队第30中队少尉本级队员。

1937年8月，淞沪战役发生。吴范曾在长江口崇明岛附近炸毁敌舰一艘。10月23日，第30中队由汉口飞京，当晚22时，随队员杨季豪飞沪轰炸，因飞机被敌弹击伤，返南京落地时，机头下坠起火牺牲。追赠为中尉，遗有老母。

袁汝丞（1911—1937）26岁，陕西省澄城县人。曾在冯玉祥第二集团军无线电信学校毕业。任空军第8大队第30中队技副三级通信员。追赠为中尉。遗妻党氏及女一。

1937年10月24日，空军第2大队第14中队队长全正熹与队友游云章，从山东济宁驾驶刚修竣的诺斯罗普-2E型机902号飞回南京。11时30分飞抵板桥镇上空，遇敌机空袭，由于地空联络不畅，该机不知有敌机空袭，遂被5架敌机包围，在空战中飞机发动机中弹，坠地爆炸。

全正熹（1912—1937）25岁，贵州省荔波县人。荔波县地处荒僻，为了矢志报国，全正熹远赴杭州求学，在中央航空学校第二期毕业。历任中央航校飞行教官、空军第1队分队长、空军第2大队第9中队副队长及第14中队队长，升至中尉本级。1937年八一三沪战发生，第2大队转战津浦及津沽、淞沪各地上空，出击敌军阵地、仓库、兵舰等，战果辉煌。全正熹经常领队出击，冒着敌人猛烈炮火及驱逐机的威胁，低飞轰炸。10月12日，第2大队副大队长孙桐岗率诺机6架，自南京出击大沽口等地敌军码头及运输舰等。抵塘沽附近，孙副大队长机螺旋桨突然脱落，

孙桐岗和他的妹妹

乃滑行至沧州附近迫降。全正熹驾 902 号机领队继续前进，轰炸敌军塘沽码头，完成任务。16 日夜，全正熹率诸机 5 架自南京出击上海敌高尔夫机场，见敌机数十架停于机场东边，此时，在敌探照灯 20 余具照射以及防空炮火射击下，该机群不顾危险俯冲投弹，炸毁敌机数十架。18 日，全正熹率诸机 3 架，自南京出击上海浏河口敌运输舰及驱逐舰，投弹多枚，全数爆发，敌运输舰两艘被炸中燃烧。牺牲后追赠为上尉。

游云章（1913—1937）24 岁，湖北省汉阳县人。中央航空学校第六期毕业。历任空军第 2 大队第 9 中队及第 14 中队少尉本级队员。牺牲后追赠为中尉。遗有父母。

◎ 10. 高志航魂归蓝天

在最初空战的日子里，中国空军取得骄人的战绩；随着日本空军力量的增强，尤其是舰载九六式战机参战，力量对比发生变化，中国战机性能远不如日机。因此，每次空战中国飞行员除了依靠爱国杀敌的精神和日机拼命外，有时依靠"碰彩"即靠侥幸来击落日机。

1937 年 10 月 12 日，敌机入侵南京，高志航率机迎战，击毁敌机一架后，因伤病复发，他忍痛驾机返回溧水，着陆后即昏迷，再次住院疗养。

高志航经过十几次战斗，发现霍克 3 飞机许多性能要改造。由于是单发动机，时速227公里，机上装有带协调器的三叶螺旋桨，间隙发射子弹的机枪 2 挺。机身下可载 500 磅炸弹 1 枚，两翼可载 18 磅炸弹 8 枚。

"战神"高志航

实际上这是一种俯冲轰炸用的攻击机，而不是主要用于空战的驱逐机。这种攻击机与日本的九六舰载战斗机相比，各种性能都逊色一筹，尤其攻击速度和攻击性能比不上九六舰载机，战斗中常吃大亏。高志航认为战斗中最常用的是驱逐机，而不是驱轰两用的攻击机。如果对霍克 3 进行改造，去掉油箱，把整流罩再去掉，可以提高 45 英里速度。再去掉下油箱和大炸弹及小炸弹，又可以提高 35 英里，这样在爬高、俯冲、攻击等方面更迅速更灵活了。

当高志航将自己的这些想法兴

冲冲地向毛邦初汇报时，却遭到了一顿训斥。毛邦初雷霆大发，冲着他说："高志航，你不要以为你打下了几架飞机就了不起，你以为你是谁啊？我警告你，现在是战争时期，飞机上一颗螺丝钉都不能少，你如果动一根飞机上的东西，我就立即把你当罪犯逮捕法办！"

高志航被骂蒙了，呆呆地站着不说话。毛邦初以为他不服，高声大叫："高志航，你不要以为你了不起，我这个总队长就管不了你，你不吭声就表明你不服从，我要处分你……"

高志航一下子醒过来了，他忍气吞声、违心地说："我坚决服从你的领导和指挥，绝不再说什么建议了。"

高志航当然一肚子委屈，他想到自己完全是为了空战的胜利，多杀鬼子，让自己的弟兄们少流血牺牲，却遭来一顿臭骂，心里很是郁闷。

宋美龄来视察了，高志航并不想向她诉说自己的委屈，他怕被毛邦初知道了，自己要落个在上级面前告状的罪名。

因为高志航是中国空军的首战英雄，宋美龄一直关心他的生活，只要见到他总是问长问短。高志航原在东北航空处任教官，第一位妻子是俄罗斯人，取了个中国名字叫嘉丽，和高志航生有一女。因为国民政府限制飞行员与外籍女子通婚，高志航与俄籍妻子离了婚，后娶了第二位妻子叶蓉然。

宋美龄每次见到他，都要问一句："嘉丽最近来信了吗？"

今天，宋美龄见到高志航忧心忡忡的样子，随口问道："是不是嘉丽最近没有来信？"

高志航欲言又止，摇摇头。

宋美龄又问："那为什么不高兴？说出来听听。"

于是高志航鼓足勇气说："我们的飞机，无论是数量和性能方面都远远不如日本，面对强悍的敌人精锐的装备，只靠我们的勇敢是不够的。"

宋美龄点头："你说得对，委员长正与苏联进行洽谈，准备购买一批苏式新机。"

高志航说："我明白，但这需要有个过程，而且即使苏机到来，还有个学习、熟悉的过程。但日本人不等啊，他们几乎每天都来……"

宋美龄："高大队长，你说得都对，但你要我怎样做？"

高志航迫不及待地说："夫人，我们不是没有办法对付日本飞机，除了战术方面外，我们仅剩的几架霍克3可以进行改进改造。"

宋美龄来了兴趣："怎么改造？"

"若卸下油箱前边的整流罩，以及两个大炸弹架和落地灯，减轻负担后的霍克3就可增速30英里。只要速度上来，就可以减少伤亡，更好地打击日本人！"高志航兴奋地说。

"看来，你有这种想法也不是一天了，为什么不早提出来？"

"夫人，我刚才说的建议只是我的想法，如有不妥，你可以告诉我，千万不要告诉我们总队长。如果让他知道了，我就是告黑状，他一定会严厉地处分我的。"

"我看谁有这个胆子来处分你？"宋美龄站定了身子，大声地说："我很赏识你的建议，如果你的建议能够成功的话，我建议周司令奖给你一枚金质奖章。"

"什么奖章？"周至柔这时走了进来，没听清宋美龄的话。宋美龄便将高志航的建议一一说给周至柔听。她说："我认为高志航的建议价值很大，你认为怎么样？"

周至柔听毛邦初汇报过这件事，他的态度也是反对的，擅自改造作战飞机，搞不好会出大麻烦，现在既然宋美龄都同意改造飞机，于是说："中国空军的先天不足就是自己不会造飞机，如果通过改造霍克3达到自己能造飞机，那当然是一件天大的好事。因此，我双手赞成高志航的建议。但是，目前我们国内还缺乏改造霍克3飞机的人才，起码要有一个熟悉霍克3飞机的人才行。"

高志航说："我研究霍克机也不是一天两天了，这是我画的草图。"他从上衣口袋里取出一张图递给宋美龄。

宋美龄扫了一眼，便交给了周至柔，对他说："我是外行，你是专家，你看看吧，如果行得通就拍板。"

周至柔仔细研究了草图，对宋美龄说："方案很好，可以看得出改造后的霍克3犹如一个胖女人一下子减轻了许多，成了亭亭玉立的美人儿了。外表既漂亮，内在又适合各种气候条件下同各种敌机作战。"

"就这么定了！"宋美龄一锤子定下了改造霍克3飞机的方案。她关照周至柔，改造工作是件大事，要亲自到飞机修理厂主持这项工作，还说改造过程中，有什么困难直接打电话找她。

不到一个月，在周至柔的主持下，高志航和机械师们日夜在飞机修理厂忙碌着，不久，改造好的21架霍克3出厂了，以全新的姿态重上蓝天。因为此事高志航得罪了毛邦初，结下梁子，毛邦初隐忍不发。

9月9日，中国军事代表团团长杨杰会晤了苏联国防人民委员伏罗希洛夫，商谈援华事项，提出中国向苏联购买飞机225架，机上用炸弹、机枪子弹及空军教练与技术人员89人均由苏联提供。

9月中旬，敌机入侵南京，高志航驾驶着轻装上阵的霍克3机升空拦敌。在句容附近，高志航和战友们浴血长空，奋力歼敌，打出了7∶2的战绩。

第4大队自开战之初，兼任淞沪作战及京杭防空，故激战甚烈，损伤也重。与此同时，蒋介石向苏联洽购飞机的谈判也在紧锣密鼓地进行之中。9月15日，苏联战斗机装运至阿拉木图，经数日装配完成后，即行东飞新疆迪化，再飞抵甘肃兰州。自10月下旬起，苏联供应的飞机相继抵达中国新疆，后到兰州。

9月21日，高志航将所有飞机交第5大队留南京继续作战，自己率第4大队准备赴甘肃兰州接收新机。

11月初，高志航率第4大队赴兰州接收苏联援华战机E-16。他与苏联空军少将专使见面时用俄语进行交谈。苏联少将问："你去苏联留过学吗？"

高志航说："我没有到过贵国，但我们中国的将领都会说几国的语言。"

苏联少将说："很抱歉，我不会说中国话，请原谅。"接着他又说："你们飞行员驾驶苏机，因腿短比较困难，苏机速度快，操纵灵活，没经训练必然出事，必须经过三个月的训练才能作战。"

高志航说："我急需与日军作战，三天内就要训练好，以回前线作战。我可以试飞你们的飞机吗？"

对方说："可以，但是苏机机头重要，需要特别注意操纵。"

高志航说："我明白了，放心吧！"

他飞上天空，首先在空中倒飞了3分钟，之后，又作了各种特技动作，把苏联教官们看得目瞪口呆。等高志航落地后，苏联少将上前紧握其双手，连说："好！好！"并称高志航是天神，是现代英雄。

双方办理交接手续后，高志航下令飞行员们在三日内必须掌握苏式机的性能，尽快飞回汉口。

经过初次试飞后，高志航率领 6 架 E-16 东飞。由于对 E-16 性能不熟悉，在陕西安康迫降时，竟发生了坠机事故，幸好人员未伤亡。高志航便与队友一起研究事故原因，总结经验以利再战。

当时，毛邦初下令，高志航和第 4 大队经西安、洛阳、周家口三站加油，再飞回汉口，遇敌机作战要有充分的计划。

高志航建议："我们可以不到周家口，因该机场小，容量不够，我们用两站加油，足够回到汉口。"

毛邦初认为高志航是违抗命令，伤了他的自尊心，于是大怒："你别以为是驱逐机司令就可以不听我的命令。如果途中作战油量不够，谁来负责？"

高志航只得执行命令。在起飞前，他对部下刘荫桓说："你率领地勤人员先飞回汉口，和王参谋、于机务长把司令部整理一下，并告诉司令部全体人员，苏联飞机比美国飞机速度快 1/3，与日军作战，日必败，我必胜。不久就要回老家了，让他们放心，为国干好工作吧！"

高志航与毛邦初的矛盾由来已久，此时，又为飞机降落机场的问题，双方闹得很不愉快，高志航只得同意先降落周家口。孰料，双方的往来密电已被日本方面破译，日军做了精心细致的空袭准备，只等高志航飞机编队到周家口。

11 月 15 日，高志航率队驾 13 架 E-16 飞抵周家口，因气候缘故，只得在周家口机场待命。此时，日本间谍已经将高志航率苏联飞机到达周家口的消息报告给日本海军。

11 月 21 日，天气转晴，高志航准备率队飞返汉口时接到通报：敌机一队沿平汉线向驻马店方向前进，向汉口实行轰炸。但狡猾的敌人只是佯装空袭武汉，实际是迂回一大圈前来偷袭周家口机场。就在高志航准备起飞时，突然，机场上空响起了紧急警报，敌机已经临空。苏籍飞行员及机场人员急于疏散，而临危不惧的高志航，冒着敌人的炮火，跳进座舱，冒险开机三次，可惜都没有成功，这种现象原来是没有的，有一种说法是由于北方天寒，苏制 E-16 一时难以发动，但苏联比中国气候更寒冷，制造的飞机岂有发动不了的毛病？眼看别的苏式飞机强行起飞，高志航心急如焚。日机已经飞抵机场上空，此时，只听见有人大声喊："高司令，来不及了，快下来！"

高志航沉着镇定地命令机械师冯干卿扳动螺旋桨帮助启动。敌机投弹了，第一枚炸弹就落在主机上，随着一声巨响，高志航的座机燃起熊熊大火。高志航、机械长、机械师等 6 人壮烈殉国。我机 40 多架被炸伤。因此，当时就流传着这样的一种说法：高志航是被谋杀的。至今，身在台湾的高志航烈士的儿子仍持这种看法。

冯干卿（1905—1937）32 岁，天津市人。河北北洋铁工学校毕业。历任东北航空处技士、空军第 4 大队军械长，升至技副二级。遗妻孙氏。

高志航牺牲后，时任军事委员会委员长蒋介石，主持了在汉口商务会大礼堂举行的追悼会，并亲自献花圈志哀。高志航的灵柩在湖北宜昌下陵。英雄时年 31 岁。

国民政府追授高志航少将军衔，第 4 大队被命名为"志航大队"。高志航被尊称为中国空军的"天神"。

中国抗日空军在"天神"精神的鼓舞下，勇猛无畏、不怕牺牲，前赴后继、英雄辈出，为了民族的生存与敌人展开殊死的搏斗直至胜利。

英勇的空军第 4 大队部分飞行员

◎ 11. 蓝天上的苏联志愿者鲜血

国民政府军事委员会常务委员会于 7 月 22 日在南京举行第二次临时会议，研究了空军作战计划。决定空军各队分配如下：开赴华北前线的飞机有 17 个中队 140 架，其余担负南京、南昌、广州的防御任务。当时空军注册飞机约 35 个中队，总数约 500 架飞机。

这一天，蒋介石召见航空委员会空军前敌总指挥部副总指挥毛邦初，航空委员会秘书长宋美龄悠闲地坐在沙发上。

蒋介石拿着航空委员会的记录说："根据航空委员会的资料，用于第一线的飞机有 500 架，我看我空军全部可以石家庄、德州之线为根据地，支援华北战场。"

毛邦初战战兢兢地回答："委座，用于一线飞机没有那么多架……"

蒋介石有些不耐烦，用手拍打着记录本，"这上面明明注册有 500 架！"

"委座，有些飞机已经报废和损坏，但在簿册上还没有注销。"毛邦初小心翼翼地解释。

"可以作战的第一线飞机共有多少？"蒋介石厉声问道。

"委座，只有一百架……"毛邦初嗫嚅着。

蒋介石的脸涨得通红，光头上暴起一根根清晰可见的青筋，他在地毯上来回踱步，突然急停在毛邦初身边大发雷霆："娘希匹，我要枪毙你。我花了那么多钱，辛辛苦苦搞了五六年，才有一百架飞机可以作战，你办事不力，贻误大事！"

毛邦初以乞求的眼光看着宋美龄。

夫人宋美龄劝说道："大令，消消气，事已至此，枪毙他也无济于事，赶快想想其他补救办法。"

毛邦初面无人色，冷汗顺着脊背往下流。

"补救？怎么补救？日本飞机就要轰炸首都了，我拿什么去抵挡？据报，淞沪一线的日机就有250架，现在就是买也来不及。"

毛邦初硬着头皮说："委座，今年4月，苏联驻华大使鲍格莫洛夫曾通知政府，准备向我出售飞机和坦克……"

蒋介石眼前一亮，出现了希望："事到如今，只有尽快与苏方联系了。"

宋美龄提醒道："大令，庸之兄（孔祥熙字庸之）前往英国庆贺英皇加冕典礼，现正在伦敦，空军第一军区司令官沈德燮陪同，不如让沈司令转到莫斯科，与苏俄联系购机和聘请俄籍飞行员。"

"对对，我立即写信给庸之兄。"蒋介石连连点头。

8月8日，蒋介石致孔祥熙急电发出："急。孔特使勋鉴：请令沈德燮速往苏俄选购飞机200架，其种类以轻重轰炸机为主，其他侦察机与战斗机亦各购数十架，沈何日赴俄交涉，盼复。中正。"

孔祥熙接电后，即交代沈德燮立即起程赴苏。

8月13日，淞沪战事爆发。截至此时，列入编制的中国空军各种机型的飞机共有296架。

短短几天，年轻的中国空军在初战中取得可喜的战果，但损失也不小，先后有十几架飞机被击落击伤，形势不容乐观。8月20日，蒋介石急电驻苏大使蒋廷黻，询问沈德燮与苏交涉购机事宜。电文曰："最急。莫斯科蒋大使勋鉴：沈德燮处长想已到莫，请兄介绍其与俄政府洽商飞机交涉，现最急需用者，为驱逐机200架与重轰炸机100架，先聘俄飞行员二三十人，即请其驾驶飞机到甘肃后，再飞回新疆驾机来甘，如此，不过十余次即可运完也。其联络路线，决定取道新疆；并请使署（指中国驻苏大使馆）派若干武官在新疆哈密购备多量汽油存储，以便飞行……中正。"

蒋介石心急如焚。在最近数日，中国空军又有十几架飞机损失。而从9月上旬起，日军在华东等地的飞机又有很大的增加。原驻大连的日本海军第二联合航空队的战斗机24架、轰炸机30架、攻击机12架，已转场移驻上海公大机场；日军还在吴淞的王滨抢修机场，其陆军第三飞行团陆续进入王滨机场。这是日军在华东地区使用陆上机场的开始。华东地区的制空权完全被日军掌握，中国空军的飞机白天难以担任作战任务，只能夜袭敌军和担任保卫首都的防空任务。再拼下去，天空就不会再有中国飞机了。

1938 年 8 月 21 日，中苏两国外长王宠惠和苏联驻华大使鲍格莫诺夫在南京签订《中苏互不侵犯条约》。

9 月 11 日，蒋介石置身明孝陵四方城的防空洞中，耳听着尖锐的警报声，几乎用一种乞求的口吻，致电驻苏大使，询问飞机之事："莫斯科。蒋大使：待飞机甚急，究竟何日可飞来华？共有几何？立盼详复。中正。"

四天后，焦急等待中的蒋介石实在无法忍耐，又急电蒋廷黻："飞机有无起飞？先飞几架？何日可到兰州？盼详复。中正。"

9 月 18 日是夏历中秋节前夜，这一天，是 1931 年九一八事变六周年纪念日。为了表示中国军民对日抗敌的决心，国民党空军仍效博浪一击，出动各式飞机 24 架，分批大规模夜袭上海，给日军以很大打击。第二天，日本采取报复行动，上海吴淞口外的航空母舰上的轰炸机、驱逐机共起飞 30 余架次，大举空袭南京。国民党空军从南京、句容各机场起飞驱逐机 21 架奋起截击，双方你来我往，奋力拼杀，展开了首都上空空前未有的空战。但日机性能优良，战斗力强，击落我飞机多架，我仅击落敌机 1 架，击伤 5 架。9 月 20 日，日本海军出动轰炸机 27 架、战斗机 6 架、攻击机 11 架、水上侦察机 13 架，分两批袭击南京，目标为大校场机场、沿江炮台、南京国民政府和中央电台等地。中国空军虽起飞战斗机 12 架迎敌，但已是捉襟见肘，拆东墙补西墙，明显力不从心了。

偌大的南京城，弹片所及，几成废墟，燃烧的设施和民房，哭泣的居民和伤残人员以及炸死的尸体随处可见，触目惊心。蒋介石与宋美龄在航空委员会主任周至柔等人陪同下，驱车在市区中视察了一圈，回官邸后，盼苏联飞机如大旱之望云霓，再度急电莫斯科蒋大使："续订飞机仍以驱逐机为主，请再订驱逐机 150 架、重轰炸机 30 架为盼。第一批驱逐机能否提前出发应用？甚急也。中正。"

在蒋介石多次紧急要求下，苏联政府决定向中国提供经济贷款和军事援助，并决定派遣军事专家和志愿航空队参加中国的抗日战争。苏联向中国提供援助贷款美元2500万，用以购买飞机、汽车、坦克、大炮等，多名军事顾问和志愿飞行员陆续来华参战。

除向苏联紧急求购飞机外，蒋介石还致电孔祥熙，嘱其"德国军用机如能出售，请酌购数十架或百架也可，如何？又闻已订之英国飞机不附有机枪与子弹，确否？盼复。"

从8月14日中国空军各部队奉命出击，正式对日作战开始，到10月下旬，中国空军290架作战飞机已经消耗殆尽，能升空的飞机只剩81架，到了11月间，中国空军可作战的飞机只剩下30架左右了。

1937年10月，蒋介石令空军将数十吨汽油径运新疆机场，又在塔城、兰州各地准备了大量汽油，候迎苏联来华飞机。

10月中旬，第一批苏联志愿航空队由254名飞行员与机械人员组成，并开通了阿拉木图经兰州至汉口的航线；下旬，由马琴率领的21架爱司勃式轰炸机大队和库尔邱莫夫率领的23架E-16战斗机前往中国，由阿拉木图起飞，经新疆迪化（今乌鲁木齐）机场，转赴兰州。途经凉州机场时，库尔邱莫夫因飞机失事不幸殉职，由普罗科菲耶夫接替战斗机大队长一职。

同时，苏联驱逐机也运抵兰州，蒋介石急电甘肃省政府主席贺耀祖

中苏飞行员在汉口机场

与毛邦初，"到甘各机，应即设法先运汉中与成都机场，切勿久搁兰州，以防空袭"。

12月1日，即在淞沪战役结束后，日军大举南下，即将合围首都南京的前夕，普罗科菲耶夫率领的23架E-16战斗机到达南京。当天下午，基达林斯基等率领的20架爱司勃式轰炸机也飞抵南京机场。就在这一天，苏联战斗机便数度升空与日机作战，击落日机3架，自己亦损坏2架，苏联飞行员安德列耶夫中弹牺牲，烈米佐夫跳伞生还。其后几天又连续作战。

亲眼目击苏联志愿飞行员保卫南京的战斗的中国空军顾问、美国人陈纳德回忆说："我平生见过最精彩的空战是在南京和汉口上空日俄之战。"

"有一天下午，9架日本双翼战斗机到南京上空来散发劝降的传单，于是5名苏联空军和1名国民党空军起飞迎战。首先1名苏联空军被击下，那个国民党空军也弃机逃脱，于是只剩下了4名苏联空军来对付日本人。这个精彩的战斗场面，足足在上空继续20分钟之久，双方棋逢对手，都不肯放松一步。据一般空战情形，几秒钟内两方即可分出高下，最多也不过需几分钟。可是这一战，双方却整整相持了半个钟头，曾有几分钟，双方都曾达于千钧一发的危机了。到了后来，日机渐渐转于俄机之间来作环绕的袭击。一架苏联飞机向下潜避，日机尾追直下，突然苏联飞机一个转身，冷不防反过来袭击日机，这算是我第一次看见苏联飞行员能灵活运用战术，通力合作，来应付敌人。不多时双方才战罢收兵，各自飞开。

"我守在机场，眼看那苏籍机师爬出他的座位来，那是一个6尺高的汉子，头上蓬发竖立，就和一把成熟了的麦穗一样，衬衫湿漉漉地紧贴在背上，就像刚洗过淋浴一般。中了弹的大腿，正在汩汩地流着血。"

据12月2日南京《中央日报》报道："日机作第110次轰炸南京，被我空军击落2架。"这便是苏联空军志愿者初试牛刀的结果。

12月2日，苏联志愿航空队的轰炸机9架，在科兹洛夫大尉率领下，从南京机场起飞，前往上海袭炸日军机场和黄浦江日军舰船。在近四个月的空战中，中国空军飞机损耗殆尽，日本已不担心天空中还会有飞机来空袭。当苏联空军志愿队飞临黄浦江上空，搜寻攻击目标俯冲而下时，日舰船竟无丝毫准备，随着呼啸的炸弹和巨大的"轰轰"爆炸声，浓烟升起数十丈高，一艘日本军舰在猛烈的爆炸声中倾斜下沉，其余6艘日船中弹起火。在日军高射炮及机枪还击下，一架飞机被击中，领航员彼得洛夫当场牺牲，驾驶员萨洛宁负伤，忍痛咬牙坚持，与机群飞返南京机场。

12月5日，在南京城即将失陷前，苏联空军志愿队奉命转场南昌、汉口等地。

苏联空军志愿队在华最辉煌的战绩，是1938年四二九武汉空战。

1938年4月20日，一架日本双座侦察机在孝感上空被我防空炮兵击落，从死去的飞行员的衣袋中搜到一个笔记本，当即被送到空军指挥部。根据翻译得到的情报：4月29日，是日本天皇裕仁的生日，即"天长节"。日本海军航空兵为了给天皇献寿礼，决定4月29日这一天大举侵袭武汉，炸毁中国的空军基地和汉阳兵工厂等重要的军事设施。

中国空军首脑周至柔、毛邦初与苏联空军顾问阿沙诺夫及美顾问陈纳德等预测到：日军为庆贺天皇的生日，一定会对武汉进行大规模空袭，以作为对天皇的贺礼。因此，部署了痛击日机的作战方案。

国民政府发给来华助战的外国飞行员的标志

在会上，陈纳德分析说："日空军把芜湖作为进袭武汉的加油站，每次日机空袭武汉后，当返回芜湖时，汽油都将耗尽，我们应该利用这一弱点，狠狠地揍这群狗娘养的。"

阿沙诺夫将军说："我们要给他们布置一个更加狼狈不堪的局面，先派出中国空军在汉口上空与日空军纠缠，尽量消耗他们的汽油，我主力在芜湖上空埋伏，等日机汽油用完返回时，迎住痛击他们。"

毛邦初说："我们再给他来个空城计，让日军以为我空军均已转场，必放松警惕，我们给他来个突然袭击。"

4月28日，万里无云，是个难得的好天。从下午开始，武汉机场上马达轰鸣，苏联飞机和中国飞机一架接一架沿着跑道滑向尽头，升上蓝天，大批的轰炸机、驱逐机先是绕城低飞。果然，中方百十架飞机的大行动，一批一批出现在上空，引起了城中很多人的注意。之后，机群朝着南昌方向一批批飞去，并消失在人们的视野之中。潜伏在汉口市区的日本特务与汉奸，迅速将"中国、苏联飞机飞往南昌，武汉地区无机"的情报报告给日军情报机关。

傍晚时分，苏、中机群又借夜幕的掩护，悄悄地返回汉口与孝感机场。驻南昌的苏联志愿航空队也转移至武汉参战。

空城计的效果达到了。

得知汉口地区无空军，4月29日即日本"天长节"下午，日本海军第2联合航空队，出动了27架战斗机和18架攻击机，从南京及芜湖两地出发，径飞武汉上空。黑压压一大片机群，发出"嗡嗡"的巨响，大模大样地在中国领空飞行，这次袭击的目标是汉阳兵工厂、政府机构与空军基地。

14时30分，当日机进入武汉空防警戒范围时，中国空军第3、第4、第5大队的20架E-16型驱逐机群立即升空拦截，纠缠敌机。日机见中国早有防备，虚晃几招便无心恋战。中国空军咬住不放，飞行员董明德沉着应战，打落2架轰炸机；刘宗武与队友合作，打落2架战斗机；飞行员刘志汉与杨慎贤各击落1架。此时，武汉四周城防高射炮、高射机枪火力交叉，形成对空立体火力网。敌机见无隙可钻，便呼叫返航。

此时，从孝感机场起飞的苏联空军驱逐机群，已巡逻在武汉东北面云层中，发现返航的日机，第一队驱逐机摆开决战的架势，迎头冲了上去，日战斗机立即应战，与之混战，几十架飞机上下翻飞，往来追逐，机关枪弹形成朵朵白花，在空中爆炸，煞是好看。而脱离战斗机保护的日轰炸机，慌不择路，向芜湖方向狂逃。此时，第二批隐蔽在白云中的苏 E-15 驱逐机降低高度，虎入羊群般冲入敌轰炸机群，"哒哒哒"一阵猛揍，日机纷纷中弹，拖着斜长的黑烟，像被拍打的苍蝇一样向下坠落。不一会儿，40 架日轰炸机遭到灭顶之灾。苏联飞行员舒斯捷尔的子弹打光了，危急之中，拉起飞机冲向敌机与之相撞，英勇牺牲。后来，冯玉祥将军赋诗称："舍身成仁同归尽，壮烈牺牲神鬼泣。"

在这场惊天动地的 30 分钟大空战中，苏、中两国空军通力合作，击落日机 21 架，打死日飞行员 50 余名，在湖北武汉周围的黄冈、梁子湖、徐家棚、青山、段家店、谌家矶、洪山等地及武昌东郊、纸坊、豹子獬、刘家庙、青山、阳逻、沿江一带，都有坠落敌机残骸。中、苏空军联手取得抗战以来最辉煌的空中战绩。为赢得这场胜利，苏、中两国空军也有 11 架驱逐机被击毁。

此后在 5 月 31 日的武汉空战中，苏联志愿航空队"正义之剑"大队的 21 架 E-15 型战斗机和 10 架 E-16 型战斗机接到日军袭击的战斗警报后，立即升空隐蔽待敌。中国空军第 3、第 4 大队 E-15 式和 6 架 E-16 式战斗机也爬高迎敌。日歼击机 36 架、重轰炸机 18 架于上午 11 时从安徽、江西两省飞向武汉。12 时许，当进入武汉上空时，苏联志愿航空队飞机迅速迎击，日机见我早有准备，返机东逃。苏联空军抓住战机，冲入敌机群，向敌猛击。日机数架中弹坠落下去。战斗中，苏联飞行员古班柯击落日机 1 架，在其机枪子弹打完的情况下，加足油门，向日机猛撞，日机的铝质又轻又薄，而苏飞机坚固结实，日机的机翼被撞断，旋转不停地栽向地面，古班柯却驾着飞机安然降落在机场。在战斗中，苏联空军飞行员克卢拜被日机击中，英勇牺牲。空战持续了 30 分钟，苏、中两国空军共击落日机 14 架。

中国空军顾问陈纳德曾经说过："苏联的轰炸机是爱司勃-2 和爱司勃-3 的双引擎机，火力不强，不能载很多炸弹，但这种飞机有一特点，使日本人困惑不解。原来它们的排气管是装置在机翼之上，故当其在高空飞行时，声音向上扩散，下面无从发觉。有一天，他们去炸长江边的九江，在 24 000 英尺的高空飞行，而日本人的战机则飞在 17 000 英尺的空中去迎战。要不是炸弹已经在下面爆炸，日机还不知道他们的来临呢。"

国殇

牺牲在万县的苏联空军志愿队少校库里申科。

苏联空军志愿者凭借苏制飞机的性能优势与善战勇猛，多次出动轰炸日军军事目标、军事设施、舰艇、敌军纵队。在蓝天白云间，为中国人民抵抗侵略，打击日本侵略者。

苏联志愿队轰炸机群多次在保卫大武汉的会战中轰炸和阻止沿长江西上的日本舰船。根据蒋介石的指示与空军指挥部的命令，1938年夏天，赫留金率领驻汉口的爱司勃轰炸机群频频出动，多次轰炸了安徽境内贵池、安庆及江西境内湖口、九江等江面上的日军运输兵舰，给敌以重创。

6月13日，日军舰溯江而上，向安庆猛攻。为了阻止日军的进攻，14日，苏联轰炸机沿长江西行，发现安庆江面上的日本军舰，立即下降俯冲投弹，当即炸沉日舰两艘。

6月18日，苏轰炸机群轰炸东流县境内长江江面敌舰，均命中目标，再度重创了敌人。

7月2日，苏轰炸机在九江附近的湖口击沉日舰两艘。

7月8日，苏、中空军轰炸机群出动5次，轰炸沿江敌舰。

7月19日，苏空军在湖口附近攻击3艘日舰，日舰燃起熊熊烈火。

10月初，日军从河南、江西两面合围武汉，其步兵及炮兵不断对武汉地区发动攻击。苏联轰炸机队数次出动，轰炸了武汉外围的阳新、罗山地区的日军炮兵和步兵集结地，给日军以沉重打击。

在抗日战争的几次著名大会战，如台儿庄会战、徐州会战、武汉会战、桂南会战中，苏联空军均创下了不朽的战功。

这里仅录中国第二历史档案馆藏苏联空军志愿队轰炸山西同蒲铁路虞乡车站的战斗要报，便可见苏联空军志愿队援华之一斑。

国民党空军第3路司令官田蓁1940年4月关于苏空军作战报告：

极机密　第 4 号　空军第三路司令官田羲

空军第三路 4 月战斗要报　5 月 2 日于成都

一、我志愿大队 SБ8 架于 4 月 28 日上午 9 时 20 分由温江机场出发，其携带炸弹量：50k30 枚、10k808 枚，预定轰炸目标为运城敌机场。

二、当天 10 时 40 分降落南郑加油，于 11 时 20 分由南郑起飞，高度为 7000 公尺，过西安后，因云降低至 3500 公尺，到潼关附近，复盘旋升高至 5000 公尺，终因天气关系不能飞往运城，遂于 12 时 50 分在虞乡车站附近投弹，均命中起火。当时有敌驱逐机三架，因不及攻击，尾追至渭南，始逸去。

三、14 时 50 分降落天水加油，旋即飞降兰州，于 30 日 12 时 25 分由兰起飞，15 时安返基地。

四、参加作战人员姓名如附表。

隶属	职级	姓名	飞机种类及号码	备考
志愿队	总领队	吴瓦洛夫	SБ1 号	
下同	领航员	波他年阔		
	射击士	卢金		
	代理队长	史才尼扩夫	SБ4 号	
	领航员	基勒斯基		
	射击士	莫扎耶夫		
	副大队长	特鲁深	SБ9 号	
	领航员	别特里参阔		
	射击长	克里棉阔		
	分队长	马克西棉阔	SБ5 号	
	参谋长	喀切林楚克		
	射击员	列别辽夫		
	飞行员	阿布拉斯金	SБ3 号	
	领航员	扎德罗内衣		
	射击员	苦得俩错夫		
	飞行员	格雷楚诺夫	SБ6 号	
	领航员	普拉索洛夫		
	射击员	特洛非诺夫	SБ7 号	

（续）

隶属	职级	姓名	飞机种类及号码	备考
	领航员	顾斯岑		
	射击长	喀史岑		
	飞行员	别特洛先	SБ8 号	
	领航员	李西岑		
	射击长	皮聂诺夫		共 24 员

SБ，即爱司勃型轰炸机。

从 1937 年 12 月至 1941 年初，苏联空军志愿队先后到达中国的有 4 个战斗机队和 3 个轰炸机队，两批空地勤人员 700 余人。苏联空军以轮换方式，先后来华参战人数达 2000 多人。有 400 多人荣获各种勋章与奖章。他们中间有许多人被授予"苏联英雄"的光荣称号，这些英雄是：波雷宁、兹维列夫、布拉戈维申斯基、博罗维科夫、古边科、盖达连科、赫留金、克拉夫琴科、斯留萨列夫、苏普伦、马尔钦科、尼古拉延科、谢利瓦洛夫、苏霍夫。

他们当中，先后有 200 多人英勇牺牲，阵亡人员部分名单：安德列耶夫、库尔丘莫夫、柏违依采夫、库里申科、达维多夫、拉赫曼诺夫、尔拉大盂诺、列克辛、符多维英、卢八丁、弗洛罗夫、史托维、金爵洛哥、舒斯捷尔、柯路白、柯斯金、德米特里、巴甫洛维奇、马特维耶夫、德米特里、弗奥法诺维奇、库里申、菲利普杰尼索维奇、古拉耶、柯西杨、柯里杨维奇、楚里亚可夫、里昂尼德、伊凡诺维奇、斯可尔厄亚可夫、马尔克、马古拉耶维奇、马尔琴可夫、米哈伊尔、德米特里耶维奇、师什洛夫、莫伊塞、伊沙阿科维奇、基古里什登、尼古拉米哈依诺维奇、泰列霍夫、乌拉基米尔、格拉西莫维奇、多尔戈夫、伊凡诺维奇、巴拉莫诺夫、瓦西里、瓦西里耶维奇、别索茨基、瓦连金、谢尔盖耶维奇、考兹洛夫、伊凡·尼科诺罗维奇、克罗夫等。

苏联志愿航空队"以自己的无畏行动提高了中国人民的士气"，为中国人民解放事业而英勇献身的苏联志愿飞行员洒下的鲜血同中国人民洒下的鲜血融合在一起。

中国人民将永远缅怀他们的英雄业绩。

◎ 12. 出身于乔家大院的空军英雄

　　一部描述晋商艰难创业的电视连续剧《乔家大院》，让人们知道了"皇家有故宫，山西有乔家"。这座跨越了两个世纪的建筑群始建于清乾隆年间，同治和光绪年间及民国初年又屡次修缮，整座大院占地 10642 平方米，由 6 幢大院 19 个小院共 313 间房屋组成。从高处俯瞰，大院呈双喜字形布局，院与院相衔，院中有院，院内有园；设计精巧的斗拱飞檐，彩饰金装的砖雕百寿图照壁，庙堂式的乔家祠堂，砖石木雕的更楼、眺阁等，在赞叹这座清代民居建筑的独特风格时，人们自然会想起这位弃儒经商的主人——乔致庸。他怀着"救国民"的崇高理想，凭着坚韧的毅力，在商海里沉浮几十年，与清朝官僚、同行商贾、民间匪盗、社会恶势力拼斗，终于以"仁、义、礼、智、信"的高尚情操，独特的人格魅力，开拓了中国乃至世界的"汇通天下"。

乔倜

　　人们可知晓，在乔家大院的后人当中，有一位为国捐躯的抗日空军英雄——乔倜。

　　1914 年 2 月 27 日出生的乔倜，是乔家第五代乔映庚的次子，乔倜和哥哥乔杰、弟弟乔仕自幼随父习武，练就了强壮的体魄。1935 年，中央航校招考飞行员，毕业于天津南开中学的乔倜考入航校，成为杭州笕桥中央航空学校第六期甲班的学员。1936 年毕业后，在国民革命军第 9 飞行大队第 27 中队任少尉飞行员。（中队徽标是一个由骷髅、闪电和翅膀组成的图案）

1936 年 10 月 31 日，为庆祝蒋介石 50 岁寿辰，第 9 飞行大队作为最先进的飞机战队，首次公开亮相，乔倜参加了这次空中阅兵，接受了蒋介石夫妇的检阅。同年 12 月，第 9 大队被派驻华北，乔倜以僚机护航，送蒋介石到西安，亲历了震惊中外的西安事变。

1937 年 7 月 7 日，卢沟桥事变爆发，华北战局骤急，第 9 大队编入南苑支队，支持华北战场作战。

7 月下旬，北平、天津诸地失陷后，日军继续西进和南下，华北形势危急。由于 8 月上旬，华东一带形势告急，第 9 大队被急调南京。中国空军除了集中主力在华东同敌航空队作战外，只派出部分兵力担任华北、华南战略要点的防空任务，并相机支援地面部队。第一战区司令长官程潜、第二战区司令长官阎锡山分别电请空军从速驰援。

9 月 14 日，中国空军组成北正面支队，以原第 6 大队大队长陈栖霞任司令。该支队空防区域很广，得到的命令是："从四川万县以东迄湖北信阳（今属河南）之线以北，所有黄河两岸除甘肃一省外的空军和地面场站统归该支队司令部指挥区处。"然而，北正面支队司令部编制同普通

陈其光击落日本三轮宽少佐的油画

飞行大队部相仿，所辖的部队也仅有驻西安的第 7 大队及驻南阳的第 27 中队（只剩 5 架攻击机）。在陈栖霞一再请求下，航空委员会才又调来 1 个驱逐机中队（第 28 中队）及 1 个侦察机中队（第 16 中队）。但这两个中队也实力不足，第 28 中队仅有霍克 2 式驱逐机 5 架。

北正面支队司令部人员多为原第 6 大队部人员，他们从南京移驻洛阳指挥作战。

9 月 16 日至 10 月底，中国空军北正面支队所部对大同、繁峙、平型关、阳明堡、崞县、原平及平汉铁路沿线的日军共进行了 12 次侦察和 42 次轰炸，并击落敌机 3 架、击伤敌机 1 架，给予中国地面部队一定支援。

1937 年 9 月 11 日，日军进犯山西广灵。孙楚的 73 师被迫退至平型关南翼，第二战区司令长官阎锡山急忙组织了平型关战役。八路军 115 师于 8 月 20 日迅速越过五台山向灵丘急进，22 日从平型关南翼潜出，隐伏于灵丘以南的太白山区，24 日在平型关东 20 里的东河南公路两侧地区部署对敌后的抄击。9 月 25 日伏击敌坂垣师团第 21 旅团千余人及汽车、大车 300 余辆。取得平型关大捷，歼敌 1000 多人，毁敌汽车 100 辆，大车 200 辆，缴获步枪 1000 多支，轻重机枪 20 多挺，战马 53 匹，另有其他大量战利品。这是中国抗战开始后取得的第一次大胜利，粉碎了"皇军不可战胜"的神话，振奋了全国人心，鼓舞了全国人民的抗战士气。这一仗有力地打击了日军的嚣张气焰，迟滞了敌人的进攻，迫使敌人进至浑源和保定的一部分兵力转移到平型关方向，因而有力地支援了平汉铁路和同蒲铁路友军的作战。

9 月 21 日，日本关东军临时飞行团出动了 14 架轰炸机和 8 架战斗机袭击太原。中国空军第 28 中队的 4 架驱逐机和中央航空学校的 3 架驱逐机一起升空应战。在激烈的空战中，中国空军第 28 中队中队长陈其光击伤了 1 架敌九五式战斗机。该机迫降在太原附近大盂的一块麦田里，飞机驾驶员离开座舱正在修理飞机时，被当地农民发现，将其击毙。从飞行员的遗物中发现，死者原来就是号称日本陆军航空队"射击之王"的三轮宽少佐。三轮宽具有高超的飞行技术和空战技艺，并懂得七国语言，曾在东北空军当过教官，当时任日本陆军飞行第 16 联队第 1 大队大队长，被日本陆军视为"军宝"。他是第一个在中国毙命的日本陆军王牌飞行员。

在山西前线的空战中，中国空军的损失也不小，飞行员苏英祥、梁定苑、吴志程、雷国来阵亡。

1937年8月29日，梁定苑随第28中队队长陈其光飞赴东海泗礁山上空炸毁日运输舰1艘。9月2日，随队飞往上海炸射敌浏河罗店阵地。9月18日、19日参加山西忻县的空战。21日晨，敌轰炸机14架、驱逐机8架空袭太原，以驱逐机为前驱。我第28中队霍克机4架及中央航校校机3架，由队长陈其光率领迎击，战斗异常激烈，陈队长击毁敌驱逐机一架，飞行员三轮宽少佐毙命。梁定苑所驾2801号机，与敌4架缠斗混战，尾部已着弹冒烟，向下旋降，在危急关头，梁定苑把机头拉起，继续战斗，终以众寡不敌，为敌机再次击中，飞机坠于太原北向阳村，梁定苑不幸以身殉职。

梁定苑（1910—1937）27岁，广东省文昌县人。广东航空学校第六期、中央航空学校第五期高级班毕业。历任广东空军司令部、广东空军第6中队飞行员，中央空军第5大队第28中队少尉本级队员。牺牲后追赠为中尉，遗妻及子一。

1937年9月21日，日轰炸机14架、驱逐机8架，空袭太原。我第5大队第28中队霍机4架及中央航校校机3架，由第28中队队长陈其光率领，正在太原上空激战。吴志程与同队队员雷国来自太谷分驾可塞V-92型机2架飞太原修理，当即与敌遭遇，发生空战，因众寡悬殊，而且飞机性能又远不及敌机，两架飞机均被击落，坠于太原城垣西郊瓦留村，吴志程与队友雷国来同时阵亡。

吴志程22岁，江西省南城县人。中央航空学校第六期毕业。历任空军第7大队第6、第12中队少尉本级队员。牺牲后追赠为中尉，遗有父母。

雷国来（1912—1937）25岁，广东台山县人，其父有兄弟11人，因家庭经济困难，得友人支助，赴美国经商。雷国来15岁时，独自至美国，半工半读。1931年九一八事变后，美国的华侨奋起救国，中华会馆创设航空学校，招收华侨子弟12人入学，其中就有雷国来。学成后返国效力，复入中央航空学校第三期受训。历任广东空军司令部，广东空军第 2、第 9 中队飞行员，中央空军第 31 中队、空军第 7 大队第 12 中队少尉本级队员等职。牺牲后追赠为中尉，遗有妻及子二女一。

9 月 28 日，敌东条纵队乘平型关鏖战之机，一举突破恒山、雁门关的接合部茹越口，次日，攻占繁峙城，严重威胁我主战场侧后。9 月 30 日，阎锡山召集前线将领会议，决定全线撤退。战场转向忻口方面，卫立煌等将领组织了保卫太原的忻口会战。

10 月 25 日，中国空军第 24 中队接到命令，派出 3 架驱逐机赶往山西，配合地面部队反攻娘子关。次日凌晨，中队长刘粹刚带领 1 个驱逐机分队从南京出发，经汉口、洛阳飞往太原。因当天气候条件太差，3 架飞机均未能到达目的地。其中 1 架在途中因故障返至洛阳，另 1 架因油料用尽迫降在田野里。在漆黑的夜空中，刘粹刚驾机独自飞行，不幸误撞在山西高平县城东南的魁星楼上，一声巨响，燃起熊熊大火，机毁人亡。中国空军的"红武士"刘粹刚虽死犹荣，永远活在中国人民心中。

同日，在河南安阳上空执行侦察任务的中国空军 1 架侦察机被敌机击落，飞行员王干殉职。

王干（1908—1937），广东文昌人。广东航空学校第四期毕业。第 16 中队中尉副中队长。牺牲后追赠为上尉。

忻口会战时，中国空军的任务是轰炸进攻忻口的日军，配合忻口会战。在自己家乡上空作战，乔倜既感兴奋，又深知保家卫国之责任重大。由于思父母心切，乔倜曾驾机飞至祁县和乔家大院所在地乔家堡村，从空中俯瞰乔家大院，以慰思亲之情。10 月 6 日，第 27 中队的飞行员乔倜与枪手麦振雄驾驶克雪莱 A–12 攻击机 2707 号，与队员曹鼎汉所驾另一机从山西汾阳出发，前往轰炸宁武、代县、繁峙、平型关等地的日军。

在平型关附近时，2707 号飞机遭到日军 3 架驱逐机的攻击，乔倜与麦振雄配合默契，采用低空飞翔，并以后座机枪猛烈向敌机开火，敌机被迫躲避。当飞机抵达定县上空时，再次遭到敌军地面高射炮的射击，飞机不幸中弹起火，乔倜和麦振雄不幸遇难。

麦振雄，广东省台山县人，牺牲时为空军第 27 中队机枪手。

十天以后，也就是 1937 年 10 月 16 日，乔家收到了一封迟到的信。

这封盖着太原邮戳的信是乔偁十多天以前写的，母亲阎氏急忙拆开信封，抽出信纸，信是这样写的：

儿于去腊返宁后，曾接大人来示，以后连奉数禀，均未见双亲喻复，谅必阻于邮路耳，想必大人福体康泰，饮食加餐，诸事顺遂，是儿之祝也。儿于月前奉命调直某空军基地（军秘，谅儿之衷），闻阎督（注：阎锡山）近电总裁告急求援，总司已派卫立煌部驰晋增援，儿所部也为配合此次行动作特级准备，不日将有一次鏖战也。数月军训虽备受艰苦，然体质倍健，勿劳大人挂念。两月前曾将全副戎装之照片一帧奉寄，观儿壮实体态，想必可使悬思冰释矣！国之将倾，家何以为，大人对儿幼时之教诲，至今犹历历在耳，未敢一日忘。儿虽不才，不敢与岳武穆、文天祥等先圣比，但以堂堂热血男儿，值此国难当头，岂敢以儿女之私而废大公乎，吾国空军设备与敌人相比确显简陋，然士气旺盛，胜负固未可以武器精良与否蘸定。设举国团结如一人，何患倭寇觊觎哉！儿意已定，决心与敌周旋到底，誓与我机共存亡，绝不为有辱国家、有辱祖先之事。

战争在所难免，生死未可予卜，儿前日乘巡航之机，擅自驾机返里，曾分别于县城及我村上空俯瞰，虽不能亲睹双亲慈颜，然此情此景已永留胸臆矣。幸得教导官与儿善，返航后未加深究，但作严重警告耳。

战事日迫，民无宁时，儿不能亲侍左右，望大人善自珍重，也须明哲保身，设处境日危应速作南旋计，以度此风云之秋，唯霜风渐属务希珍摄，祖母大人处亦望婉转慰藉，勿以实情见告。临书西望，不能唏嘘之至，此信系儿托友人携至太原付邮者，谅不致有误，俟局势稍安，有固定驻地时再为奉禀可也。匆匆禀此，书不尽意，敬叩念安，不孝儿偁再拜跪书。

读到此，乔映庚夫妇恍然大悟，原来在十几天前，乔家堡村的村民们看到一架飞机，在乔家大院上空不停地盘旋，时高时低，开始村民们以为是敌机，吓得东躲西藏。当飞机作低空盘旋时，大家终于看清了机翼上青天白日的标志，才知道是我们中国人自己的飞机。大院里，乔倜的父母及其家人惊呼："倜儿回来了！"村里一传十，十传百，"十少爷"（乔倜在乔家第六代排行第十）驾机回村探望的消息很快传遍全村。

可是，谁也没想到这竟是乔倜与父老乡亲的永别。正如家书中所写的："堂堂热血男儿，值此国难当头，岂敢以儿女之私而废大公乎"，"决心与敌周旋到底，誓与我机共存亡，绝不为有辱国家，有辱祖先之事。"

10月12日，中国空军第7大队副队长吴元沛和恽逸安驾驶着意大利制的双翼机从山西太谷县出发，飞抵崞县执行轰炸任务。抵达崞县上空后，对准目标俯冲投弹，炸毁日军的营房，两个步兵连，还有许多大炮、辎重等军械设备。胜利完成任务后，在返航时，恽逸安因为迷航和油料不足，被迫降在霍县的北校场外。10月15日飞机加油后起飞，因山西境内山峻势险，飞机触山坠毁，23岁的恽逸安不幸遇难。

江苏武进庙桥的恽家是六代悬壶济世的中医世家，在四邻八乡有着极好的口碑。1904年10月14日，恽家第五个孩子出世了，这个小男孩就是后来成为抗日空军英雄的恽逸安。天资聪颖的恽逸安，不仅读书用功，性格也很开朗，打篮球、唱歌、下棋无所不能。十七八岁的恽逸安，在江苏省常州高级中学读书时，就已经是一个身材挺拔的英俊青年了，父母希望他能进北大或清华深造，日后成为国家的栋梁之才。

但是九一八的炮声破坏了恽家宁静的生活。"我的家在东北松花江上，那里有森林煤矿，还有那漫山遍野的大豆高粱，九一八，九一八，从那个悲惨的时候，流浪，流浪……"这首悲愤的流亡歌曲一下子唱遍了中华大地，也激起了每个中国人"国家兴亡，匹夫有责"的正义感。

1933年，19岁的恽逸安毅然报考了杭州笕桥航校。经过严格的飞行技能训练，于1935年被派往南昌航空委员会和笕桥航校见习，出类拔萃的恽逸安不久又被选派到洛阳军官训练班陆空高级侦察班学习。1937年毕业后，即在空军第7大队12中队即侦察机中队任少尉飞行员。八一三淞沪战役打响后，恽逸安奉命自西安调到南京，参加南京、上海的保卫战。

1937年8月13日，恽逸安所在的第7航空大队立即投入了打击日寇的战斗。

9 月中旬，日军以三个师团八九万的兵力沿平汉铁路两侧向南进犯，国民党军队在山西娘子关、忻口一带与日军展开了激烈的战斗。那时八路军已渡过黄河开入山西增援，在忻口战斗最激烈的时候，八路军努力破坏交通，截断敌人后方补给线，并数度占领雁门关，使日军补充弹药极端困难。10 月 19 日，八路军第 129 师 769 团还成功地夜袭了被日军占据的阳明堡机场，烧毁敌机两个中队的二十多架飞机，彻底破坏了机场所有设备。这些胜利极大地鼓舞了抗日部队的士气和全国人民抗战的信心，在此期间中国空军也多次出击轰炸日军的军事基地。那时中国空军的飞机都是从英国、法国、美国、意大利等国家购来的，飞机来源复杂，性能不一。空军第 7 大队驾驶的就是从意大利购得的双翼飞机，不仅性能远远不如日本的单翼机，而且特别笨重，每次升空与敌作战时，恽逸安都做好了与敌机决一死战，甚至同归于尽的准备。

　　1937 年 9 月 3 日，恽逸安在给堂兄、著名的报人、共产党员，时为上海《立报》主笔的恽逸群的一封信中写道："此次战争，是我们民族生死之所系，历史绝续之所关，吾人唯有激发忠勇，共同奋斗，与倭拼战到底，直到我们获得最后胜利为止！我们每个人都预备着我们的飞机与敌人同归于尽！""与其亡国偷生，何如光荣战死！与其偷生不得，何如一死报国！"

　　恽逸安牺牲后，堂兄恽逸群撰写了《哭五弟逸安》一文，发表在上海《立报》上，祭文中写道："你拿着飞机和血肉与敌人相拼，在你是已经求仁得仁！夫复何憾！……

　　你锻炼成功的铁一般的身躯，钢一般的意志，就这样拼掉就算了吗？这样很快很早就死去了，你未必瞑目吧！

　　逸安弟！在你之后正有千千万万的兄弟，踏着你的血迹向民族的敌人拼命，一定会加倍，加十倍'膺惩'敌人，以补偿你的损失的！

　　逸安弟：你骨肉之躯的生命，虽仅仅短短的 23 年，你真正的生命，将和中华民族的生命，几千万年地延续下去，逸安弟！你并没有死。"

　　噩耗传到烈士家乡常州，家乡人民为了悼念这位为国捐躯的英雄，举行了公祭。恽逸群的这篇祭文《哭五弟逸安》还成为当时各中学的必修教材。

恽逸安的未婚妻唐三才是无锡人，毕业于上海大同大学外语系，相爱多年的他们原决定抗战胜利之日，就是他们成婚之时。恽逸安牺牲后，唐三才女士悲痛欲绝，立誓终身不嫁。这曲天上人间的天鹅绝唱，令人欷歔不已。

　　在保卫山西的各战役中，既有从乔家大院里走出来的空军英雄乔倜，还有广东的梁定苑和华侨雷国来，还有常州的恽逸安，他们都为国家、民族的明天，流尽了最后一滴血。

◎ 13."江南大地的钢盔"

1937年，深秋季节，南京郊区栖霞山的枫叶红了，漫山遍野如火如荼。

12月1日，中国空军第4大队出动战机拦截前来空袭南京的日机，第23中队飞行员敖居贤在溧水上空作战阵亡。

敖居贤（1914—1937）23岁，辽宁凤城人。中央航校第五期毕业，第23中队少尉飞行员。牺牲后追赠为中尉。

12月3日，日军主力分三路杀向国民政府首都南京。

敖居贤

是日，日本空军出动三十多架九六式歼击机轰炸南京，而负责保卫南京上空的中国空军已经没有几架能升空作战的飞机了。面对日本空军在中国的蓝天上恣意飞行、狂轰滥炸、横冲直撞，中国空军将士无不感到一种莫大的耻辱。第4大队第21中队副队长乐以琴对队长董明德说："只要我还有一口气，就不能让鬼子这么嚣张。"于是，两人各驾苏式E-16式单翼歼击机升空拦截。

乐以琴的战机起飞不久，就被多架敌机团团包围。但他以极为漂亮的飞行动作，甩开了敌机的包围，致使两架敌机互相碰撞。他上下颠颃、前飞后翻，让敌机的攻击一次次扑空。但由于敌机太多，最后，在距南京太平门外 22 公里处的栖霞山上空，乐以琴以高超的飞行技术，一举击落两架敌机，紧接着他在云端中又发现了 3 架日本轰炸机，向来以猛打猛攻著称的乐以琴立即对敌发起进攻，却中了日机的圈套，早已隐藏在他驾驶的 2204 号机身后的 3 架九六式舰攻机，一起向乐以琴扑过来，一串串的火舌，如同毒蛇吐信，喷射着四溅的毒液。乐以琴的战机油箱被击中，舱内起了大火，飞机折翼，螺旋下坠。危急中，乐以琴跳出座舱，但他离地面已不足 1000 公尺，就在降落伞即将张开时，他的身体已撞及地面，23 岁的乐以琴为保卫南京洒尽了最后一滴血。栖霞山的红叶和烈士的鲜血融成一片，从此栖霞山的枫叶成为南京秋天最亮丽的风景，遍山的红叶，红得像火焰，红得似鲜血……

在保卫祖国的空战中，与高志航、刘粹刚、李桂丹同被誉为中国空军"四大金刚"的乐以琴壮烈殉国了。这个有着击落日机十多架的骄人战绩的空军英雄，这个让日机一见 2204 号战机就逃走的勇士，这个被誉为"江南大地的钢盔"的空军英雄就这样壮烈牺牲了。首都即将沦陷，兵荒马乱，烈士乐以琴的灵柩与其他尚未安葬的队友的灵柩均暂时安置在王家湾航空公墓灵堂内。

这座航空烈士公墓，始建于 1932 年。由当时国民政府军政部航空署为纪念在北伐战争以及一·二八淞沪抗战中阵亡的空军飞行员而兴建。

1931 年 8 月，航空署署长黄秉衡呈请军政部，转呈国民政府，"在总理陵园阵亡将士公墓附近指拨空地，为该先烈遗骸筹建公墓之所，以慰幽灵而昭恩恤"。航空署原拟在南京东郊的国民革命军阵亡将士公墓（即灵谷寺）附近修建航空烈士公墓，当时总理陵园管理委员会考虑到紫金山南麓难以辟出空地，便在紫金山的北麓王家湾附近辟出 50 亩地，作为航空烈士公墓的墓地。

航空烈士公墓的原始设计方案由金陵大学建筑系的邱德孝教授设计。于 1932 年动工，总造价达 2.6 万元，由航空署改组的航空委员会从社会募捐中提供，军事委员会委员长蒋中正为此捐款 3000 元。经过几个月的紧张施工，于同年年底建成。

公墓的主要建筑由牌坊、东西庑、碑亭、祭堂、纪念亭、墓茔以及纪念塔等地面建筑构成。其中纪念塔为方形，在塔的顶端是一座雄鹰的

13.［江南大地的钢盔］

雕像，象征着烈士不屈的英灵。在祭堂的后面以及两侧辟有三个墓区，设墓穴160余个，每个墓穴前均刻有烈士简介。航空公墓建成不久，1932年淞沪战役爆发，我空军首次参战。在航空烈士公墓中首批入葬的就有一·二八事变中牺牲的空军烈士黄毓铨、吴明辉等人。

1932年8月航空烈士公墓落成。航空署署长黄秉衡为航空烈士公墓撰写碑文曰：

中华民国二十年九月，日本潜师，攘我辽宁，翌年一月，复犯我淞沪，窥我苏杭，国军应战，声绩赫然，制胜出奇，万邦震眷。我航空将士翼翕各军，奋蛰天宇。于是有二月五日淞沪之役，二月二十二日苏州之役，二月二十六日杭州之役，酣战云霄，以少抗众。中校黄毓铨、少校吴明辉等咸以身殉，卒摧敌锋。呜呼烈矣！南服苟完，艮维未复，习飞奋战，昕夕不皇，济济袍泽，誓扫匈奴，骨肉存亡，盖非所恤。秉衡以为不扬先烈不足以励后死，不保忠骸亦非所以慰国殇。既为大会以悼死事者之忠诚，复谋之政府诸公创建公墓，期妥毅魂而垂无穷。诸公佥曰：吾党建国以来，执干戈、捐项踵，以死报国者奚啻千万……从容慷慨，视死如归，殆未有如吾航空诸将士之义且烈者也……

自1937年八一四首次空战至12月12日南京沦陷的几个月中，年轻的中国空军在敌我双方军力悬殊的情况下，屡屡参战与顽敌相拼，至南京失守时，所剩战机已不足20架。在沪宁杭地区空战中牺牲的飞行员达120多名，烈士的遗骸被集中到南京王家湾从简安葬。

"江南大地的钢盔"失去了，南京上空的制空权从此由日本空军控制，战局危殆。

12月5日，日军到达南京外围阵地。日机十余架轮番轰炸南京大校场机场和明故宫机场。9天后，即12月13日，南京沦陷，紧接着发生了骇人听闻的南京大屠杀，在这场至今提及还令人发指的大屠杀中，我军民30万人尸横遍野，血流成河。灭绝人性的日寇竟连战死沙场的英烈遗骸也不放过，航空公墓内的牌坊被推倒，纪念塔被毁弃，烈士灵堂被焚毁，墓地许多建筑被拆毁，公墓几乎成为废墟。

直到抗战胜利后，国民政府还都南京，对航空烈士公墓进行了较大规模的修葺，重新修复了部分地面建筑，同时还征用2000余名日俘，整修了公墓附近的公路，并将散葬于广州、武汉、重庆、西安、昆明和成都等地的抗日空军烈士遗骸集中于此。

1946年3月29日，即黄花岗烈士牺牲纪念日，国民政府为空军烈士举行公祭，为乐以琴等英烈们进行了隆重的安葬仪式。

乐以琴，四川芦山县人。芦山的乐家是个多子女的大家庭，父亲乐和洲（字伯英）是清朝武举人，为人正直，富有正义感，经商重诚信，在家乡和雅安、成都等地经营"义丰全"老字号水烟和茶庄生意，同时还是爱国华侨陈嘉庚在成都开办的四川天然橡胶公司的董事会成员之一。母亲是康定48家锅庄中地位显赫的邱家锅庄庄主的女儿。乐家相当注重子女的教育，先后将几个子女送往美国、英国、加拿大、日本等国深造，日后都成了国内外著名的专家学者。

乐以琴

1915年11月11日，出生在四川芦山县的乐以琴（原名乐以忠），生来活泼好动，四五岁就学会了游泳，稍大些又随身为拳术家的二叔乐和济（字作舟）学武术。入学后，精力充沛的他又爱上了足球和田径，曾作为四川省代表参加全国运动会的田径比赛，被同学们戏称为"飞毛腿"。

乐家虽然是个商人，却以诗书传家。乐以琴的大哥乐以勋，在山东齐鲁大学任教。乐以琴高中毕业后赴山东报考齐鲁大学，却发现未带学历证明，原名乐以忠的他，便以四哥乐以琴存于大哥处的学历证明，报考了齐鲁大学理学院的医科专业。（这里必须补充说明的是，被乐以忠借用了学籍证明的四哥乐以琴，后来借用了六妹乐以纯的学历证明考入成都华西医科大学，在弟弟乐以琴壮烈牺牲后，他亦投笔从戎，成为中央航校第八期学员，毕业后任昆明航校教官，后定居美国）三哥乐以钧是鲁迅先生与日本友人、版画家内山嘉吉主办的木刻讲习班的学生，乐以钧的作品很受鲁迅的赏识，经鲁迅推荐，赴日本留学深造木刻技艺，归国后在上海成为我国新兴版画的先驱。

1931年，大学生乐以琴前往上海探望三哥乐以钧，恰逢九一八事变发生，乐以琴即参加了由上海大中学生和爱国志士组成的赴南京请愿团，并与南京三万余大中学生联合起来，举行了声势浩大的抗日救亡游行活动。怀着为国雪耻的决心，乐以琴毅然弃医从戎。他写信给齐鲁大学的同学："国难当头，何以学为！"在给父母的信中，他写道："父母生我，祖国养我，此时此刻，我唯有投笔从戎！"

1932年，中央航校在北平秘密招生，经爱国将领冯玉祥将军举荐，又经严格考核，体格强健、理工科知识扎实的乐以琴，以优异成绩被录取。在入校的自传中，乐以琴这样写道："河山变色了，民族快沦亡了，敌人的凶焰像潮水般涌来，我眼看着日寇这样横行，心中的愤恨如烈火燃烧。我不忍看着同胞们被惨杀，我不愿再坐在课堂读书了，我决意从军。为争取民族生存，宁可让我的身和心永远战斗、战斗，直到最后一息！"

在杭州笕桥航校第三期训练时，他面对西湖立下铮铮誓言："西子湖之神诸鉴，我决心以鲜血洒出一道长城，放在祖国江南的天野！"

在教官高志航的严格训练下，乐以琴刻苦认真、反复演练飞行和作战本领，还虚心地向从法国学习航空专业的高志航教官讨教空战理论，研究战略战术，由于他的虚心和认真，很快练就了对敌空战的过硬本领。

1935年，被航校师生一致公认为学习驱逐机的高才生乐以琴，从中央航校毕业后，曾回四川老家探望双亲，他对父母说："两位老人家身边有这么多儿女很福气，虽然我从军在外，远离膝下，但有兄弟姐妹们服侍双亲，我很放心。至于我个人，属军人，一定为祖国争光，为我们乐家争气，请二老不要多加挂念。"

1936 年，中国空军在南昌整编，以应战时所需，22 岁的乐以琴被任命为空军第 4 大队第 22 中队分队长，后任第 21 中队副队长。

1937 年 8 月 13 日，淞沪抗战爆发，中国空军全体将士热血沸腾，义愤填膺，决心全力配合地面作战部队，消灭入侵者。

8 月 14 日，日本木更津航空队偷袭我杭州笕桥机场，企图歼灭我空军主力。中国空军在高志航率领下，升空迎战。高志航首开纪录，一举击落一架敌机，紧接着乐以琴驾驶的 2204 号战机，从 3000 多米高的空中钻出云端冲入敌阵，凭借着高超的飞行技术，在空中机动灵活地上下翻飞，弹无虚发，一架日机被乐以琴击中，拖着黑烟栽向地面，之后队友梁添成等也各击落敌机一架。

八一四空战，我空军一举击落日本"王牌"木更津航空队飞机 6 架，以 0：6 大获全胜。中国空军首战大捷举世震惊，国内外各大报纸、各国驻华通讯社都发出号外，向世界各国竞相报道。

8 月 15 日，"木更津"、"鹿屋"两个航空队 90 余架轰炸机倾巢出动，对我进行报复性侵犯，其中的 34 架偷袭杭州笕桥。被称为中国空军"军魂"的大队长高志航率 21 架战鹰起飞迎战。浑身是胆的分队长乐以琴，驾驶 2204 号座机首当其冲，刘粹刚、李桂丹等空军英雄同心合力，给侵略者以迎头痛击！此次空战，中国空军以少胜多，威震长空，共击落敌机 13 架，其中，乐以琴一人击落 4 架。之后，日机只要见到带 2204 号标识的飞机，就仓皇逃窜，不敢与之交战。事后得知木更津航空队队长羞愤而自杀。

8 月 20 日，日机 4 架驱逐机掩护 10 架轰炸机，前往安徽轰炸广德机场。我空军第 4 大队正由南京飞来，见机场有敌袭信号，乐以琴等按照指示敌机的方向，在空中搜索，与敌机发生遭遇战。在激战中，吴可强驾驶的霍克机被敌机击中，在空中燃起大火，飞机坠落于机场西北约 10 里处，机毁人亡。

吴可强 24 岁（1913—1937），陕西省浦城县人，寄居北平。中央陆军军官学校第九期、中央航空学校第 5 期毕业。任空军第 4 大队第 22 队少尉本级队员，牺牲后追赠为中尉。

吴可强生前和乐以琴的私人关系特别好，他的牺牲，使好友乐以琴非常悲痛，他流着泪对大家说："我们今后要永远纪念吴可强，为他报仇！"

8月21日，日军增援部队在吴淞口一带登陆，凭借着海空优势，疯狂攻击我陆军部队，企图一举突破我防线，占领全上海。日航空母舰上的机群疯狂轰炸我阵地。乐以琴率队前去轰炸日本第3舰队的补给基地、仓库及停泊于长江口和杭州湾的航空母舰"加贺号"、"龙骧号"等重要目标。乐以琴和他的战友们对敌军进行了猛烈轰炸和攻击，击毁、击伤从航空母舰上起飞参战的日机多架。这一战日军死伤一千多人，乐以琴击落敌机两架。

有一天，被乐以琴打下来一位日本飞行员被俘后，不服气地用日语说："要不是美国人帮你们，我还能被你们打下来？"听懂日语的大队长高志航招招手，将在不远处的乐以琴喊到面前，对这位日军俘虏说："你看看，是谁把你击落的。"

吴可强

日本俘虏看到眼前站着的这个人竟是一张充满稚气的娃娃脸，只得无奈地垂头服输了。

从8月14日到8月21日7天中，乐以琴凭着过硬的飞行技术和高超的战术，创下了击落敌机8架的纪录，其中的一次空战就击落4架敌机，被授予五星星序奖章。敢打敢拼的乐以琴成了日本空军的煞星，敌人对他既恨又怕，曾有战友劝告乐以琴变更一下机号，以麻痹敌人。但乐以琴坦然回答："如果因为我的英勇作战，为国增威，这是国家也是个人的光荣。以身许国，本是男儿分内事。岂能希图保全自己而变更机号，向敌人示弱呢！"

著名画家叶浅予曾以高志航、

乐以琴、刘粹刚、李桂丹这4位抗日空军英雄为题材，创作了一幅很大的油画，参加在苏联举办的抗敌漫画展。

画展在南京的国立美术馆预展时，乐以琴也在场，随即被人认了出来。顿时展览馆里一片沸腾，人们纷纷向英雄致敬，请他签名留念；乐以琴受画家叶浅予之邀，在画前合影。叶浅予指着画中最大的人头像说："这个就是乐以琴。"

乐以琴在南京栖霞山壮烈牺牲后，国民政府为表彰乐以琴，追认其为抗日烈士，并发给其家属优厚的抚恤金。乐以琴的母亲获悉爱子为国捐躯后，忍着悲痛将抚恤金及家产，创办了一所以乐以琴父亲的名字命名的"伯英中学"。当时的教育部还将乐以琴英勇抗日的事迹编入小学课本，用他那崇高的爱国主义精神教育后人。抗战胜利后，上海联华电影制片厂以乐以琴、阎海文、沈崇诲三位空军烈士壮烈殉国为题材，拍摄电影《长空万里》，以激发全国人民的爱国热情。

在台湾台北空军烈士墓园内有一块石碑，上面镌刻着记录乐以琴光辉一生的碑文。

乐烈士以琴，四川芦山人。民国四年十一月十一日生，家境富

（中右）叶浅予画中的刘粹刚，上边站着两人，左为乐以琴，右为叶浅予

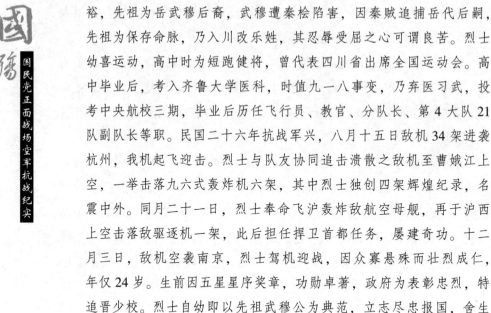

裕，先祖为岳武穆后裔，武穆遭秦桧陷害，因秦贼追捕岳代后嗣，先祖为保存命脉，乃入川改乐姓，其忍辱受屈之心可谓良苦。烈士幼喜运动，高中时为短跑健将，曾代表四川省出席全国运动会。高中毕业后，考入齐鲁大学医科，时值九一八事变，乃弃医习武，投考中央航校三期，毕业后历任飞行员、教官、分队长、第4大队21队副队长等职。民国二十六年抗战军兴，八月十五日敌机34架进袭杭州，我机起飞迎击。烈士与队友协同追击溃散之敌机至曹娥江上空，一举击落九六式轰炸机六架，其中烈士独创四架辉煌纪录，名震中外。同月二十一日，烈士奉命飞沪轰炸敌航空母舰，再于沪西上空击落敌驱逐机一架，此后担任捍卫首都任务，屡建奇功。十二月三日，敌机空袭南京，烈士驾机迎战，因众寡悬殊而壮烈成仁，年仅24岁。生前因五星星序奖章，功勋卓著，政府为表彰忠烈，特追晋少校。烈士自幼即以先祖武穆公为典范，立志尽忠报国，舍生取义，故大敌当前能奋不顾身，充分发挥我空军英勇无敌之精神，是堪为我袍泽之表率。

乐以琴虽死犹生，他是华夏儿女和两岸中国人永远的骄傲！

◎ 14. 刺杀汪精卫的飞行员

1940 年 3 月下旬，卖国投敌、认贼作父的汪精卫，以"还都"的形式，在原国民政府首都南京建立了汪伪国民政府，公开破坏抗日阵营，并甘心为虎作伥。

是年秋天，在长满悬铃木的南京中山东路上的中央饭店 304 客房，住进了一位"神秘"客人，名叫黄逸光。他到南京来的任务十分明确，即刺杀叛国者汪精卫。

那么，黄逸光的身份是什么？他到底如何接近汪精卫呢？

黄逸光，原籍广东赤溪人，墨西哥华侨。黄逸光从小热爱体育运动，热衷于冒险行动。1935 年，黄逸光计划作徒步环游世界旅行，并组织旅行团，从南美洲前往欧洲。当旅行团抵达巴黎时，媒体纷纷以头版加以报道，引起了轰动。在当地华侨社团举行的欢迎会上，黄逸光与当时在法国养伤的汪精卫相识。

汪精卫是 1935 年 11 月 1 日在南京召开的国民党四届六中全会开幕式前，被爱国志士孙凤鸣连开三枪打伤了，后来在南京陆军中央医院治疗了一段时期，就前往法国疗养的。当时，汪精卫给黄逸光留下了很好的印象，而黄逸光的勇气和步行旅游世界的壮举也给汪精卫留下了深刻的记忆。两人结交为朋友，合影留念，相约在中国再见面。黄逸光还把两人的合影加印了几十份，送给亲朋好友。

1937 年初，由于蒋介石在西安事变中受到了惊吓，汪精卫从法国归来，担任国民政府行政院院长。抗战爆发后，汪精卫发表与日本和谈言论，成为国民政府中主和派的代表人物。南京沦陷后，汪精卫前往武汉，后又到了重庆。

1938 年初，黄逸光旅抵非洲，得知祖国的首都南京已陷日寇之手，立即中止环球徒步旅游，怀着"天下兴亡，匹夫有责"的拳拳报国之心，返回中国，抵达上海。旋径赴汉口，与时任国民党副总裁的汪精卫再度见面。汪精卫留黄逸光在私寓住下，当黄逸光说自己的身体很健康，又有一定的文化知识，想去学习飞行，做一名驱逐机驾驶员，飞上蓝天，打击日寇，报效祖国时，汪精卫很高兴，并写信介绍他前往昆明航校学习。临行时，汪精卫更赠以川资。

就在黄逸光由柳州前往昆明的途中，中央航空学校奉命改为空军军官学校，校长仍由蒋介石兼任，教育长是周至柔，王叔铭为教育处长，航校改为高、中、初三级制。高级班设在昆明校本部，中级班设在蒙自，初级班设在祥云县属之云南驿。

据同时参加航校的刘守法回忆："在我们飞行开始的前几天，一辆汽车载来十几位青年，向队上报到，参加飞行训练，这十几位青年中，有大学毕业正在航委会任职的军用文官，有陆军军官学校已毕业的现职军官，有在日本或南洋学习过飞行的，还有一位最特出的朋友就是曾在墨西哥学过航空并徒步旅行过全世界的黄逸光，我们举行欢迎会，加菜聚餐来欢迎这批新伙伴。从此过着甘苦同尝、患难与共的军人生活……"

"黄逸光他身材不太高，大约只有165厘米，体格特别粗壮，肤色黑中透红，浓眉大眼、臂粗、膀宽、腰圆、力大，无论比力或摔跤，我们都不是他的对手，因为他又具有徒步旅行全世界的经历，他会说：'我原籍广东省赤溪县，自幼即侨居于墨西哥，因感祖国贫弱，常受外人欺侮，被外人称为东亚病夫，深以为耻，乃发奋图强，一面锻炼身体以图自卫，一面读书以服务社会，拯救祖国，先习教育毕业于墨西哥国立师范，俾作育英才，再习航空毕业民航学校，俟机报效祖国。抗日战起，原以为贡献所学于祖国，驾战机捍卫祖国领空，抵御日寇侵凌，谁料民航与军事航空不同处甚多，所学不能致用，真令人失望。'"

"他说：'大丈夫生逢国难，当杀敌报国……'"

1938年12月，汪精卫从重庆飞往昆明；后又前往越南河内，响应日本首相近卫的声明，发表"艳电"，公开宣布要与日本进行和平运动。此时，戴笠派杀手前往河内高朗街汪精卫的住所，进行暗杀，不料误中副车，打死了汪精卫的亲信曾仲鸣。汪精卫在日本特务的协助下前往上海，与日方谈判，签订了重光堂协定。后亲自赴日访问，决定成立汪伪政府。

在日本主子的指使下，汪精卫于 1940 年 3 月下旬在南京组织伪中央政府。汪精卫要搞和平运动，希望有大批人才来充实、健全他的各级机构。

汪之妻弟陈耀祖写信给在昆明空军军官学校学习的黄逸光，以汪对黄有知遇之恩，煽动黄逸光在空军中响应"和平运动"。黄逸光收到陈耀祖信后，报告上级。经空军军官学校方面将此事透露给军事委员会调查统计局局长戴笠，戴笠认为可以依靠黄逸光与汪精卫的特殊关系，吸收黄逸光参加军统局，担任刺杀汪精卫的重大任务。

黄逸光在空军军官学校学习期间很努力，也很刻苦，再加上他有一副好身板，很快就通过了体能训练，已经进入初级飞行阶段，再学习中级和高级训练，就可以成为一名合格的驱逐机飞行员了。他憧憬着飞上蓝天，驾机与侵略者战斗。

一天，黄逸光被叫到校长室，周至柔给他介绍在座的一位便衣打扮的中年汉子，他是军统局人事处长龚仙舫。龚处长告诉他，是专程来请他加入军统的。黄逸光开始并不想当军统特务，但龚处长说，他是最有可能接触到汪精卫的人，而只要刺杀了汪精卫，或许对巩固抗日阵营，

汪精卫检阅伪军

更早结束中日战争都有帮助。黄逸光经不起龚处长和校方的多次劝说，最后只得同意退学。经空军少将周至柔的推介与担保，黄逸光进入军统局，接受短期训练。

1940 年 3 月，汪精卫伪政权"还都南京"。为了完成刺汪计划，戴笠特地挑选了与汪精卫有关系的黄逸光。黄逸光受命后，便带上与汪精卫合影的照片前往南京。

到达南京的黄逸光住进了中央饭店，在陈耀祖的推荐下，被任为伪"教育部专员"以及"中央宣传部"编审等职，并写呈文要求汪精卫接见。

此时，汪精卫突然接到伪特工"76 号"的密报，说军统已派出两名杀手来到南京，准备寻机行刺。于是汪精卫就找来南京区区长马啸天。马回到"政治警卫总署"（南京区对外正式名称），当即派人着手调查。果然，在中央饭店的登记本上，"76 号"的特工发现，304 号房间除了黄逸光外，还住进去了一个叫做黄征夫的人。一天中午，当黄逸光外出未回，只有黄征夫一人在房间时，突然两位中央饭店的"茶房"敲门进来，当即控制住了黄征夫，把 304 号房间掀了个底朝天。结果，在房间衣橱的衣服口袋里，他们发现了一支四寸的穿甲手枪、达姆弹 10 发、照相机一架、小型电台一部及密码本。随即留人在饭店内进行监视，等待黄逸光落网。

不久，黄逸光回来，当即被捕。连同衣橱内的手枪、照相机、电台和密码本作为证据，与人一起被带到位于颐和路 21 号的汪伪特工总部南京区本部。

在颐和路 21 号，汪伪特工对黄逸光和黄征夫进行审讯，发现先前被捕的黄征夫和黄逸光在入住中央饭店之前互不相识，没有任何关系。黄征夫是军统特务，来南京执行任务，无意之中和执行同一项刺杀任务的黄逸光住在同一个房间内。

在审讯中，黄逸光对自己来南京的目的直言不讳。马啸天将审讯结果告知李士群，请示如何处置。李士群为表功，专门请示了汪精卫。盛怒之下的汪精卫批复：着即将黄逸光枪决。

1940 年 12 月 18 日，戴笠自重庆打电报给陈恭澍。

电文的内容如下："限即刻到，上海，○密。固重兄亲译，京区出事后，伪特工总部派人于日前赴京，将我派往南京制裁汪逆之黄逸光同志捕去。沪区所有与京区有来往与认识之人员，应即分别调离与潜伏，请兄立即查明照办！勿误为要！弟金水叩，皓亥渝亲。""固重"是陈恭澍当时的化名，"金水"是戴笠的化名之一。

从这份电报中可以明显地看出来，黄逸光的被捕，是为"南京区"某些人的被捕所波及，当无疑义。

黄逸光于 1940 年 11 月 19 日被捕，在监狱中拒绝汪伪的劝降，大义凛然，坚贞不屈。恼羞成怒的汪精卫下令将其枪毙。

1940 年 12 月 17 日夜，黄逸光与邵明贤被"76 号"南京区以政治警察署的名义，枪杀于雨花台。同日，汪伪政府以"政治警卫总署"名义贴出公告。后来消息传到昆明空军学校，认识黄逸光的人都为他的牺牲而感到惋惜。或许黄逸光九泉有知，并不这样想，他早就为灾难深重的祖国抱有随时牺牲的准备。黄逸光在就义前，专门向狱卒索来纸笔书写遗嘱，他这样写道：

"可爱的中华，我愿为你歌唱，我愿为你而死！"

◎ 15. 东北好汉泣血报国

万里长城万里长，长城外面是故乡，

高粱肥大豆香，遍地黄金少灾殃。

自从大难平地起，奸淫掳掠苦难当，

苦难当头奔四方，骨肉离散父母丧。

没齿难忘仇和恨，日夜只想回家乡，

大家拼命保故乡，哪怕敌人逞豪强。

万里长城万里长，长城外面是故乡，

四万万同胞心一样，新的长城万里长。

    歌中唱的"大难平地起"，指的就是改变中国历史的九一八事变。1931 年 9 月 18 日晚上 10 时许，日本关东军岛本大队川岛中队的河本末守中尉率部下数人，在沈阳北大营南约八百米的柳条湖附近，将南满铁路一段路轨炸毁后，随即布置了一个假现场，摆上 3 具身穿中国士兵服的尸体，反诬中国军队破坏铁路。日军独立守备队第 2 大队即向中国东北军驻地北大营发动进攻。次日晨 4 时许，日军独立守备队第 5 大队由铁岭到达北大营加入战斗。5 时半，东北军第 7 旅退到沈阳东山嘴子，关东军占领了北大营。

    日本以武力侵占东北后，奸淫掳掠，无恶不作。枪杀、铡杀、刺杀、活埋、火烧、喂狼狗、灌煤油、灌辣椒水、灌汽油直到把人活活折磨至死。更令人发指的是电磨：在黑龙江江边黑河公园内，日军设起一种电磨，将人捉到后，投入磨中，磨成肉酱，然后用水一冲，踪迹全无。日寇任意残杀我东北同胞，手段之残暴，令人发指，所犯之罪孽，罄竹难书。日本帝国主义把富饶的东北三省变成了人间地狱，无数东北人带着国仇家恨离开家乡，逃入关内，四处流亡。

为国当兵，报仇雪耻，成了千百万东北人民的共同心愿。所以投身中央航空学校的东北籍学员特别多。

1936 年 10 月 31 日，为军委会委员长蒋介石 50 岁寿辰，全国各界献金购飞机为其祝寿。上海各界共集资百余万元，购得双翼战斗机 10 架。这队飞机，冠名为"中正队"，大部分队员为东北籍。

李桂丹任队长，刘志汉任副队长，有谭文、范金函、龚业悌、张效良、柳哲生、刘署藩、王远波、王恺 8 位队员。九一八事变后，东北人心中都有怀念家乡亲人的情结，所以报仇雪耻的心理特别浓厚。"中正队"队员每天刻苦练习飞行，上午驾着这 10 架飞机，到杭州湾海边上空，做战斗练习；下午就互相研究飞行及战斗技术。此外，业余时间阅读世界各国有关飞行战斗的调查资料和参考书籍，这是每天必修课程。1936 年 11 月，李桂丹率"中正队"飞绥远，支援百灵庙作战，屡战屡捷，在战斗中李桂丹曾受伤一次。

1937 年七七事变后，全国抗战开始，无论是敌后，还是在抗日前线，到处都有东北儿女的身影。在抗日空军队伍里，东北籍的空军飞行员为

爱国人士捐献飞机仪式

"四大天王"之一的李桂丹

数不少，并且涌现出许多为国捐躯的空军英雄。

如被誉为空军天神的辽宁省通化县人高志航；击落 11 架敌机的辽宁省昌图县人刘粹刚；在武汉空战中冲入敌机群与敌拼死搏击的辽宁新民县人李桂丹；义不受辱、杀身成仁、令敌丧胆的辽宁省北镇县人阎海文；驾机东征飞赴日本扔纸炸弹的辽宁省义兴县人佟彦博。有被誉为军中发明家的辽宁省桓仁县小伙子阎雷，他为了更多地消灭敌人，结合空战实际需要，研究空中爆炸弹，发明延期爆炸弹，利用废照明弹，设计天文仪，自制射击台，有力地打击了入侵之敌；还有在陈纳德率领的飞虎队里，飞越驼峰、奋勇杀敌的辽宁省营口市人张大飞。这些东北汉子的英雄壮举，是东北人的骄傲，更是全中华民族的光荣和骄傲。

八一三淞沪战役开始后，东北籍的空军战士怀着"打回老家去"的信念，真正做到了无役弗与，每次空战都敢打敢拼，十分勇猛。

辽宁开原的刘署藩，毕业于中央航校第 5 期，1937 年 8 月 14 日，在队长李桂丹、毛瀛初的率领下，从河南周家口飞赴浙江杭州笕桥，参加淞沪保卫战。到达笕桥时，正遇敌机来袭，刘署藩立即再次起飞迎战，终因油罄而坠机牺牲，时年 21 岁。

牺牲时才 22 岁的热河承德小伙子任松龄，中央航校第 6 期毕业，1937 年 8 月 25 日，随第 27 中队副队长张旭同驾 2707 号机从南京飞往上海川沙，攻击登陆的日军。激战中，战机油箱被击中起火，任松龄亦中弹殉国。

同一天，飞赴上海川沙攻击登陆敌军的还有吉林宾县人李文韶，李文韶与队员杨道吉驾驶着 2708 号战机，冒着敌人的炮火，俯冲低飞，扫射敌军舰及地面敌军时，战机中弹累累，身负重伤的李文韶仍冒死将一梭梭机枪子弹射向敌人，并坚持将飞机飞返杭州，由于伤势过重，翌日身亡，时年 24 岁。

1937 年 10 月 14 日 9 时 30 分，敌人 3 架轻轰炸机和 9 架驱逐机袭击南京，我空军第 5 大队第 24 中队队长刘粹刚率 7 架霍克机升空迎战，吉林延吉小伙子范涛驾驶 2207 号机随队出战，在敌众我寡的不利情况下，中国空军奋勇还击，鏖战中，23 岁的范涛被敌击中，牺牲于安徽来安县。

1937 年 8 月 26 日，吉林人李洁尘和东北老乡卢敏（大连人）同机，从安徽蚌埠飞往河南许昌时，因发动机故障，战机坠地，21 岁的卢敏和 23 岁的李洁尘同殉。

李洁尘牺牲后，由于战乱，消息不通，不知情的妻子带着年幼的儿子，开始了漫长的等待。抗战胜利后，国民政府登报寻找抗日烈士家属，他们看到消息后，前往沈阳空军司令部认证，虽然国民政府给他们办了烈士证，家属却一直不知道李洁尘葬在何处。直到 20 世纪 90 年代，李家后人才知道，李洁尘的名字被镌刻在南京王家湾航空烈士墓的纪念碑上。

关中杰，辽宁省镇东县人，生于 1913 年 3 月 27 日。中央航空学校第 5 期毕业。1937 年 12 月 9 日，日轰炸机多架，在 14 架战斗机掩护下，袭击江西南昌，关中杰驾驶着 2606 号机升空迎击，激战中，战机油箱着火，跳伞降落时，日本飞行员公然无视国际法，追踪扫射，24 岁的关中杰殉国。

1944 年 6 月 10 日，在空军第 5 大队任准尉三级飞行员的王化普，随队自湖南芷江机场起飞，前往轰炸湘阴一带的日军船只，飞抵目标上空后，王化普冒着敌人的炮火，低飞投弹，击毁敌木船七八艘。激战中，被敌人炮火击坠身亡，时年 25 岁。

抗战中，兄弟俩都是空军的颇为常见，一家三兄弟全当空军的，就较为罕见了。辽宁省营口海城县高坎镇前房村的老董家，大儿子董中和在九一八事变爆发后不久，辗转来到南京，后考入中央航校，参加了空军。两年后（1933 年），他又写信让三弟董中扬、四弟董中达到杭州笕桥报考航校。这样，老董家出了三个抗日空军，成了全村的荣耀。

1936 年，侵华日军的"满洲国三年治安肃正计划"出笼后，采取"治标"（军事讨伐）和"治本"（断绝抗日军民之间的联系）相结合的策略，企图消灭东北抗日力量。因此，董家二老无时不牵挂着三个儿子，却始终无法知道儿子们的下落。1938 年春天，十几个端枪的日本人和一群伪军来到董家，穷凶极恶地把全家人绑到马车上，威胁着要拉回营口喂狼狗。这时，一个骑马的伪军官进屋，摘下墙上的大照片，指着照片上的董中和问，这是什么人。董妈妈说，这是我大儿子。那个军官对董妈妈说："我姓高，是你儿子董中和的要好同学，根据日本人掌握的情况，你三个儿子都在国民党空军服役，每天都在和'皇军'作战，你们都是反满家属，必须要严格管制。"说完，他转身叽里咕噜向日本人不知说了些什么，日本人就将一家人放了。看来，这位姓高的还算是个有良知的人。

听到三个儿子都成了空军，天天在和东洋鬼子干仗，董家人又高兴又担心。抗日胜利以后，董家父母与儿子尚未团圆，不久，国共内战开始了，战火频仍，消息隔绝。1948 年，国民党沈阳空军司令部派人到董家，要他们到沈阳去一趟。董中和的父亲准备去沈阳弄个明白，可还没到鞍山，辽沈战役就打响了，老人只好回家，在焦虑和不安中苦苦等待，深受思子之痛的老人终于一病不起，离开了人世。

随着大陆和台湾两岸关系的改善，董家的老五董中诚多方设法，终于打听到了三位哥哥的下落。大哥董中和曾在云南沾益国民党军第 11 飞行大队任大队长，1937 年在武汉去世。三哥董中扬服役于国民党军第 6 飞行大队，1949 年去了台湾，1976 年在高雄病逝。四哥董中达 1933 年考入国民党空军航校，1936 年出国接受训练，1937 年回国参加抗战，屡立战功，1943 年 11 月 29 日，在印度随机练习暗影射击，飞机在空中着火，坠地殉职。

每个离乡背井的东北人，都有骨肉分离、家破人亡的血泪史。抗日空军张大飞和胞弟张大翔的父亲张凤岐就是惨遭日寇杀害的。

张凤岐是东北沈阳的警察局长，因为援救抗日志士，为东北抗日义勇军提供情报，遭叛徒出卖后，被日本宪兵抓去关在宪兵队里严刑拷打，受尽酷刑。1932 年 5 月 16 日，妄图以兽行来威慑中国人民的抗日情绪的日寇，将张凤岐押到沈阳小河沿广场，将油漆浇在张凤岐身上，当众点燃，他们残忍地宣扬："浇汽油烧得快，死得也快，油漆焚烧得慢，我们就是要让张凤岐慢慢死，谁敢与日本作对，就是这个下场。"宁死不屈的张凤岐就这样被日寇活生生地焚烧成枯炭。

为了躲避敌人的追杀，张家人犹如星草般的四散逃亡，14 岁的张大飞与五弟张大翔流亡到了关内，进了北平"国立中山中学"。每天列队，东北流亡学生在操场上唱着："白水黑水长，江山信兮美，仇痛兮难忘，有子弟兮琐尾流离，以三民主义为归向，以任其难兮以为其邦，校以作家，桃李荫长，爽荫与大液秦淮相望。学以知耻兮乃知方，唯楚有士，虽三户兮秦以亡，我来自北兮，回北方。"

悲戚的校歌激励着小小少年受伤的心，张家兄弟俩发誓："我们长大了一定要去打日本鬼子，为父亲报仇！"

1938 年张大飞考入空军官校第 12 期；1944 年张大翔考入空军官校第 24 期学习飞行。在航校里，他们慷慨激昂地唱着："锦城外，簇桥东，壮士飞，山河动。逐电风追征远道，拨云剪雾镇苍穹，一当十、十当百、百当千，碧血洒瀛海，正气贯度长虹。我们是新空军的前卫，我们是新空军的英雄！奋进！奋进！扫荡敌踪，保卫祖国的领空；奋进！奋进！保卫祖国的领空；奋进！奋进！粉碎敌巢，发扬民族的光荣。"

他们每天经受着严格的速成式战时训练。地面训练：每天跑步，练习步枪射击。空中训练：随教官上天飞行 8 小时后，就必须学会单独驾驶，学会空中射击，学会在空中如何自救等基本技能。飞行练习是在印度西北的拉罕沙漠地区，因为那里地势比较平坦，发生事故的概率相对较低。经过 100 小时的初级飞行训练，学员一部分被送往美国继续受训，另一部分就上天作战了。张大飞完成国内训练后，被派赴美国陆军第 6 高级军官航校深造，回国后任空军第 3 大队第 28 中队分队长。1945 年 5 月 18 日，张大飞所在的第 3 大队 4 架 P-51 机，从陕西安康出发，前往轰炸河南信阳的日军，与敌驱逐机遭遇，空战中，不幸中弹身亡。张大飞生前有战绩 18 次，奉颁二等宣威奖章、三等复兴荣誉勋章。追赠为上尉。

考取空军官校第 24 期的张大翔，毕业时，正逢抗战胜利，1948 年他参加了中国人民解放军，曾在牡丹江第六航校工作，继续为新中国的航空事业做贡献。

在八年抗战中，56 位东北籍的抗日空军烈士为打击日本侵略者，献出了宝贵的生命，他们是：

刘署藩：辽宁省开原县人（1916 年 11 月 13 日—1937 年 8 月 14 日），淞沪会战中牺牲。

范　涛：吉林省延吉人。1937 年 10 月 14 日，日机空袭南京，范涛驾 2207 号机，升空迎战，空战中被敌击落，牺牲于安徽来安。

卢　敏：大连市人（1916 年 2 月 25 日—1937 年 8 月 26 日），牺牲于安徽蚌埠。

李洁尘：沈阳市人（1914 年 6 月 26 日—1937 年 8 月 26 日），与卢敏同机牺牲于安徽蚌埠。

阎海文：辽宁省北镇县人（1916 年—1937 年 8 月 17 日）。

李文韶：吉林人（1913 年 8 月 26 日—1937 年 8 月 25 日）。

侯耀先：黑龙江省肇东县人（1912 年 9 月 18 日—1937 年 8 月 29 日），牺牲于安徽广德。

赵　庸：辽宁省庄河县人（1910 年—1937 年 10 月 14 日）。

魏国志：吉林省延吉县人（1913 年 6 月 4 日—1937 年 10 月 14 日），牺牲于南京。

王文秀：辽宁省新民县人，1937 年 10 月 25 日牺牲于河南安阳。

刘粹刚：辽宁省昌图县人，1937 年 12 月 25 日，夜航时触及及山西太原城东南魁星楼，人机俱焚。

冯海涛：辽宁省昌图县人，1937 年，烈士在甘肃兰州上空练习飞行，失事殉职。

敖居贤：辽宁省凤城县人（1914 年 10 月 23 日—1937 年 12 月 1 日），牺牲于江苏溧水。

关中杰：辽宁省镇东县人（1913 年 3 月 27 日—1937 年 12 月 9 日），牺牲于江西南昌。

高志航：辽宁省通化县人，生于 1908 年 5 月 14 日，1937 年 11 月 21 日，牺牲于周家口。

李桂丹：辽宁省新民县人（1913 年 12 月 1 日—1938 年 2 月 18 日），武汉空战中牺牲。

巴正清：吉林省宾县人（1916 年 2 月 21 日—1938 年 2 月 18 日），武汉空战中牺牲。

王廷元：辽宁省锦县人（1914 年 10 月—1938 年 6 月 28 日），在江西马当上空，与敌激战中阵亡。

沈其超：辽宁台安人（1917 年 2 月 29 日—1938 年 4 月 12 日），在湖北襄阳上空，跳伞失事，殉职。

梁启藩：沈阳市人（1914 年 5 月 5 日—1938 年 12 月 2 日），自江西玉山往安庆轰炸敌机场，空战中牺牲。

张　哲：沈阳市人（1915 年 5 月 7 日—1939 年 5 月 3 日），牺牲于重庆。

穆郁文：吉林伊通人（1912 年 10 月 16 日—1939 年 1 月 11 日），由重庆广阳坝飞赴广西桂林作战，起飞时失事，坠落江中，殉职。

苏显仁：辽宁省辽阳县人（1913 年 7 月 5 日—1939 年 2 月 4 日），由湖南芷江驾机飞往四川铜梁，至云阳县上空，遭遇轰炸万县之敌机多架，发生遭遇战，被敌击中起火，坠地阵亡。

王远波：辽宁省安东县人（1913 年 2 月 26 日—1939 年 8 月 20 日），在四川梁山牺牲。

臧鸣飞：辽宁长白县人（1916 年 8 月 18 日—1939 年 9 月 5 日），在甘肃兰州西古城驾机练习飞行，失事殉职。

薛辑辋：辽宁长白县人（1904 年 10 月 5 日—1939 年 9 月 29 日），牺牲于四川温江。

李　侃：沈阳市人（1916 年 12 月 25 日—1940 年 1 月 4 日），袭击云南蒙自之敌，空战中牺牲。

张焕辰：热河省建平县人（1913 年—1940 年 3 月 21 日），牺牲于四川宜宾。

王云龙：辽宁省安东县人，空军军官学校第八期驱逐组毕业。1940 年 7 月 31 日，于重庆空战中腹部受伤，流血过多，翌日殉职。

王　其：辽宁省营口市人（1915 年 1 月 26 日—1940 年 10 月 14 日），牺牲于四川双流。

王仁安：辽宁省安东县人（1914 年 7 月 3 日—1941 年 3 月 14 日），烈士自新疆哈密驾 S. B. Ⅲ机回四川温江，至甘肃玉门黑大板山上空撞山失事，殉职。

孟宗尧：辽宁省铁岭县人（1916 年 12 月 8 日—1941 年 6 月 18 日），敌机入侵甘肃兰州，驾机疏散时，飞机发生故障，坠地殉职。

臧者廷：辽宁人，空军官校第 8 期毕业。1941 年 3 月，牺牲于四川新津。

邵瑞麟：辽宁省新民县人（1913 年 1 月 6 日—1942 年 1 月 22 日），空军第 1 大队副大队长杨仲安率第 1、第 2 两大队 S. B. Ⅲ 机 18 架，自云南霑益飞至云南东南部蒙自上空，会合美志愿队桑德尔中队长所率之 P-40 机 9 架，入越南境轰炸日军占领之嘉林基地。进抵目标上空，因云幕遮蔽，使用计时轰炸法，投弹地点约在海防以东 20 里处。邵瑞麟所驾 1982 号机被敌高射炮击中，人机均受伤，飞机迫降越南南汶河，起火，殉职。

武振华：吉林省延吉县人（1912 年 2 月 18 日—1942 年 4 月 24 日），在云南昆明驾机练习特技飞行失事，殉职。

阎　雷：辽宁省桓仁县人（1918 年 7 月 6 日—1942 年 6 月 4 日），在云南昆山机场试验所发明之延期爆炸弹，飞机滑行时，因地面不平，炸弹震动爆炸，被炸牺牲。聪明能干的阎雷结合空战实际需要，研究空中爆炸弹，发明爆炸弹，利用废照明弹，设计天文仪，自制射击台，在实战中总结经验。

张景涛：辽宁省海城县人（1915 年 3 月 14 日—1942 年 6 月 6 日），牺牲于四川尊长津。

刘若西：哈尔滨市人（1914 年 4 月 28 日—1942 年 10 月 22 日），牺牲于简阳县属金马乡。

陈抗日：辽宁省宽甸县人（1913 年—1942 年 10 月 27 日），日机空袭云南昆明机场，乘车疏散重要器材，被紧急起飞的 P-66 机所撞，殉职。

佟彦博：辽宁省义兴县人（1911 年 12 月 23 日—1943 年 1 月 4 日），自四川温江驾机练习盲目飞行，失事，机坠新繁县境青白乡，殉职。

温　炎：辽宁省海城县人（1915 年 11 月 15 日—1943 年 1 月 5 日），自湖南耒阳驾机回成都，至四川简阳县境，迫降，殉职。

符保卢：吉林省滨江县人（1914 年 3 月 13 日—1943 年 7 月 8 日），在四川白市驿驾机练习飞行，于着陆转弯时失速坠地，殉职。

戴德音：黑龙江省龙江县人（1915 年 9 月 8 日—1943 年 9 月 30 日），在印度驾机练习飞行，失事，殉职。

胡碧天：辽宁省辽阳县人（1913 年 10 月 11 日—1943 年 11 月 14 日），在湖北恩施边境上空，与敌作战，战机失事起火，殉职。

董中达：辽宁省营口市人（1919 年 8 月 28 日—1943 年 11 月 29 日），在印度随机练习暗影射击，飞机在空中着火，坠地，殉职。

潘万全：吉林省农安县人（1914 年 8 月 20 日—1943 年 2 月 13 日），在四川成都患脑膜炎病逝。因生前战绩卓著，奉准照公殉命给恤。

朱朝富：辽宁沈阳人，1943 年 2 月 16 日牺牲。

高本荣：辽宁省盖平县人（1923 年 3 月 4 日—1944 年 1 月 8 日），在空军军官学校第 14 期驱逐组毕业。曾奉派赴美国鹿克航校深造。由云南昆明加强机接收之 P-40 机飞返广西桂林，因天气恶劣，中途迷失方向，迫降湖南城步，机毁，人殉。

王化普：辽宁省辽中县人（1919 年 5 月 7 日—1944 年 6 月 10 日）。1944 年，第 5 大队 P-40 机 10 架，自湖南芷江出击湘阴一带日军船泊，击毁敌船七八艘后，被敌地面炮火击坠，阵亡。

刘孟晋：辽宁省锦县人，祖籍湖南常德（1917 年 1 月 4 日—1944 年 6 月 28 日），在印度飞行失事，殉职。

闵俊杰：辽宁省海城县人（1914 年 2 月 9 日—1944 年 8 月 22 日）。自广西桂林驾 B-25 机出击湖南衡山一带日军，于投弹时座机为敌地面炮火击伤，返航途中迫降广西全州，殉职。

徐　滚：辽宁省海城县人（1918 年 9 月 9 日—1944 年 8 月 28 日）。第 5 大队 P-40 机 11 架，联合美国第 14 航空队驱逐机 13 架，自湖南芷江出击岳阳白螺矶日军，至石曾附近与敌驱逐机 20 架遭遇发生激战，击落敌机 3 架。徐滚所驾之机及美机 3 架失踪。

孟昭仪：辽宁省义县人（1916 年 3 月 18 日—1944 年 8 月 29 日）。自湖北恩施率第 3 大队 P-40 机 13 架，轰炸沙洋日军仓库、停车场及扫射沿江敌船。至嘉鱼以西，遇敌机 15 架，发生空战，共击落敌机 9 架，激战中阵亡于嘉鱼附近之龙口。

杨玉祥：辽宁人（1915 年 11 月—1944 年 10 月）。

张大飞：辽宁省营口市人（1918 年 6 月 16 日—1945 年 5 月 18 日）。空军军官学校第 12 期驱逐组毕业，曾奉派至美国陆军第 6 高级军官航校深造。1945 年 5 月 18 日，第 3 大队 P-51 机 4 架，自陕西安康出击河南信阳之敌，与敌驱逐机遭遇，烈士于空战中中弹阵亡。

刘训经：辽宁沈阳人（1913 年 12 月 12 日—1945 年 1 月 7 日），牺牲于伊犁至迪化途中。

随着岁月的流逝，英雄的身影正在渐渐淡出人们的记忆。为了深刻地认识历史，更深刻地思考未来，我们不能忘记这些血洒蓝天的东北英雄们。

◎ 16. "庆祝空捷，追悼国殇"

——第一次武汉大空战

淞沪抗战失败了，首都南京沦陷。此时，武汉成为当时中国政府的军事、政治中心，保卫武汉成为重要的战略任务。

武汉是当时中国空军的主要基地之一，日军飞机多次前来袭击。

1938年1月4日，日本海军第一联合航空队的23架攻击机在第2联合航空队13架战斗机保护下，穿出云层，突袭汉口。当时天气阴沉，能见度尚佳，我第25中队分队长张伟华率霍克机7架、菲亚特机1架，起飞迎战。宋恩儒与队员王飞凤编队之后，当即发现敌机十余架，于是拉高进入云层。待钻出云后，与大队失散。这时敌机6架包围而来，双方激战，王飞凤所驾的霍克机，被敌机3架围攻，王飞凤左臂中弹，飞机亦多处中弹受伤，王飞凤驾机降入云层中躲避，始免于难。

宋恩儒所驾P-1号机独力苦战，寡不敌众，飞机被击毁，坠落地面而殉职。张若翼驾驶的2303号机被日机围攻，机翼被打断，坠落于小军山麓。

宋恩儒（1913—1938）25岁，天津市人。中央航空学校第四期毕业，历任空军第3、第12中队队员，中央航空学校飞行教官，空军第3大队第25中队分队长，升至中尉本级。1937年抗战爆发后，自8月14日起，宋恩儒几乎每日出击上海日军司令部、兵营、仓库，掩护友机轰炸长江口一带敌舰、宝山及杨树浦敌机场，以及参加南京空战，勋绩卓著。生前因功奉颁一星星序奖章。追赠为上尉，遗有父母及妻邵氏与一女。

张若翼（1916—1938）22岁，福建省永定县人。其父张蜕，为清末进士，游宦各省，卓有声誉，因喜北平风物幽美，遂定居于此。张若翼于北平汇文中学初中、弘达高中毕业。由于日本帝国主义的侵略，国事日非，立志从军，考入中央航空学校第六期。毕业后任空军第5大队第

24 中队少尉本级队员。1937 年八一三沪战发生，张若翼抱着必死之决心，写信给兄诀别，遂不与家人通信。在句容、南京、上海、安庆、汉阳等处作战，奋不顾身。牺牲后追赠为中尉，遗有父母。

此外，还有一名苏联航空志愿队飞行员柯路白殉难。这是武汉空战的前哨战。

1938 年 2 月 18 日，武汉上空首次发生空战，中国空军前赴后继，与侵略者在空中拼"刺刀"，拼杀出了中国空军的凛凛威风。

2 月 18 日上午，日海军航空队分别自南京、芜湖出动重轰炸机 12 架、战斗机 26 架，分批溯江而上，刹那间，整个赣皖鄂三省上空，都发现了敌机，到了江西上空，敌机便凝结为 38 架的大集团，直扑武汉。这是敌人实施的奇袭战术，准备给我机一个沉重的打击。

我空军第 4 大队第 21、第 22、第 20 中队的 29 架战机由汉口、孝感基地紧急起飞拦截。第 4 大队大队长李桂丹率第 22 中队起飞 E-15 机 11 架，在汉口西南方高度 3000 英尺迎战。

第 21 中队由董明德率 E-16 机 10 架，高度 3500 英尺，在机场西北迎战。

第 23 中队中队长吕基淳率领 8 架 E-15 机由孝感起飞，投入空战。

激战中，中方虽暂处劣势，但怀着对日寇的深仇大恨，无畏牺牲的空军战士，前赴后继，敢拼敢打。

李桂丹率领第 22 中队第 1 分队、郑少愚率第 2 分队、张光明率第 3 分队、巴清正率第 4 分队，均飞至 4000 米高空中，与敌人的 12 架九六式舰载战机展开搏斗，冒着敌机的猛烈炮火，李大队长与战友们奋力厮杀。好一场恶斗在空中展开，满天都是飞机上下翻滚、左右追逐，硝烟与烈火齐飞，机枪与高炮齐射的壮观场面。

亲历二一八第一次武汉空战的吴鼎丞老人（即《新华日报》报道中提到的第 10 位英雄），时系空军第 4 大队飞行员。他在《武汉会战》一书中的《武汉空战纪实》一文中回忆：

1938 年 2 月 17 日下午，空军副总指挥毛邦初到樊城机场。他对我们说，武汉三镇屡遭敌机空袭，过去无论高射炮、飞机都没有

（在武汉）击落一架敌机。我们第4大队过去有过光辉的战绩，现在马上要出发去武汉，希望我们继续发扬光荣传统，不辜负武汉三镇人民的希望等。讲话完毕，我们立即上飞机，全大队进驻汉口王家墩机场……

2月18日，天气晴朗，我们担任警戒的战友们在飞机边刚吃过午饭，空袭警报汽笛长鸣。不一会儿，我们大队的飞机全部起飞准备迎战。

当我们升到3000米高度时，敌机已到。这时敌机高于我们，我们处于劣势地位（飞机作战，高度越高越占优势），一架敌机居高临下，向我俯冲下来，对我攻击。我不慌不忙地开始转弯，好像躲避他的射击，而实际上是引他入套。他果然跟在我的后面和我一起转弯，想咬住我的尾巴（战斗机格斗，都想咬住对方尾巴便于射击）。我看敌人已经入套，就来一个最小半径的急转弯，一下子就咬住了敌人的尾巴。敌人知道上当，就拼命想逃。但是，敌人再也无法逃出机关枪瞄准镜的火力圈以外。这时，我抓住一个最好的机会，4挺机枪齐射。当时，敌我两机相距只有50米，眼看敌人的脑袋倒了下去，飞机失去操纵，作直线飞行不再转弯。我明知敌人已被击毙，但还怕不保险，又补了一次射击，这架敌机彻底被击毁了。这时，我赶紧检查自己飞机的后面，有没有敌机偷袭。检查结果并无敌机跟踪，我就放心地寻找第二个攻击目标。我突然发现一架我军战机，被敌机在尾巴后偷袭，情况十分危险。我立刻追到敌机后面，对敌机进行袭击。正当我准备射击时，我的飞机突然振动了一下，左机翼被别的飞机撞掉了。我完全失去控制，机头向下，机身向左猛烈旋转。我立即从飞机里跳了出来，满天飞机在我四周战斗，我右手握住保险伞的拉环不敢拉，人在空中，头朝下脚朝上向下俯冲。大约在离地面六百米高度时，我拉开了保险伞，平安地降落地面。

李桂丹的飞机在机场西南角，遇敌机12架，敌机分成两队，前6架攻击我机之前6架，其后6架则攻击我机之后5架，由编队战斗变为单机格斗。

第22中队队长刘志汉击落敌驱逐机1架后，因发动机中弹爆炸跳伞；副队长郑少愚的飞机受伤，迫降汉口机场；队员冯汝和击落敌驱逐机两架，张明生击落敌轻轰炸机1架，吴鼎丞击落敌驱逐机1架。

董明德所率的第23中队从孝感赶来，至汉口机场之北，见敌驱逐机五六架与我第22中队酣战中，立即投入激战，柳哲生击落敌机1架。董明德、杨孤帆、柳哲生、刘宗武协力合作，共同击落九六式舰载机1架；李文骧、杨孤帆、王特谦、韩森合力击落九六式舰载机1架；王远波、龚业悌、王特谦共同击落1架；第23中队击落敌驱逐机4架。又第21、第23中队合力击落敌驱逐机1架。

第3编队由吕基淳指挥自孝感率E-15机8架赶回支援，至汉口机场北方见我第22中队战机正与敌机酣战，当即赶去助战。刘宗武、信守巽各击落敌机1架；王玉琨击落2架，座机受伤迫降，右腿受伤，飞机迫降在一块水田里。

刘宗武在王玉琨之后又击落敌机1架。信守巽与敌人的一架九六式舰载机迎面相峙，就在两机即将相撞时，敌驾驶员临阵胆怯，信守巽即对准敌机一阵猛扫，敌机中弹后当空爆炸，飞溅的碎片击伤了信守巽的战机，信守巽沉着稳妥地驾驶着受伤的战机飞返基地。队长吕基淳在激战中被敌机击落殉国。

在敌机残骸中，发现日本飞行员身上都带着"护身符"和"千人缝"。在一张用黄裱纸做的"护身符"上，工工整整地写着："如果你们把避弹的灵符带着，那就会飞云起雾，枪弹一定射不到身边。可贵啊！你们得到了尊天的神光保佑，一定会凯旋归来。""千人缝"用白绸缎作底，红丝线刺绣，要经过千人千手，一针一线缝得十分精致。但这些所谓"灵物"，也保佑不了侵略者可悲的下场。

是役，为武汉上空四次大规模会战中之首次，也是八一四以来中日空军所未曾有过的恶战。结果，在短短的12分钟时间之内，我击落敌精锐的驱逐机13架、轰炸机1架。自八一四开战以来，敌人号称精锐的"九六"式舰载驱逐机第一次遭到惨败。其中敌空袭指挥官金子隆司大尉座机也被击落。中方亦付出重大的代价，损机5架，第4大队代理大队长李桂丹，第23中队中队长吕基淳，队员巴正清、王怡、李鹏翔均阵亡。

李桂丹（1913—1938）25 岁，辽宁省新民县人。8 岁丧父，为母抚养成人。1929 年 12 月于辽宁成城中学毕业。1930 年 12 月考入中央陆军军官学校。1932 年 10 月，考入中央航空学校第二期，1933 年 12 月毕业。他在航校期间，品学优异，为教官高志航所激赏。历任中央航校教官及驱逐组组长、空军第 4 大队第 21 中队队员。请看他的辉煌战绩：

1937 年 8 月 13 日，淞沪战役爆发，8 月 14 日，敌机袭笕桥，我空军第 4 大队首开击落敌机的纪录。15 日，天刚破晓，敌机 34 架袭杭，我驻场机队起飞迎击，李桂丹率机 6 架作战，独力追击敌第 2 分队至曹娥江口，击落敌机 1 架。更与第 22 中队分队长郑少愚协力击落敌机 1 架，所属分队长王远波、谭文、队员王文禅、范金函各击毁敌机 1 架。第 21 中队经 14、15 两日两度激战，仅存完好无损的飞机 3 架，15 日 13 时由李桂丹率领飞京。到了南京上空，即遇敌机来袭，李桂丹与友机合力击落敌机 1 架，所属谭文、范金函合力击落敌机 1 架。嗣后，第 4 大队经常出击淞沪敌军，或掩护第 2 大队轰炸淞沪敌兵营、军舰、仓库等。8 月 23 日，李桂丹率霍克机 5 架，自南京出击太仓、浏河一带敌登陆部队与舰艇，突遇敌驱逐机 5 架由后方来袭，李桂丹镇定如常，对准敌舰俯冲投弹后，再与敌机战斗。值有友机加入，遂缠斗六七分钟，双方脱离，李桂丹负伤而机损，迫降于苏州。

11 月 1 日，李桂丹升为第 4 大队副大队长。同月 21 日，大队长高志航因在河南周家口阵亡，李桂丹以过去保有击落敌机 8 架的光荣纪录，升上尉 7 级代大队长，积极整训。12 月 15 日，李桂丹接收了 E-16 机 13 架，率第 21 中队至襄阳训练，此时亦曾于敌来袭时作战。

1938 年 2 月中旬，李桂丹率机飞武汉担任空防，在保卫武汉的空战中不幸牺牲。生前因功奉颁三星星序奖章、七等云麾勋章，追赠为

李桂丹

少校，遗有老母。

1938年2月8日，湖北应城发现敌机6架，杨恩吉率霍克机4架，由汉口飞往应城截击未遇。及折返汉口时，敌机正在机场投弹，杨恩吉率队准备向敌攻击。不料敌驱逐机多架突自高空冲下，队形被冲散。此时敌机共二十余架，以三机攻我一机。在激烈的空战中，杨恩吉左胸中弹，跳伞下降，敌跟踪射击，坠落于湖北黄陂戴家山下湖中阵亡。追赠为中尉，遗妻王氏及女一。

吕基淳24岁（1914—1938），河北省景县人。中央航空学校第3期毕业，历任中央航校飞行教官、暂编驱逐队队员。1936年，任空军第4大队第23中队分队长，随队长李桂丹驰援绥远抗战，崭露头角。1937年10月16日，升第23中队副队长，1938年1月16日升上尉本级队长。

第4大队转战于京沪杭各地上空，战果辉煌，吕基淳每战都争先恐后，先后在南京、上海、太湖各地击落敌驱逐机5架。吕基淳摸索了一整套夜间袭击的战术，最为擅长夜战，被誉为"夜猫"。在二一八空战中，李桂丹率29架自汉口及孝感各地起飞，在滠口、戴家山一带与敌机鏖战。吕基淳率第23中队8架飞机从孝感赶到，立即加入战斗。几分钟后，各空域的敌机均由优势转为劣势。第4大队机形成包围形势，采取个别击破战术，敌机渐形混乱。我机奋力追逐，连续击落敌机14架。吕基淳在滠口上空不幸中弹，飞机燃起大火，坠落于滠口，以身殉国。生前因功奉颁四星星序奖章，追赠为少校，遗有父母。

李鹏翔（1913—1938）25岁，广东省澄海县人。中央航空学校第4期毕业。历任空军第8队队员、中央航校洛阳分校飞行教官、空军第4大队第22队队员，升至中尉本级。在1938年2月18日空战中，李鹏翔因飞机被击毁身负重伤，流血遍体，不幸殉国。追赠为上尉，遗有父母。

巴正清（1916—1938）22岁，吉林省宾县人。1931年九一八事变发生，东北沦陷。巴正清冒险入关，考入中央陆军军官学校。嗣又考入中央航空学校第5期毕业。任空军第4大队第22中队少尉本级队员，因作战英勇，为大队长高志航、队长李桂丹所激赏。

王怡21岁（1917—1938），河北省昌平县人。自幼爱好运动、音乐，少言寡语。初入兽医学校，后考入中央航空学校第6期毕业。任空军第4

大队第 22 中队少尉本级队员。八一三上海战事发生，王怡随队转战各地，曾以一机与敌机 5 架作战，机翼中弹无数，头部、腿部亦受伤，而仍奋勇击落敌机 3 架，及机枪发生障碍，始行返航。在此次空战中为国捐躯，追赠为中尉，遗有父母。

杨恩吉（1913—1938）25 岁，江苏省宝山县人。中央航空学校第 6 期毕业。任空军第 3 大队第 25 中队少尉本级队员。1937 年 8 月 13 日，沪战发生，杨随队转战各地，英勇异常。8 月 20 日，第 5 大队第 24 中队队长刘粹刚率霍克机 9 架，自扬州基地往炸上海虹口敌兵营，敌高射炮集中向我机射击，并有驱逐机 2 架向我机袭击，我机仍俯冲投弹，多数命中爆发，并击落敌驱逐机及侦察机各 1 架。杨恩吉在返航落地时，机翻负伤。9 月 19 日，第 25 中队队长胡庄如率霍克机 8 架，自南京起飞，在京郊东南方升高之际，突发现敌驱逐机 30 架以上，乃分区格斗，杨恩吉所驾 2306 号机，与僚机两架成为一个分队，被敌机 6 架攻击。杨的飞机中弹着火，杨恩吉负伤跳伞，头部擦伤，背部中碎片，两腿烧伤。

1938 年 2 月 19 日，《新华日报》以特号字标题报道了武汉空战：

昨武汉壮烈空战　我击落敌机 11 架

……击落各敌机之飞将军名单业已查清，兹志如下：（一）刘宗武击落敌驱逐机一架，落于滠口附近；（二）赵茂生击落敌驱逐机一架，落于青山汉口之间；（三）信守巽击落敌驱逐机一架，落于黄陂汉口之间；（四）杨孤帆击落敌驱逐机一架，落于东湖附近；（五）柳哲生击落敌驱逐机一架，落于汉口西北五六公里；（六）黄明德、刘宗武、杨孤帆合击落敌驱逐机一架，落于仓子埠附近，（七）马汝和击落敌驱逐机一架，落于汉口西北黄花劳附近；（八）刘志汉击落敌驱逐机一架，落于汉口西北二十余里戴家山之水塘内；（九）张明生击落敌驱逐机一架，落于汉口北段；（十）吴鼎臣击落敌机一架，落于汉口西北方约二三十里；（十一）此外尚有敌重轰炸机一架，被击落于东部后湖，为空军击落抑为高射炮击中，尚在查询中……

我们虽然无缘那场悲壮的武汉大空战，但可以根据当时作者的亲历，

16.「庆祝空捷，追悼国殇」

139

从那些至今仍澎湃着火热激情、散发着新鲜战斗气息的文章，走进那个喜庆与壮烈的日子。

直接用笔描写二一八空战的是著名作家马识途。

武汉第一次空战　（特写）

"这样的天气，日本飞机一定会来的吧！"每个人这样说着，尤其是我们到过机场附近即潜水厂一带作工厂宣传的人，更感觉到晴朗的天气对于我们竟是一个很不利的日子。

"呜……呜呜……"咳，空袭警报真的来了！附近各工厂都发出呜呜的惨叫，骤然就把天空弄得灰暗些，四周的空气显出十分凝滞而紧张。

男的女的，大的小的，狂奔着，哭喊着，欢笑着，往田野里、防空壕里跑。飞机场的飞机，成群结队地飞起来了。

重轰炸机，拉着笨重的身子，发出悲壮的吼声，向西南飞走，小个的绿身子的驱逐机，发出勃勃的轻快的调子，以矫健的姿态，在高空中迅速地腾飞着，傲视着下空，探寻着他的牺牲者。

紧急警报来了，大家心里跳动得更快些。防空壕里立满了人，听不到一点声息，只有短促的呼吸声，死寂的世界！这是大混乱前应有的平静吧。

我们的战斗机，抬着头，排好队向上飞，出没在白云端里，严密地监视着下空。我不禁低声地唱出"你看战斗机在太阳光下，你听马达悲壮地走进云霞，他轻轻地旋飞又抬头向上，向上排成队用力飞用力飞……"的《青年航空员》歌来。

"轰轰轰……"日本飞机来了，排成队很匆忙地向着飞机场飞来。我们的战斗机为了要让我们的高射炮发挥它的火力，特地飞出市郊排着队等候着。

"轰……"我们的高射炮发出第一炮，于是四周的高射炮和机关枪密集地向着敌机射击，天空中爆发出许多黑的白的烟球，把敌机围绕着，接着看见银灰色的怪物，在太阳光下闪烁着，掉了下来。接着飞机场里腾起了黑烟，黑烟里夹着火光，马上就听到了震耳的轰隆隆的声音，地皮都震颤了。防空壕的墙上掉下来细碎的泥沙，增加了人们心里的恐怖，四周的空气达到空前的紧张。炸弹声、高射炮声、机关枪声、飞机声，交织成一副恐怖的密网，蒙上了每一个人的心。

那真是像常常在报上看到的情形一样："仓皇投弹数十枚即遁去！"可是这次却不能随便"遁去"，因为我们的战斗机正排着队在等着呢！我们的英勇空军，真等得不耐烦了，首先就有一队赶上来和日本的战斗机厮杀。在这厮杀中，已经不能辨别哪一架是中国的哪一架是日本的了，只看见上下翻腾着恶斗着。正当这个时候，从云端又飞出一队我们的飞机，加入了战斗，真是杀得难分难解。一会，"呜……"一架飞机冒着白烟，向浦口掉下去了。一会儿，又是一架烧了起来，掉下地来。在防空壕里的人，因为听不到炸弹和高射炮声，都伸出头往天上望。看见飞机掉下来，都欢呼着拍手，恐怖的空气一扫而空了。

空战激烈地继续着。

忽然，又从云端出现了一队我们的飞机，大家欢呼着跳了起来。日本飞机队显然现出慌张的样子，凌乱地向北逃走。

可是我们绝不饶他，紧紧追上，采取个别击破的法子，好几架围着一架攻击。只见到日本飞机往上一冲，我们的几架飞机也跟着腾上去，日本飞机往下一落，我们的飞机又追踪而下，到结果还是免不了青烟一缕，降下地来。大家有说不出的兴奋，都从防空壕跳到地上来，一面叫着，一面笑着，忘形地跑来跑去，早已忘掉了危险了！

日本的飞机，仓皇地向北逃走，我们的飞机却在后面紧紧地跟着。一会儿，在我们的视线之外去了。

大家都忙着要去看飞机，可是空袭警报还没有解除，路上不准通行。大家躁急地等着，有的在埋怨着。

"呜——！"警报解除了。到浦口去的一条马路上，马上塞满了欢笑的人群。大人们在议论着，可是他并不需要人听他的议论；在描述空战情景，可是没有一个人在听他的描绘。大家都只顾自己大声地说，尽情地笑，老太婆，一颠一跛地慢慢走着，露出没有牙齿的嘴，呵呵地笑。小孩子，显出万分的活泼，尖锐地叫着，在人缝里穿来穿去。

有的人，特地跑到桥口去租自行车来骑，可是没有一个人让路，只好慢慢地跟着行列前进。这真是在汉口很难看见的行列！从这一头看不到那一头，只看到许多人头，在蠕动着，摇摆着，一路上听到的是欢呼声，笑骂声，斥责声……

也有人这样说："怎么降得这样远呢？不是看到在头上打吗？"

"是呀，可是他一飘就飘20里远呢？"

有人在解释。

在路上走了一会儿，问附近的老百姓，据说只有四里多路了。可是走了一会儿再问，说还有四里路呢，使得大家张口结舌地苦笑着。

又有人来说了："要看日本飞机往这边走，那边是我们自己的。"他指着西方。大家的头，不自主地往西边凝视着。

于是大家都往西边走，终于达到了目的地。日本的飞机，看残骸是一架战斗机，头都插进地里去了，地上零乱地散着机件。有一个日本人已经死了，脑袋伸在机外。大家很高兴地围着机子转来转去，不忍得离开。警察三番五次干涉，还是禁止不了观众取一块铝片啊、一片漆布啊、一根钢丝啊。他们都要拿去作纪念，纪念这一次打（落）敌机11架的空前胜利！

天渐渐晚了，人还是围着不散。有的人又回来到自己的那架飞机那里去，人还是那样多，可是只听到叹息却听不到欢笑。只有默默地向机子和死去的战士凝望着，却没有一个去扳动或是摘取一片东西，多么悲壮的一个场面呀！大家心里响着同样的话：

"好（样）的，你是死了！死得值得的！你的精神将永远不死的！"

这战士被降落伞包围着，倒在飞机外面的地上，被汽油烧得不成样子了。一股股烧焦的肉味，刺激着每个人的鼻，更深深地刺激着每个人的心！

天晚了，回来在路上，碰到一队工厂的工友们，正抬着敌机的一个翅膀钢筋，显耀地走着，欢乐地唱着救亡歌曲。

马识途

二月十八日夜半

　　根据战况分析，马识途笔下那位被大火烧焦的飞行员应该是吕基淳烈士。

　　2月20日，空军指挥部奉蒋介石之令，在汉口总商会举行公祭大会，追悼殉职烈士。

　　灵堂正中，总理（孙中山）遗像下，挂着李桂丹、吕基淳、巴正清、王怡的遗像，李鹏翔烈士无照片。

　　四周是国民政府各院部、军事委员会各机关、武汉各界送的花圈、挽联。中共中央毛泽东、周恩来、朱德、董必武、彭德怀、叶剑英、邓颖超、孟庆树等人送了花圈。

　　蒋介石与夫人宋美龄送的挽联为：

　　　　武汉踞天下之中歼敌太空百万国民仰战绩；
　　　　滂沱挥同胞之泪丧我良士九霄风雨招英魂。

庆祝空捷，追悼空战烈士

上午9时起，武汉各界纷纷派代表前往公祭。下午4时，空军总指挥周至柔、副总指挥毛邦初随同蒋介石夫妇含悲泣临灵堂致祭；军政部长何应钦等数十名高官同往。

蒋介石主祭，他用悲伤、低沉的声音读完祭文，在场者"均含泪盈眶，痛悼异常"。

这是一次真正意义上的国殇，举世同悲。

参加武汉空战的中国飞行员

庆祝二一八空战胜利和追悼英烈的活动于2月21日达到高潮。是日上午8时起，汉口各界4万民众举行空前的集会和游行，打出的横幅上书："庆祝空捷，追悼国殇。"走在队伍最前面的是中国青年救亡协会的热血青年。他们高举着一面鲜艳夺目的红缎缄边的大旗，旗正中海棠国地形图案上，是他们连夜赶绣的"新的长城"四个黑绒大字。在游行队伍中间，天主教教民战时服务团的绣字引人注目，旗上四字为"一鸣惊人"。这四字可谓集中概括了当时武汉乃至全国民众共同的心声。

军乐声、歌声以及"中国空军万岁！""空军胜利万岁！""庆祝空军胜利，拥护蒋委员长抗战到底！""打倒日本帝国主义！""中国民族解放万岁！"的口号声，如同春雷滚滚、如同海潮澎湃。绵延近两华里的游行队伍宛如一条巨龙，经江汉路、中山路，至市政府又折回，涌至大会会场——汉口总商会。

在大马路上，一辆装着敌机残骸的卡车驶近，游行的人们看到那银灰色躯壳上的"太阳"徽记，一阵狂欢似的欢呼雀跃，口号声、歌声响彻云霄。

汉口总商会空军烈士的灵堂大门前系一白布绦，正中挂着白布横额："功在党国"。

中共中央和第18集团军代表周恩来、陈绍禹（王明）、秦邦宪（博古）、董必武、叶剑英、罗炳辉等出席了集会并敬送挽联。

周恩来敬送的挽联是：

> 为五千年祖国英勇牺牲功名不朽；
> 有四百兆同胞艰辛奋斗胜利可期。

挽联表达了中国共产党人对为了民族存亡、国家统一而献身的空军烈士无限的崇敬和最高的褒扬。

灵堂内最惹人注意的是两个西方人所送的大花圈。一个是陈纳德顾问，他在白绸上写着两行英文：李桂丹队长，一个勇敢的军人。美国顾问敬具。

另一个上题着一行俄文，是苏联顾问所写：李队长，你的朋友沙拉脱尼可夫。

会后，两万余人参加了移灵仪式。晚8时半，队伍由市总商会出发，经江汉路，绕沿江马路，过总理铜像旁到达中山公园。灵棺经过的地方，市民均排队路侧，脱帽致敬，悲壮路祭。

"当当当……"

江汉关大钟铿锵地敲响了9点的钟声，夜幕下的江城经历了一个被压抑已久而豁然爆发的早春之夜，而滚滚东流的扬子江，却如同饱经沧桑的历史老人，依旧默默无声地流淌着。

宽阔江面上陡然增添的灯火的倒影在摇曳着，那斑驳陆离的波纹似乎还要向胜利的城市说些什么。

◎ 17. 汤卜生空中谒陵

闻名于世的中山陵已是古城金陵的盛景之最。中山陵每天都要接待成千上万名来自世界各地的国际友人、全国各族人民和海外华侨、港澳同胞、台湾同胞前来瞻仰。每逢清明扫墓时节，前来谒陵的各界人士更是络绎不绝。

这其中有一次最为特殊的谒陵仪式是值得载入史册的。即1938年春天，中国空军飞行员汤卜生中尉驾着飞机在上空拜谒中山陵。

1925年3月12日上午9时30分，中国民主革命的先驱孙中山先生在北平铁狮子胡同11号（今地安门东大街23号）逝世，遗体暂厝西山碧云寺。同年4月，国民政府成立了"总理葬事筹备委员会"。根据孙中山先生生前的愿望，在南京钟山中部小茅山南麓营建陵园，自1926年元月5日破土动工至1929年元月竣工。

1929年，中国国民党决定为孙中山举行奉安大典。5月23日，奉安委员会在北平举行公祭后，孙中山先生的遗体在其亲属友好、团体代表及护灵官商震所率领的护灵团步兵护卫下，从北平前门车站启程，前往南京，沿途参加送殡的民众达30万人。5月27日，灵车抵达蚌埠，蒋介石和宋美龄及宋太夫人专程从南京前往迎榇。5月28日灵车抵达浦口，到浦口迎榇的有吴稚晖、蔡元培、何香凝、张静江、陈少白、杨鹤龄、唐绍仪、叶恭绰等。灵榇由海军轮船运过长江，海军鸣炮101响，各国军舰亦鸣炮致敬。犬养毅等孙中山先生的生前友好人士，17国驻华公使也由北平乘专车抵南京参加奉安典礼。南京各界机关团体、学校、市民数十万人举行公祭。6月1日，国民政府和南京民众为孙中山举行了隆重的奉安大典。宋庆龄和蒋介石、宋美龄等护灵到紫金山中山陵墓地，正午12时奉安典礼落成。

孙中山先生公而无私、光明磊落、一心为民的高尚品格，赢得了世界各国人民的敬重，孙中山先生"天下为公"的民主博爱思想不仅属于中国人民也属于全人类。孙中山先生的《建国大纲》《总理遗嘱》《总理遗训》《总理告诫党员演说词》《中华民国临时约法》等一系列著作被世界各国的政治家和社会活动家尊誉为《孙学》而潜心研究。每逢孙中山先生的诞辰和逝世的日子，人们都会以各种方式纪念和缅怀这位伟人的丰功伟绩。

1938年3月12日，是孙中山先生逝世13周年纪念日。就在三个月前，日本军队占领了中国首都南京。从1937年12月13日日寇侵入南京那一刻起，就开始了灭绝人性的南京大屠杀。两个月中，日本军队杀害了30多万中国人，对中华民族犯下了罄竹难书的滔天罪行。

这年春天的南京，血雨腥风，哀鸿遍野，白骨成堆，忍受着辱国之痛的中国军民再也无法与往年一样前往中山陵拜祭孙中山先生了。

为了纪念敬爱的孙中山先生，也为了正告日本强盗："中国人民不可侮，中国人民一定会打败日本帝国主义。"国民政府军事委员会委员长蒋介石决定派遣中国空军实施一次特殊的纪念形式——空中拜祭国父孙中山先生。

5月7日清晨，中国空军第5大队第25中队中队长汤卜生神情肃穆地登上一架霍克75战斗机，此机为宋美龄赠予美籍顾问陈纳德的座机。汤卜生从汉口机场起飞，沉稳地钻出云层，沿长江向着南京的方向飞，不一会儿相继飞越九江、安庆、芜湖等城市上空，沦陷的首都南京终于出现在汤卜生的下方。他从空中鸟瞰着所熟悉的、曾无数次飞越过的长江，眼下蜿蜒滔滔的长江已被惨死同胞的鲜血染红，昔日繁

日军占领南京国民政府所在地

华的首都南京，到处是断壁残垣，绵延起伏的巍巍钟山亦失尽了往昔苍翠明媚的春色。

汤卜生终于看到了紫金山，在阳光下呈现出紫金之色，飞越第三峰，神圣庄严的中山陵，闪闪发着蓝光的琉璃瓦的陵顶、庄严的祭堂、白色的三百多级的台阶，瞬即来到"民族民权民生"的牌坊前。苍松翠柏满山麓，可是这一切却都沦丧在日寇的铁蹄下。"国破山河在，城春草木深"，阵阵彻骨之痛袭上汤卜生的心头。他缓缓地绕着中山陵上空飞行一周，出于对孙中山先生的崇敬，虔诚地将一束白玉兰从空中抛下，将这束代表中国军民的素馨花敬献给伟大的孙中山先生，向孙中山先生表达了中国人民不畏强暴、逐尽倭寇、光复我河山的决心。完成这神圣特殊的祭陵仪式后，在返回汉口的飞行途中，汤卜生遭到了敌机的拦截，英勇机智的汤卜凭生借着精湛的飞行技能巧妙地避过敌机，安全返回汉口机场。

中国空军飞回南京，在中山陵上空祭拜孙中山先生的消息很快就传遍了南京，传遍了全中国，正在受苦受难的南京人民听到这讯息后，就像受虐的孤儿见到了亲人，滴血的心灵得到了抚慰，于绝望中见到了光明、看到了希望。

中国空军汤卜生的壮举向全世界庄严宣告：日本必败，中国抗战必胜！

五七飞京谒陵记①

卜生

五月，一个刺激的月份！

五七，一个耻辱的日期！

何况在今年的五七，而我们的"耶路撒冷"还在暴敌的掌握之下呢？全国的人士都在关心着总理陵的完整。紫金山，我们的圣地！陵园，我们革命精神的渊源。伟大的导师——先总理静静地躺在他一手建造的国都的高处，展望着他的承继者：委员长蒋介石总裁坚（艰）苦地完成未竟大业。

---

① 发表于《中国的空军》第十一期（1938年）。

在我们慑服于工作的过于坚（艰）难时，我们唯有谒陵，默立在总理遗体前，在总理庄严谨肃的目光下，我们得到灵感，我们兴然再起，继续担负起当前的责任。

在我们苟安于工作的已有头绪时，我们应当谒陵，俯首于总理遗体之前，于总理坚毅英达的目光提示之下，我们得到灵感，奋然而立，埋头从事于更大的建设。

谒陵！谒陵可以坚定我们的信仰！

谒陵！谒陵可以增强我们的信心！

然而今年啊！陵园呢？我们必须重回南京！再谒圣地！

我们为祖国的生存而战！

我们为护陵而战！

又是5月了，我们在伟大的抗战中，我们的毅力和坚强自信无愧为总理的信徒，自信是在向总理所昭示的大道上迈进（前）。

但是我们的圣地呢？我们的总理陵寝呢？

却还远远在为暴敌所盘踞的首都。为告诉我们目前抗战的决心，为祈求我们继续得到总理的启示，于5月7日的正午，我奉委员长的命令："派×××飞京××。"

午后二时，复诵完×××将军的指示，带着这伟大的使命，我离开了汉口机场，沿途气候不大佳良，但是想到这使命的重大，这意义的庄严，我就绕道××而且爬到云的上面，云的下面是阴惨暗淡，通过那窒人欲吐的厚云层后，我又重复见到光明，在银崭崭的云上，毫无阻滞地航行在碧蓝的天空中，这大概是指示我们：我们的国家虽在一个危急多难之秋，但是只要坚（艰）苦忍耐地通过了这繁难的遭遇，前途就是一个绝对的光明！

×点的时候，我在铜陵县附近钻下云层，绕道经过××，和××，在×点零5分时，我到达了大南京的上空。

同我们一向的向南京的飞行一样，伟大的白色的建筑物——总理陵，先映入我们的眼中，然而，却没有感到像今天的兴奋过！

城市的一大部分是被蹂躏不堪，绮丽的玄武湖是完全荒芜了！这些都是敌人的暴迹，作完了我的任务后，即飞达陵园的上空时，是×点10分钟。陵园差不多没有什么变动，还是那么净洁庄严，衬着烧毁了的陵园新村，更觉得是巍然峙立了！

总理的伟大，不但为全国所信仰，世界各国有识之士所景仰，连残暴无人性的日本军阀，也知感而不敢侵扰其陵寝呢！

我环飞一周，看到大校场机场有敌机起来欢迎我，我在陵墓上空摇摇两翼，致我的最高敬礼，就飞进云中了。

途经××地，午后6时10分我带着愉快的心，兴奋的身体，和我的飞机又安全地飞返汉口。

5月7日，1200公里的途程，我飞抵南京谒陵——这兴奋叫我那天一整晚没睡着。

翌日，晋见委座于××××地，总理纪念过之后，我看到委座从来没有发出的笑容。

汤卜生与妻子冯皓然及儿子汤约夫合影

汤卜生，湖北黄梅县人，生于1911年5月25日。毕业于中央航校，航炸班一期，飞行班三期，初任空军第2大队14中队飞行员，后任第5大队25中队副队长、队长。在1937年8月14日至8月20日一周内，汤卜生每天驾驶着诺斯罗普E-2C机，飞抵上海杨树浦、吴淞口、汇山码头、公大纱厂、虹口歼击日军。他还参加了1937年9月18日著名的"中秋夜袭"，驾机轰炸了上海北四川路的日军军火库。

就在完成举世闻名的空中谒陵后第四天，1938年5月11日拂晓，汤卜生率5架霍克3，飞抵南海万山群岛，炸伤日本巡洋舰与驱逐舰。当天上午9时，汤卜生再次上阵，率6架霍克3在虎门口炸沉日本巡洋舰一艘，并与队友们一举击落两架敌机。

同年6月，汤卜生曾多次率队轰炸安徽安庆附近和马当要塞的敌舰。在保卫武汉的空战中，汤卜生更是屡屡出征，英勇善战，奋勇杀敌。

1938 年 8 月 18 日，日军出动 27 架轰炸机从安庆起飞，袭击湖南衡阳，中国空军第 3 大队大队长吴汝鎏率 7 架 E—15，第 5 大队 25 中队队长汤卜生率 3 架霍克 3，起飞迎战。在双方兵力悬殊的情况下，汤卜生奋勇当先，连续对敌多次发起进攻，在第二次进攻中，汤卜生击落敌机 1 架，当他第三次单枪匹马冲入敌机群与 9 架敌机厮杀，决心歼灭领队敌机时，不幸中弹牺牲。为了保卫祖国，为了彻底消灭日本法西斯，26 岁的空军中尉汤卜生献出了宝贵的生命。

台湾空军司令部档案

汤卜生：

汤烈士卜生，湖北省黄梅县人，生于中华民国元年（1912 年）五月二十五日，父陆军军医学校毕业，在山西任军医。烈士出生三月，就失去母亲，由一位同姓远亲领养；据他后来自己说出生实际月日，自己也不知道。烈士 6 岁入武昌省立模范小学，教法是采用新式的道尔顿制，因此他的个性得到自然的发展。12 岁入省立第一中学。14 岁起，即离家单身在外生活。中学毕业后，做了一年义勇军，考入中央航空学校航炸班第三期，继又考入中央航校飞行第三期。他的父亲听说他考取航校，曾予以很大的鼓励。烈士在洛阳分校初级飞行时，几乎失事，受到第一次处罚，停飞三天。在杭州高级飞行时，两天内损坏了飞机两架，被罚停飞一个时期。故此后得到飞行机会，即一分一秒的时间，也认为太宝贵，太有用，不肯丝毫放松，所以飞行技术优良。历任中央航校飞行教官、广州分校飞行组组长、学生队队长、空军第 2 大队第 14 队队员、空军第 5 大队第 25 队副队长、队长，升至中尉本级。

南京沦陷后的中山陵

烈士诚朴刚毅，短小精干，富有正义感，有路见不平拔刀相助的气概。

1937年抗日军兴，烈士任第14队队员，自八一四至20日的一周中，每天都飞到上海，轰炸杨树浦、吴淞口外汇山码头、公大纱厂、虹口敌军三四次。9月18日，轰炸北四川路日军仓库，敌人蒙受重大损失。

1938年5月7日，时任第25队队长。政府为纪念五七国难，派烈士驾霍克七五式机一架，自汉口飞至沦陷后的首都，晋谒国父陵墓，虽遭敌机拦截，仍安全返防。

5月11日5时许，率霍机五架，自广东从化机场起飞，往南海轰炸万山群岛附近敌舰。到达目标上空，对敌重巡洋舰二艘及驱逐舰两艘，俯冲投弹，其中两艘重伤。9时许，复率机六架，往万山海面轰炸敌舰，当将敌重级巡洋舰一艘炸于虎门十字门海中，其余二舰也被炸成重伤。于掷弹时，遇敌水上驱逐机及轻轰炸机二十余架向广州前进，当将该敌机击落两架。6月6日，由汉口率霍机四架，轰炸安徽大通附近敌舰两次。15日，率霍机两架，轰炸安庆附近敌舰，回至彭泽附近，遇敌水上机六架，当将其击落一架。

宜昌衡阳同为武汉的后卫。敌人为急于攻下武汉，不断地轰炸衡阳。8月18日8时许，敌轰炸机27架自安庆起飞，进袭衡阳。我第3大队大队长吴汝鎏率E-15机七架；烈士率第25队霍机三架，分途迎击。第25队的三机，由烈士领队，第二机是副队长刘依钧，第三机是分队长张慕飞。敌机发现我机，即仓忙在郊外投下炸弹图逃，我机乃加紧猛追，多次向敌27机攻击，刘依钧击落敌机一架，张慕飞击伤敌机一架，烈士为欲冲散敌机队形，破坏其密集火网，以便僚机将敌机各个击败，乃单独冲入敌机V字形队中，向敌领队机直射，敌人集中七机，向烈士机围攻，烈士机身中弹着火，坠于衡山附近，壮烈殉国。追赠上尉。遗妻冯氏及子一。

◎ 18. 四二九武汉大空战

1938 年 4 月 29 日上午。

佐世保航空队出征的飞行员，一阵"木斋！木斋！"歇斯底里的呼号。对天祈祷完，由 54 架护航歼击机和重型轰炸机组成特大编队，黑压压如同鸦群一般沿鄂赣边境向武汉飞来。日本海军中国方面舰队司令官及川古志郎与临时航空兵团司令德川好敏，第三飞行团团长贺忠治少将在"武运长久"的旗帜下，面东遥拜完，下达了对武汉进行毁灭性大轰炸的命令。

日军精锐的佐世保航空队被专程由太平洋空军基地调遣至上海，接受执行这一"神圣使命"。

武汉上空第二次大空战随着日本飞机的到来而开始。

对于 4 月 29 日的空中战况，中央通讯社（简称"中央社"）当夜即向中外新闻媒体作了详细发布。

武汉昨日壮烈空战　我击落敌机 21 架

（中央社讯）昨日为四月二十九日，距武汉光荣的二一八空战胜利纪念日尚未及三月，我忠勇奋发壮怀激烈的青年空军将士，又奋其百战百胜之神威，一举而击落敌机 21 架之伙，予疯狂之侵略者，以惨重的损害。血花溅处，为我民族开拓昂扬的胜利之路。事后记者急驱车赴武汉机场，得悉悲壮血战经过如次：

寇机来袭　我空军凌空应战

（一）英勇空军准备应战。四二九午后 2 时 15 分，忽报有大群敌机已越过鄂赣边境，向武汉进袭。于是我待机中之空军□大队□□队，即迅速完成会战准备。（注：当时为保密我航空队番号，故用方框替代）一面发出空袭警报，一面即凌空而上，布满大武汉之空际，张其天罗地网，静候敌机侵入我立体陷阱中，然后加以切齿复仇之痛击。2 时 30 分，敌机临近大武汉上空，当局乃一面发出紧急警报，一面即通知云中摩拳擦掌之空军战士，待机奋击。2 时 40 分，各方准备均已完成。敌机 36 架果结群而至，步步投入我空军翼阵之罗网中。同时地面之高射炮亦轰然雷震，开始密射。而四二九空战，于焉发生。

武昌上空 飞将军猛撞寇机

（二）武昌东部上空血战。我空军□□大队之一部，合计精锐之驱逐机 9 架，在毛瀛初大队长（即"志航大队"新任大队长——作者注）领导之下，此次肩负保卫武昌东部上空之忠勇任务，又先与大群之敌方驱逐机遭遇。敌机约有 18 架至 20 架之伙，但我之青年战士，无不身经百战，气吞山河。当即奋然驰入敌机密集群中，与之死拼。经过 30 分钟壮烈无比之缠斗，我□□队队长刘宗武，当即击落敌驱逐机两架，刘志汉击落一架，杨慎远（贤）亦击落一架，一时将密集之敌驱逐机群，完全驱散，雁不成行，零星进去。但于此猛烈之空战缠斗中，我战士陈怀民亦壮烈牺牲，流星一瞥，猛撞敌机而与敌机同归于尽，呜呼烈矣。

（三）敌轰炸机群之末路。当□□大队之精锐与敌驱逐机主力纠缠武昌下游江面上空时，敌轰炸机 18 架（高空有敌驱逐机掩护）之众，复自另一方向迂回，向我襄河一带投弹。我待机已久之□□队，□□队立即包围，向之痛击，一时前后上下左右，无不出现。我空中伏兵，奋勇袭击，致敌机于死命。经过 30 分钟之血战，敌机雁阵迸裂。自武昌以至黄冈上空，漫天焰火，均属被我击坠之敌重轰炸机残骸，合计此方面敌机被我击坠落，约达十之八九。我□□队队长董明，即亲手击落敌重轰炸机两架。整个□□队之伟大战绩，击落敌机实不下 12 架左右。国人今后仰望祖国之天空，当向□□队之空中英雄，致其最大之敬礼。

（四）壮烈无比之肉弹，与敌机猛撞而同归于尽之我空军青年战士究属谁氏？以时间匆促，虽经记者多方探询，一时尚难查明。然队员陈怀民迄今未归，夕阳西坠，而空际仍无翼声，是则此壮烈无

烈士陈怀民驾机撞向日机图

比之肉弹，果非陈氏，而陈氏亦不归矣。壮哉吾战士，烈者吾英雄。

（五）□□队之猛战。□□队自□□发动而至今次，抱最大之热诚，与□□大队联合作战，在汉阳黄冈上空，壮烈击扑，予敌轰炸机以全军覆没之打击。其经过情形，诚可动天地而泣鬼神。当其奋战时，全武汉军民，莫不仰望天空，为之焦急感愤，欢呼顿足，至于零涕。乃凯旋归来，又对于欢迎慰劳之谢忱，均一笑置之，表示谦义。英雄侠义，动人之深，无与伦比。□□队均为年富力强之青年，空战之时，英勇万分，出其全力，以与暴敌搏斗。敌遇我英勇之□□队，无异小丑就利，欲避不能，惟有付与数倍之代价，姑得收其残余，狼狈而逸耳。

（六）一篇统计。综计30分钟之血战，计我□□大队击落敌机6架，□□队与□□队成队包围夹击击落14架。今将此次空中大会战战绩列后，以见我空军健儿奋勇杀敌之一斑。

董明德击落轰炸机两架，刘宗武击落驱逐机两架，刘志汉击落驱逐机一架，杨慎贤击落驱逐机一架，□□队成队合击轰炸机12架，

□□队（人员未查明）击落驱逐机两架，合计共击落寇机 21 架。我机坠毁两架；伤机三架，人员已查明者，陈怀民未归，吴鼎臣负伤。

查此次来袭敌机，系佐世保第 12 航空大队。其首次出战，即遭此空前重大打击，谓料短期内难求恢复，且将一蹶不振。事后调查，我共击落敌机 21 架。计重轰炸机 10 架，驱逐机 11 架。堕落地点，经已查出者如下：孝感附近有重轰炸机两架，黄冈一架，梁子湖一架；驱逐机有东湖一架，青山一架，段家店一架，谌家矶一架，洪山附近一架，武昌东郊一架，纸坊一架，徐家棚一架，豹子解一架，刘家庙一架。其余架数，皆落在青山阳边及沿江附近一带，现正派人搜查中。又敌机之飞行员，被我俘获两名，现正讯问中。至我方情形，有机五架迄未返防，并有两名空军将士跳伞安全下降，余情待查中。

四二九空战大捷，举国振奋！

八路军武汉办事处代表周恩来、博古及孟庆树等及时赶到医院，向空战中负伤的飞行员献上鲜花并热情慰问。时值五一国际劳动节，成群结队的工人代表前来慰劳保卫大武汉的空中勇士。

二一八空战英雄、四二九再立新功的吴鼎臣，在被三四架敌机围困之中，顽强拼搏，不幸机身中弹起火。他灵敏地拉开保险带跳出机舱，打开降落伞，落到水田里。

《新华日报》记者采访躺在病床上的吴鼎臣时，"他的脸已被火伤成焦黑色，但讲话的时候，精神还是异常焕发的"。吴鼎臣谈到四二九之所之获得空前胜利，"一方面是我空军将士忠勇的牺牲精神；同时，也应归功于我空军指挥人员对于敌情估计的正确和部署指挥的适当……"

50 年之后，吴鼎臣老人在一篇文章中，提到 4 月 20 日左右，在一架被我方击落的日本双座侦察机残骸内，曾发现毙命的日军飞行员的日记。日记中透露敌阴谋在 4 月 29 日日本的"天长节"轰炸武汉，以向日本天皇祝寿的重要情报。据此，在四二九空战未打响之前，我方即预为备战，中苏 64 架战鹰已占据天时地利之优势。

与我空军高昂士气相反，敌机战斗员的作战精神和情绪却异常薄弱。

《新华时报》记者在医院采访时，听我军飞行员讲述了一件悲惨的事情：

> 4 月 26 日，我于孝感打落一架日重型轰炸机，惊异地发现机内 8 人中有 6 人是用钢条在颈和腰处缚住，再用锁锁死，3 人一组。坐在机翼位置的机枪手，虽然没有被锁住，却不配备降落伞！这位枪手本可以不死，但是也随机堕地成为炮灰。

这是日本军阀害怕飞行员的反战情绪，担心他们不愿交火，跳伞降落，甘愿作为俘虏，故惨无人道地用这种枷锁之策驱使他们充当炮灰。

在四二九空战后清理敌机残骸时，从被击毙的日飞行员身上还发现了用黄表纸印的避弹护身符，上面写着：

> 军人啊，武士啊，你们这一次为了报效国家，远征到国外去。当你们出发的时候，一定要求得到武运之神的保护！请求十二尊天，赐你们避弹的灵符，把它挂在腰里！
>
> 中国那方面，有的是机械化的武器，技术精良的空军，还有那凶猛的炸弹，会像雨点一样落下，该是多么可怕啊！但是，你们如果把避弹的灵符带着，那就会飞云起雾，枪弹一定射不到身边。可贵啊！真是令人不可思议。
>
> 哎哟！难得啊！难得啊！你们得到了尊天的神光保佑，一定会凯旋归来。

在四二九空战中被击毙的敌飞行员尸体上，还发现一本日记，其中坦白地写道：

> 我们对于中国空军的力量的估计是根本错误了！如果想在中国的领空活动，还需要再来一千个加藤！

加藤即加藤建夫，为日军侵华航空兵第 16 联队第 2 大队大队长，"四大天王"之一。

陈怀民，1916年生，原籍山东，寄居江苏镇江，后迁入武汉；原名陈天民，中央航校第五期毕业，第23中队少尉飞行员，牺牲后追授为中尉。

在四二九空战中，飞行员陈怀民以高超的技术与敏捷的战术成为敌机注重的目标，有5架驱逐机围绕他的战机疯狂射击。机身被击中燃烧，机尾冒起浓烟，陈怀民也负伤，机身开始下坠。正是在这将要人机俱毁的关头，陈怀民沉着无比，紧握操纵杆，看准机会，调转机身开足马力向已躲闪不及的日本高桥宪一的飞机猛撞过去！

顿时，空中迸射出一团火光，两机的碎片陨石雨般携着火花与啸声坠落下来，响彻云端摇撼大地的爆炸声几秒钟后才被人们听到。地面上观战的市民被这一幕惊呆了……

地面高射炮部队的炮火一时哑口了……

陈怀民的哥哥、妹妹同时引颈看到这石破天惊的壮举，却不知那正是自己的亲人怀民呵，但他们知道自己的亲人此刻一定在武汉上空作战，更为自己的亲人担心……

事后，相关方面和陈怀民的家属曾经多次搜寻陈怀民的遗骸，哪怕是蛛丝马迹，但一无所获，几乎所有的人都断定那位以身作弹的英雄飞行员已魂归青云！

连日来，武汉军民怀着悲壮与崇敬的心情在寻找着他们曾亲睹武昌上空那以灵肉作弹与敌机同归于尽的英雄。大多数人饱含着热泪呼唤着烈士的英名：陈怀民！

冯玉祥将军赋诗道：舍身成仁同归汉，壮烈牺牲鬼神惊。

直至6月初，新华日报社记者企程访问陈怀民家属时，英雄的忠骸尚未寻找到。

烈士哥哥陈天和于五六十年前接受记者采访时留下极为珍贵的大段谈话，使今天的人们了解到了英雄成长的道路。

> 他15岁的时候就和我一同参加了一·二八战争。停战后入十九路军军官班受训，在军队中工作了一个时期，后来就考入杭州航空学校，在该校第五期毕业。

他驾驶技术很高，作战又勇敢，历次剧烈的空战他差不多都参加了。连这次他前后已流了五次血，以去年九一九那次最厉害。那天有百余架敌机袭击首都，他奉命主动迎战。他打退了一队敌机以后升到七八千米的时候，远远地看见一队飞机，他以为是自己的，就迎上去想加入队伍。哪知飞近了才知是敌机。他知道寡不敌众，赶紧掉头疾飞。但敌机竟飞赶上来，子弹连连向他飞机两翼打来。

他见势不好，就展开他的手段，连翻筋斗，伪装被击落的姿势向下飞，使敌人找不到他的死角。敌人也真以为他被击落了，不再追击，只在空中监视着，离地面二百米的时候，他就改为平飞。但立刻被敌人窥破，就又向他猛击。这时他的飞机一只油箱已经受损，机器也不灵活了，没有办法，只得向前面的树林里冲去，以避敌人的目标。结果，他的机子损毁了，人被抛出机外挂在一棵树上，眼鼻都受伤甚剧，流了很多血，晕去了好半天，这地方是江浦县的高旺镇，当地乡民看见他是中国的空军勇士，就把他救下来送到江浦的县立医院去。这事轰动了全江浦县，民众纷纷赠送慰劳品，把他的病房都堆满了。蒋夫人也亲自去慰劳过他。后来他被运往南京中央医院去的时候，又受到数万群众的热烈欢送。因为伤势过重，医治了三个多月，到12月30日才复原。空军当局见他重伤初愈，原想叫他到航空学校去当教官。但他认为中国空军的实力原来不大，像他这样有战斗经验的干部脱离作战部队，未免是一种损失，因此，表示愿意继续干下去。

二一八那次战役他也参加了，后来在4月10日那天又受了伤。那次他在归德上空与敌机激战，受了敌机包围。他以为与其被敌机击毙，不如与敌人一拼，就不顾一切向敌机猛撞。结果，敌机被他撞毁了。他却用降落伞安然降下，只腿部受了些伤。

在四二九的激烈空战中，他在青山一带被敌人高桥攻击，受伤很重，他就奋不顾身掉头向敌机撞去。高桥避开了，他又再三猛撞过去，敌机终于被他撞毁，而他自己也壮烈地殉了国。

他今年才22岁，还未结婚。他很爱家庭，没有公事的时候，总是回到家里，和母亲谈笑取乐。他平时沉默寡言，但很聪慧灵敏。

驾驶汽车的技术也很好，每次和同伴们出来时乘的卡车，都是他驾驶。他毫不喜功。他常说，打下三架五架敌机，原是我们的本分，没有什么了不起。

他为人耿直，急公仗义。记得我们在军队的时候，有一次为了打抱不平和人家打了起来。事后他一人承当打架的罪名，自动走进禁闭室去。

想不到他竟这样早就死了。

当然他这种死是很有意义的，但在私人情感上总是觉得十分悲痛。

当记者企程问道："烈士的忠骸还未找到吧？"

陈天和说："大概找不到了！他真可以说是粉身碎骨了。据当地的乡民说，当飞机掉下来的时候，只见一团火滚滚而下，连飞机都烧成了碎片，像飞絮般在空中乱舞，他的骨肉当然已成了灰烬。我寻找了一个星期，只找到了些碎铁片。但是我们为纪念他起见，预备在青山的码头为他做一衣冠冢。那地方背山面水，雄视武汉三镇，地势壮丽。此外我们想替他出本书，给他留个纪念。"

5月6日，航空委员会派代表前往慰问陈怀民烈士家属。烈士父亲陈明徽对儿子之殉国，极感嘉许。在答谢航空委员会代表时，老人激动地说："怀民之死，颇得其所，惜其为国家尽力太少……"

代表们为陈先生深明大义感动不已，并得知，烈士之弟亦正在前线杀敌。

至此，人们得知陈怀民之家有父母双亲，一兄陈天和，一妹陈天乐（后改名为陈难），还有一在前线的弟弟。

这是一个抗日模范之家。

这更是一个英雄的家庭。

◎ 19. 恨海情天

1938 年四川安县曲山镇青年王建堂与朋友分头串联了 100 个青年，向县政府请命杀敌。就在他们开拔前，县政府收到了王建堂的父亲王者成寄来的一面出征旗。在众人面前展开这面出征旗时，在场的人都大吃一惊——与祝愿亲人平安远征相反，这面由一块宽大的白布制成的大旗，居中写着一个大大的"死"字！出征旗的右上方写着："我不愿你在我近前尽孝，只愿你在民族分上尽忠！"左上方写着："国难当头，日寇狰狞，国家兴亡，匹夫有责。本欲服役，奈过年龄。幸吾有子，自觉请缨。赐旗一面，时刻随身。伤时拭血，死后裹身。勇往直前，勿忘本分！父手谕。"

这是烈士的皓首慈父，给即将奔赴抗日前线儿子的殷殷嘱托。中间那个醒目的"死"字，凝聚着中国人气壮山河的爱国心声，凝聚着中华民族誓死捍国、逐尽倭寇的决心。这是书写在一面壮我军魂、扬我国威战旗上的誓词。

正像一首著名的抗日歌曲《太行山上》所唱的那样："母亲叫儿打东洋，妻子送郎上战场。"在抗战时期这种爱国爱家乡的满门忠烈的情形比比皆是，在空军中也不少。

在清理四二九空战敌机残骸时，人们在长江天星洲边发现了被陈怀民撞机毙命的日军飞行员高桥宪一的尸体。

在高桥宪一的飞行服里，珍藏着一张年轻女人的照片。照片上的女人的面庞侧着，稍微向下注视的眸子里浸润着无限的思虑。齐肩的秀发、纹花和服。她，便是高桥宪一的妻子——美惠子。

和照片一同发现的，还有美惠子从日本寄给丈夫的亲笔信。铁火血尸，丽人家书，这便是法西斯战争恶魔制造的"图画"。

有关人士把美惠子的信与照片送到了陈怀民烈士家中。怀民之妹陈天乐凝视着那位被二哥撞机丧命的日本飞行员遗孀秀丽的面容和那封信，想到哥哥的牺牲及忠骸无寻，一股仇视、愤激与悲悯的复杂心绪顿时化作长流的泪水，滴溅在那异国的信笺和照片上。陈天乐在灯光下一行泪一行字地读着美惠子给高桥宪一的信：

宪一君：

不知怎么的老是放心不下，想接到你的来信。我的胸怀此刻很高兴地跳起来了，自然地发出很小的声音叫了一声，因为想到你一定会给我来信吧！你踏上远征的旅途，能够平安到达，我是非常的安心。

那一周间大凑的生活，虽然高兴地过着，可依然没有多大的意思。之后，我甚至有时想到不做飞行士的妻子才好。做了飞行士的妻子，总过着孤凄的日子。所以我时而快乐，时而悲痛，内心深处尽是在哀泣着！如果说女人是可怜虫，我正是这样想。有时一想到已经有许多人无辜地牺牲，不再回到这个世界上来，而你还健在的事，固然能自己安慰自己。不过过了三四天，依然心灰意冷了……

由大凑到黑泽尻（日本地名，作者注），短过八个小时的长时间。因为我的四周很慌乱，更十分地引起了无人为我照顾的凄凉！……回到家里以后，心常不静，什么事也做不好，时刻都念着你。女人这东西，就是喜欢想这些无聊的事情。这时候我除了思念你之外，没有旁的事。

家里人无限挂念着你，希望你好好保重身体。光是死并不是荣誉的事，我是祈求着你十分小心地去履行你的职责！

看护孩子的保姆，她把孩子一下子放到浴池里去，一下又抱出来。她每每替孩子洗澡以后，就很关心地放进温暖的被子里，孩子总是睡得烂熟。这两个孩子每天是在大笑中过日子……

家里和我的事不要担心，请好好留心你自己的事。那个时候的（生活）虽然没有多大的兴趣，而今呢？什么都没有，今后当好好注意身体，平常也要一样。

信手乱写了这许多，今天就在这里停了，请你原谅，赤松君问候你!

给我好好的保重身体!

四月十九日

美惠子

陈天乐努力把视线从那充溢着女性绵绵深情与幽怨、祈求心绪的信笺上移开,看着贴着"米"样纸条的玻璃窗(用以防止敌机轰炸时玻璃破碎而迸飞),又觉得脸颊上的泪水仍在流淌,渗进嘴角的咸涩触动着陈天乐那颗少女多思与波动的心弦。

美惠子,这位美丽善良、热爱丈夫的体贴女人呵!此时此刻,你正在做些什么呢?

世界上女人的心是最容易沟通的!

哀伤兄逝与悲悯美惠子的心绪使她伤心难抑,若不是怕惊动了隔墙的父母,真想号啕大哭一场。

这浸透了丈夫情感与体温的信呵!

这本不该出现的异国的读信少女呵!

这位在日本黑泽尻家中倚窗望眼欲穿的少妇呵!

这都是为什么呀?!

陈天乐心海间潮起潮落,不能自已!那陡然形成的欲望使她转身扑回那张书桌,澎湃的思绪与急欲表述的心情于瞬间化为驶出心港的帆船:陈天乐一字一泪,写下一封感动、震撼人心的书信。

高桥夫人美惠子女士:

当你接到这突如其来的信,看到陌生异国人的名字时,你将感到不安与惊异吧?愿你平静一下激动的心,这儿我将带给你一些你时刻总是挂念着的消息:高桥君的遭遇和下落,和我们从这些惨痛的经历中所获得的宝贵教训。

4月29日,贵国的天长节,中日两国在武汉的空战是多么惊心动魄的一幕啊!在武汉下游十余公里江面青山峡,二万尺的上空,一架国机在五六架银色敌机围困中,以最生动敏捷的姿态，将一架银色机击落了。可是这国机，转眼被围击而中伤，吐出缕缕白烟，摇摇欲坠，在危急的关头，那国机迅速的掉转机头，向着一架最精悍的银色机冲撞，一缕耀眼的光芒，天地顿然为之沉寂。武汉几十万同胞，被这卫国的空军勇士感激而洒泪了！

在以往许多次英勇的中国空军为保卫领空抵抗侵略的战役中，很荣幸我们家族里的一个成员——我们的二哥，是当中骁勇善战的一个成员，四二九之夕，全家正是如往常一样的，期待着二哥天民（陈怀民原名为天民——作者注）带着空前胜利的微笑归来。年老慈爱的母亲，倚门凝望着街头行人。夕阳西下，将近黄昏了，天边返映着紫红色的云霞，渐渐地夜深了，街头静寂冷清了。可是二哥的影子，好似一阵吹过去的风，好似滑面掠过去的燕子，使我们望穿了秋水，再也不降临到我们的跟前来。直到次日清晨，二哥还是杳无消息。接着赞美空军烈士陈怀民肉弹击敌壮烈牺牲的消息，从报纸杂志上出现。全中国人民，都对他昂首致敬，讴歌他的杀身成仁。我的爸妈因为爱子心切，不免悲伤，而他们是更满意他们儿子的为国牺牲。现在他们所希求的就是获得儿子的尸体。老人们寻遍了青山一带的田野，再在附近的长江里打捞，即或是尸体的片断吧？一块肉，一块骨头，他们都会认识，都希望有，可是除了我国飞机的碎片，和贵国的一架飞机翅膀外，什么也找不到。而那个贵国飞机的翅膀，却无疑代表着你所关心的高桥的遭遇。你知道我前面告诉你的那空战最精彩的一节，相撞的男士们究竟是谁？就是他们两个！在高桥一件血衣口袋里，有完整的一封缠绵悱恻的信，和一张端美的你的照片。你如果单凭听到贵国的消息，还感不够详尽，而以为还有些微的希望时，那我给你的报告是不是因为太翔实，反而觉得我的好意是冷酷的呢？请你不要误解我失掉了胞兄的心境！使我设身处地的想到你失去高桥先生的心境，想到中日人民竟如此凄惨的牺牲于贵国军阀的错误政策之下，我不能不告诉你这个真实！我们的母亲，她只有感伤地仰望着漫不经心的江水和惨淡的月色，让惨痛的回忆敲打着她年老将断的心弦。然而青春多情的你，片片的樱花，也会引动相思，你也许能够从悲惨的遭遇中，想想人类的命运吧？

天民哥坚决地猛撞高桥君的飞机，和高桥君同归于尽，这不是发泄他对高桥君的私仇。他和高桥君并没有私人的仇恨，他们只是代表着两种不同的力量粉碎他们自己。他虽久已抱了为国牺牲、为正义奋斗的决心，而这事变的迅速到临，却给予我的刺激太大了。

由于我自己强烈的哀伤，我就常常思念到你，关怀到你的一切，比关怀任何人更厉害。只要你相信我说的每一句话都是从心坎深处发出的自然之声，我就感到满意了。

我想到你的孤苦，想到你整天在笑中生活着的两个孩子和你以后残缺凄苦的生涯，我恨不能立刻到贵国去亲自见到你，和你共度友爱的生活。我绝不因为你们国内军阀对我们的侵略而仇视你，我深深地了解到你们被那般疯狂的军阀们压迫的痛苦。这不但我是这么想，我们全中国人都是这么想。

美惠子女士：当我一贯地想到你的遭遇时，我会忘记了我自己的悲哀。假如我不忘记自己，我还会写得出一个字来吗？但假如我不身处其境，我也不会了解你的痛苦。那么我现在应该以什么来安慰你呢？最好是在事前，我能给二哥一个暗示，即是"撞不得"。但为了国家，我从来没有那样想过，而且现在已经来不及了。目前我能向你说的，即是任何国家，若不能控制她的疯狂的侵略野心，这些悲剧是永不能休止的。贵国如秉一贯向中国不断地侵略，我和你也许都会有面向沙场，互为肉弹的一天。如果这恐怖的世界、残暴的烧杀，烽火延绵到世界上每个角落，不消说我们再会演出"同归于尽"的悲剧，即地球都有毁灭的一天。

既然这样，你应该以爱护全人类，救自己救人类的热忱，来防止自己国内军阀的跋扈。我们要使这两个国家以及全世界所有的国家，从侵略战争的悲惨命运里解放出来。

在这里我还得告诉你：我是厌恶战争的。但我们中国为抵抗暴力而战，这种战争是维护正义和人道的战争，是值得歌颂的战争。这意义和贵国不同。如果贵国军阀对于中国的残暴行为和强占中国领土的野心一天不停止，我们每一个中国人，不分男女老少，都将参加到更猛烈、更强化的斗争中去。即使粉身碎骨，也绝不至于有一丝一毫的抱怨！也决没有一个人会屈服！

末了，我告诉你：我家里的父母和大哥，都非常深切地关怀你，像关怀他们自己的儿女兄妹一般，不带一点怨恨。我盼望有一天让我们的双手互相友爱的握着，心和心相印着，沉浸在新鲜的年轻人的热情里。我们有理由可以为着这个信念而努力，我们可以领悟到：我们心灵造成一种美境，愿你能将你的意念尽情地活跃在纸上告诉我，使我们的心灵永远地会合在一起！

祝你为全世界的和平而奋斗！

陈天乐在这封一气写成的长信结尾，郑重地落下她为自己、为全中国全世界饱受战争创伤的女性更改的新名：陈难。

这一天为 1938 年 5 月 31 日。

第二天，陈难把这封信交给她的老师程远。

程远含着热泪读着烈士妹妹的信，觉得这个活泼天真、爱在课间和放学路上哼着歌儿的女中学生仿佛一夜之间长大了、成熟了！掩信沉思，渐渐有股难以抑制的冲动撞击着胸臆。

作为语文教师，他十分清楚这信笺上文字的分量，以及它一旦走向社会将会产生的作用……

他，想到了郁达夫。

程远在灯下读过郁达夫的《沉沦》。书中以滚烫、深情的文字写道："中国呀中国，你怎么不强大起来！"以及 "我就爱我的祖国，我就把我的祖国当作了情人罢"，他曾在上语文课时为同学们朗诵过。郭沫若在评论郁达夫时说："他的清新的笔调，在中国枯槁的社会里面好像吹来了一股春风，立刻吹醒了当时的无数青年的心。"（郭沫若：《论郁达夫》，《沫若文集》第 12 卷第 547 页。郁达夫 1945 年 9 月在苏门答腊的武吉宜丁被日本特务机关秘密杀害。）

程远非常渴望郁达夫能把他心爱的学生这封不寻常的信加工润色一番。

郁达夫是应郭沫若盛情邀请赴武汉参加抗日工作的。

这位在中国现代文学史上闪耀着奇丽光华的爱国作家，读罢陈难的信，也被那血泪情恨与博大胸怀感染得泪水泉涌。

他只随手改正了几个错别字，双手交给程远，感慨地叹道："心灵之作，不必修改，还是保持少女的纯真吧……"

《一封致美惠子女士的信》，首先由《武汉日报》刊载。

随后，武汉以及全国报刊纷纷转载。

陈难的信很快被译成多种语言，由电台向世界广播。

香港《读者文摘》把陈难的信和美惠子的信同时发表，并热心介绍两人通信，建立联系。但由于日本军方的惊恐与政府的新闻封锁，加之当时处于水深火热内外交困的日本国情，两位同一瞬间失去亲人的女人在度过了几乎半个世纪、都已逾古稀之岁时，才得以联系上！

据了解，直至 1990 年金秋，早已改嫁并丧偶的美惠子才得以知道 52 年前那两封轰动世界的信件。白发如雪的美惠子激情难抑，老泪滂沱，却再无心力寄出片纸只字：她恳求有关人士转达对陈难的敬佩与感激！

1939 年春，周恩来在重庆会见了从军的陈难。他握着这位年轻女军人的手说："你哥哥陈怀民烈士为国捐躯，是一位了不起的民族英雄。你写给日本美惠子的信，我看了，写得好呵，它不只是写给美惠子的，也是写给日本人民的。"

航空委员会秘书长宋美龄，对于空军的事情格外热心。每次空战罢，她总是亲临机场、医院……

1937 年九一九南京空战后，她特地驱车赶到江浦县县立医院，看望过负伤的陈怀民，这位英俊的青年飞行员给第一夫人留下了深刻的印象。当她后来见到陈难时，激动地紧紧拥抱住烈士的妹妹，热泪滚滚，她勉励陈难好好学习，并邀请陈难到她家里作客。

19. 恨海情天

据《国民党空军抗战实录》披露：目前陈难生活在湖南长沙。她曾于 1987 年 4 月 29 日二哥怀民牺牲 49 周年之际再次致信美惠子。陈难前辈呵，您为了中日两国人民世世代代和平友好呕心沥血，功德无量！当作者读到您那邀美惠子"和我携手漫步于当年空战后的武汉青山脚下、天星洲边，以此安慰昔日两机相撞而同归于尽的灵魂，好让他们永远安息"之时，泪水夺眶而出，滴湿了台灯下那雪白的稿纸和刊载书信的报刊！

1937 年 10 月 25 日，刘粹刚率领由三架战斗机组成的分队，奉命北上，支援陆军反攻娘子关。尽管连日苦战，他已十分疲惫，但他还是出发了。在风雨夜，刘粹刚的战机不幸撞上了山西高平县的魁星楼，机毁人亡。"红武士"匆匆地走了。

刘粹刚的妻子许希麟是一位才女，18 岁就担任小学校长。她擦干了泪水，写下了催人泪下的《念粹刚》。各报争相刊登，国民政府教育部还将之收入中学的国文教材。许希麟在文中写道：

粹刚：

为了御侮，为了保卫祖国，你竟壮烈地牺牲了。你离开了我，我虽然不能和你相处一起，我相信，你的魂灵仍和我相亲相近，粹刚！当此国难正殷，国家需要人之际，你竟撒手长逝，这，不仅是我个人之不幸，亦是国家之大不幸、大损失。在我丧失了挚爱的丈夫，在国家损失了一个前线的战士、一个英杰。粹刚，你的光荣，也正是我的哀荣！

回忆九一八前夜，你抱着满腔热忱，决心南下，投入军校，后毅然投入航校……你常说"国家兴亡，匹夫有责"。七七卢沟桥事变，你深透一切，说："我非为祖国争口气不可。"粹刚啊！你屡次对我说："假设他日战争爆发，希麟，我残废了的话，一定自杀，自杀实比不死不活干脆得多了，希麟，尤其不能够拖累你，两个人均觉痛苦，还不如一枪死了，倒痛快得多。"粹刚，你果是爱我的，替我着想，可你沉痛的声调，深入地刺伤着我。我曾讲过："这成什么话啊，假使你受伤残废了，我可以好好地顾护你，还可以回到教育界去服务，虽说几十元一月，两人刻苦点也够维持正常生活了，物质上不能享乐，精神上不是很愉快的吗？"

咳，粹刚！命运是注定的，我最低之希望都不容达到，我们的期望，旧日的兴奋，都变成今后悲壮的回忆！我的——刚！在你果是求仁得仁，尽了军人的天职，我是——我，正日月茫茫，又不知若何度此年华！

粹刚，你平日常说："将来年老退休后，决心余力办学。"如今你已尽了最后心力，远大志愿虽未实现，但未竟之志可以由我完成。粹刚，我自此不苟且偷生，也不再轻生，我虽无学识能力，我可以我之坚心努力，克服一切，我定为你做一番事业。每个人的心上永恒有了你，则我也与有荣矣……至于你堂上严父，你虽不能承欢膝下，以尽人子之道，粹刚，我定可替你晨昏侍奉，恪守子妇之责，你慈善故母前，我亦会四时祭扫。粹刚，你泉下有知稍可自安。粹刚，所谓有重于泰山，轻于鸿毛，而牺牲，你已得其所了，我应当为你欢欣。可是，每当见着你的朋友同事们，他们的鹣鹣鲽鲽，融融乐乐，战罢归来的生活，往往唤起了我的回忆：过去的依恋，如今的茕独，海角天涯，再从何处见到你？！

感今怀旧，能不涕泪滂沱，呜咽伤泣！然而一想到消灭在人世间的不过是一个躯壳，而整个宇宙充满了你的灵感，你的精神已卓然不朽，我们形迹虽远，而我们的精神已永结不解，想到这些，我应当解颜，并堪自自慰。粹刚，理智是胜于一切的，我今后一定用理智来支配精神。让我们的感情深深地埋了吧！粹刚，话有说完的时候，而我们的情感永远是无穷无尽的。

我的刚！祝愿：安息！

希麟草于灯下

后来，许希麟在刘粹刚的战友们鼓励下，重新执教，创办了粹刚小学，专门培养空军将士的子女或遗孤，传为佳话。

1938 年 2 月 16 日，空军第 4 大队飞行员巴正清写给友人的信中将高堂双亲郑重托付，已抱定战死的决心。他写道：

……每当黄昏薄暮的时候，使我旧念丛生，复兴民族，收复故土以及我等盟誓之灼历历在目。时至今日，国难日深，你我又因职守，别之天涯地角。今昔之比，使我又是悲伤，又是壮烈。

弟自离京后，曾四次赴西北取新机，现已完全运到目的地，刻下已训练完毕，定明日（17）由此地去汉口。俟来日汉口有好的空战新闻发生，即余等新机性能之发挥也！

人生不免一死，亦关时间长短耳；战争不免牺牲，弟生来不甘落后，自勉之新有超于人，又何况我等仇耻，累累皆是！弟自16岁入军校，至今时将六载，朝朝暮暮，练习战斗，为的是杀敌；这是一切的好机会，如时间错过，徒英勇又如之奈何？

弟虽死无憾。只恨我兄弟一人，所留念者堂上双亲，无人照料。然兄弟并非皆须亲生，我视兄即手足，未当外人也。倘异日不幸，请兄关怀旧情代弟照料一切……

信函发出的两天后，敌机大规模来袭武汉，第4大队大队长李桂丹率E-15及E-16机29架升空迎击，队员们都怀着必死之心，皆奋不顾身，巴正清不甘落后，率先冲入敌机阵内。激战中，巴正清的飞机被敌击中，壮烈牺牲。生前因功奉颁一星星序奖章，追赠为中尉，遗有父母。

这些发自肺腑、感人至深的家书，至今读来依然与时代的脉搏共同跳动，犹是一篇篇生动的爱国主义好教材。

◎ 20. 义薄云天

四二九武汉空战给日本空中力量以沉重的打击，此后一个多月，日军飞机不敢再来进犯武汉。军事委员会副委员长冯玉祥将军曾赋诗歌颂："舍身成仁同归尽，壮烈牺牲鬼神泣。"

5月31日，日机又大举空袭武汉。由于情报部门破译了日军的密电，空军司令部事先已获得了准确的情报，驻南昌的苏联志愿航空队在5月31日凌晨以超低空飞行转移至武汉。

上午11时45分，日本海军航空队18架轰炸机在36架战斗机的掩护下向武汉扑来。号称"正义之剑"的苏联志愿航空队中的E-15、E-16型战斗机共31架升空，上升到1500米高度待战。与此同时，中国空军第3大队和第4大队的2架E-15和6架E-16型战斗机也上升到2400米的空中，构成立体纵深的空战阵势。

12时许，敌机窜入武汉上空，共有九六式驱逐机39架，分三层配备，上层9架，中层12架，下层18架。我空军第3大队E-15机4架，第4大队E-15机8架，E-16机6架，苏联空军志愿队E-15机21架，E-16机10架，巡逻于汉口青山一带，分途拦截。

敌机见我方防备严整，知道又中圈套，于是掉头东逃。中、苏飞行员绝不放过这一歼敌良机，近50架战斗机勇猛地扑向日军机群。日机且战且退，有数架飞机中弹分别坠落于滠口、横店、董家湖一带。战斗至为激烈，中苏两国空军共击落敌驱逐机9架。

苏联飞行员古班柯在击落1架日机后，机枪子弹打光，依然不撤离战场，而是加足马力，猛向敌机撞去，将1架敌机的机翼撞断坠毁，而古班柯却以高超的技术操纵负伤的飞机安然返回。这场空战是中方获胜的第三次武汉大空战，共击落敌机14架。

敌轰炸机因失却掩护，盘旋于长岭岗及团风上空，未敢进袭，即随败回之敌驱逐机逃去。敌机阵被我主力击溃狼狈分散后，张效贤驾 E-16 机 2107 号紧紧追击一架敌机，在 6000 英尺高空中，突然飞机失速，无法操纵，但张效贤还是不肯跳伞，竭力改正，终于在无可挽救中坠戴家山殉国。据中央社报道："当空战激烈时，张分队长追逐敌机，予以痛击。忽机身发生障碍，张以爱惜飞机不愿跳伞。努力改正，操纵无效，而机身尾旋，直降落于丰河山，人机俱毁，悲壮惨烈。"

张效贤小传（摘自台湾空军司令部保存的《忠烈录》）：

张烈士效贤，原名效良，安徽省合肥县人，生于中华民国二年（1913 年）一月十日。在中央航空学校第 5 期毕业。历任中央航校洛阳分校飞行教官、空军第 4 大队第 21 队少尉本级队员及分队长。

1937 年抗战军兴，烈士随队转战东线各地上空，勋绩卓著。

1938 年 2 月 18 日，敌驱逐舰机 26 架，轰炸机 12 架袭武汉，我空军第 4 大队大队长李桂丹率 E-15、E-16 机 29 架迎战，共击落敌机 14 架。烈士时随第 21 队队长董明德之机 10 架与敌驱逐机 10 余架遭遇，合力击落敌机 4 架。4 月 7 日，随队在武胜关上空截击敌机，重伤其两架。

杨慎贤烈士小传：

杨烈士慎贤，原籍广东省梅县，侨居美国檀香山，生于中华民国元年（1912 年）三月二十四日。在美国先学机械，继学飞行，回国又入中央航空学校第 4 期学习驱逐，所以他的飞行技术特别优越。历任空军第 7 队队员、中央航校飞行教官、空军第 4 大队第 22 中队飞行员、分队长，升至中尉本级。烈士性情沉着、身体瘦劲、精神饱满，每日工作十余小时，从无倦容。

1937 年 8 月 19 日，日机九架轰炸安徽广德，途经浙江嘉兴上空；时烈士正在警戒，很英勇地以一对九，击落敌机一架，这是他的锋芒初试。不久，又在南京上空击落敌机一架。

1938 年 4 月 29 日，敌大批九六式驱逐机掩护轰炸机入侵武汉；我第 3、第 4 大队及俄志愿队分别向指定空域迎战。时敌机已占了高度的便宜，一个 3 架的小队直向烈士之机俯冲攻击。烈士乃开足马力向前直飞，待敌机快接近时，做一个特技，让敌机 3 架冲向前面，而又很快追上第 3 架敌机，把它击落了。以后台儿庄等役，他总是投完了炸弹，低空扫射敌人车马，有时一面翻筋斗一面射击。5 月间，敌企图由河南孟津等地渡河南犯，我军扼河固守，势甚危殆。13 日，第 4 大队奉命扫射由山东濮县渡黄河在董口集登岸之敌；当派第 21 队分队长李文祥率 E-16 机 3 架，烈士率 E-16 机 4 架自郑州出发。至目标上空，见敌兵三四百名盘踞村落，两岸停泊帆船二十余艘，并有一艘正满载敌兵向南岸输送，我各机往返扫射多次。迫任务完毕，返驻马店加油，烈士在低飞时做一个特技，致撞及机场地上，重伤不治，殉职。生前因功奉颁三星星序奖章。遗妻张氏及子女各一。

1938 年 6 月 3 日下午，一个意想不到的事情发生了，四二九烈士陈怀民的遗骸终于找到了。

据现场人员报告，陈怀民的降落伞也被炮火烧坏，人亦于空中受伤昏厥，以致跌入长江泥沙之中。若当即发现，陈怀民很可能会因及时得到抢救而活下来。现在虽经 34 个日夜，烈士的身体并无腐烂，只是头部有些浮肿。飞将军死不瞑目，"两眼还炯炯发着光"！

陈怀民小传：

陈烈士怀民，又名天民，原籍山东，寄居江苏镇江，生于中华民国五年（1916 年）二月二十五日。父子祥，日本士官学校毕业，奔走革命青年。烈士在安庆进小学，因自幼习国术，所以安庆学校游艺会，每次都有他的国术表演。九岁，随父到镇江居住，在扬州中学肄业，无锡成美高中毕业，常州中国工艺专门学校及商船学校肄业。

1932 年 1 月 28 日，中日沪战发生，随兄天和参加第 19 路军所编组之大学义勇军。迫战事停止，赴无锡惠泉山军官班受军事训练六个月，随军入闽。后日军在华蠢动，烈士曾只身北上，志屈未伸。

其母衷诚爱国，且有远见，勉励烈士投考航校。烈士亦因一·二八之役，亲见敌机轰炸之惨状，乃决心以航空为报国之途，考入中央航空学校第五期毕业，任空军第4大队第23队少尉本级队员。

1937年8月13日，沪战发生，烈士随队驻防首都，屡飞淞沪袭敌，迭著战功，有空军勇士之称。9月19日8时许，敌机30架空袭南京，我驻南京、句容各队起飞21机迎击。烈士驾2405号机，与队员杨梦青协力重伤敌水上机一架。烈士机虽为敌机四机包围，仍奋勇冲击，不肯后退。继以油箱起火，迫降浦江，负伤，鼻骨折断。伤愈，母谓烈士曰："汝既以身许国，自当以杀敌为先；惟空中作战易致不测，为宗祀计宜先觅一女友订婚。"

烈士婉辞曰："我正在作战，如有爱人，定要减少勇气，此事仍需暂缓。"12月，南京失陷，第4大队调驻武汉，烈士随队赴西北接收新机，集中训练。

1938年2月返汉，18日，敌驱逐机26架、轰炸机12架袭击武汉，我第4大队大队长李桂丹率E-15、E-16机29架迎击。烈士随队长吕基淳由孝感飞汉应战，是役，我机合力击落敌机十余架。

烈士嗣又随队在平汉路上空遇敌机激战，烈士座机中弹，跳伞，腿部亦中数枪。4月4日，随大队长毛瀛初飞台儿庄低空侦察，对敌交通线及营房投下大量炸弹，杀伤人畜甚多。后连日在平汉、津浦两路截击敌机及炸毁敌军阵地。10日，第3大队会同第4大队之第21、23队飞机共18架，往炸山东枣庄中学内之敌，完成任务返航，至河南虞城之南马牧集附近遭遇敌机17架，激战，烈士之机撞毁敌机一架，烈士座机尾部亦震毁坠地，人跳伞无恙。29日，是

四二九武汉中日空战（油画）

日本天长节，敌战斗及重轰炸联合机队 39 架侵袭武汉，我第 4 大队大队长毛瀛初率 E-15 机 9 架及第 3 大队 E-15 机 4 架，第 5 大队第 17 队 E-15 机 6 架，与俄志愿队升空迎击时，烈士腿伤未痊愈，还带着病容，但也欣然的凌杀空敌。第 4 大队以少数飞机与敌人多数驱逐机遭遇，约为一对四之比，而制之于一隅，让友机集合主力对付窜入市空之敌轰炸机。烈士与同队九机奋勇突入敌机体立纵深的空中阵地，纵横扫荡；不到五分钟，击落敌机一架。烈士在激战中，突为敌五机所包围，机身中弹，操纵不灵，乃开足马力向一架敌机冲去，两机在空中互撞，同归于尽，该敌机坠于武昌天星滩附近。是役，我共击落敌驱逐机 11 架、轰炸机 10 架，我机亦损失 12 架……

故烈士亲友咸称烈士之光荣殉职，得力父母之教育为多。

烈士孙金铿是空军第 3 大队第 23 中队飞行员。1938 年 4 月 7 日，第五战区部队取得台儿庄大捷，日军向山东峄县方向溃退。我军乘胜追击。8 日，我空军飞临临沂、诸城、济南、泰安、兖州等地散发传单和通行证，敦劝日军弃战回国。从 9 日起，我空军连续轰炸了峄县一带敌炮兵阵地并用机枪扫射残敌。

4 月 10 日上午 8 时，第 3 大队 E-15 机 7 架，由河南信阳飞往归德（今商丘南）机场。第 4 大队第 22 中队霍克机 5 架，第 23 中队 6 架亦由汉口到达。10 时 45 分，三个机群共 18 架飞机，由归德飞往山东枣庄、峄县地区，向敌军阵地投下大量炸弹，完成任务后于 12 时 20 分返航。飞至虞城之南马牧集附近上空，与敌机 17 架遭遇，我空军当即分为上中下三层格斗，当将击落敌机两架，击伤两架。而我第 3 大队一架飞机全毁，两架微损。第 4 大队两架全毁，一架微伤。

在激烈的空战中，孙金铿所驾驶的飞机油箱被击穿起火，跳伞时，敌机跟踪扫射，身中 5 弹阵亡。

孙金铿小传：

孙烈士金铿，山东省夏津县人，生于中华民国四年（1915 年）十一月八日。父心甫，擅长诗文书画，教子有方。烈士自幼聪慧，因承庭训，雅好词翰。原在山东省后期师范肄业，因感于 1931 年九一八事变国难之严重，联合同学多人报考中央航空学校第六期，同时录取十人，及完成飞行训练，仅为三人。烈士毕业，名列第三。任空军第 4 大队第 23 队少尉本级队员。

1937 年抗战军兴，烈士随队转战各线上空，有甚多的光荣战绩。1938 年 2 月 18 日，有名的武汉大捷，烈士即亲与其役……

6 月 5 日，武汉军民各界举行空军四烈士追悼会。四烈士者，第 21 队分队长张效贤、第 22 队分队长杨慎修（贤）、第 23 队队员陈怀民及烈士四人，均隶属于第 4 大队。……6 月 5 日开会追悼，兼程赶到参加。追悼会是军委会委员长蒋公主祭，对遗族抚慰备至。其父虽以父子之情，悲恸几绝，而对烈士之尽忠国事，不负国家的培植，与自己的教养，亦感到莫大的光荣。烈士遗族除老父外，有妻子邢氏及子一。

6 月 5 日，武汉三镇民众隆重地为空军四烈士张效贤、杨慎贤、陈怀民、孙金铿举行了公祭。张效贤、杨慎贤、陈怀民三位烈士皆属于空军第 4 大队；孙金铿属于第 3 大队。

武汉军民痛悼陈怀民等空军四烈士

汉口总商会。

素绦牌坊，蓝布天幕下高悬湖北学联挽送的布屏"成仁取义"。底下是青年救亡协会的深蓝缎子横额，上面是男女青年连夜用锡箔精心制作

176

的飞机形"忠义凌霄"四字。

军事委员会委员长蒋介石送来的挽联布置在灵堂左右：

> 巩卫邦家　恪尽厥职；
> 春怀壮烈　无忝尔生。

灵堂内，四位烈士遗像前，依次摆放着党政军及各界要人的挽联。
蒋介石的另一幅挽联挂在会场显要位置：

> 搏斗太空非成功即成仁无负十年教训；
> 死生常事惟为国不为己永怀万古云霄。

监察院长于右任的挽联：

> 英风得天地，壮气作山河。

行政院长孔祥熙的挽联：

> 壮志挟风雷方向云霄生羽翰，
> 长空惊霹雳遽骑箕尾作光芒。

参谋总长何应钦的挽联：

> 名留豹皮魂骑箕尾，
> 凌霄毛羽贯日精神。

副参谋总长白崇禧的挽联：

> 联袂骑箕 各垂竹帛；
> 精忠贯日 气作山河。

军政部长陈诚的挽联：

> 海外播英名御气排云争显龙城飞将军；
> 天空奋神武粉身报国何须马革裹尸还。

中共代表陈绍禹、周恩来、博古的挽联：

> 捐躯报国。

周恩来代表中共中央驻汉办事处献上花圈和横幅，上为：

> 义薄云天

八路军总司令朱德、副总司令彭德怀送的挽联：

> 精忠神勇。

新华日报社送的挽联：

> 民族之光。

......

祭礼于早8时开始。

航空委员会主席钱大钧致悼词。

祭礼上，陈怀民的哥哥陈天和的发言悲壮激烈，他特意身穿青布军衣，脚踏草鞋，腰系皮带，他本身就是一名置身战场的军人。

陈天和说："记得英国的纳尔逊将军在临死之前，用他最后的一滴眼泪，掉落在地图上，给他的战友们以胜利的启示。我兄弟给全国同胞的启示是四二九那一天天空中的一团火光，这火光印在我们脑子里，将永远不会忘记。这火光照亮了我们的民族，使我们中华民族走上自由幸福的道路！"

在场的人们眼含着泪花，肃静地听着陈天和的讲话，都为烈士勇于牺牲的精神所感动。

杨慎贤、张效贤二烈士家属未赶到汉口。孙金铿烈士的老父亲在儿子未牺牲前接到一封儿子的信，信中叮嘱父亲一定要设法从山东夏津县沦陷区来汉口团圆。其老父受尽千辛万苦，辗转来到河南许昌；在路旁一家小旅店歇脚吃午饭，看见地上有张破报纸，捡起来翻开，瞥见"孙金铿"三个字，急忙阅读了全文，惊悉其子已空战殉职，顿时老泪纵横，于是昼夜兼程，于当天下午赶到汉口，正好参加了追悼会。

下午 5 时许，蒋介石亲临灵堂致祭，一一向孙金铿等烈士家属殷殷慰问，还特意对陈怀民的父母深表哀戚与敬意。

蒋介石的祭文如下：

> 维中华民国二十七年六月五日，军事委员长蒋中正谨以香花清醴之仪，致祭于空军张分队长效贤，杨分队长慎贤，陈队员怀民，孙队员金铿四烈士之灵曰，呜呼铣铣，四君青年之英，壮志鹏搏，并励忠贞，奋勇杀敌，驰骋八弦，殪彼群疬，噬兹太清，铣速奏，扬我无声，遽嗟不幸，以殒其生，争传壮烈，祖国之荣，生若泰山，百世可旌，天风琅琅，含哀殿莫，用摅寸诚，尚飨。

当时，三镇人民已十分熟悉陈怀民烈士的英勇事迹，而对杨慎贤的名字还有些陌生。

细心的读者会记得著名的四二九空捷的英雄榜上出现过杨慎贤的名字，他在鄂城西北击落敌九六式驱逐机 1 架。

《新华日报》那位十分活跃的知名记者企程，于 5 日晚骑自行车赶到大智路 15 号。这是一家设备简陋的小旅栈。企程在微弱的烛光下采访了暂住此处的杨慎贤烈士的亲属。当时，事实上的临时首都武汉，人口拥挤，三镇绝大多数旅馆都挂起"客满"的牌子。记者很为殉国烈士的家属屈居此处深感不安和抱愧。

杨慎贤（1911—1938），广东梅县玉水乡人。他 13 岁时赴檀香山，入墨金尼中学读书。杨慎贤天资聪慧，活泼刚毅，毕业后升入夏威夷大学。八一三后，杨慎贤深感亡国之危，毅然投笔从戎，考入美国伊利诺州珀士航空大学飞行修整科。归国后再入杭州笕桥航空学校深造。

　　1938 年 5 月 13 日，杨慎贤奉命飞到董口集，扫射偷渡黄河之敌。完成任务后返航，不幸因为飞行时间过久，飞机缺油下坠，杨慎贤受重伤，后虽经竭力抢救无效，当日牺牲，年仅 27 岁。

　　问到烈士的遗愿，杨慎贤的亲属说，他在遗嘱上指定了抚恤金的用途。除了给家属留一部分外，还特别指定提出用 5% 购买国防公债。

　　这些烈士为国捐躯了，而其家属无不深明大意，为继承烈士遗志，纷纷表达了为国作贡献的抗日之情，感人至深。

◎ 21. 袭击台湾

1938 年 2 月 24 日晚，宋美龄以航空委员会秘书长的名义，在汉口设宴为苏联飞行员们庆功。她为什么设宴？又庆什么功呢？

就在当天的一清早，城市还没有醒来之际，武汉大街小巷的报童们手里挥舞着《中央日报》《新华日报》等报纸，一边跑一边吆喝："看报了，看报了，重大新闻：我空军昨飞台湾，炸毁敌机 40 余架，飞将军任务完成安全返国……"

喜讯传来，人们纷纷披上衣服，去抢购报纸，争先恐后地阅读传播这一特大喜讯，城市随之沸腾了。

（中央社讯）空军消息。自八一三起，我空军即在艰难困苦抗战中，担起防空抗敌之重大责任；于过去半年血战中，我空军曾以威武英姿，前后击落巨额敌机，完成若干伟大任务。二一八之役，我空军在万民崇拜之下，一举而击落敌机 12 架，造成薄海同钦之大捷。我空军兴奋之余，更激起雪耻复仇之敌忾情绪。特于昨（23）日上午集合数队，飞往台北轰炸日方空军根据地。出发时风暖气和，晴天明朗。我各英勇空军将士在大队长督率之下，咸抱歼灭敌人空军重镇之决心，在万丈高空中，彼此翱翔云际，向目的地勇猛进发。迫至台北一带时，天气愈益晴朗，我各空军英雄热血愈益紧张，飞扬呐喊，齐耸升高万尺以上之凌霄中，飞向敌方空军根据地。及抵达机场上时，见有四十余架敌机停于机场之南北两端，更见东西两旁有数排机库油厂，纵横行列。我飞将军既侦悉各重要目的物，乃列阵高空，鱼贯低飞，在敌人毫无戒备之寂静状态下，猛烈投弹。轰炸声与爆炸声，响震云霄，驰骋纵横，猛烈轰炸。约 20 分钟后，火光连天，云烟莫辨。我空军见任务已达，继飞向市区上空环匝一周，详为侦察，始全部飞返。归途时，犹可瞭望敌机库、油厂及机场南北一带，火焰高张。下午二时许，安全飞返国境，各飞将军在精神万分振奋中，完成破天荒出国（注：台湾自1895年在《马关条约》中割给日本，成为该国殖民地）杀敌任务，咸相挥中祝庆，分道飞返防次。（防次，飞回防地途中之意。）

为什么选定奇袭台湾，并决策重创台北松山机场，是因为台湾松山机场已是日军侵华的极其重要的航空基地和后勤补给基地。从1938年1月下旬开始，日本用于华东方面补充的飞机亦大部分从这里装配而成。因此，蒋介石对台湾空军基地耿耿于怀，命令苏空军将领雷恰戈夫与顾问陈纳德等制订了作战行动方案，蒋介石要求对空袭中国台湾的行动计划和具体时间绝对保密。

台湾自光绪二十一年（1895年）被日寇武装侵占，一直是中国人心中的一个痛。抗日战争爆发之前，日本政府就着手于松山军事基地的建设。松山基地，除了针对中国大陆，也是日本帝国主义南侵东南亚的重要战略基地。八一三淞沪之战打响后，日军用来攻击我国的飞机多由松山机场起飞。

据有关资料，1937年8月13日至1938年1月3日，仅仅144天，日机对我轰炸达13000余次。单在淞沪区域就轰炸6000次，轰炸南京1200次，轰炸广州500次，轰炸粤汉、广九两路900次，轰炸津浦陇海计660次，加上在湖北、湖南、广西等处的轰炸，总计13000余次。参加轰炸的飞机有65架，多由台北松山机场升空。另外，日军从德国、意大利购置的飞机及其部件，也多是先在松山组装完成后再入侵中国。

血债累累的日本木更津航空队、鹿屋航空队，便是以松山机场作为基地，屡屡从这里出动入侵江浙一带重要城市的。

1938年2月，中国最高情报机关获悉，一批欧洲最新型飞机由轮船运抵台北。于是，一个重大的高度机密的军事行动在武汉行营策划。参与这次战事的决策者，只有中国方面的军事委员会委员长蒋介石、航空委员会秘书长宋美龄、航空委员会主任钱大钧，苏联方面有空军指挥部副部长雷恰戈夫将军和他的几位高级助手，再就是直接率队参战的波雷宁大尉等人。

苏联航空志愿队指挥官帕维尔·瓦西里耶维奇·雷恰戈夫，是一位"世界级"的空中王牌将军。他曾在西班牙内战中创下击落法西斯二十多架飞机的赫赫战果，一时间"红魔鬼"的威名响彻欧洲战场。雷恰戈夫后来成为苏联空军总司令、空军主帅。

雷恰戈夫选定两支队伍：一为驻南昌的爱司勃式轻型单翼 12 架轰炸机，由中、苏两国飞行员混合编队；二是驻汉口的 28 架爱司勃轻型单翼轰炸机组队，清一色苏联志愿航空队飞行员，由波雷宁大尉率队。有着丰富飞行与战斗经验的波雷宁在 20 世纪 50 年代末到 70 年代初，成为苏联空军后勤部长、空军上将。实际指挥者为帕维尔·瓦西里耶维奇·雷哈戈夫将军。

2 月 23 日，是苏联"红军节"20 周年纪念日。这一事前极度保密的"瞒天过海"的军事行动，便是献给这一伟大革命节日的最生动的礼物。空袭台湾的任务定于是日执行。

清晨，早春的大地尚带料峭寒意，汉口王家墩机场一片繁忙，机械士忙于在起飞前对飞机做最后一次检查，弹士们则忙于把炸弹安置在机翼下。飞行员检查行装，带好飞行图。

起飞的时间到了，一颗信号弹徐徐飞上半空。马达轰鸣，机场上排列整齐的轰炸机一架接一架腾空而起。

苏联空军波雷宁大队轰炸机 3 个 9 机编队继续爬高，上升到 5500 米高度，采取最短直线航程，径直飞往台北。飞机在过东海时，下降至 2000 米，沿海面飞行，飞越台湾海峡后，飞机继续爬高，升至 4000 米高度。整个航程中，由于中途天气恶劣，阻碍很大，一团团黑色云层，不断横亘在他们的前路，绕过去一是时间长，二是路程也远。苏联飞行员们克服严重缺氧的困难，驾着银白色战鹰钻进重重叠叠的云层，四周全是一团团黑雾，令人窒息。领航员不断报告方位，指引各机保持编队飞行。为了利用云层掩护和节约燃料，波雷宁命令机组高空飞行。据当时的飞行资料，波雷宁编队飞行高度为 5500 米。这个高度氧气已十分稀薄，而且爱司勃轰炸机没有供氧设备，飞行员们在极端艰苦的状态下，全速向台湾方向前进。当轰炸机编队临近台湾峰峦起伏的海岸线时，波雷宁大尉命令向北方飞去，用以迷惑日军。之后，再作急转弯，待机群钻出云层后，机翼下便清晰地出现了松山机场。跑道上停着两排涂有"太阳"标记的日本飞机，机库旁停放着未启封的包装箱，都是待装配的飞机和零件。白色的油罐车停在机库前，忙忙碌碌的日军丝毫未察觉到死神就在眼前。

波雷宁命各机作好战斗准备，他的长机带头向机场俯冲而下，瞄准地面目标，一按电钮，机腹下的弹仓门打开了，一排排炸弹带着尖锐的呼啸声凌空而下，准确地投向目标。

惊天动地，山呼海啸。日本飞机相继中弹爆炸，燃起滚滚黑烟，紧接着小伙子们也驾机离开等高空间，向地面俯冲而下，向机场上未爆炸的日机猛烈扫射，并投下大大小小数百吨的炸弹，如狂风暴雨一般落向地面各种目标。机场上的日军人仰马翻，豕突狼奔。

根据后来松山机场指挥塔上幸存的日军值班军官的回忆，2 月 23 日上午 10 时 30 分左右，他们发现机场北部上空的机群，并断定是从日本本土飞来进驻松山基地的飞机。通常从日本飞来的飞机也正是由北面来。可当塔台上的指挥官从容地用无线电话筒对空联络时，一串串炸弹却飞蝗般地抛下机舱……

松山机场上空浓烟滚滚，火光冲天。该机场遭到严重破坏，在一个月内无法使用。苏联空军完成任务后，全部安全返回武汉。

是日，从南昌奉命起飞的 12 架中苏混合编队的轰炸机组，由于领航计算失误，迷失了航向，降落在福州机场，后返回南昌。

这场"飞来横祸"顷刻之间使日军重要的航空基地千疮百孔陷于瘫痪。据统计此次奇袭共炸毁敌机 12 架，刚刚从德国运到尚未启封的容克-52 轰炸机部件于瞬间化为废铁碎片，10 栋营房、3 座机库也荡然无存，足以使用 3 年的航空油料及其他装备亦被 800 多颗炸弹炸得精光。松山基地至少一月之内无法使用。

日本政府大为震怒，下令罢免台湾省省长的职务，松山基地主任也被撤职，交军事法庭审判。

宴会在欢快的气氛中开始。这时，身穿淡花无袖旗袍、容光照人的宋美龄，一手挽着身着戎装的蒋介石，一手挽着苏联志愿航空队指挥官帕维尔·瓦西里耶维奇·雷恰戈夫将军，出现在宴会大厅入口。

大厅里立刻响起经久不息的掌声。

宋美龄款款走到麦克风前，以航空委员会秘书长的身份，笑逐颜开地宣布了白天已传遍武汉三镇并震动世界的消息。她在致辞中说："出击台湾在国际上引起巨大反响，日本已宣布将台湾行政长官罢免，并将松山基地指挥官撤职，交法庭判刑……"

盛大的庆功舞会开始，大家举杯欢庆胜利。

乐池内，奏响了欢快的俄罗斯舞曲，飞行员和姑娘们翩翩起舞。

宋美龄放下高脚杯，热情洋溢地走到满面红光的波雷宁大尉座前。波雷宁迅速起立，一手接过蒋夫人戴着雪白细纱手套的纤手，一手灵巧地贴在她的背间，一副绅士风度。

他们优雅而娴熟的舞姿立刻博得一阵欢呼和掌声。

蒋委员长和雷恰戈夫将军兴致勃勃地交谈着……

奇袭松山机场成功的消息，一时成为各国报纸的抢手新闻，苏联志愿航空队为支援中国人民的抗日救国事业立下不朽战功。

优雅而好客的第一夫人宋美龄的私人电话号码簿上，宋美龄用那只精巧的派克金笔添上了雷恰戈夫、波雷宁、日加列夫、阿尼西莫夫、特霍夫、赫留金、布拉戈维申斯基等人的名字。这些年轻的指挥员有些后来成为苏联空军的主帅和著名将领。

1938 年的春夏，武汉沿江大道山海关路的那座青砖楼房，一时成为三镇青少年学生、妇女儿童甚至政府工作人员流连忘返的"风景"。每当驻扎在这里的苏联航空志愿队的飞行员训练或作战归来，马路两旁的市民和行人就自动组成欢迎的队列。周末，从那灯火明亮的楼窗内会飘出手风琴和俄罗斯民歌的乐声。据统计，苏联航空志愿队有两百多名将士血洒华夏蓝天。

在武汉苏联航空志愿队烈士墓，有一段碑文，记载着那段用鲜血和友谊凝铸的历史：

> 为了中国人民的解放事业，苏联空军志愿队的烈士们的鲜血和中国人民的鲜血溶结在一起了，他们将永远活在中国人民的心里。

1941 年 12 月 7 日，日本派出六艘航空母舰和数十艘军舰偷袭珍珠港，使停泊在港内的美国太平洋舰队主力遭到重创，美舰亚利桑那号沉没，1177 名船员丧生，这就是第二次世界大战期间著名的珍珠港事件，太平洋战争就此爆发。1941 年 12 月 8 日，美国、英国、加拿大、澳大利亚、荷兰等国正式宣布对日作战，从此浴血抗战五年的中国不再孤立，中国成了全世界反法西斯战争中不可缺少的重要部分。1942 年元旦，中美英苏等 26 个国家在华盛顿发表反侵略共同宣言，蒋介石担任中国战区盟军最高统帅，统一指挥在中国、越南、泰国等地作战的盟国军队。

　　中国空军在盟国的帮助下度过了最艰难的时候，中国空军的后备力量正在紧张接受训练。根据中美双方协商，1941 年和 1942 年中国空军军官学校第 11 届、第 12 届、第 13 届毕业生均被送往美国，分别在美国的亚利桑那州雷鸟（桑德伯德）基地、门瑞那（马拉纳）基地、威廉斯（Willianis）基地接受高级战术飞行训练，学习美国空军的标准课程。

　　这些受训回国的年轻飞行员多次参战，所向披靡，成了中国重新夺回制空权的主力军。最令人难忘的是：1943 年 11 月 25 日，中美空军混合团奇袭台湾新竹机场的那次战斗。

　　新竹海航基地驻有日本陆军第九师、日本海军新竹航空队，还有燃料场等重要军事设施，是日本侵略中国大陆领空的重要军事基地。为了消除驻扎在台湾岛上的日军航空兵力对盟军的威胁，为了阻断日军从南洋经台湾与本土相连的重要通道——台湾海峡，中美双方从 1943 年夏天开始，就缜密部署轰炸台湾日军机场的计划，最后决定袭击新竹海航基地。先由第 14 航空队第 21 侦察大队预先对新竹基地进行高空拍摄，为了避开日军雷达的侦测，侦察机的航路大多由衡阳出发，经浙江丽水，再由衡州转场出海，低空飞至台湾东海外，再升高到 3000 英尺的照相高度进行拍摄，每隔一两天就侦照一次，得到了许多珍贵的资料。新竹基地呈八角形，塔台、兵舍、电机房、通信中心，以及机坪上的 88 架爱知九六式舰上爆击机（D1Y2），都在照片上清晰地显示着。掌握了第一手资料的陈纳德，为了稳操胜券，足智多谋的他还运用了孙子兵法中"声东击西"的战术。1943 年 1 月 25 日，陈纳德命令中美航空混合团第 3 大队的 P-40E 机率先向北飞行实施佯攻，在日军中计的情况下，中美航空混合团紧接着出动了第 1 大队的 6 架 B-25D，第 14 航空队 341 大队出动了 8 架 B-25D，为了确保 B-25D 轰炸机的绝对安全，第 14 航空队还派出 8 架新驻进中国战区的北美 P-51A 野马战斗机，掩护 B-25D 对新竹机场的轰炸，另外再用 8 架洛克希德的 P-38G 闪电战斗机扫射停在机场上的日机。参加轰炸的 14 架 B-25 轰炸机每架各携带 20 磅炸弹 72 枚、100 磅炸弹 7 枚与 168 枚 25 磅通用炸弹。

中美空军混合团第 1 大队出战的 6 架 B-25D 的人员如下：

270 号机：正驾驶：布兰奇（Irving L. Branch）

副驾驶：张天民

领航员：葛拉沃（F. Grover）

射击手：EC Chang（张）与 JC Sun（孙）

135 号机：正驾驶：丹尼尔（L. Daniels）

副驾驶：李衔洛

领航员：张树成

射击手：CS Chen（陈）与 CK Teng（邓）

208 号机：正驾驶：丘吉尔（S. Churehill）

副驾驶：梁寅和

领航员：周鸣鹤

射击手：HH Cheng（郑）与 PS Tu（杜）

839 号机：正驾驶：哈皮（Harpy）

副驾驶：吴超尘

领航员：谢登（Sheldon）与斑尼（Penny）

射击手：Sun（孙）

136 号机：正驾驶：波克莱斯特（Beaucrest）

副驾驶：罗绍荫

领航员：傅维善

射击手：KC Chen（陈）与 CC Yang（杨）

266 号机：正驾驶：卡尔森（WP Carlson）

副驾驶：温凯奇

领航员：李颂平

　　射击手：PL Tan（谭）与 TJ Ho（何）

　　正是中美空军的强强组合，成为我方取胜之有力保障。

　　中美空军的战机抵达台湾外海南寮时，台湾海岸线尽收眼底，中美机群立即升高，自西南方向接近新竹机场，新竹基地主跑道为南北走向，另外有往东与往西的斜角滑行道，相交于主跑道的北端。

　　按计划，由 8 架洛克希德的 P-38G 闪电担任向地面日机扫射任务，杀开一条路之后，再由 B-25D 从 300 米高空投弹，最后 P-51A 野马战斗机俯冲攻击跑道上的残余敌机。就在八架 P-38G 闪电抵达新竹上空时，恰有日军 20 余架九六式舰上爆击机（D1Y2），正在升空进行训练。我方 P-38G 闪电立即对敌开火，击落日机 12 架，并击毁地面敌机 10 架。随后从 300 米高度投弹的 B-25 轰炸机炸毁了地面 14 架敌机，P-51A 野马战斗机对敌扫射，摧毁敌机 12 架。

　　下午 14 时 45 分左右，参加新竹奇袭的中美空军全部安全返回，降落在遂川机场。这天恰是西方人的感恩节，机场上早已准备好火鸡美酒等待着凯旋归来的英雄。庆功会上，中美飞行员欢聚一堂，为彼此的战功与默契，为中美空军混合团的战斗友谊频频举杯。

　　这次新竹奇袭，共有 50~60 架日本军机被击毁，一些被击伤。新竹海军航空队从此一蹶不振，上任才五个月的高雄警备司令长官山县正乡中将遭撤职查办。

　　英勇的中美空军彻底摧毁了日本自诩的"绝对国防圈"不实之说。

◎ 22.人道"轰炸"日本

1938年5月20日清晨，日本沿海城市长崎，一家寿司店老板打开店门，发现店铺门前地上到处是传单。紧接着许多市民手中都有一份或几份彩色传单。

"是哪里来的？是支那空军光顾了吧？"

"是先礼后兵吧？说不定哪天炸弹就会落到头上，那就太危险了……"

与此同时，九州岛的福岗市、北九州岛市也有大量的中国传单被发现。

八一三淞沪战役打响后，连续几天，日本首相近卫召集内阁成员通宵达旦地举行会议。中国出乎意料的顽强抵抗，令日本政府内阁成员感到担忧，日本政府第一次害怕中国政府可能会转派飞机来轰炸日本本土，日本民众该如何应对呢？日本陆军大臣杉山元叫喊着："既然中国空军已经开始调动，你们这些地方长官就必须做好充分的准备，让当地民众防范空战轰炸。"

当时有不少内阁成员认为，这不过是危言耸听罢了，中国那点空军也能飞到日本？

然而，中国空军真的来了。

全世界人都知道，就在5个月前，在那场惨绝人寰的南京大屠杀中，有三十多万中国军民惨死在日本法西斯的屠刀下！

假如这次中国飞机从天而降的不是传单而是炸

远征日本归来的徐焕升

弹，自吹本土防卫"固若金汤"的日本将会怎样？

如临大敌的日本政府恼羞中深受震慑，被唤醒良知的日本百姓深受感动，是非自有明鉴。唯有全世界善良的人们为中国政府的伟大壮举而动容，中国不愧是古老文明的泱泱大国，面对残暴的敌人竟如此大度，对敌国的人民竟如此仁义。

中国空军抛洒的"纸炸弹"的内容是这样的：

《告日本国民书》

（一）

我们大中华民国的空军，现在飞到贵国上空了。我们的目的，不是要伤害贵国人民的生命财产。我们的使命，是向日本国民，说明贵国的军阀，在中国全领土上作着怎样的罪恶。

日本兄弟，在诸位之中，有开始反对战争，理想着正义和平的人，也有为军阀的宣传所欺骗而讴歌战争的人；但，不管是哪一种人，想来一定都因贵国的言论被统制，要了解时局的真相是困难的。所以，试作以下的说明，希望诸位详加考虑。

中华民国空军将士

中日人民亲善同盟

（二）

日本国民诸君：

老早从昭和六年，贵国军阀就这样对人民宣传："满洲是日本的生命线，只要满洲到手，就民富国强。"可是，占领满洲，而今已七年。在这七年之间，除了军部的巨头做了大官，成了暴发户以外，日本人民得到什么呢？只有沉重的捐税，昂贵的物价，贫困与饥饿、疾病和死亡罢了。

中华民国全国民众

《告日本工人书》

诸君，等着等着，解放是不会自己来的，现在正是人民争回自由的时候。你们掌握着生产，掌握着日本军阀之心脏的工人兄弟！觉醒诸君伟大的力量吧！诸君掌握着东洋的命运，打倒日本军阀，为解除两国人民的苦痛，以同盟罢工来战斗吧！

中华民国总工会

1938 年 3 月初的一天，航空委员会主任钱大钧向宋美龄提议："可否派飞机到日本领土上空进行一次政治轰炸？"钱大钧还说，他原来准备在晋见蒋委员长时面陈这次政治轰炸的建议，但又担心会被斥为"轻率之举"，所以先征询夫人意下如何。

宋美龄听了之后，即问钱大钧："你们有没有切实可行的、十分成功的计划和把握？"

钱大钧回答："有的，夫人，我已经在物色人选和制订周密的计划了。"

宋美龄高兴地说："我支持你的意见，这事就由我向委员长讲好了。"

蒋介石听取夫人的转述后，不但连声赞好，还说："空军飞倭示威宣传的行动，应该尽早实施，使日本人民知所警惕。加之，日本人夜郎自大，自以为日本三岛，断不会被人侵入，我们应该教训教训他们，让他们也知道我们中国人是不好惹的。"

早在 1938 年 3 月 3 日，国民政府最高军事委员会决定了一个特殊的、高度机密的军事行动。当时只有美国制造的马丁 B-10 轰炸机能胜任这个远征计划。

原来宋美龄想把这任务交给一位名叫李尔德的美籍飞行员来实施。马丁 B-10 轰炸机的航速每小时 340 公里，最远航程 900 公里，中国空军原来拥有向美国购买的马丁 B-10 轰炸机 9 架，但在空战中已损失了 5 架，剩下的 4 架，由于所签条约的限制，必须由美籍飞行员来操纵。因此没有马丁轰炸机，远征计划便无法实施。

但是李尔德向国民政府索要 10 万美元报酬。蒋介石不同意此方案，认为我们中国空军完全有能力完成此项行动。经过缜密的部署，最后决定由中国空军新编的"神鹰中队"中队长徐焕升上尉（当时担任蒋介石座机驾驶员）来执行这项具有伟大历史意义的东征任务。

当航委会主任钱大钧把这任务交给徐焕升时，徐焕升毫不迟疑地接下了这一"高度机密"的特殊任务，他表示："身为革命军人，任何危险都该义不容辞，把自己贡献给国家。"

曾在苏联学习飞行的徐焕升与美籍飞行员接触交往中，逐渐建立互信和友谊，在取得马丁机的相关资料后，在一次预设的空袭警报中，我方命美籍飞行员将这几架马丁轰炸机疏散到成都凤凰山机场。待美籍飞行员离开飞机后，徐焕升立刻下令禁止任何人接近飞机，并卸下飞机上的存油，把轰炸机的炸弹舱改装成大油箱。

第2天，当美籍飞行员返回机场后，徐焕升用书面形式向他们宣布，他已被任命为第14队队长，奉命接管马丁轰炸机，并阐明我方接收飞机的依据和决心。这个历史性的文件，由当时美籍飞行员林海奇宾所收藏，如今保存在美国圣地亚哥航空博物馆内。

徐焕升把自己在苏联学到的高空长途飞行的知识和经验传授给他亲自挑选的优秀飞航人员，并克服重重困难，完成了高空飞行和陆空联络等准备工作。由于当时技术条件的限制，飞行员只能目视飞行，由导航员发现地面目标。因此，必须在天气良好的情况下执行计划。而长江流域正值"五月梅始黄"的多雨季节，我方又缺乏日本本土的气象资料，只能逐日抄录东亚各地气象报告进行分析推测。由于短期内难有好天气，加之武汉战局日趋紧张，为此徐焕升他们就飞赴前进基地宁波，凭借长期在海上飞行的经验，直接观察和推测东海洋面的气候变化。最后决定：5月19日实施远征任务。

当徐焕升与战友们飞抵武汉后，时任航空委员会会长的宋美龄亲自在南湖机场点名，向队员们昭示："死有重于泰山轻如鸿毛之别，为国牺牲是光荣的，无论成功成仁，决不辜负你们。"

徐焕升与队友们抱定我死则国生的精神，各自留下遗嘱，誓以最大努力完成这史无前例的远征任务。这期间，几多气壮山河的空战，几多慷慨悲歌的英杰！然而，大任在肩，空军第14中队中队长徐焕升从未中断过全天候模拟训练。徐焕升驾长机1403号，他的1404号僚机驾驶员为佟彦博，笕桥中央航空学校第三期高才生，曾担任蒋介石委员长座机驾驶员。

参加高度紧张的保密训练的机组人员还有徐光斗、雷天春、蒋绍禹、刘荣光、吴积冲、苏光华（1938年5月21日中央社公布的队员为"蒋绍禹、苏光华、安锡九、梅元白等八氏"）。

出征的日子一天天临近！

为了确保在这次行动中与最高统帅部的随时联系，马丁 B-10 式重型轰炸机上新安装的无线电定向仪、短波发报机正在调试，徐焕升一连几个昼夜未见到新婚不久的娇妻了。他身为队长，不敢有丝毫疏忽与懈怠！

5 月 19 日下午 3 时 23 分，两架美制马丁 B-10 重型轰炸机（这种机型有两台 775 马力发动机，最大时速 343 公里，航程 900 公里，配备 3 挺重型机枪，可携带 1025 公斤炸弹）装载上百万份特殊"武器"从汉口机场秘密起飞，两小时后，抵达宁波栎社机场。

23 时 48 分，两架飞机再次起飞，横跨东海，向东北方向驶去。

5 月 20 日零时 12 分，飞机抵定海上空，突遭日舰高射炮射击。黑夜中一连串的曳光弹在空中犹如礼花，徐焕升额上沁出汗，他紧握方向盘，手掌里湿漉漉的。

出发前，他曾向最高统帅部拍发电报，向最高领袖蒋委员长发誓"以最大之努力，完成此项非常之使命"。

因夜色与云层掩护，幸未击中。不过尽管属日军盲目射击，仍使机上人员吃惊不小。

飞机在黑暗中行驶着。徐焕升计算了一下航程后，向地面电台报告飞行情况。这时，他忽然想到内衣口袋里妻子的信，是这样写的：

　　升哥：
　　自你离我去后，我的心情很是镇定，我很高兴，毫无半点哀愁。因为我自信知道你一定是得胜归来的。也因了这个缘故，我也未去想到一些令人悲哀的事。我盼你早去早归，我这里天天的为你祷求，祝你胜利，也就是我们中华民族的胜利。最后我还告诉你，请你安心和鬼子去血战，家中之事，我自会料理。我是你的妻，一切当然使你满意。信任我，我爱你终久如一的，无异一直到我死。你临别时信上叮嘱我的几句话，我都谨记着，我更给你一个安心的答复；不论生死存亡，你的妻终是遵照你的意思，你应当满意的去工作。

胜利归来，这就是我最大希望！

祝你成功，平安！

妻氏谨上五月十二日

黑云散尽，新月朗朗。

徐焕升心潮澎湃，豪情万丈。他默默地念道：妻呵，请你为我祝福，保佑我完成任务！

飞机右下方的地面上，灯火点点，目标到达。

时为5月20日2时40分，在3500米高空之下，就是日本长崎。

这座在世界战争史上有着显赫地位的日本九州西岸的港口城市，是日本全国造船业的中心。炮舰、巡洋舰、驱逐舰乃至航空母舰多出自这里。长崎也是日本的产业工人最多的集中区之一。

徐焕升下达了投"弹"命令。

两架马丁B-10重型轰炸机发出狮吼般的啸声，炸弹舱打开，炸弹架开锁——纷纷扬扬如同雪片般的"炸弹"，铺天盖地撒向正在警报嘶鸣着的长崎！

一场震撼日本的无声空袭。

一次特殊意义的纸弹轰炸。

上百万份彩色传单依次撒向长崎、福冈以及久留米、佐贺等九州城市的上空。让我们一起来回顾当年这次震撼全世界的人道远征吧。

5月19日，徐焕升亲自驾驶长机，与他同机的是航校第4期的苏光华，领航员刘荣光和通讯员吴积冲；僚机由副中队长佟彦博（航校第3期）驾驶，同机的副驾驶员是航校第4期的蒋绍禹，领航员雷天春和通讯员徐光斗。另外还有一架H3型轰炸机，由安锡九和陈衣凡担任后勤支援任务。

为了保密，勇士们起飞时，地面上没有人送行。当天下午15时23分，两架马丁B-10机自汉口王家墩机场起飞。两小时后，飞机降落在宁波机场补足燃油。5月20日，凌晨2时45分，如入无人之境的马丁，飞抵日本长崎5000公尺上空时，徐焕升还向蒋介石发了一份电报："职谨率全体出征人员，向领袖蒋委员长及诸位长官行最高敬礼，以示参与此项工作之荣幸，并誓各以牺牲决心，尽最大努力，完成此非常之使命。"（事后，这份显示各位东征勇士决心的悲壮电文，曾刊登于全国各大报纸上，全国军民抗战信心由此大振。）

随后，勇士们打开炸弹仓，"纸弹"雪片似的飞向地面，然后马丁又飞往福冈，再次将传单撒下。在撒下一百多万张传单后，日本防空部门似乎有所察觉，立即实行灯火管制，地面一片漆黑，高炮也猛烈开火，但马丁在英雄的操纵下，毫发无损地飞离了日本领空。5 时 23 分，双机编队顺利飞到公海。8 时 48 分，僚机佟彦博在江西玉山机场降落，长机徐焕升于 9 时 24 分在南昌降落。两架飞机在机场加油后再次起飞，于 11 时 13 分在武汉上空会合后，安全降落汉口王家墩机场。

当披挂着灿烂阳光的两架马丁 B-10 轰炸机降落在汉口机场时，军乐队奏响凯旋曲，数千人的欢迎队伍掌声如潮。

国民政府行政院长孔祥熙，军政部长何应钦，中共中央和八路军驻武汉办事处代表周恩来、陈绍禹、吴玉章、罗炳辉等亲自到机场迎接英雄凯旋归来，兴高采烈地同东征英雄们热烈握手、问候，少女们向徐焕升、佟彦博和他们的助手献上鲜花。

5 月 22 日，中共代表周恩来、陈绍禹，八路军代表吴玉章、罗炳辉专门前往空军司令部慰劳了远征日本的空军勇士，周恩来亲手将一面绣着"德威并用，智勇双全"的巨幅锦旗献给机长徐焕升；吴玉章代表八路军，将绣着"气吞三岛，威震九州"的锦旗献给佟彦博，并与徐焕升和佟彦博合影留念。

在献旗仪式之后，周恩来致词："我国的空军，确是个新的神鹰队伍。正因为他们历史短而没有坏的传统，所以民族意识厚，而能建树了如此多的伟大成绩，这更增加了我们的敬意。"

在我飞机投放的照明弹下，如同白昼的城市和它的居民们从梦中惊醒，承受了投向日本国民乃至其天皇心灵的炸弹——

据史料载，在那次决策派空军远征的最高军事会议上，曾有人主张"以牙还牙"，携炸弹轰炸日本本土，继而投"纸弹"之议渐占上风，并终于达成礼仪之邦有别于法西斯滥杀无辜之伟举。

"人道远征"圆满胜利。

中国飞机撒下的传单，还有《告日本各政党人士书》《告日本中小工商业人士书》等，载有如下内容：

> 贵国法西斯军阀不断榨取国民膏血，驱使劳苦民众与中国兄弟互相残杀，现在已经到了反抗暴举的时期。我们中日两国人民，紧握着手，打倒共同的敌人，暴戾的日本法西斯！

> 尔国侵略中国，罪恶深重。尔再不训，则百万传单一变为千吨炸弹，尔再戒之。

这批针对不同对象的传单，共6种，总数达120万份。对于地震频繁、内外交困的日本，无论是大本营的军政首脑，还是底层的国民，无疑造成了心理上的恐惧与巨大震撼！

5月26日，日本近卫内阁改组，主张"不以国民政府为对手"的杉山陆军大臣和广田外务大臣退出内阁。主张不扩大中日战争的板垣征四郎被任命为陆军大臣，前朝鲜总督宇垣一郎为外交大臣，完成了继续与国民政府恢复和谈的体制。

对于20日的"纸弹轰炸"，一向实行新闻封锁的日本政府不得不向国民有个交代。据东京《日日新闻》载："20日晨，有神秘之飞机一架或数架，出现于该城上空，散发反战传单及小册子。警察搜集此类传单，达五六百张，内容均极端反日，警察当局细察飞机航程后，断定此为华机。"

中国政府人道远征的胜利，震惊了世界。世界各大媒体纷纷对中国政府的壮举进行报道。英国《新闻纪事报》20日有一篇题为《胜于炸弹》的文章，文中称中国飞机飞往日本散发传单，"唤醒日本人民推翻军阀，此事意义极为重大，且也饶有趣味。凡不利于政府及其政策之新闻，一概禁止报纸揭载，此为日政府国策之一。惟如所有新闻俱能自空中掷下，则日政府伎俩也就穷了"。

英国《华盛顿邮报》评论道："中国空军报复日机之轰炸，为散布传单。这与日本之文明相较，实令日本置身无地。"

苏联《莫斯科新闻》也发表热情洋溢盛赞中国空军的文章。中国"纸弹之役"轰动世界！

这次所散发的传单内容，是由郭沫若担任厅长的国民政府军事委员会政治部第三厅撰定的。

第二次世界大战后期，徐焕升的大幅照片出现在美国发行世界的《生活》杂志上。这期杂志同时刊登了闻名世界的 12 名空军英雄的照片，在中国飞行员徐焕升照片下还有一则特别的注明：徐焕升是先于美国杜立德少将轰炸日本本土的第一人。

1942 年 4 月，美军为洗雪日军偷袭珍珠港之耻辱，派"大黄蜂"号航空母舰秘密驶往日本。28 日，美空军少将杜立德率轰炸机队突袭日本东京、横滨、名古屋和神户诸城大获成功。杜立德被视为美国的民族英雄，但早于杜立德"空袭"日本本土的人则为徐焕升。

中国空军东征日本的"人道轰炸"，令号称大帝国的日本政府在世界上丢尽了脸面，他们决定对中国进行报复。

5 月 31 日，日军 54 架飞机猖狂飞抵武汉近空，早有防范的中苏空军奋勇迎敌，将日歼击机及其掩护下的重型轰炸机拦截于城外。敌机群见势不妙，调头逃窜。中苏歼击机乘势追击，敌机方寸大乱，30 分钟追逐交火，敌机 14 架被击落，我方损失两架。

至此，日机有相当一段日子未敢进犯武汉。

"二一八"、"三二九"、"五三一"，中国空军三战三捷，令世界刮目相看。

1938 年 6 月 23 日，苏联《真理报》发表《论中国空军战斗佳绩》一文，评述华机历次与日空战之显著胜利。该报称：

> 自战争开始以来，日空军即宣扬，仅恃其飞机，即足以打击敌人。但此种夸耀，全属空谈。反之，中国机师完成之英勇事业，却为众所周知。日机师无勇气跳降落伞，日人一般的也不注意跳伞运动，显然此系因为彼等需要镇静、忍耐、自持、勇敢。但自对华作战以来，日机师在此事上所表现者，均证明不够。日空军近增加新

机师——兵士甚多，此辈皆自"靠不住分子"中找出，草草训练而成。因此日空军战斗能力无疑的比较低下。

……论及中国空军，彼等英勇胆识可谓与日俱增。华机师已引起全世界注意。其轰炸机伟绩，亦甚显著。中国空军机师与其人民保持坚决而密切关系，彼等深知为何而战，因而遂能在战斗中具有不屈不挠的志愿，以无限勇敢与胆量，为最后胜利而奋斗，日人终莫可如何。……

与此相反，日本当局却屡屡发表讲话，竭力否认其败绩。

《新华日报》针对日侵沪海军发言人发表之消息，于6月5日发表《我空军当局斥敌军造谣》之文：

记者因驻沪之敌海军发言人屡次发表消息，否认日本海军飞机历次所受之重大损失，特往访我国空军当局。

据云，自卢沟桥事变发生以来，截至5月底，日本飞机之被我在空中及地面击毁者为648架。空军人员之伤亡者1064名，俘虏27名。敌军部为欺骗其民众，并欺骗全世界起见，对于每次窜袭中遭受之惨重损失，完全将事实隐匿，另构虚伪消息向外发表。如4月29日空袭武汉之海军飞机，被我击落为21架，我方损坏者仅4架。而敌方所发表之虚伪宣传，称我机损失52架，敌机损失仅两架。5月31日武汉及湖口空战之结果，敌机被我击落者为14架，我机损失两架。而日本海军发言人则称击落我机20架，敌机仅有一架失踪。此种欺人消息，因为其一贯惯技，也为世界周知之事实。至云日本海军飞行员，从不携带保险伞出发，更与事实相反。最近两次武汉空战中，均有敌飞行员跳伞降落。如4月29日跳伞跌毙之高桥宪一(Tokahashi)兵曹，5月31日之高原野田(Takahara)兵曹，并有虏获之保险伞多具，可资证明。在坠落之飞机中，亦从未发现"切腹"(Harakiyi)所用之利刃。反之，女人之照片及情书，少妇所穿之"草履"(Sori)以及据云可以护身免死之"千女缝"、"御守护身符"、钢盔等物则时有发现。其坠地之尸体及被俘之敌飞行员，也从未发现有剖腹之形迹及意图。反之，跳伞降落之飞行员每于空中摇手乞降，或屈膝于地上以求保全其生命，日本所自夸之武士道精神，实从未见诸日本之任何"战士"。兹再述一点，更足证明敌方之虚伪。5月31日天气晴朗，为吾人共知之事实，而敌方反谓武汉天气恶劣，不能视察，此其欺人之谈，可以事实证明也。最后该发言人并称，此项足资证明日本虚伪宣传之战利品，不久即将公开展览，则事实之真相当益可明了也。

中国人自古信奉"君子于仁也柔，于义也刚"，历来讲仁义重气节，宽猛相济。八年抗战中，面对日寇的种种暴虐行为，中国人民总是以德为重，以德为厚。1945年，抗战胜利前夕，美军对日本本土即将展开最后大轰炸的时候，中国著名的建筑学家梁思成先生来到盟军指挥部，向盟军指挥官提出保护日本京都和奈良两座古城的建筑。梁思成的建议令美国朋友十分诧异，一位祖国遭到侵略、同胞受尽苦难的学者，为什么要去保护敌国古城？难道还有什么比为国雪耻、为民族报仇更重要的事情吗？

梁思成严肃地向美国友人说："要是从我个人感情出发，我恨不得炸沉日本，但建筑绝不是某一民族的，而是全人类文明的结晶。像奈良的唐召提寺，是全世界最早的木结构建筑之一，一旦炸毁，是无法补救的。"（梁思成的这个建议，比联合国教科文组织的"保护世界文化与自然遗产公约"足足早了三十多年。）梁思成宽阔的胸襟，超越国界的真知灼见感动了在场的每个人。盟军的红笔终于没有给地图上的古城画圈，在美国飞机铺天盖地的轰炸中，奈良、京都这两座古城，奇迹般地幸免于难，古城内的宫殿、古寺、古塔等古老建筑，在战火之中毫无损伤。

如今，京都樱花娇艳烂漫，奈良古钟声声洪亮，不知道日本政府是否知恩，如果没有中国人梁思成，古城能有今天吗？

1940年，八路军在华北地区的"百团大战"中，17岁的八路军战士杨仲山，从炮火中救出两个日本小姑娘。聂荣臻看到这两个孩子后，马上叫来看护人员，让她们好好照看孩子，命令部下从村里找来妇女，给襁褓里的孩子喂奶。聂荣臻给大一点的女孩吃梨，可小女孩不肯吃，他就亲自用清水洗净后给她，女孩接过来吃得津津有味。小女孩觉得这位伯伯很可亲，就用小手紧紧地拽着聂荣臻的裤子不放，走到哪里跟到哪里。聂荣臻非常想收养这两个孤女，但这是在残酷的战争年代呀！为了让两名幼女回到家乡，派人用箩筐轮流挑着她们，行程170公里，直到安全送到日军驻地。聂荣臻亲笔修书，让护送的战士带给日本官兵，信中写道，中日两国人民本无仇怨，孩子是无辜的，所以中国人民不会与日本人民为敌。

中日恢复外交关系后，1980年5月19日的《人民日报》上，刊登了"日本小姑娘，你在哪里？"这个故事，日本媒体对聂荣臻在40年后还惦记日本小姐妹十分感动，经过多方寻找，很快在日本宫崎县找到当年两个女孩中的姐姐美穗子。应中日友协的盛情邀请，1980年7月14日，年过八旬的聂荣臻元帅在北京接见了美穗子一家。聂帅与美穗子在40年后重逢，美穗子如同见到阔别多年的亲人，激动得哭着感谢聂帅当年的救命之恩。聂帅表示这不是他一个人的功劳：我们这样做，是因为中国人民解放军有讲人道主义的光荣传统，中、日两国是一衣带水的近邻，没有理由不友好。

美穗子告诉聂帅，她和妹妹后来被送到石家庄的石门医院，不满周岁的妹妹瑠美子因消化不良而夭折。1940年10月她被伯父带回日本，与外祖母相依为命。因为是战争孤儿，小时候经常受欺侮，因为贫穷，只能边上学边干活，中学毕业后想进纺织厂做工，因为没有双亲而未被录取。

1956年，20岁的美穗子与同在农业协同会打工时认识的男青年昭男结了婚，婚后两人共同经营一家小五金店。现在他们有三个女儿，七个外孙，生活很和美。

1982年聂帅生病时，美穗子特地到北京看望，发自肺腑的一声"父亲"，道出了美穗子对聂荣臻的感恩之情。

聂荣臻元帅会见当年的日本小姑娘

1931 年日本发动九一八事变后，日本法西斯侵占了富饶的东北三省，为了掠夺这里的资源、奴役这里的人民，日本侵略者无恶不作，灭绝人性的屠杀、残酷的奴役等，无所不用其极，制造了一个个骇人听闻的惨案。

美国国际新闻社记者汉特，曾化装成传教士秘密潜入平顶山屠杀现场进行采访。嗣后，在 1932 年 12 月 23 日的《申报》上，揭露了日军制造平顶山惨案的真相，文中写道："3000 村民无一幸免，遭难村落悉成灰烬，第三者之忠实报告，日军系取报复手段。"

真相是这样的：一支民众抗日队伍在一天夜里途经抚顺城南的平顶山村，第二天日本军队就对无辜的村民实施报复。

侵略者以"训话"、"拍照"为名，把 3000 多村民集中到平顶山下的旷地上，在放火焚烧村里八百多间房屋的同时，突然用机枪、步枪、手枪向村民扫射，对奄奄一息者加以刀劈枪刺，汽油焚尸，持续屠杀两个多小时，继放炮崩山，将尸体掩埋于平顶山下。这就是"平顶山万人坑"的由来。

日本战败以后，饱受日本侵略者奴役杀戮之苦的东北老百姓，收养了许多日本遗留下来的战争孤儿。中日合拍的电视连续剧《大地之子》中的主人公原型刘奔，就是 5000 多名日本遗留在中国的战争孤儿中的一个。1945 年年初，日本长野县的一个贫穷的小山村里，许多村民作为"开拓团"的成员来到中国黑龙江省宝清县，但几个月后，战败的日本宣告无条件投降。"开拓团"的成员纷纷开始逃亡，有一家七口的"开拓团"人员在途中失散，带着三岁孙儿的奶奶在途中病死，娃娃成了孤儿。一对姓刘的中年夫妇收养了这个可怜的孩子，他们给孩子起名刘奔。为了让刘奔能和中国孩子一样快乐地长大，为了不让别人知道刘奔是日本孩子，他们离开黑龙江，回到辽宁老家西丰县。战后的中国，物资匮乏，刘奔的养父母和许多中国老百姓一样，过着缺衣少食温饱无着的生活，但他们宁肯自己挨饿受冻，也要想方设法让刘奔吃饱穿暖。刘奔和村里的孩子们一道唱着"二小放牛"的抗日歌曲长大，善良的刘家夫妇还省吃俭用把他送到县城去读书。1966 年，品学兼优的刘奔在大学毕业前，写了要求参加共产党的入党报告，经过党支部的调查，知道了他的真实身世。刘奔却无论如何也不相信自己是日本人，他从小就痛恨日本鬼子，更不能接受父母不是亲生的事实。陷入痛苦之中的刘奔，他不想因此而伤害养父母，他真诚地对老人说："以前我不知道我不是你们的亲生儿子，现在我知道了，但我会对你们比以前更好。"为了照顾养父母，大学毕业的刘奔放弃了去北京工作的机会，留在辽宁当了一名中学老师。第一次领了工资，他全部交给养父，他高兴地想，终于可以回报两位老人了，可是养父马上到县城给他买了一床新棉被。盖着又轻又暖和的新被子，刘奔蒙着头哭了。1978 年，已经工作十年的刘奔，在养父鼓励下，通过考试成为改革开放后中国社会科学院的第一批硕士研究生。35 岁的刘奔，从心底里感激给了他第二次生命的中国父母。

中日两国邦交正常化以后，养父再三催促刘奔回日本寻亲。1985 年，刘奔随第 7 批遗孤寻亲团返日本寻亲，很快就找到了亲生父亲。生父告诉他，当年为了找到他和奶奶，曾冒着生命危险从部队偷跑出来，隐姓埋名，一边以做豆腐为生，一边寻找失散的亲人。找遍了长春的大街小巷，终无所获。一个遗留在中国的日本孤儿，不仅没有死掉，还被中国人培养成有学问的先生（在日本，只有做老师和医生的人，才能被尊称为先生）。许多日本学术界的同行前来看望他，作一些学术界的交流。刘奔的生父为有着学者儿子衣锦还乡而自豪，希望刘奔回日本定居。已为人父的刘奔当然理解生父的心情，但是他更理解视他为亲生儿子的中国双亲。回到中国的刘奔，现在已是中国社科院博士生导师。他说自己寻亲的目的，是想让日本人民了解中国的养父母是怎样对待他的，这样有助于中、日两国人民之间的了解。

所有和刘奔一样被残酷的战争所抛弃的日本弃儿，是伟大的中国养父母给了他们第二次生命，这些幸运活下来的人能忘恩负义吗？

人道远征、以德报怨，只有伟大的民族才能做出如此举动。

附：远征日本的英雄佟彦博于 1943 年在一次飞行训练中不幸以身殉职。佟彦博烈士小传（台湾空军司令部档案）：

佟烈士彦博，辽宁省义兴县人，生于中华民国纪元前一年（1911 年）十二月二十三日。在中央航空学校第三期毕业。历任中央航校教官、空军第 30 队队员、空军第 1 大队第 2 队副队长、空军轰炸总队教官、空军第 14 队副队长、队长、第 14 中队中队长、轰炸总队航行训练班教官、空军军士学校教授科科长、空军第 5 路司令部第 1 科科长、轰炸总队电训班教官、空军第 2 大队大队长，升至少校二级。曾参加抗战各役，勋绩卓著。

1938 年 5 月 19 日夜间，随第 14 队队长徐焕升，分驾马丁机各一架，飞至日本长崎、佐贺等处，散发告日本民众传单，以唤起日本民众自觉，及侦察日本本土军情。20 日上午，安全返防。

1943 年 1 月 4 日，烈士自四川温江驾机练习盲目飞行，失事，机坠新繁县境青白乡，殉职。生前有战绩 9 次。遗有父母及妻宋氏与子一女二。

吴乃安烈士小传：

吴烈士乃安，浙江省杭县人，生于中华民国五年（1916 年）八月十八日。在空军军官学校第 7 期轰炸组毕业。历任空军第 8 大队第 14 队队员、第 14 中队飞行员、空军第 2 大队第 30 中队飞行员、分队长等职，升至上尉三级。

1943 年 1 月 4 日，烈士随大队长佟彦博自四川温江驾机练习盲目飞行，失事，机坠新繁县境青白乡，殉职。生前有抗日战绩 5 次。遗有父母。

姜益湘烈士小传：

姜烈士益湘，湖南省湘潭县人，生于中华民国二年（1913 年）四月四日。在航委会通信人员训练班第 2 期毕业。历任军委会交通处无线电第 7 分台、第 5 路军总指挥部无线电第 1 所、交通兵团无线电第 4 大队第 69 分队报务员、无线电第 3 大队第 59 分队通信、陆军通信兵团无线电第 2 大队第 45 分队分队长、航委会陆空通信电台台长、航委会通信附员，升至同三等机械佐二级。

1943 年 1 月 4 日，烈士随大队长佟彦博自四川温江驾机练习盲目飞行，因飞机失事，坠于新繁县境青白乡，殉职。遗有父母及妻王氏与子二女一。

◎ 23. 凌厉的"飞虎"

1940 年秋，一个肃杀而萧瑟的季节。中国广袤无际的浩浩长天中，几乎全是日本的战斗机、轰炸机在如入无人之境中肆虐。苏联志愿航空队脱离了中国战区回国，使曾经有声有色、热闹非凡的中国天空骤然冷落下来。中国空军能上天作战的仅剩 65 架飞机。

中国的大炮、坦克、兵舰、火车、卡车及军队行动，已失去空军的保护，弱点一下子都暴露了出来。在两国两军厮杀的关键时刻，一方丧失了治空权，还有战胜对手的希望吗？

当苏联空军离开中国的天空之际，日军集中全部精锐空军到中国境内，各型飞机激增至 800 架以上，对大后方的四川省和中国国际国内之运输线、重要城镇、各重要设施实行狂轰滥炸，妄图从空中征服中国抗日军民。

自武汉大会战结束后，中国空军损失惨重，经过修整与补充，总兵力计有驱逐机及轰炸机共 160 架，用于保卫陪都重庆和各重要空军基地。在与日机多次空战后，损失殆尽，至 1940 年底，全国仅剩作战飞机 65 架。

65 架比 800 架，这是多么悬殊的比例，而且中国空军多为苏制旧式飞机，性能远不如日军新型飞机。1940 年秋，日本使用新式零式飞机空袭重庆，在 2.7 万英尺高度飞行，从上向下射击中国飞机，中国飞行员尚不知为何物击中。日本飞机曾在成都机场降落，其飞行员下飞机，纵火焚烧苏制飞机，其他日机则在机场上空盘旋，迫使中国飞机不能起飞。更多的日本飞机空袭中国后方城市时，只是在城中盘旋低飞，巨大的风吹得大树都弯了腰，而日机并不急于投弹，目的是延长空袭时间，制造恐惧心理，动摇人民的抗日斗志。

苏联空军退出了中国战区后，中国政府的希望从东方转移到了西方，将重建中国空军的计划寄托于美国政府和罗斯福总统的身上。但此时的美国，与日本尚在进行和平谈判，大多数人对援助太平洋彼岸的中国不感兴趣。

缺少飞机，成为中国政府的一大心病。从 1940 年深秋时起，蒋介石先后派出美籍空军顾问陈纳德、空军将领毛邦初和外交部长宋子文相继前往美国华盛顿，他们要求美政府提供一支由 500 架飞机组成的，由美国飞行员驾驶、编入中国军队序列的空军部队。

蒋介石的目标是：（一）要求美国协助中国反攻东南各省空军基地。（二）协助中国建立空军。（三）加强美国驻华空军编成中国战区第一线空军最大限度的兵力。

陈纳德等人开始在美国到处活动，但并无结果。当时的美国只注意欧洲，对中国漠不关心，成百上千的志愿者去加拿大，参加加拿大空军在欧洲作战，但认为到中国参加空军志愿队是一种幻想，而且美国飞机制造厂每生产一批新飞机，就立即运往英国，以补充英国在英吉利海峡与伦敦上空对德空军作战而损失的飞机，中国想购买美国飞机几乎是不可能的。陈纳德的美国空军志愿队计划，很少有成功的希望。但是陈纳德仍四处奔走，参观飞机工厂，订购飞机，招聘志愿人员。经过了几个月的努力，中国要求军事援助的计划开始得到美国政府中一些人士的支持，居里博士、总统顾问柯克澜、海军部长诺克斯、财政部部长摩根索在内阁中主张实行援华计划。

1941 年 3 月，《美国军火租借法案》经参众两院通过，中国根据该法案，可获得美国军火、飞机。同年 4 月 15 日，美国总统罗斯福在内部发布一道命令，准许陆海军的后备航空军官、士兵参加中国志愿航空队。负责处理援华租借物资的总统行政助理居里提出，中国可以用租借拨款中的 5300 万美元购买美国飞机，具体计划为除已由英国方面转让的 100 架 P-40 型战斗机外，还可以向中国提供 P-40 型战斗机 144 架、P-43 型战斗机 125 架、轰炸机 66 架、运输机 35 架，并训练中国飞行员。罗斯福总统批准了这一计划。是年 7 月，美国空军志愿航空队的第一批人员 200 多人在旧金山集合，他们以音乐家、学生、银行家、农场主等各种身份乘船前往中国。日本的情报机关以准确的情报来源宣称：美国空军志愿队已由旧金山乘船前往中国作战，大日本帝国不能坐视事态的发展，这艘船将永远到达不了中国，必被炸沉。

美国政府派出两艘巡洋舰尾随护卫客轮，到了南太平洋后由荷兰的军舰继续护航至新加坡。与此同时，美国总统已批准空军志愿队人员名单：有100个驾驶员与181个机关枪手，以及空中报务员等，限1941年11月抵达中国。

美空军志愿队所用的飞机是由中国购买美国寇蒂斯莱特的P-40B型飞机，在纽约码头装船送到缅甸仰光，再由寇蒂斯莱特公司与中国组织的中央飞机制造公司在滇缅边界的垒允设立的一个装备厂来组装完成。

1941年夏天，陈纳德抵达仰光，向英国空军借用铺石机场训练飞行技术参差不齐的志愿人员，训练基地设在仰光以北的东瓜（即同古）。7月下旬，第一批志愿人员到达东瓜训练基地。志愿航空队机师在飞机前端绘有鲨鱼张开利牙大口的图案。

8月1日，中国空军美国志愿队在缅甸东瓜正式成立，编入中国空军战斗序列，由陈纳德负责。下辖三个战斗机中队，第1中队由罗伯特·桑德尔任中队长，第2中队由杰克·纽科克任中队长，第3中队由阿维德·奥尔逊任中队长。

中国政府向美国寇蒂斯莱特公司购买了100架P-40B型战斗机与25架P-40F型E机，但却没有配给这批飞机的零件，在飞行训练期间，损耗了许多零件，陈纳德派人四处求援，志愿队员遍及印度的加尔各答和菲律宾的马尼拉各后勤仓库与机场，甚至用"偷窃"的办法来设法补充。

11月初，宋子文对美国空军志愿队的战斗力表示担心，在美国致电陈纳德："美陆军部接讯谓贵队非至1942年2月不能准备完成，且将不能支持两周之作战云云，愿闻台教。"

陈纳德电复蒋介石与宋子文："志愿队在1941年11月末便准备妥当了，而且能够支持到不需要作战的时候，但我们却急需各项飞机零件，以便待机而动。"

然而严重的零件缺乏问题始终困扰着志愿队。

1941年12月8日，太平洋战争终于爆发，美国终于对日宣战了。消息传来，令蒋介石和他的军事委员会兴奋不已。因为，美国成立了中国战区，把中国纳入反法西斯同盟，这就意味着美援可源源不断地运到中国来了。

经过四个月的飞行与战术训练，美国空军志愿队第3中队在奥尔逊的指挥下，仍留缅甸担负协助保卫仰光任务；第1、第2两个中队的34架P-40B战斗机于12月18日下午飞抵昆明，担任保卫昆明的作战。

1941年12月20日上午，陈纳德接到来自情报网的消息：10架日本轰炸机从越南老街附近越过云南边境向西北进发。

当日军轰炸机飞到离昆明约90公里的宜良上空时，美国志愿队第2中队中队长杰克·纽科克率4架战斗机升空截击，向敌机方向搜寻而去，吉姆·霍华率另4架战斗机在昆明上空作防御性巡逻；第1中队中队长罗伯特·桑德尔率16架战斗机升空，作为预备队。

第2中队穿过薄雾般的闲云之后远远发现了敌机，是不是日本飞机？飞行员们商量着。"快看那些红球吧！"

一个飞行员眼尖，突然看见了耀眼的日本国太阳机徽，激动地大叫起来。此时，日本轰炸机发现了在中国天空第一次出现的美国P-40B战斗机，慌忙启动弹舱，将成排的炸弹投掷到宜良附近的荒山野岭，便掉头逃命。

P-40B型飞机作俯冲攻击，机关枪欢快地唱起歌"哒哒哒，哒哒哒……"

飞行员难以抑制热血沸腾，忘了在训练时所学的战术，一个劲地向前猛冲猛打。乌尔夫疯狂地击落两架日本飞机，还在拼命按机枪按钮，但机枪并不响，原来子弹早打光了。

雷克特脱离大队，单机长途猛追敌机，将敌机套在射击瞄准器的红环中，再猛烈开火，3架日本轰炸机冒着烟向下翻滚跌落在山中爆炸。而雷克特

飞虎队队徽

只顾打得痛快，忘了汽油将尽，最后勉强飞至昆明郊区便迫降在稻田中，受了轻伤。战斗结束了，飞虎队队员共击落日机 9 架，首战告捷！

12 月 23 日，美国志愿队第 3 中队在保卫仰光的空战中威名大震。日本以 20 架战斗机掩护 54 架轰炸机的大编队前来袭击仰光，美国空军志愿队与英国皇家空军一起升空迎战，一举击落敌机 6 架，其中飞虎队自己损失飞机两架。飞行员尼尔·马丁被 4 架日本战斗机击中，亨利·吉尔伯的飞机亦被击中坠毁。

在圣诞节以后的仰光空战中，美国志愿队以 12 架飞机迎战日本 30 架战斗机和 60 架轰炸机。

"像射击鸭子一样！"陈纳德诙谐地说。

美国空军志愿队一下子打下 19 架轰炸机和 9 架战斗机，自己损失了两架，但飞行员都安全跳伞。

经过了两次空战，第 3 中队只剩下 11 架可用的 P-40B 战斗机了。但是，美空军志愿队的英勇战绩很快闻名于世，赢得"飞虎队"的美誉。

后来由好莱坞沃尔特·迪斯尼公司的罗伊·威廉替飞虎队设计了队徽，一只有翼的老虎飞过一个表示胜利的 V 字。

1942 年 1 月 22 日清晨，昆明以北霑益机场上蒙着一层轻雾，寒风阵阵，侵入肌骨，云隙透射过来的阳光中，美志愿航空队第 1 中队中队长桑德尔率领他的 8 名队员雄赳赳地排成一个横队，准备登机出发。

他们 9 架战斗机的任务是掩护中国空军第 1 大队副大队长杨仲安率领的第 1 和第 2 中队 18 架 CB 式轰炸机的飞行人员轰炸越南河内的日军飞机场。临行前队员们又依规定的航路互相研究了飞行图，然后进入座舱，候令起飞。螺旋桨隆隆地转动着，顷刻之间机场附近的山谷与原野都在颤动，飞机一架接一架飞上了天空。中国轰炸机群与美志愿队汇合，重新编队，27 架飞机便将罗盘对准越南河内机场方向直飞而去。美志愿队担负护航任务，不时掠过轰炸机左右。

"飞虎队"机首上的"大鲨鱼"穿行在云海中，好像在大海中畅游一般。

"已出国境！"

中队长桑德尔发出信号，要各机保持警惕，严密监视，云层渐渐涌了上来，飞机在云海中颠簸摇晃。飞行员们戴上氧气橡皮罩，飞机开始爬高，在云上层飞行。

轰炸目标到了，中美空军钻出云层，进入轰炸航路投弹点。轰炸机将弹舱门打开了，12点45分，第一颗百公斤的炸弹呼啸着飞向目标，大爆炸开始了。雷霆万钧般的炸弹，直落在日军的飞机群和军事设施中，燃起冲天大火。

1月24日，中美空军再度配合，轰炸越南日军重要基地嘉林机场。由于云层很大，轰炸战果受到影响，但美国空军志愿队与中国空军的行动，给日军很大的心理压力，他们再不敢肆无忌惮地在华南活动。

1942年5月，滇缅战役失败。中国远征军分成数路败退至中缅边界，日军的机械化快速部队沿滇缅公路长驱北上，边界重镇畹町、腊戍相继失守，日军截断了中国远征军的归国之路。

在怒江一带曲折狭窄的公路上皆为北撤的溃军、卡车、大炮、坦克及大批的难民群所壅塞，美志愿队飞行员沿滇缅路飞行侦察，缅甸一侧除了日军的坦克和快速部队前进外，中国军队的抵抗基本丧失了。如果没有办法阻止日军前进，只要20天，日军就可以占领中国西南重镇昆明。

当日军在缅甸发动攻势时，美航空志愿队经过多次作战，实力骤减，损失了41架战斗机，另有39架在垒允基地修理，全队只剩251人和36架能作战的飞机。在6个月时间里，只得到美国20架P-40E型飞机的补充。在日军的攻击下，美航空志愿队被迫撤出缅甸，并将20架毁坏的飞机付之一炬。此后，美志愿队以昆明为根据地，另以一队飞机进驻云南保山。

5月4日中午，日军战斗机与轰炸机各27架自缅北突袭保山，13时许，向市区投弹。13时38分，日机与美国空军志愿队于滇缅公路西南上空遭遇，1架日机被击落，另有多架受伤；但美国空军志愿队也遭受严重损失，驾驶员班佛希饮弹牺牲，查莱·庞德击落两架日机后，受到3架日机的包围，飞机中弹起火，查莱跳伞时受了重伤。

5月5日，日机118架从清晨开始分批袭扰滇境，其中两批28架在保山市区上空投弹多枚。陈纳德命美志愿队9架飞机长途飞行390公里，在保山上空截击日机。12点45分，美空军志愿队 P-40B 型飞机击落了日机8架。

5月6日中午，日军装甲部队包括炮兵、机械化部队进抵怒江西岸，沿悬崖边长达几十公里的弯曲盘山公路上，排满了等待工兵架桥再过江的日本突击部队。陈纳德命令：必须攻击怒江两岸的目标，阻止日军前进。

美志愿队德士·希尔、爱特·雷克特、汤姆·琼斯、弗兰克·名拉、列易士·比索、林克·洛夫林、弗兰克·谢尔和罗勃·李杜纷纷请战，要求参加轰炸战斗。

是日黎明时分，一队由德士·希尔率领的4架 P-40E 轻型轰炸机出发了，这些飞机的机腹下装置着一枚570磅的重型炸弹，在机翼下的弹架上装置了杀伤弹。另有亚维特·奥尔逊率领 P-40B 型战斗机4架护航。机群在大片雨云中穿行而过，进入怒江上空。机翼下日军工兵正紧张地将浮桥从卡车上卸下，在江边架桥。山崖边的公路上全是待渡的日军部队。轰炸机队俯冲而下，目标对准峡谷顶端，用重型弹进行轰炸，先炸崩山崖，阻塞日军的归路，再用杀伤弹轰击坦克和卡车。然后反复用24支50口径的机关枪沿公路扫射无处躲藏的日军。轰炸完毕后，担任护航的战斗机再次俯冲扫射，日军死伤狼藉，损失极重，江边和公路上滚滚浓烟直冲而上，浮桥在大火中被焚毁。

一连四天，美志愿航空队和赶来参战的中国空军15架轰炸机狂轰滥炸，向北突进的日军大队被有效地遏制住了。

5月12日，陈纳德兴冲冲地电告蒋夫人宋美龄："志愿队飞机昨日轰炸并扫射75至100辆日军南退卡

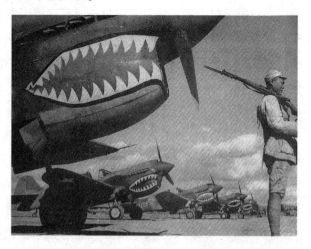

守护飞虎队飞机的中国士兵

车……今晨侦察怒江西岸，已无敌踪。"

中国地面部队迅速赶到怒江东岸布防，在美航空队的大力支援下，终于挽回了惨败的狂澜。至 1942 年 5 月底，美志愿队共空战 26 次、攻击 23 次、侦察 27 次、拦截 10 次、巡逻 9 次、掩护 4 次，合计行动 102 次，共击落敌机 193 架、击毁敌机 75 架、击伤敌机 40 架并击毁敌卡车 112 辆、仓库 15 座；损失飞机 68 架，阵亡 11 人，失踪 4 人，殉职 9 人，负伤 6 人。

6 月 5 日，美国空军志愿队队部和两个中队飞机转场移至距重庆 30 多公里的白市驿机场。连续三天，陈纳德命飞机沿重庆市低空飞行，表示准备保卫重庆。然后除留 4 架继续飞行外，其余飞回昆明一个中队，另一中队飞入衡阳、桂林等机场，以便轰炸华南的敌空军基地。

在飞回桂林途中，11 架 P-40B 型飞机与 18 架日机相遇，美空军志愿队勇猛攻击，一举打落日机 12 架。之后，在 9 天内连续空袭了汉阳与广州的敌机场和船队。志愿队的飞行员异常辛苦，有时，他们在早晨出现在扬子江上轰炸日军的运输船，傍晚，又出现在华南上空去袭击日军机场。

1942 年 4 月 23 日，罗斯福总统发表文告说："美国志愿队的特殊英勇及高超办事能力实在是全美的荣耀，我们很了解志愿队员在物资缺乏及困苦情况下工作的情形。"

宋美龄、孔祥熙送海鹰图给飞虎队

1942 年 7 月 4 日是美利坚国庆节，当星条旗冉冉升上旗杆顶时，美国政府决定将美国志愿航空队纳入美国陆军正规编制，改编志愿队为第 10 航空队第 23 战斗机大队。陈纳德晋升为准将，仍以美国高级指挥官身份留在中国。志愿队全部 250 名队员中只有百分之五十的驾驶员和百分之二十的地勤人员留在中国。

绘有大鲨鱼图案的飞虎队飞机

中国政府特给飞虎队队员分别授予第4、第5、第6、第7等云麾章，并以星翼徽章授予每个队员。其中百分之十的驾驶员获英、美两国的优异飞行十字勋章。另该队发表声明称："自去年8月1日成立至今，'飞虎队'在缅甸、泰国、越南及中国各地，共击落日机284架。"

这一天，美国志愿队员驾着飞机飞上蓝天，在衡阳的上空击落日本战斗机5架；又为美空军B-25型轰炸机护航，飞往广州轰炸日军天河机场。

飞虎队改编之后，美国陆军部未能按先前答应的立即供给飞机和补充战斗人员，原百分之五十五的飞虎队驾驶员和地勤人员应该离开中国回美国去了，但他们都不忍坐视中国的防空力量遭日军破坏，自愿留华三周继续作战，心甘情愿地深入敌占领区，担负危险的空袭任务。其中有两名队员不可能再回日夜思念的美国去了。

一个是约翰·派趣，1942年7月10日他在南昌附近上空与日军激烈空战，不幸中弹牺牲。7个月后，他的遗腹女出世了。另一名牺牲的队员是阿纳德·沈伯灵，他的母亲一直等待着儿子的归来。

继续留华参加第 23 战斗机大队的飞虎队员弗兰克·谢仍在中国战斗。在昆明附近的小山上,长眠着这位英勇的美国飞行员,他在飞虎队的辉煌时期,曾击落了 7 架日本飞机。

飞虎队虽然被改编成美国空军特遣队,但是他们在成立后不到一年中所创下的惊人战果及飞虎队的英名始终令中国人民不能忘怀,他们当中一部分人永远留在了中国,化成青山,化成白云,与天地永存。一位牺牲在昆明的飞虎队员马隆·鲍特的母亲,在写给当时的中国外交部长宋子文的信中说:"我给了中国一个无所畏惧的年轻人,他忠于职守,继承了前辈的传统和观念。"

美国空军志愿大队在抗日战争中,先后有 11 名队员捐躯异国他乡。

这些可歌可泣的事迹,正如陈纳德将军的夫人陈香梅女士呼吁的:"愿追求光明的人、追求正义的人永远不要忘记历史的残酷教训吧。"飞虎队正是以自己卓越的战绩,给肆无忌惮的日本空军以沉重的打击而载入反法西斯战争史册的。

国殇 国民党正面战场空军抗战纪实

◎ 24. 血染南国天

"五羊衔谷"，一个美丽的传说。

周朝时，广州连年灾荒，饥馑的百姓苦不堪言，人间的灾难惊动了上苍仙界。一天，南海上空飘来阵阵悠扬的乐声，随乐声同来的是一片五彩祥云，云朵上五位身着彩衣的神仙，各骑一只口衔稻穗的仙羊，神仙将饱满的稻穗撒向凡界，赐福永无饥荒。神仙飘然远去，仙羊却踩着祥云奔向地面……从此这里风调雨顺，稻谷飘香。为了感激神灵的恩赐，百姓在广州越秀山木壳岗上修造了塑有五位神仙像的"五仙观"和五只仙羊的石雕。"仙羊"成了广州的城徽。羊城、穗城、五羊城是广州的别称。富有诗意的浪漫传说，蕴含着人们渴望幸福和平的美好心愿。但沧海桑田，世事难料，1937 年夏天，南海上空飘来的不是悦耳的声声仙乐，而是日本侵略者飞机的轰鸣声，人们看到的也不是身着彩衣的神仙和温驯的五羊，而是摇曳在刀光剑影中的日本膏药旗。

毗邻香港和澳门的广州是广东省的省会，中国的南大门，也是华南地区的交通枢纽，抗战爆发后，数百万吨军用民用物资，数十万抗战部队，从这里北上奔赴前线。广州也是中国与海外联络、接受国外援助物资的重要港口，因此，广州成了日本法西斯必须清除的战略障碍。日本对广州的侵略是从空中大轰炸开始的。

日军利用驻台湾的鹿屋航空队轰炸机、外海三灶岛机场上的攻击机和南下的凤翔、龙骧号轻型航空母舰上的舰载机，不断对广州进行空袭。自 1937 年 8 月 31 日至 1938 年 10 月 21 日广州沦陷的 14 个月中，日寇出动近百批 900 多架次飞机，对广州轮番进行地毯式的狂轰滥炸。中山大学、岭南大学、中央公园、新亚酒店、西村电厂、医院、庙宇、教堂、工厂、平民住宅无一幸免。一时间，满城断垣残壁，伏尸遍地，妇孺哭嚎，声声催心碎。珠江江面上，炸毁的船骸和尸体逐浪漂浮，日本无视国际公法的大规模屠杀行为，使昔日美丽繁华的五羊城沦为惨不忍睹的人间炼狱。

据不完全统计，广州在长达 14 个月的轰炸期内，日机炸死无辜百姓 6000 多人，炸伤近 8000 人，炸毁房屋 4000 多间，炸毁船只近百艘。

当时中国空军的作战重点则在淞沪战场，华南地区只由原广东空军组成的直属第 29 中队驻守广州天河机场。第 29 中队队员原为广东空军第 7 队的人员，其中一部分是从海外归来参加抗战的爱国华侨，队长何泾渭，凭借着 9 架霍克 3 战斗机，保卫了整个广州和华南的交通要隘。

1937 年 8 月 31 日，早上 5 时 45 分左右，6 架日本鹿屋航空队三菱九六陆攻轰炸机由台湾起飞，轰炸广州天河白云机场。中国空军第 29 中队飞行员黄绍廉、邓从凯、谢全和从天河机场强行起飞，追杀投弹后返航的日机。虽然他们以前只接受过飞行、地靶和夜航训练，缺乏实战经验，但勇士们怀着对日寇的刻骨之恨，急起直追，一直追飞过了虎门，邓从凯率先冲到日机水准尾后方，拉平后攻击，击落了一架敌机，但邓从凯的战机被敌机尾的机枪击中，被迫返航。黄绍廉从后上方靠近敌人的九六陆攻机，即瞄准开火，击伤日编队中左边敌机油箱，敌机油箱泄漏起火后，拖着白烟逃窜至珠江口坠毁。广州首次空战，中国空军击落敌九六陆攻机两架，我方受伤两架。

9 月 22 日，日军派出驻三灶岛基地、近海航母上的中岛九五舰上战斗机、九六舰上轰炸机近 30 架前来轰炸广州市区及机场，中国空军 9 架飞机全数起飞应敌。日本空军因为已有了前期淞沪空战的经验，因此它们凭借着太阳光的掩护，从云中向我发起偷袭，击落我战机 4 架。

我中队长何泾渭的僚机关孟祝跳伞时伞衣起火，关孟祝被烧伤后，因伤势过重，抢救无效而牺牲。这是中国空军在保卫南中国的空战中牺牲的第一个飞行员。

当天中午，日机再次来袭，我仅剩的 5 架战机再度起飞迎战。空战中，邓从凯所驾的 5231 号机被击伤，邓从凯跳伞。

1937 年 10 月，南中国的空军力量即将耗净，整个华南危在旦夕。幸好中国从英国格罗斯特公司订购的 32 架格罗斯特斗士双翼战斗机在这时到了香港。

1938 年初，第 29 中队队长黄新瑞率队回到广州，进行接装工作。当时广州天河机场已被日军炸毁，为了防止敌机偷袭，经过研究，决定在中山大学的天文台附近竹林里进行组装，然后推上公路，直接从公路起飞至南雄训练。后来飞机数量不断增加，南雄机场太小，就再移飞衡阳与陈瑞钿带领的第 28 中队的飞行员们一起训练。28 中队的飞行员们都曾参加过淞沪、南京、华北的空战，有着血的教训和实战经验，因此训练从难从严，这使一些没有实战经验的飞行员获益匪浅。不久，第 28、第 29 中队驾着新机飞返广州，投入保卫南中国的空战。

　　1938 年 2 月 23 日，第 28、第 29 中队的 12 架斗士双翼机飞抵南雄。第二天上午 9 点左右，13 架日机从信丰起飞，袭击我南雄。第 29 中队队长黄新瑞和分队长谢全和率本队 8 架战机起飞迎战。在 2400 米高空警戒时，发现敌人的 17 架九五及九六式水上侦察轰炸机正向我机场俯冲投弹。我机群立即展开队形攻击，很快就击中一架敌机，起火的敌机往南逃窜。

　　飞行员李煜荣、周灵虚、范新民合力攻击一架敌机，敌机中弹后拖着黑烟向低空逃跑。三人即又赶杀另外的敌机。这时队长黄新瑞与黄能荣、黄广庆正在合击一架敌机，周灵虚赶来助战，该敌机多处中弹后逃跑。

　　黄队长又咬上一架敌机，一直追到韶关，开火六次，逼得敌机拼命向东南方逃窜。黄新瑞因为牵挂着自己的部队，只好折回。

　　空战中，29 中队的邓从凯和分队长谢全和与队员杨如桐追击一架敌机时，日机突然后转咬住杨如桐机开火，杨如桐的 2902 号机被击落，人殉机焚于始兴、马市间。

　　分队长谢全和一心要为战友报仇，机枪却在这关键时刻发生故障，令他无法追击复仇，悲愤之极。第 28 中队脚伤未愈的陈其伟抱伤参战，在与敌机缠斗时，从 5000 米高空打到超低空，不意反被敌击中，当即下坠，由于高度不足 100 米，已无法跳伞，与 2807 号机同殉于南雄径口。

　　在这次空战中，我空军击落敌机两架，击伤两架。敌机一架坠毁于新丰，一架坠毁于增城。我方损失战机两架，三架受伤迫降。陈其伟、杨如桐两位英雄为国捐躯。

1938年2月28日晨，四架敌机向我东圃进袭，第29中队队长黄新瑞独自驾驶2905号斗士机起飞迎战。他沿着广九铁路（广州—九龙）往东飞，在东圃上空4000米发现四架敌水上侦察机，黄新瑞立刻爬高后向敌长机俯冲攻击，敌僚机也随即爬升向黄新瑞反攻。激战中，被黄新瑞击落的一架敌机冒烟下坠，其他三架敌机逃跑，黄新瑞一阵猛追，直将敌机逐出虎门外海。

1938年4月13日上午10时30分，两队日本驱逐机（一队9架，一队8架），从虎门入侵广州。第28、第29中队18架战机在黄新瑞队长和雷炎均副队长率领下从天河机场起飞迎战。第29中队在高空5000米呈梯形队，雷炎均率领第28中队的四个双机小编队，在6000米高空待战。10时50分，在天河机场西北江村上空5300米高空，发现敌驱逐机15架，4000米处还有9架轰炸机，敌机队呈品字队形向我机场飞来。黄新瑞队长立即率领各机俯冲攻击，黄队长当即击落敌机1架，乱了阵脚的敌机欲向东逃跑，此时高空的敌九五式舰上战斗机赶来助战，在互相追逐中，黄新瑞队长再次击落敌机1架。

此时，敌带队长机率6架舰载机飞到黄新瑞战机的前后，敌长机从上俯冲而下，率先向黄新瑞开火未中，黄队长立即右转爬升，恰好与稍后俯冲的5架敌机迎面相遇。而此时黄队长座机的机枪有3挺失灵，仅1挺机枪可发射。时不我待，黄队长立刻开火，击中一架敌机的发动机，该机立即坠落。而敌带队长机从左侧再次向黄队长开火，黄新瑞左手中弹，发动机也被击中起火。黄新瑞只好跳伞，在空中正好看见刚才被自己击中的那架敌九六舰载战斗机从自己面前坠落下去。混战中，我29中队邓从凯分队长击落两架中岛九五舰载战斗机，其中一架是在援救黄新瑞队长时击落的。

在敌众我寡的混战中，第28中队副队长雷炎均率吴伯均、陈壬乐适时赶到，当即击落敌九五舰载战斗机1架，该机坠落于天河机场东北。雷炎均正要追击另一架双翼敌机时，机枪却发生故障，不得已退回至高空警戒。

分队长关燕荪也率梁康荣随雷副队长一同俯冲攻击敌机，向敌四机编队的后部开火，一架敌机油箱被击中后，即脱离编队逃走。剩下的敌机围上来与关燕荪、梁康荣缠斗，彼此从高空一直打到接近地面，幸得我方一架战机俯冲直下驱散了敌机。关燕荪分队长这时发现自己头上还有日本飞机，即又上去咬尾格斗。梁康荣在护卫长机的时候，发现队友的战机正遭敌机偷袭，立刻上前支援，可惜机枪仅打了十余发便卡了壳。

敌我双方数十架飞机上下翻滚，左右缠斗，时有飞机中弹冒烟下坠。40 分钟后，剩下的敌机逃走，我机才返航着陆。后得知，在双方激战时，8 架敌轰炸机乘机先后轰炸我天河机场和白云机场，如果没有勇士们的抗击，机场损失不堪设想。

在这次四一三空战中，我方击落敌机 7 架，未证实 4 架。空战中，黄新瑞跳伞，座机 2913 号机于太和市附近焚毁，陈壬荣重伤迫降番禺，武振华受伤跳伞落在番禺，李嘉鸿迫降横石，黄广庆的 2917 号机中弹受伤，轮胎被击破。2810、2812 号机均全毁，2908 号机机翼损坏。我方损失战机 5 架，李煜荣、吴伯均两位英雄光荣牺牲。

◎ 25. 长沙上空的鹰

1941 年 12 月 7 日，日本发动了太平洋战争。正如孟子所说："得道者多助，失道者寡助"，四面树敌的日本，将自身抛入了全世界反法西斯战争的旋涡中。中国的抗日战争，得到了全世界反法西斯国家越来越多的同情和支持。

日军为阻止中国军队在华南地区配合美、英盟军在香港的作战，自1941 年 12 月 24 日起，至 1942 年 1 月 15 日的 23 天中，对长沙发起了第三次大规模进攻。这就是抗战史上著名的长沙第三次会战。会战中，中国军队采用陆军与空军相辅，逐次抗击，诱敌深入，坚守长沙核心阵地，合围聚歼，动员敌后军民破坏日军补给线等克敌制胜的战术。我军以伤亡 28116 人的代价，取得毙伤日军 56994 人的辉煌战果！长沙会战以日军惨败而告终，这次大捷在国际上引起了强烈的反响。1942 年 1 月 10 日，美国西南太平洋战区总司令魏菲尔上将电贺蒋介石，原电云："贵国军队于长沙所获辉煌之战果，诚为年首之祥征，谨致庆贺，鄙人确信吾等通力合作，将足证日本侵略之终败，与吾等共同目标之胜利也。"英国《泰晤士报》称其为："12 月 7 日以来，同盟国唯一决定性胜利！"

《新华日报》也发表社论《论长沙保卫战与目前军事任务》，赞扬"我三湘健儿，我神鹰队伍，在此次长沙保卫战中誓死保卫家乡，有效击退敌人"。

1942 年新年刚过，日军第 3、第 6 师团集中兵力对长沙发起猛烈进攻。但守城的中国陆军第 10 军英勇顽强殊死反击，寸土不让。在争夺留芳岭战斗中，我军击溃日军 6 次进攻。在南修械所争夺战中，击溃日军 11 次进攻，真正是"一寸山河一寸血"。战斗中，日军伤亡惨重，连续四天在黄土岭一带焚尸，战斗结束后，发现了三大堆尸灰，每堆还剩有百具以上尸骨未焚。

中国空军在长沙会战中浴血蓝天，英雄奋战，配合陆军，从被动到主动，对整个战役的胜利起了积极性的作用。

1941 年 12 月 23 日，为配合地面进攻，日本陆军第一飞行团出动侦察第 44 战队、第 54 战队及独立第 18 中队的主力对我长沙地区进行侦察、轰炸，使我方蒙受一定的伤亡损失。为支援中国陆军守卫长沙，重庆急令中国空军第 2 大队紧急出动。

1942 年 1 月 8 日凌晨，中国空军第 2 大队出动 9 架轰炸机，在大队长金雯率领下由成都飞往湘北，对日方占据的长乐街、新市、浯口一带的地面目标实施袭击。此时天尚未晓，但在 800 米的高空能见度尚好。进入目标区以后，金雯向队友们发出信号，飞机从 4000 米高度降至 800 米，将炸弹、燃烧弹投向目标，日军阵地立即燃起熊熊大火，弹药库连连爆炸，火车站被炸毁，铁路多处被炸断。金雯和战友们顺利完成了切断日军退路和供给的任务。就在金雯与战友们返航时，突然发现 8 架敌九七驱逐机快速向他们追来，当敌机进入我机枪射程内的时候，金雯和战友们同时向敌机领队开火，敌机中弹后像断线的风筝，翻滚了几下，拖着黑烟坠向地面。余下的敌机发疯似地扑来，机枪不断扫向我方，金雯和战友们奋力给予回击，这时又击伤敌机两架，大家边战边走。金雯是领队长机，这时其 1760 号轰炸机已多处中弹，该机终迫降于桂林附近，金雯也负了伤，通信长林木镇头部受伤，身中数弹，三日后不幸殉国。

在这次空战中，牺牲的还有驾驶 1983 号机的飞行员吴纶、射击士高传贤。吴纶未能张伞阵亡。高传贤跳伞落地后，被当地民众错当日本鬼子而误杀。1979 号机的飞行员欧阳寿受重伤，两机均坠焚于长沙东南。

同年 1 月 16 日，金雯驾机由桂林飞返成都，经贵州黎平上空因大雾弥漫，又复机件发生故障，金雯命令前后两座人员紧急跳伞，自己仍力保飞机，一边飞行，一边排除故障。当带伤的飞机勉强飞至贵州黎平县境内外时坠落，人机俱毁，年仅 34 岁。政府念其勋烈，追赠空军上校，并将长沙机场命名为金雯机场。

每一位空军英雄都有着不平凡的人生经历。

金雯，字叔章，1908 年出生于浙江温州瓯海区郭溪镇曹埭村，金家世代务农。17 岁考入黄埔军校第 5 期，以后又考入中央航校第 1 期习飞行，毕业后留校任飞行教官。1936年西安事变发生后，此时已调任国民党空军第7大队第6中队中队长的金雯奉命从洛阳进驻西安，担任国共双方航空联络和交通任务，接送周恩来、朱德、彭德怀等中共高层领导人往来于延安、西安之间。1937年七七事变后，金雯随队调往安徽滁县。八一三淞沪战役爆发，8月14日中国空军搏击日本空军，首战取得胜利。当天，上海乌云密布，能见度很低。金雯所在第6中队奉命出战，在吴淞口发现了日军十余艘军舰，同时敌舰也发现了我方战机，于是敌舰便首尾相连围成一个圆形战阵，不停地在江面上兜着圈子，并对空开炮，企图阻止我机投弹。金雯率领战友们毫不畏惧，对准日军"出云"号旗舰俯冲投弹，炸弹的爆炸盖住了日舰的高射炮火力，在我空军的轮番轰炸下，将日舰的环形全部打乱，敌舰多处起火，拖着大火向远海逃窜。

8月15日，金雯继续出战，率队轰炸上海的日军司令部。在南京保卫战、晋南战役、武汉会战、平型关大捷、台儿庄大战、徐州会战、长沙会战的每一次空战中，金雯都出生入死，勇敢地打击日本侵略者。

1939年，金雯任空军第2大队大队长。同年2月的一天，金雯率领第9、第11、第14中队出动35架轰炸机，和苏联空军志愿队一起，分三批从成都空军基地出发。飞往山西运城轰炸日军机场。在运城上空，金雯在左机翼的下方发现了经过伪装的敌机群，他立即率领机队飞进目标区，并与前来迎战的日军驱逐机展开了空中格斗，不时向敌机场俯冲投弹，被炸的敌机场成了一片火海，爆炸声、机枪声、警笛声、嘶叫声乱作一团。眼看任务已经完成，金雯便与队友们迅速冲出敌人的高射炮火力网。在返回基地上空时，金雯突然发现起落架已被敌高射炮火击中而失灵，飞机无法着落，怎么办？金雯镇定自若地发出信号命令机队先行降落，自己却在机场上空一次又一次盘旋，直至汽油耗尽。最后，他选择跑道外的一片草地，滑翔迫降成功，蹦出机舱后竟然安全无恙，焦虑的战友们立刻发出一片欢呼声。

1941年12月7日，太平洋战争爆发后，中南战事日趋紧张，第三次长沙会战即将打响，担任空军第6大队大队长已年余的金雯，因战事所需，奉命再次调回空军第2大队任中校大队长。肩负重任的金雯毅然安排随军多年的妻儿搭乘空军赴浙江的运输车回温州老家。就在他们返乡途中，传来了金雯在长沙会战中英勇牺牲的噩耗。

金雯牺牲后，其妻子郑祥玉挑起了生活重担，含辛茹苦抚养子女。因生活困难，幼子金山和女儿金慧英、金蓉均相继早夭。郑祥玉54岁时病逝于北京。三个稍大一点的男孩深受其父的熏陶，均能做到少年自立。金雯的长子金玉麟由抗战时期的少年机械士成长为技艺高超的机修工人，中华人民共和国成立后被调往南京电池厂工作，1981年退休，2001年去世。次子金科，早年参加共产党，改名金壮献，以示要像父亲那样为国家和人民壮烈献身之意。1950年调任中华全国总工会机械工作委员会委员。1979年起分别担任中国机械冶金工会机械部副部长、部长和全国群众技术进步工作委员会主任。1988年任全国机械系统创造学研究推广协会会长。1990年10月1日离休，现住北京市。三子金津1950年赴朝参战，服役期间被军事干校录取，毕业后分配到北京解放军胸科医院工作。1993年因高科技成就晋升为教授级的主任技师。现已退休，住北京市。如今，金雯的5名孙子、6名孙女分别在北京、南京成家立业。

◎ 26. 独有英雄驱虎豹

　　继 1938 年四一三空战后，我空军第 5 大队在广州的第 28、第 29 中队，由于武汉会战形势紧急而北调。同年 6 月，华中地区局势严峻，我空军第 5 大队主力调至华中，势单力薄的粤北空军，怎样才能在"敌强我弱，敌多我少"的情势下，做到"以弱胜强，以少胜多"呢？经空军航空委员会认真研究，决定展开"空中游击战"，在南雄韶关一带伺机歼敌，"敌来就打，打了就走"。

　　1938 年 6 月 16 日上午 9 时 50 分，9 架敌机从汕头经五华、龙川向西飞来，第 5 大队黄泮扬大队长获报后，决定起飞截敌。黄队长率 9 架斗士机，自韶关机场起飞。10 时 30 分，2908 号机的邓从凯分队长率先发现，在高空 3400 米左右有 6 架敌中岛九七重型轰炸机，呈 V 字形编队，正在我机群下方 625 米左右。黄队长见我方占着优势，便立即发出俯冲攻击信号，黄泮扬 2909 号机机，陈瑞钿 2808 号机，邓从凯 2908 号，三机围攻敌第 2 小队的带队长机。敌长机被黄队长机枪击中后坠毁于乐昌、仁化间。（尔后发现，被击落的敌机竟是 5 大队的老冤家：日本海军的九六陆攻轰炸机。）

　　敌长机被歼后，余下的敌机纷纷落荒而逃，但我空军岂能坐失歼敌良机？再次通力合作，击落敌机 3 架，其中一架坠落在乐昌童子湾，另两架坠落于乐昌仁化间。

　　一小时后，又获情报，发现敌机一架。陈瑞钿中队长当即起飞拦截，一枪击穿敌机油箱，敌机慌忙逃走（据日方记录：日第 2 小队损失 3 架九六陆攻机，日第 1 小队 3 机均负重伤）。

　　一天两次空中游击战，我 5 大队击落敌机 5 架，全队士气大增。空战中，我方关燕荪 2811 号机被击中后起火，跳伞时关燕荪面部被灼伤。沉木秀 2812 号机迫降，邓从凯机微伤，雷炎均机的油箱被击中漏油，黄泮扬机由于攻击时离敌机太近而遭敌击中，又被敌机爆炸碎片伤及机身和机翼。

屡遭重创的日本军方，认为不切断中国获得外援的沿海港口，破坏铁路和公路，是无法实现攻占武汉，直扑中国抗日大后方的战略野心的，于是日本海军封锁了珠江口，战舰游弋于大鹏湾至广州湾一带。

1938 年 8 月，中国空军第 3 大队由汉口南调至衡阳，随时准备南下支援广州战场。

据曾经参加八二九南雄空战的韦鼎峙先生回忆：当时他是第 3 大队 32 中队的分队长，8 月 29 日，航委会令第 3 大队 32 中队随吴汝鎏大队长南下南雄，到达南雄空军基地后，一位姓张的机械士对韦鼎峙说："机场东边的小山坡上，有一座小教堂，经常有人在教堂的钟楼上观察我空军基地的动静，只要有飞机到南雄，第二天就会有空袭警报。"说这话的时候，已经是黄昏时分了。果然，第二天张机械士的话就应验了。

8 月 30 日早上接报：日机一批，航向南雄。9 时 01 分，吴汝鎏大队长和中队长朱家勋，各率一个编队起飞拦截，却未与敌机遭遇。10 时 30 分，敌机到达湖南郴州机场，投弹 30 余枚，郴州机场严重受损。

这时又有敌机分两批从唐家湾起飞，一批 18 架沿粤汉铁路前往轰炸韶关机场。一批为九六舰载机 11 架，其中有双翼中岛九五舰载机 6 架飞往南雄。

10 时 40 分，在我机场上空警戒的 32 中队发现敌机 9 架，立刻升空迎战。我利用斗士机的性能优势，先攻击敌九六舰载战。朱家勋中队长当场击落两架九六舰载机，韦鼎峙分队长和韦善谋各击落 1 架。

射击手对准日机扫射

杨永章、唐信光各击伤 1 架九六舰载机，但只见冒烟敌机逃窜，未见坠落。正当双方激烈格斗时，突然日本 5 架九六舰爆机出现了。原来狡猾的敌人想以战斗机先缠住我机，待我机耗尽油料不能恋战时，便起飞攻击机以轰炸我机场。岂知这次我方出战的是英制的斗士战斗机，续航能力大于苏制战斗机，因此日寇失算，反之他们的九五、九六舰载机因油料已消耗过多，只得退出战斗。我方战机虽油料亦已告急，但在家门口驱盗，天时地利皆于我有利，面对速度、爬升、火力均不如我的九六舰爆机一阵猛攻、痛打，一举击落九六舰爆机两架，余下的敌机落荒而逃。

我空军勇士们直到飞机油尽，发动机停止转动后，才纷纷采取紧急措施，各自择地降落。杨永章的飞机油箱被击中，被迫降落在护城河边的沙滩上，两足被灼伤。朱家勋降落在水田中。韦鼎峙的飞机油箱被击中，跳伞时降落伞被挂在树梢上，悬在半空中的韦鼎峙跌落地面时脚受伤，后被村民救出。队员韦善谋、唐信光、吕明、梁康荣均平安降落。

这次空战中，我空军击落敌机 6 架，击伤 4 架（其中击落九六舰载机 4 架，击伤 2 架；击落九六舰爆机 2 架，击伤 2 架）。

但我方损失也很惨重，损失飞机 5 架，阵亡 2 人。马毓鑫分队长迫降时，飞机碰到一田墩，造成飞机翻身，两足折断，后伤重不治殉国。

吴汝鎏大队长殉国后，队友们都很悲伤，纷纷回忆起英雄生前点点滴滴。吴汝鎏毕业于广东航校第三期，后曾任广东航校飞行主任，广西飞机教导队第 1 队长，中国空军第 3 大队队长。为人侠义豪爽，重义轻财，乐于助人。自 1938 年 2 月担任空军第 3 大队队长，至 8 月 30 日在南雄牺牲的半年中，击落敌机 5 架，击伤的敌机就更多。1938 年 10 月 21 日广州沦陷后，吴汝鎏的妻子卓佩尧及女儿吴淑娴、儿子吴汉强离开了老家广东新会县，避难于广西。为了纪念在南雄为国捐躯的丈夫，卓佩尧给遗腹子取名为吴汉雄。

1939 年 3 月 16 日，中国空军首次轰炸了被日军占据的白云机场。22 日再次轰炸白云机场，毁日机十余架。5 月 7 日，中国空军第 1 大队轰炸广州天河机场日军军事目标。6 月 5 日，中国空军轰炸广州西村等日军阵地。9 月 29 日，中国空军轰炸广州白云机场，毁日军仓库 10 余座及日机 10 架。

1941年2月20日，中国空军轰炸广州天河机场，毁日机5架。

盟军的空中作战得到了中共游击队的支援，游击队提供了有关日军在广州防卫力量的军事情报，使盟军的攻击目标更加准确。

1943年5月8日，盟军飞机7架轰炸广州日伪据点。9月9日，盟军在广州与日军展开空战，日航空兵团长中苇被击毙。12月间，盟军飞机于16日、23日、24日3次袭击广州日伪据点。

1944年7月5日，盟军飞机20余架轰炸广州黄埔飞机场等目标区。12月27日上午，盟军飞机16架再袭广州，在白云、天河和黄埔机场空战中，击毁日军战斗机9架，伤7架，毁地面日机1架。

1945年4月2日，盟军飞机数架轰炸广州日军机场及其他军事设施。4月12日，盟军飞机袭击广州，在广州的河南军事目标区投弹，日伪损失甚重。5月15日，盟军飞机一批轰炸广州东山的日伪目标。6月、7月，盟军飞机更是频频袭击广州日伪目标。此时，离蘑菇云席卷广岛上空的日子已经不远了。

◎ 27. 打虎还需亲兄弟

在武汉上空牺牲的王怡烈士与 1937 年 8 月 25 日在上海空战中牺牲的王恺烈士，是抗日空军中一对为国捐躯的亲兄弟。王家祖籍北平，满族人，他们的父亲王文振（1889—1988）是八旗子弟学校的高才生，后进入保定讲武堂；以优异成绩毕业后留校任教。后随校迁至北平（北京）陆军兽医学校。20 世纪 30 年代随陆军兽医学校迁至南京；后又赴日本留学，归国后在陆军兽医学校任助教和教授。

王文振由家里包办，与满族姑娘张玉贵成亲，婚后生育了三男二女。王文振深受孙中山先生"航空救国"思想的影响，全力支持大儿子王恺、二儿子王怡报考航空学校。

大儿子王恺（又名王志恺）生于 1916 年 2 月 1 日，就读于北平中华平民中学，1935 年 19 岁的王志恺考取了杭州笕桥中央航空学校第五期一班驱逐科。王志恺在校期间，学习勤奋，成绩优秀，毕业后历任中央航校和洛阳分校的飞行教官，中央航校暂编大队第 34 分队分队长，升至中尉本级。

1937 年 8 月 13 日，日本进攻上海，淞沪战争爆发。淞沪会战打响后，王恺多次驾机参战。8 月 25 日下午 2 点 55 分，王恺随分队长周廷芳驾机从南京飞往上海执行轰炸任务。在宝山南翔上空，遇敌日九六式驱逐机 4 架，在双方激战中，王恺驾驶 2304 号机被敌机击中，王恺跳伞后降落在敌军阵地，壮烈牺牲。

王恺牺牲时，他的女儿王恩环才出生 7 天。他的妻子正在杭州妇产医院里盼着他凯旋归来。老父王文振在获悉大儿子牺牲的消息后，强忍着悲痛，花了一个月的薪水，租车去杭州，接回了苦命的母女俩。

王怡参战时尚未结婚，他曾向三弟王馨说，如果日后生了儿子，务必过继给他，后来王馨兑现了承诺，经过法律公证，将儿子王恩良过继给了王怡。2002 年，国家民政部、北京市政府批准王怡为烈士，王恩良是烈士家属。但王恺的烈士称号由于种种原因认证尚未有果。

王文振和夫人张玉贵六个月中连失两儿，承受着如此沉重的打击，两位深明大义的老人无怨无悔，因为儿子是为抗击日本侵略者牺牲的，死得其所，死得重于泰山。

在抗日空军的队伍里，还有不少亲兄弟为抗击日本侵略者，并肩作战在祖国的蓝天。如参加过 1932 年一·二八淞沪抗战的广东空军黄毓沛、黄毓铨兄弟俩，弟弟黄毓铨在一·二八淞沪抗战中牺牲，哥哥黄毓沛擦干眼泪，继续战斗在蓝天。空军陈其伟与陈其光也是亲兄弟。

陈其伟（1913—1938）广东省番禺县人。其父陈焕章，早年经营航海业，曾追随国父孙中山奔走革命。

陈家兄弟多人，陈其伟的六哥叫陈其光，兄弟二人同于广东航空学校毕业，服役于广东空军。1936 年"两广事变"后，广东空军在黄光锐的率领下投奔中央。

陈其伟在 13 岁时，在黄埔岛上的广东海军学校学习海军。15 岁时转入广东航空学校第五期，初习机械，继学飞行，后又在中央航空学校第五期高级班毕业。

1932 年 1 月 28 日，第一次沪战爆发。广东空军第 2 队队长丁纪徐率 6 机飞沪参战，这 6 名飞行员中就有陈其伟。他们首次获得与日本空军进行决斗的经验。

1937 年 6 月，陈其伟奉调芜湖飞行场（机场）场长。7 月 7 日，卢沟桥事变发生后，举国抗日情绪高涨。陈其伟慷慨激昂，矢志为国家报仇雪耻。当时，他的哥哥陈其光任空军第 5 大队第 28 中队队长。陈其伟坚决向上级要求调到其兄的麾下，经批准，调至该第 28 中队任少尉本级队员。第 28 中队从 8 月 16 日起卫戍首都南京，以句容为基地，屡挫敌锋。8 月 29 日，陈其伟随队往浙江海面轰炸敌舰，命中敌舰一艘，炸死炸伤日海军官兵多名。

同年 9 月初华北战场告急，日军经平绥线向晋北要塞天镇进攻，进犯大同。9 日，天镇失守，大同告急。陈其光率第 28 中队飞机半数以上飞赴晋北，陈其伟则随剩下来的飞机飞赴广东，兄弟俩此次分手，分别战斗在广袤的南北战场上。

陈其光在包围太原的空战中屡立战功，其中最有名的是 9 月 21 日，在太原上空一举击中日"四大天王"之一的三轮宽座机的油箱，该机燃烧，三轮宽只能迫降，就在三轮宽在太原以北 50 公里处迫降成功，刚从机舱里钻出来时，就被闻讯赶来的当地农民一顿乱棍活活打死。陈其光在毙敌三轮宽少佐后，身负重伤，迫降成功。

当时在粤北曲江的陈其伟，闻讯悲愤异常，发誓替兄复仇，在给家人的书信中，有"不斩楼兰誓不休"之语。10 月 7 日，日军驱逐联合机队 20 架进犯广东，我空军飞机 9 架自韶关机场起飞迎击，在英德上空，双方遭遇，格斗非常激烈。第 29 中队分队长陈顺南，第 28 中队队员黄元波均阵亡。陈其伟的飞机遭 5 架日机围攻，但毫不畏惧，以一敌五，作殊死战斗，飞机被敌机击中后，他本人身负重伤，但还是咬牙坚持，努力控制飞机沿河西飞，将敌机诱至我高射炮阵地上空。此时，我高炮、机枪向敌机猛烈开火，敌机仓皇逃窜。

陈其伟待伤好后，自请归队。

1938 年 2 月 23 日，第 28 中队进驻粤北，翌日上午 9 时许，敌机 17 架驱逐机空袭南雄，我第 29 中队队长黄新瑞率该队驱逐机 8 架及第 28 中队驱逐机 3 架升空迎击。

敌机正在投弹之际，我机突然自高空向敌俯冲射击，陈其伟驾 2807 号机向敌机一架追击。缠斗约五分钟，2807 号机已受伤，陈其伟奋不顾身向敌穷追不舍。狡猾的敌机突向后转，陈其伟的座机被射中，燃起熊熊大火，不幸坠地殉国。该敌机亦坠落于增城境内，驾驶员中岛中佐身死。是役，敌机被击落两架，另有两架可能被击落。

陈其伟生前因功奉颁一星星序奖章，追赠为中尉，遗有老母。

广东文昌县的陈崇文和胞弟陈家灼都是抗日空军，1938 年 10 月 18 日，23 岁的陈家灼在兰州作战时牺牲。

陈家灼，广东文昌人，广东航校七期生。空军第 6 大队第 15 中队飞行员，于 1938 年 10 月 17 日兰州训练飞行失事。哥哥陈崇文深知唯有奋勇杀敌，方可雪国耻报家仇。在 1939 年 2 月的兰州空战中，他击落敌机一架，荣获一星星序奖章一枚。

空军第5大队第28中队的陈桂民和陈桂林也是一对兄弟，他们是南洋华侨陈老先生的儿子。抗战爆发后，陈老先生亲自将大儿陈桂民送回祖国，参加抗日空军。1941年9月11日，27岁的陈桂民在保卫成都空战中英勇牺牲。

陈桂民烈士小传（台湾空军司令部档案）：

陈烈士桂民，广东省东莞县人。生于中华民国六年（1917年）五月六日。在空军军官学校第七期毕业。历任空军第五大队第十七中队队员、第十七中队飞行员、第二十六中队分队长，升至上尉三级。曾击落日机两架。

1941年9月11日，烈士在四川凤凰山试飞E–16机7609号，因发动机发生故障，迫降，殉职。生前因功获颁二星星序奖章。

陈桂民牺牲后，陈老先生忍着悲痛，把二儿子陈桂林送回祖国，继续抗日。1945年3月8日，在又一次保卫成都的空战中，陈桂林也为国捐躯。

此外，江苏常州的沙兴达、沙狄洲两兄弟也是在八年抗战中为国捐躯的烈士。为了民族的兴亡，为了美好的明天，他们的鲜血染红了天空、染红了大地。

◎ 28.日本空军"四大天王"的可耻下场

日本陆军航空队和海军航空队，每年都要对战斗机飞行员进行驾驶、编队、格斗、射击、轰炸等技术竞赛，评选出当年最优秀的四名飞行员，被誉为"四大天王"，以此作为全体飞行人员的楷模。

1937年日本评选出最优秀的战斗飞行员为陆军航空队的三轮宽少佐、海军航空队的山下七郎大尉和潮田良平、南乡茂章四人。在日本侵华战争期间，这四位所谓的"天王"级的日本王牌飞行员，都成了我抗日空军的手下败将、枪下鬼。

三轮宽是日本陆军航空队的一位少佐，从小身体就粗壮结实，17岁时进入日本陆军航空学校。在航空学校里，有一次三轮宽为了与人打赌，竟然将一块烧红的煤炭烙在自己赤裸的胸脯上，直到煤炭烧尽，由此可见三轮宽的凶悍，这种武士道精神亦是日本军国主义所赞赏的。此人曾任过我国东北空军教练。侵华战争爆发后，残忍的三轮宽对手无寸铁的中国人民疯狂地投弹扫射，欠下了中国人民无数血债。由于三轮宽的凶残，他被日军誉为"攻击能手"、"驱逐之王"，如此一来，妄自尊大的三轮宽就更加疯狂肆虐了。

平津沦陷后，日军沿着平绥铁路西进，直迫山西。1937年9月19日，三轮宽率领15架驱逐机，9架重型轰炸

空战图

击落三轮宪的勇士陈其光

机空袭太原。而我军因飞机数量不足，我空军第5大队第28中队配备驱逐机霍克2型9架。由于战事紧张，大队长丁纪徐只得将第28中队一分为二，一北一南，飞赴不同的战区作战。由中队长陈其光、分队长归国华侨苏英祥、队员雷炎钧和广东航校7期毕业的梁定苑驾驶驱逐机5架，北飞太原，参与华北战区作战；另一队有驱逐机4架，由副队长归侨陈瑞钿率领飞赴广州地区作战。

陈其光，广东省番禺县人。空军第5大队第28中队队长，1937年8月16日，该大队以句容为基地，卫戍首都南京，屡挫敌锋。29日，陈其光随队往浙江海面轰炸敌舰，命中敌舰一艘，歼敌甚众。华北战场，自山西之天镇失守，大同告急，陈其光率该队飞机半数赴援晋北。

正当三轮宽率领的敌9架轰炸机"隆隆"飞抵太原上空时，因角度不同，陈其光机组正向南方转弯升高，没有发现该机群。该机群飞稍远之后，陈其光机组与敌6架驱逐机发生空战。双方上下翻腾拼搏，激烈异常，机关枪口冒着火焰，一串串子弹横飞。不久，苏英祥、梁定苑两座机先后被敌机击中，机毁人亡。

不久，雷炎钧的座机脱离编队；同时4架敌机亦脱离战圈。后来，只见陈其光的座机与最后那架九六式驱逐机搏斗，他已经紧紧地咬住了敌机，并占据了有利位置。见势不妙的敌飞行员便急忙压杆俯冲，紧接着又以蛇形迂回，企图摆脱陈其光的追踪，但是敌人再狡猾，此时也来不及了，陈其光一阵猛扫，敌机当即中弹起火，发动机冒出浓浓黑烟，向太原郊区以北方向坠落下去。陈其光的战机也被敌机击中，他拼命想把机头拉起来，可是飞机还是坠落在太原一所学校的房顶上，幸而没有着火。学校一名男教师将满面鲜血的陈其光救了下来。陈的左臂中弹，面部牙齿受伤，已昏迷，但有呼吸。男教师找来几个帮手，将重伤的陈

国殇
国民党正面战场空军抗战纪实

其光送到当地的医院急救。待经过包扎、止住血后，由空军飞送湖南长沙湘雅医院治疗，两天后知觉才恢复。

被陈其光击伤的敌机，在太原以北 50 公里处迫降成功，飞行员刚从机舱里钻出来，就被闻讯赶来的当地农民一阵乱棍活活打死。

当我军民在检查其尸体时，发现他身佩指挥刀一把，内衣里有一枚刻有"三轮宽"的印章。听说"三轮宽"是敌陆军飞机大队长少佐，技术优良，枪法亦佳，自负不凡，被誉为驱逐之王，这一次空战却栽在我空军手里。

就在三轮宽被怒不可遏的中国农民打死后的第五天，即 1937 年 9 月 26 日，日本空军联队第 2 分队分队长山下七郎，驾驶着九六式 126 号舰载战斗机，从上海公大机场起飞，掩护前去轰炸南京的轰炸机群。在苏州附近，遭遇我空军拦截，双方展开了殊死格斗。山下七郎虽以凶狠残忍著称，但终被我空军第 4 大队大队长高志航驾驶的霍克 3 击伤，最后迫降于常熟与太仓交界的毛家市，山下七郎则成了我军的俘虏。

山下七郎出生于日本九州福冈县久留米市梅满町九三零番地，父亲叫山下德次郎。山下七郎被俘后，中国政府还为他疗伤，他对我军民优待俘虏的政策既感动又惭愧，并说没想到中国军队如此英勇善战，他希望战争能早日结束，能生还回日本，表示誓不再做军人。

据时为空军第 4 大队少尉特务员，后为空军驱逐机司令部后勤主任刘荫桓的回忆文章《高志航淞沪空战立殊功》记载：

 ……后来，日军又调来佐世保航空队 200 架飞机（其中驱逐机 100 架），与我军展开激烈空战。数月后，出现了中国四大金刚：高志航、刘粹刚、李桂丹、乐以琴，他们将日军四大天王分别击落，俘虏 A 天王，B、C、D 三个天王都阵亡于杭州、南京、上海一带。A 天王俘至南京，A 天王原系杭州航校日籍军事教官，中国航校学员大多数是他的学生，我飞行员都以师生之礼相待，因此他受到无比的感动。他说："你们可以炸出云号航空母舰，必须牺牲一人一机，把中国机涂改国徽，我把信号交代与你们，发出信号，航空网即开放，人机必须向烟筒窜进，同归于尽，才能完成任务。哪一位愿意前去，请举手！"全体学员都举起手来，愿意前去炸舰，A天王看到这一情景，认为中国必胜，日本必亡。他说："好吧，你们把证章都交给我，摸到谁，谁去。"乐以琴证章被抽中，毅然决然向出云号母舰袭击。乐发出信号，日舰张开航空网，人机直入尾部烟筒中壮烈牺牲。母舰受了重伤，狼狈逃窜黄浦江港外。A天王还说："日飞行员发誓时说：我要做了亏心事，出门就碰上高志航。"可见高志航在日空军中的影响。

刘荫桓所说的"四大天王"中的A天王不是三宽轮，应该是这位山下七郎（材料见中国文史出版社《中华文史资料文库》第四卷，第105页）。

由于山下七郎公开忏悔，有关方面将他押送到了四川内地关押，但言行不一的山下七郎利用看管不严的机会，趁机肆意收集军事情报，还组织其他日本战俘越狱逃跑，事发后被判处死刑，结束了他可耻的生命。

第三个被击落的是号称"东方红武士"的潮田良平，他在中国的领空恣意妄为，目空一切，屡次轰炸我城市，射击我抗日军民。1938年1月7日，潮田良平在南昌上空被中国飞行员徐葆畇击落殒命。

徐葆畇烈士小传（台湾空军指挥部档案）：

徐葆畇

徐葆畇，河北省玉田县人，生于中华民国四年（1915年）十月六日。在中央航空学校第五期毕业。历任空军第三大队第七队队员、空军第五大队第二十四队队员、分队长、空军第五大队第二十六中队副队长、空军军士学校教官、空军第三大队第三十二及第八中队中队长、空军第四大队副大队长，升至上尉一级。

烈士体格雄健，身手矫捷，长于运

动，凡田径球类，均冠同侪，尚出席全国运动大会，显其所长，性豪迈，有北国壮士之风，作战英勇，技术高超，每以战绩而获晋升，当与敌机格斗之时，极尽其勇猛智巧之能事，每战多胜，虽处劣势，亦能化险为夷。

1943 年 5 月 19 日，烈士自四川巴县白市驿率 P-40E 机八架及 P-43 机四架起飞，轰炸湖北枝江溪镇日舰艇，烈士驾 1103 号机率先俯冲投弹，机右翼油箱被敌地面炮火击中，着火坠地，机毁人殉。生前有战绩 22 次，奉颁武功状、一等宣威奖章、一星星序奖章、三等复兴荣誉勋章。追赠少校，遗有老母及妻何氏、王氏与子女各一。

被誉为"四大天王"之首的南乡茂章，信誓旦旦地扬言要替其他三个"天王"报仇。

1938 年 7 月 18 日，南乡茂章率队偷袭南昌，敌机分批飞向南昌，第一批是轰炸机 6 架、驱逐机 8 架，第二批是九六式舰上爆击机 8 架。敌机窜入南昌市上空时，我严阵以待的 5 架战机已在高空候战。

南乡茂章却以为偷袭得手，即向我机场投弹。此时，我广西籍空军黄莺立即向南乡茂章之机猛烈扫射，南乡茂章见势不妙，欲想摆脱黄莺的攻击时，我空军勇士黄莺翻腾上下，穷追不舍，最后黄莺拼死相撞，终于将南乡茂章座机撞毁下坠。敌机群在失去指挥后，队形即乱。这时，负伤后的黄莺发现我一僚机遭 3 架敌机围攻，即直冲向下，在击伤敌机一架后，黄莺的战机遭 7 架敌机围攻，因以寡敌众，壮烈殉国。

黄莺烈士小传（台湾空军指挥部档案）：

黄烈士莺，原名郭，广西省宜山县人，生于中华民国二年（1913 年）六月二十五日。世业农，家境清贫，有姐一弟三。烈士自幼颖慧好学，刻苦自励，为亲友所器重，资助入学；在广西大学肄业二年，转入中央军事政治学校南宁第一分校，又转入广西航空学校第二期毕业。历任广西航校助教，飞机教导第一队、第五路军飞机大队第二中队飞行员，中央空军第三大队第八队少尉本级队员。烈士天性孝友，温文尔雅，能文能诗，待人接物，谦恭有礼，为师

黄莺

友所敬爱。飞行技术及科学知识，均甚优良。少时在家自制炸药猎虎，误将己家家犬炸死，亲属以为危险，遂禁止其自制炸药。思想敏捷，决断力尤强，可以其婚姻为例。他平时很少注意婚姻问题，但一遇到意中人，即其妻劳氏，立即结婚，自认识至举行婚礼，还不到24小时。

1938年1月，黄莺随队至甘肃兰州接收新机。2月，返湖北樊城训练。28日敌机九架袭襄樊，烈士随第七队队长吕天龙，英勇作战，发弹最多，敌机仓皇投弹后，向东逃去，这是他在队中初露头角。

3月18日，第三大队大队长吴汝鎏率孝感第七队及信阳第八队E-15机10架，出发鲁南，协助陆军攻击敌军阵地，黄莺参加是役，返防途次，在临城滕县间击落敌八八式重轰炸机两架。3月25日，吴大队长又率机14架，飞往台儿庄炸敌，归途离归德不远，我机只有10架，与敌方加籘大尉率领之九五式驱逐舰机27架作遭遇战。黄莺向上抢得一万英尺高空，立刻便有敌机三架来包围他，他不慌不忙射落敌机一架，而另一敌机则居高临下，黄莺乃躲到其垂直线下方死角，使敌无法见到，又突跃至敌尾后将其射落。敌方著名四大天王之一的加藤大尉，即毙于是役黄莺之手。

4月10日，第三大队副大队长林佐率E-15机七架，自信阳起飞，至归德，会同第四大队机，共为18架，飞至枣庄轰炸敌军。返航至虞城附近，遇敌机20余架，均为九六式，性能优良，激战良久。林副大队长被敌机两架包围，黄莺时在高空担任戒备，冲下救援，始将该两机冲散。旋见敌机一架尾追我友机不舍，黄莺乘敌不备，将其击落。是役敌机被击落四架，重伤两架，我机三架被毁，第三大队队员梁志航、第四大队队员孙金铿阵亡，黄莺与第七队长吕天龙受伤。事后黄莺曾提出一个问题就是："空军要机动化；我们出发轰炸敌人，因加油或休息的必要，往往来去就是一条航线，容易为敌人所算，所以务须机动化，使敌人捉摸不定，劳而无功。"

5月11日，黄莺随队飞新会三灶岛炸敌机场。7月18日，敌分批空袭南昌，第一批是轰炸机六架，驱逐机八架，第二批是敌九六式舰上爆击机八架。我机五架，刚到南昌，敌机窜入市空，其领队机尚未发现我机，以为偷袭得手，即向机场投弹。黄莺机一架突向敌领队机射击，翻腾上下，紧追不舍，终与该领队机相碰，火花迸裂，结果敌领队机向下直坠。敌机以失却指导，队形遂乱，黄莺乃取得向下射击。在此期间，敌高空掩护机群，亦相率下降，加入战斗。黄莺忽见一僚机为敌三架包围，形势甚急，遂舍敌赴援，直冲向下，击伤敌机一架，以解其围，但上层敌机，立以七架向黄莺包围，黄莺以众寡之敌，牺牲殉国。生前因功奉颁三星星序奖章。追赠中尉。遗有父母及妻劳氏。宜山县民众为之立碑于公园内，以纪念忠烈。

黄莺烈士牺牲后，国民政府主席蒋中正题写挽联"精忠报国"四字，以褒扬之。

还有的说法，即日本"四大天王"没有潮田良平，应是加藤建夫。此人仗着技术优良，狂妄自大，公开挑衅中国空军。

1938年1月31日，日机30架轰炸洛阳时，号称日本空军"四大天王"之一的加藤建夫上尉丢下一白布战表，上书：

尊敬的中国空军战斗员：
勇敢的中国空军战斗员，对你们的战斗精神，吾人深表敬意。吾人欢迎中国战斗员，来战场上空决一胜负。
日军战斗员加藤大尉

几日后，山东兖州日军机场，飘落下来中国空军的应战书。

日本空军战斗员：

前日接到贵队之战书，言欲与本军作一胜负为欢迎，吾人也准备领教……

中国空军战斗队

时隔二月余，气焰嚣张的加藤在黄莺 E-15 歼击机重炮之下，仓皇逃命，折戟撞山，粉身碎骨。有意思的是，在清理加藤的遗物时，发现了他日记中的一段内容：

我回忆在太湖上空与刘粹刚 2401 号遭遇战时，他的驾驶术特别熟练而狡猾，射击也准确，他是赵云（赵子龙）式的勇士。尤其在飞机即将失速，万分危险时刻的一个巧妙的急转，顷刻间使不利地位变成优势的绝招……

可见，日本技术高超的飞行员也非常注重对中国空军优秀飞行员的了解和研究，并有一套对付的办法。他们在日本空军中享有崇高的声誉。因此，"四大天王"被中国空军击毙，沉重地打击了日本空军的士气。

◎ 29. 兰州空战痛歼九六

1937 年淞沪战役爆发，中国正式对日宣战。在保卫上海南京的战役中，中国空军昼夜出击，轰炸日军军舰、兵营、阵地等目标，使日军伤亡惨重。但中国空军损失更大，用于作战的轻型轰炸机均损失殆尽，亟须补充飞机成了当务之急。1938 年 10 月，日本空军无情地轰炸了广州两星期之久，炸死市民三千余人。10 月 21 日广州沦陷。此时中国唯一可以从国外获得援助的海运交通线完全被封锁。不久英国政府又封锁了滇缅公路，我国外援几已断绝。

唯有苏联政府通过西北方面援助我国一些作战物资，其中包括 E-15、E-16 战斗机和少量轰炸机。因此，日本政府千方百计要切断我西北的对外通道，并多次派遣九六式轰炸机对兰州地区进行空袭。

甘肃省的省会兰州，当时不仅是整个西北政治经济文化的中心，也是陕西、甘肃、宁夏、青海、新疆五省的交通枢纽，它北临黄河，南倚贺兰山，倚山傍河形势十分险峻，历来为兵家必争之地。为保障西北空中航线畅通无阻，中国空军在兰州设置了军区司令部，并以兰州东门外原有的拱星墩机场为中心，在兰州的周边地区修筑多个机场，如在北边的中川村、东边的东古城、西边的西古城都修建了机场，还将临洮县原有的机场予以整修，形成了一个卫星式的"机场群"。

空军驱逐总队于 1938 年冬天从四川凉山迁至兰州西古城，担任驱逐总队队长的刘炯光和副队长毛瀛初，负责整训空军各驱逐部队和新机训练工作。受训部队分别驻在西古城机场和兰州机场附近，与驱逐总队同驻在西古城机场的还有空军第 15 队，该机场为边长八百米的四方形，跑道、滑行道、停机坪都是夯实的黄土地，设施虽然简陋但无碍于飞机的起落。担任西古城防空作战任务的空军第 15 队可作战的飞机仅有 3 架旧式 E-15 机。驻守在拱星墩机场担任兰州防空作战任务的第 17 队，有比较新型的 E-15 型战斗机 10 架。

1939 年春节期间，空军各队每天仍照常进行飞行训练。2 月 20 日上午（正月初二），第 15 队在完成当天的飞行训练回到地面后，就听说日军曾出动三十多架重型轰炸机，分别侵袭兰州和宁夏的中卫县，遭到第 17 队的迎头痛击，第 17 队在没有人机伤亡的情况下击落了 3 架日机。他们知道日本鬼子是绝不会就此善罢甘休的，因此各队的飞行员们个个摩拳擦掌，严阵以待。

23 日那天（正月初五），兰州地区天气十分晴朗，第 15 队完成了上午的飞行训练以后，飞机返回地面接受加油检修，准备下午继续训练。当天轮值的第 15 队副队长余平想和队员陈崇文、李德标吃罢午饭，正准备到候机室去值勤时，突然接到总部命令，说有多架敌机从山西运城机场起飞，绕道向西北方向飞来，有侵袭兰州的可能，总部命令他们立即检查飞机准备出击。

驱逐总队副队长毛瀛初登上一架 E-16 战斗机，第 15 队余平想、陈崇文和李德标各自登上一架 E-15 战斗机。系好保险伞和安全带，开大发动机油门试车，飞机一切正常，便立即起飞。

他们在空中编好队形，一路向东攀升，很快就与第 17 队队长岑泽鎏和副队长马国廉，队员刘敬光、叶思强、叶炳其、陈桂民、徐吉骧、严均、郭耀南、任肇基驾驶的 10 架 E-15 战斗机在空中会合。

这时太阳的位置正好在我军的后上方，来袭的敌机正向西北方向飞来，我军的飞机恰在敌机与太阳中间，这是十分有利的。因为敌机在飞

中日兰州空战

240

行中受到前方耀眼阳光强烈的照射，不容易发现我们，而我军则是背光，很远就可以发现目标。飞机在怒吼中前进，蔚蓝色的天空中万里无云，能见度极佳。俯瞰大地，只见山岭起伏，黄河及其支流银带似地萦绕在兰州地区的周围。向北远眺，隐约可见无垠的大漠沙海。为了保卫祖国的锦绣山河，勇士们一面攀高，一面全神贯注地搜索着敌机的踪影，同时做好战斗准备，一旦发现敌机，便先发制人地给敌机毁灭性的打击。

余平想、陈崇文、李德标三机呈"品"字形飞行，骤然间，在很远的天边发现一大片耀眼的亮光，那正是日寇的九六式轰炸机群，受到阳光照射后折射出来的闪光。长机余平想迅速摇动机翼向陈崇文、李德标示意："前方发现目标。"（那时中国空军还没有空对空的无线电通信设备，只能依靠这种方式联络）陈崇文和李德标即摇动机翼向长机表示："明白"，然后各自发射机枪数发，一方面是检查机枪是否正常，另一方面也是提醒大家注意。在长机的率领下，3人修正了航线，占取了有利位置和航向角度之后，决心把这送上门来的东洋鬼子干掉。

这次日军出动的九六式轰炸机上装有活动机枪三挺，两挺在机背，一挺在机腹。而我空军的E-15机上则装有口径为7.62毫米的机枪，有效射程为300米，因此只有与敌机近距离交锋，才能给敌机以毁灭性的打击。

离敌机越来越近了，刚才耀眼的闪光，渐渐变成了一架架巨大的飞机，看到敌机身上的膏药标志，陈崇文更是怒火中烧，因为在四个月前，他的二弟陈家灼就是在兰州上空牺牲的，这正是：国仇家恨齐上心头，不灭倭寇誓不罢休。

根据以往空中演练的经验，对头攻击，命中率较低；从后上方攻击，命中率可达百分之八九十。现在正是从后上方向敌机展开攻击的绝好时机。余平想和陈崇文、李德标各自把座机从4500米的平飞航线上拉高，继而向右倾侧，再推机头朝着下面低500米迎头飞过来的日本九六式轰炸机群俯冲下去，按住机枪按钮，机上的两挺机枪子弹成串射向敌机。

这时敌机也组成火网，子弹如流星雨般的向我方射来。

早把生死置之度外的我空军勇士，待一轮攻击结束后，立即将飞机由俯冲改为向上爬升，再将飞机拉向右侧转，扭转机头，飞至敌机群后上方，再推头俯冲，瞄准目标连连发射。勇士们不失时机地向敌机发起一轮又一轮的攻击，越战越镇定，越打越狠，越战越勇。只见一团又一团巨大的火球往下坠落，着地之后，烈焰四散，范围颇广。又见一架又一架敌机在空中爆炸，一个又一个火球在空中燃烧，复仇的烈焰把大西北的天空燃烧得通红。

1939 年 2 月 20 日和 23 日两天（正月初二和初五），这是中国人民八年抗战史上值得纪念的日子。在保卫兰州的空战中，日军出动了六十多架九六式轰炸机空袭我兰州地区，遭到中国空军第 17 队和第 15 队的 14 架飞机的迎击，两队共击落敌机 18 架。中国空军在敌强我弱、敌多我少的情况下，竟无一人伤亡，飞机也都安全着陆，创下了八年抗战中一次歼灭敌机数量最多的纪录。

1939 年 3 月初，在兰州空军成立一周年的时候，空军兰州司令部在兰州大戏院举办了一次盛大的纪念和祝捷大会。航空委员会黄秉衡将军专程前往兰州，向所有参战人员颁奖。

驱逐总队副队长毛瀛初和第 17 队分队长刘敬光荣获两星星序章，余平想、陈崇文、李德标等参战人员各荣获一星星序章一枚，奖励他们各击落敌机一架。空中英雄们并收到兰州各界民众赠送的刻着"功盖戚俞"字样的银杯和丝织飞行巾作为纪念。

生活中常常有一些意料不到的趣事。1951 年 10 月，已是空军上校的陈崇文和李德标，在台北会晤了一个名叫雷震宇的日本人，这个起了个中国名字的日本人恰恰是当年参加兰州空战的幸存者之一。

雷震宇一脸严肃地问："陈先生，李先生，1939 年的 2 月 20 日和 23

兰州空战后的慰劳空军大会

日，阁下可知道贵国空军一共击落我日本飞机多少架？"

李德标回答："当年经过我国有关部门，从陕西甘肃两省捡获的日本飞机残骸统计，共击落 18 架。"

听了李德标的回答，雷震宇不无伤感地说："当时我是日本空军的一名中队长，那次我率领了 9 架轰炸机袭击兰州，我们起飞的机场是贵国的山西运城，我回到运城后数一数我领回来的飞机，连我的座机只有 3 架，所以，我认为你们击落的飞机可能不止 18 架。"

李德标淡淡地回答他："那不是你我私人之间的问题，而是两个国家和民族的悲剧。"

雷震宇说："是的，可是话又要说回来，那一次空战是我充任轰炸机驾驶员以来，遭受攻击最激烈、损失最惨重的一次。"

陈崇文则以儒雅而宽容的口吻对雷震宇说："从前我们在空中相遇乃是敌人，如今不再打仗了，我们都是驾驶飞机的过来人，可以说是同行，只要我们不再打仗，也就成了朋友，孔夫子不是说过吗？四海之内皆兄弟也。"

是啊，作为胜利者，我们中华民族可以用博大的胸怀去宽恕过去的敌人。但是这八年抗战的历史，每一个中国人都是绝不可以忘却的。

【陈崇文先生 1949 年去台，曾任台湾"国防部第四厅"副处长，1984 年 5 月在台湾去世。李德标先生后移居美国洛杉矶。】

附：陈崇文先生年轻时戎装照及李德标先生的照片。

陈崇文

李德标

◎ 30. 璧山空战，折戟沉沙

1938 年 10 月，武汉保卫战失利后国民政府内迁四川，重庆也成了战时的首都，也成了全国政治、经济、军事、外交、文化的中心，势必成为日本侵略者轰炸的重点。在 1938 年 2 月至 1943 年 8 月的 5 年半时间内，丧心病狂的日本空军不间断地对重庆地区实施狂轰滥炸，轰炸规模之大，损失之惨烈，足可与第二次世界大战期间德国法西斯对英国伦敦的大轰炸相提并论。大轰炸期间，日寇共炸死我无辜百姓 11889 人，炸伤 14100 人，炸毁房屋 17608 幢，山城半壁被炸成废墟。在侵略者的兽行面前，炸不垮、吓不倒的重庆人民以钢铁般的意志铸就着这座永不言败的英雄城市。面对严峻惨烈的战势，英勇的中国空军在飞机数量和性能远远落后于日本空军的劣势下，依然不畏艰难，前赴后继，奋勇抗敌，与四川人民一道，坚持反空袭，反轰炸，为夺取抗日战争的最后胜利做出了巨大的牺牲和贡献。

1940 年 5 月 1 日，日军发动了宜昌战役，5 月 2 日，侵华日军大本营陆军部指示："中国派遣军总司令官可自今日起实施空中进攻作战。"

5 月 13 日，侵华日军派遣军总司令部和日本海军中国方面舰队司令部达成了轰炸中国大后方的"陆海军中央协议"，企图通过对重庆、成都的政治军事目标的轰炸，加以地面进攻，彻底击垮中国军民的抗日意志，并将这次战略行动称为"101 号作战"。

日军对重庆的大轰炸

在"101 号作战"期间，日陆军出动 21 批，904 架次；海军出动 54 批，3651 架次；共投弹 27107 枚，达 2975 吨。其中对重庆市区内的空袭出动飞机 2023 架次，投弹 10021 枚。按日本方面的档案统计，敌与我交战 607 架次，被我击落 16 架，387 架中弹，死亡 89 人，失踪 22 人。根据相关记录，1940 年内，中国空军进行空战 61 次，击落敌机 32 架。我方被击落、击毁 29 架，64 架损伤。到年底，各式作战飞机仅存 65 架。飞行员阵亡 14 人，失踪 4 人，与飞机的损失相比，飞行员的牺牲更为令人痛心。

1940 年 8 月 11 日，日本空军出动 90 架战机组成的大编队空袭重庆，中国空军 4 大队队长郑少愚率 27 架战机和第 3 大队的两架战机起飞分批拦截敌机，在敌多我少的情况下，郑少愚与战友们奋起抗击，仅以 6 架战机飞临日机大编队的上空，炸散了敌机的大编队，并连续发动攻击，一举打下敌机两架，击伤多架。

8 月 19 日，日本空军 12 架最新的零式舰上战斗机从宜昌基地出发，首次对重庆轰炸实施护航。中国空军在拦截敌机时，却没有与敌零式战斗机遭遇。翌日，日寇又出动 141 架飞机轰炸重庆，这一天，敌机对重庆市区轰炸了 4 次，西部商业区、郊区、江北区均遭到毁灭性破坏，38 处起火，殃及 2000 多户居民及商店，死伤逾千。

入秋后的重庆，雾尽云散，日寇趁天气晴朗，对重庆频频发起空袭。早已部署好集中兵力、以大编队抗击来犯之敌的中国空军，如在弦之箭，闻令即发。

1940 年 9 月 12 日，日本出动零式驱逐机窜犯重庆，中国空军即出动大机群围攻敌机。由于时间差的关系，彼此再一次错过。敌机在返航前对我广阳坝机场进行了扫射，我空军由于各机耗油量不同，在请示返航后，许多燃油告竭的飞机竞相降落在白市驿机场，各机加满油后纷纷飞返成都方向，降落在温江机场。唯有第 4 大队郑松亭中尉的 E-15 由于降落时机轮轮轴损坏无法起飞而独自停留在白市驿等待备件。

1940 年 9 月 13 日上午 8 时 10 分，18 架敌机由武昌起飞向西；8 时 24 分，11 架敌机由武昌起飞向西；8 时 25 分，27 架敌机由汉口起飞向西。9 时 50 分，我方在官店口发现 27 架敌机向西飞，10 时 09 分通过小关，10 时 57 分过长寿，另有 9 架于 10 时 41 分过龙驹坝，并继续往西飞行。11 时 10 分，两架敌侦察机先后飞抵重庆上空，11 时 20 分，多架敌机飞过隆盛，11 时 24 分过茨竹，逼近重庆上空。11 时 30 分，9 架敌机在南岸俯冲投弹后往东飞去。11 时 35 分，第二批 27 架敌机在国府路、上清寺两路口投弹。

为了歼击来犯之敌，10 时 45 分，中国空军第 4 大队队长郑少愚率第 1 编队 10 架 E-15 式驱逐机，第 2 编队由第 23 中队队长王玉琨率 9 架 E-15 驱逐机，第 3 编队由第 3 大队第 28 中队队长雷炎均率 6 架 E-15 驱逐机，第 4 编队由第 24 中队队长杨梦清率 9 架 E-16 驱逐机，由遂宁机场起飞迎战。E-15 组成的品字形编队在前，E-16 编队在后掩护，在发现重庆地面已遭轰炸后，我空军正欲前往追赶敌机时，接到我空军第一司令部的命令：飞回遂宁加油。就在我机群飞回遂宁机场加油的途中，在重庆白市驿西十公里左右的璧山处，突然有多架敌机从左侧向我机群发起偷袭。

原来狡猾的敌人布下了一个迷魂阵，日本第 12 航空队的近藤大尉率领 13 架零式战斗机，在九六式陆攻机轰炸重庆后返航时，他们佯装一起返航，在接到其三菱式侦察机的通报后，便杀了一个回马枪，一场血战不可避免地打响了。

据曾经参加璧山空战的徐华江（徐吉骧）回忆：

> 我从成都温江机场飞抵遂宁机场落地后，立即加油，不到五分钟，就接到上级电话，命令我们立即起飞，那时是上午 10 时 45 分。我机分四个编队先后起飞，4 大队大队长郑少愚率领 10 架 E-15，23 中队队长王玉琨率领 9 架 E-15（我是第 23 中队第 2 分队第 2 号机），3 大队第 28 中队队长雷炎均率领 6 架 E-15，24 中队队长杨梦清率 9 架 E-16（包括 8 中队 3 架），总共 34 架，由遂宁飞往重庆迎战。当时有部分飞机是赶修出来的，有的尚未来得及试飞。飞行途中，有两至三架飞机发现机件不正常而不得不返航。

11 时 42 分抵达重庆上空后发现日寇的一群轰炸机，在其上方有模糊不清的白色闪光点（此即为日寇战斗机群，因相距甚远故无法看清）。我方飞机在重庆上空盘旋两圈后，地面监视哨又发现在奉节附近有 9 架敌机往西飞，乃命我战机飞返遂宁。12 时 01 分，我机群飞往遂宁并略降高度，E-16 机群在后，飞行高度约 6000 英尺，E-15 机群高度约 4500 英尺，在白市驿西 10 余公里的璧山处，我方突然发现有敌机 30 架左右，向我 E-16 机群发起袭击，战斗由此开始。我方与敌驱逐机发生遭遇战后，中队长杨梦清飞机中弹冒烟跳伞阵亡。

第 2 分队领队蔡名永，遭敌机袭击后，即俯冲拉起机头向敌机反击，并作半滚状向我机脱离。

队员佟明波发现敌机多架由后方来袭时，乃向敌机前方发起攻击一次后，由敌机上方斜方向上升后倒转脱离。敌机则利用大速度上升，始终占据高位，以一部分掩护，一部分攻击。此时，佟明波加入我 E-15 机群的战斗圈内战斗，鏖战十多分钟后，在高度仅 500 米左右，方始脱离战斗。

队员伍国培，见敌机从上方来袭，即急速避开，并力争有利的攻击位置，向敌机发起射击，再从敌机前下方用半滚脱离。

第 3 分队领队龚业悌与敌机激战时，飞机中弹 5 发，足部受伤后，降落在白市驿机场。

分队长周廷雄遭敌机炮弹多发，飞机即失去操纵。他咬紧牙关，坚持将战机安全降落在白市驿机场。

其余第 2 分队领队蔡名永，队员祝瑞瑜、于学炽、刘孟晋、佟明波、伍国培等 6 机与敌机战斗到飞机油量仅剩 50 余公斤才开始返回遂宁机场。

总领队郑少愚的战机遭敌机左后方的攻击，手足受伤后仍奋勇迎战，援救队友多架。

队员高又新发现敌机由左后上方利用太阳方位向其袭击时，即作急转，敌我之间互相射击，敌机随即上升，高又新在敌机下方向左脱离；并立即由侧面向正在攻击友机的一架敌机发起攻击，但由于操作不良，未得奏效。这时有一架敌机尾随而来，高又新即急作左右转，避开了敌机的瞄准，后见领队摇机翼集合，始前往编队返回遂宁。队员李颐发现友机遭敌机攻击，即左转弯向敌机发起两次攻击，在后一次攻击中，因拉起机头太高而失速下坠脱离战斗圈，后返回遂宁。队员温炎在遭敌机后上方袭击时，当即转弯向敌机发起攻击，敌机急向上方脱逃，温炎立即向左转弯，向敌机发起三次攻击，陷入尾旋下坠，直至改正后又加入战斗。由于我机性能不及敌机优越，故在整个战斗中，仅向敌机射击五次，而被敌机射击则有十余次，战斗20分钟后，向白市驿机场降落。

分队长曾培复在敌机从高位向我第1编队发起攻击后，立即向左上方急转，协助友机向敌机攻击，与敌机搏杀约20分钟后，因滑油箱被击破，加上机枪发生故障，即乘隙脱离战斗，安全返回白市驿机场。

队员黎良，见敌从后上方袭击我第1编队，当即向左上方拉高机首，对准敌机射击，敌机上升后脱离，与敌机接触10余分钟，见我机3架，即跟队返回遂宁。

第3队雷炎均发现敌机后，即率队向敌侧下方施行攻击，敌机向上爬高，雷炎均乃向左转弯脱离，人受微伤。

队员韩文虎，跟随领队正在转弯的时候，遭敌机由左上方偷袭，旋见敌机向右上升，即拉回机首向敌机瞄准，距离约250英尺发射，立即向下脱离，但因高度越战越低，遂脱离战斗，跟随领机返回遂宁。

分队长李廷凯，因未装加油箱，由遂宁跟队飞抵重庆上空后，即降低高度约1000英尺，敌占高位向李廷凯机攻击两次，李廷凯唯恐单机寡不敌众，故加速飞返遂宁。

队长陈盛馨手足负伤，飞机中弹多处，降落在白市驿机场。分队长王特谦、队员王广英二人在战斗中负伤，后跳伞，机毁人安。分队长武振华负伤后迫降在璧山附近，机毁人安。

徐华江在战斗中发现座机风挡前的滑油箱破裂，滑油喷溅到风挡上模糊了视线，只好把头伸出机舱外瞭望，岂料飞行风镜也被扑面而来的滑油覆盖，情急中只好摘掉风镜眯起眼睛将头伸到座舱外，艰难地操纵飞机。格斗中，徐华江发现自己的飞机无论在爬升、滚转、下降、加速等各方面均不如这种不知名的日机，唯有盘旋半径尚可和其稍比高低，虽然他多次占位咬上了日机，但是机枪扳机调得太紧，射击时总是慢半拍，无法抓牢战机。敌机对徐华江的战机连续攻击了十几次，密集的机枪子弹将翼间张线都打得卷了起来，只听见座机四周的防弹钢板被子弹敲得叮当作响，所幸人未中弹。最后，飞机发动机的润滑油流光了，徐华江的E-15战斗机在璧山上空停车。他迅速分析了眼前的情势，决定不跳伞，以免被凶残的敌机射杀。他努力避开日机攻击后，奇迹般地迫降在铜梁村的一片稻田里。飞机被摔得七零八落，幸好燃油、滑油均已耗尽，飞机才没有燃烧。等盘旋在头顶的两架日机离去后，受了轻伤的徐华江才从飞机残骸里爬出来，当时璧山上空的空战还在激烈进行着。

第 23 中队第 2 分队长机王广英回忆：11 时 42 分，我方正在空中搜索敌机时，发现重庆市区已遭轰炸，敌机已经向东飞去，待我机正要追赶时，领队机获知后面还有敌机，命令大家飞返遂宁机场加油，于是各僚机跟随长机改变航向返航。

返航途中，王广英突然发现从高空中直窜下一群白点，以飞快的速度冲向我方的 E-16 机群，瞬间，E-16 的带队长机、第 24 中队长杨梦清的战机中弹起火下坠。"有日机偷袭！"危险迫在眉睫！王广英立刻用双腿夹住操纵杆，双手竖起大拇指高高举起，示意后方两架僚机爬高成战斗队形，僚机康实忠立刻爬升，而另一僚机李颢一时没有领会，王广英再次指向日机，李颢这才发现敌机，但他没有爬高占位，反俯冲而去。王广英拼命摇晃手臂要求他返回战斗位置，李颢一边不知所以然地回望长机，一边不听使唤地继续下降，王广英只得带领康实忠杀向混战中的机群。

这时多架日机在追逐 E-16，王广英抓准时机，冲入内圈咬上了其中一架敌机，即扣动扳机，但就在这时，一道流弹从后方射入座舱，击碎了仪表盘，幸亏身体的要害部位被钢板挡住，但腹部和腿部还是中弹了，弹片穿入左脚板，顿时鲜血直冒。这时座机左翼又被击折断，失去平衡的飞机立刻进入螺旋状态。凭借离心力的帮助，王广英一解开安全带就被甩出座舱，他忍住剧痛冷静沉着地打开降落伞，悬浮在空中徐徐下降。但敌飞行员仍俯冲过来向他扫射，欲将其击毙。在敌人再次对他扫射后，机智的王广英佯装已被击毙，一动不动继续垂吊，随风刮到树林里，待敌机离去，他才解开伞带扣，落到地面待救。

此时空战已进入白热化状态，数十架飞机搅成一团，敌我难分，枪炮声和中弹后飞机的爆炸声不绝于耳，断翼残片像落叶飘零，跳伞者从空中飘向地面。

由于中国空军各机之间缺乏相互联系的通信手段，混战中只能各自为战，根本无法互相配合支持。而敌机速度之快，性能之优，均超我

E-15、E-16之上，以我机常用的"高速+盘旋"战术根本无法应付，中国空军陷入了前所未有的困境中。唯有以频繁的急转弯来避开敌机咬尾，而这样又耗损能量，导致高度骤降，仅开战5分钟，我方战机即由3500米急降至1000米左右，我机已丧失了进攻能力。

历经半小时左右的激战，中国空军发现这种不知名敌机的续航力远远超过自己的想象，敌机不但没有退却的意向，反倒愈战愈勇，而我方却已无法坚持了，若再战，中国空军仅有的一点战机亦将失去……

第3、第4大队的飞行员们为了保存最后一点实力，只得驾着弹痕累累的战机脱离战场，艰难地返回基地。

第3大队第28中队长雷炎均中尉曾经于1937年随击落日"驱逐之王"三轮宽的陈其光少校，在山西战场以寥寥5机对抗日陆军航空队的加藤王牌战斗机中队，并不示弱。而今天的遭遇让他满襟沾湿英雄泪，悲痛地说："飞机差别太大，根本没有机会还手。"望着伤痕累累的战机和惨烈的损失，在场人员无不黯然泪下。

在这次空战中，我方牺牲10人，受伤8人。空中损失战机13架，迫降损失战机11架，计24架。而日本军方战报称"击落支那空军机27架，大获全胜"。

璧山空战，中国空军铩羽折戟吃了败仗，谁之错？

璧山空战后的第二天早晨，时任军委会委员长的蒋介石召开紧急会议，他批评空军"太不中用了"。并要派大机群前往复仇。面对委员长的指责，在座的空军人员个个心情沉重、委屈。第4大队副大队长刘宗武起立对蒋介石说："我是航校三期生，是您的学生。今天为了救国家，救同胞，我万死不辞，心甘情愿，勇往直前。但是也要让日本人付出一定代价才好。我们的飞机，本来在数量上品质上就都不如他们，如今他们又拿出今年新出的飞机，来打我们十年前的旧货。我们连还手的机会都没有，这样的牺牲有什么意义？我报告您以后，为服从命令，我必定死给您看！"

这掷地有声的悲怆之言足以证明，绝不是我们中国空军贪生怕死不敢打，而是我们的飞机性能实在太差劲了。

客观地评述历史，1940年九一三璧山空战，是日本零式机出战的第一次表演，便取得如此成绩，不能不承认日本航空工业是当时世界的一流水准，在后来的太平洋战争初、中期的空战中，盟国空军也领教过零式机的厉害。在新加坡、菲律宾、关岛，与零式机交战的英美飞行员也深感"震惊"。在中途岛、瓜达卡纳尔，盟军使用的波维斯特 F2A "水牛"、格鲁门 F4F "野猫"性能还在 E-152、E-16-10 机之上，但也很难对付零式机。直到盟军装备了如洛克希德的 P-38、共和的 P-47、钱森、沃特 F4U、格鲁门 F6F 等大批性能超过零式机的战机，直到日本空军精英在太平洋屡遭重挫，直到盟军俘获了完整的零式机，经过反复研究，彻底摸透零式机的底细之后，盟军才开始在空战中获得优势，而那已经是 1943 年以后的事了。所以当时中国空军所拥有的苏制 E-15、E-16 哪里是零式机的对手！

在尊重历史事实的前提下，应该承认武器是决定战争胜负的重要因素。

本该在中国航空史上写下悲壮一页的璧山空战，因为我方损失惨重、飞行员牺牲惨烈而尘封多年。我们不能以"不堪回首"而避之不提，我们应该正视历史，所谓知耻近乎勇，百年屈辱史应该是鞭策我们发奋的动力！

【另附：璧山空战的战斗要报，参战人员明细表，参战牺牲人员及损毁飞机详表，参战负伤人员及损毁飞机详表】

中国空军司令毛邦初先生在《1940 年 9 月 13 日璧山空战的战斗要报》中所述：

9 月 13 日于空军第一路司令部（廿九年）

甲：敌情一：据情报电台报称：8 时 10 分，敌机 18 架由武昌起飞向西，8 时 24 分，敌机 11 架由武昌起飞向西，8 时 25 分，敌机 27 架由汉口起飞向西。

二：据重庆情报所报称：9 时 50 分，官店口发现敌机 27 架向西飞，10 时 09 分通过小关，10 时 57 分过长寿；另 9 架于 10 点 41 分过龙驹坝西进中。

三：11 点 10 分，敌侦察机两架先后飞临市空监视，11 时 20 分，敌机多架过隆盛，11 时 24 分过茨竹，逼近市空；11 点 30 分，敌机 9 架在南岸俯冲投弹，旋即东逸；11 时 35 分，第二批 27 架在国府路、上清寺两路口一带投弹逸去。以上所述与敌机动向图略有出入，因动向图系事后整理，非当时之实际情形。

我军状况：

一：我 E-16 式机 9 架，E-15 式机 25 架，先后于 10 时 45 分及 11 时 03 分由遂宁起飞，11 时 42 分到达渝市遥见敌机大编队一群。上有模糊之白点若干（按即系敌驱逐机）。该批敌机投弹后即东逸，因我距离过远，未予追击，即于市空环绕两圈，此时敌轰炸机投弹后已远遁。

遭遇敌驱逐机及战斗经过：

11 时 57 分，敌轰炸机逸去后，而奉节又发现敌机 9 架西进，乃命我机飞回遂宁。12 时 01 分，我机群于白市驿西方 10 余公里处对正遂宁航向飞行。E-15 群之高度约为 4500 至 5500 米，E-16 群在其上，高度约 6000 米。此时突右敌机约 30 余架，大小两种型式，大者收轮有座罩及无线电杆机枪约六挺，内一挺似为 2.5 厘米以上口径之小炮。小者为九七式，数较大者少，均由左侧向我机群袭击。与 E-16 群首先接触，E-15 群亦随即应战。敌机以其优越之性能，升高及脱离均能操纵自如，纵虽坠入我机射程之内，不一秒钟，亦即兔脱远去。鏖战约 20 分钟，我机受伤颇多。战斗中我两机飞行员跳伞，数架被击落，5 架迫降白市驿。总领队郑大队长虽手足均受弹伤，但仍奋勇迎敌，援救友机多架，战斗终结，掩护各机飞返遂宁。渝市始于 13 时 50 分解除警报。

战斗结果：

综此战役，我机伤损 11 架，13 架毁，人员伤 9 员，阵亡 10 员。至于敌机，则有数架冒白烟，历久未消，当是受伤（但尚未获得地面发现敌残机报告）。又有敌机之机翼断片由空坠下者（亦尚未获得地面报告，恐是敌下油箱坠落之误）。又当日空战时白市驿附近监视哨报，见敌机坠落两架（嗣该哨复报，前报坠落系敌机俯冲低飞之误）。

得失检讨：

此次役敌以最新机种参加空中各兵种之联合战斗，以其九七式对我 E-16，另以其较九七为优越之一种专对我 E-15 式，背向太阳，利用高度分为上下二层，向我分进突击，综其性能速度，均较我为优越。我机则以性能关系，利于 3000 米高度作战，故敌先占高度之优势。我机性能太差，速力、升空力、火力均较敌机远逊，除防御外，几无还击之机会。故全战斗中，我机之取得发射之机会实属寥寥，胜败之因果昭然若揭。幸我军精神旺盛，始终团结一致，虽伤亡惨重，但无一离队者。亲爱精诚，生死与共，实为此次减少损害之总因。而爱护器材之心由切，虽于人机两均受伤之困苦中，均能将飞机勉强飞回基地，此点确为难能可贵。

璧山空战参战人员明细表

1940 年 9 月 13 日

（民国二十九年九月十三日）

隶属	职级	姓名	飞机种类及号码	备考
第 4 大队第 1 群领队机及总领队	大队长	郑少愚	E-15/2101	伤右手、左足，机伤
第 21 队	队长	陈盛馨	E-15/2301	伤左手，机损
第 21 队	分队长	王特谦	E-15/2108	伤左足，机毁
第 21 队	分队长	武振华	E-15/2116	伤胸腰，机毁
第 21 队	队员	司徒坚	E-15/2123	阵亡，机毁
第 21 队	队员	孙伯宪	E-15/2123	第 21 队
第 21 队	队员	黄栋权	E-15/2104	阵亡，机毁
第 21 队	队员	余拔峰	E-15/2115	阵亡，机毁
第 21 队	队员	高又新	E-15/2107	机损
第 22 队	分队长	龚业悌	E-16/7533	足伤，机损
第 22 队	队员	李骥	E-15/2133	阵亡，机毁
第 23 队	队长	王玉琨	E-15/2323	第二群领队机
第 23 队	分队长	曾培复	E-15/2327	伤足，机伤

隶属	职级	姓名	飞机种类及号码	备考
第 23 队	队员	温 炎	E-15/7127	机损
第 23 队	队员	刘英役	E-15/2309	阵亡，机毁
第 23 队	队员	徐吉骧（后改名徐华江）	E-15/2310	人微伤，机损
第 23 队	队员	黎良	E-15/2328	第 23 队
第 23 队	队员	王广英	E-15/2308	伤腿，机毁
第 23 队	队员	康保忠	E-15/2306	阵亡，击毁
第 24 队	队长	杨梦清	E-16/2415	第 4 队领队机，阵亡，机毁
第 24 队	队员	李延凯	E-15/2136	
第 24 队	队员	祝瑞瑜	E-16/20405	
第 24 队	队员	佟明波	E-16/2414	
第 24 队	队员	刘孟晋	E-16/2424	
第 24 队	队员	伍国培	E-16/2422	
第 24 队	队员	蔡名永	E-16/713	机伤
第 24 队	队员	周廷熊	E-16/703	机损
第 24 队	队员	于学炽	E-16/2407	机中一弹
第 27 队	队长	雷炎均	E-15/3208	第 3 队领队机，人机均伤
第 27 队	队员	张鸿藻	E-15/2201	阵亡，机毁
第 28 队	分队长	曹飞	E-15/2208	阵亡，机毁
第 28 队	分队长	韩文虎	E-15/2811	
第 28 队	队员	雷廷枝	E-15/2113	阵亡，机毁
第 32 队	分队长	何觉民	E-15/3206	阵亡，机毁
合计		参战飞行员 34 人	出动战机 34 架	

参战牺牲人员及损毁飞机详表

职 级	姓 名	伤亡	机种编号	备 考
第23队分队长	何觉民	亡	E-15 3206	随机坠落，鼻梁骨中弹穿入脑内，下颌裂，右臀复杂骨折。E-15 3206被击落坠毁
第28队分队长	曹飞	亡	E-15 2208	空中被击，随机坠落，颅底骨折，右耳部切伤，口鼻流血。E-15 2208被击落坠毁
第28队队员	雷廷枝	亡	E-15 2113	空中被击重伤，随机坠落，头颅压碎，腹部破裂，上下肢复杂骨折。E-15 2113被击落坠毁
第23队中尉本级队员	康保忠	亡	E-15 2306	空中飞机重伤，人跳伞，复坠于树上，头椎骨折，面部切伤，左踝骨折。E-15 2306机重伤，人跳伞后坠毁
第23队中尉本级	刘英役	亡	E-15 2309	空中飞机重伤迫降，人面部及体上下肢复杂骨折。E-15 2309毁，空战迫降
第27队队员	张鸿藻	亡	E-15 2201	空中飞机着火，人跳伞，颈部火伤，右下腿骨折，脑震荡毁。E-15 2201空中着火焚毁
第21中队中尉本级队员	余拔峰	亡	E-15 2115	空中被击重伤，随机坠落，头碎，下肢碎断，腰及臀部骨碎。E-15 2115被击落坠毁
中尉本级队员	司徒坚	亡	E-15 2123	空中被击断右腿骨，跳伞，颅底骨折，颜面切伤，两小腿复杂骨折。E-152123空战被击伤，人跳伞后坠毁
第21中队	李颢	亡	E-15 2133	机毁人亡
第21中队中尉本级队员	黄栋权	亡	E-15 2104	空中被击重伤，随机坠落，身粉碎。E-15 2104被击落，坠毁
第24中队上尉本级队长	杨梦清	伤亡	E-16 2415	空中飞机中弹着火后跳伞，致脑震荡，面颈均灼伤，左腿骨折断
合 计		牺牲10人（11人）		毁机11架

30.璧山空战，折戟沉沙

国民党正面战场空军抗战纪实

参战负伤人员及损毁飞机详表

职级	姓名	负伤	机种编号	损伤毁原因
第4大队 上尉本级 大队长	郑少愚	伤	E-15 2101	右手弹伤，左足部破片伤，被敌击中，仪器板分裂，无线电机中1弹，上翼中5弹，下翼中14弹，第7片块中1弹，螺旋桨中2弹，左机轮中2弹，机身中18弹，人机均伤，飞回基地
第21队 上尉本级 大队长	陈盛馨	伤	E-15 2301	被击穿左手掌，E-15 2301损。机身左前面中21弹，左方向舵操纵线击断2条，右断1条，螺旋桨中部中1弹，裂孔数寸，左排气管中一弹，包皮中9弹，左轮腿中3弹，左下轮根中3弹1炮弹，下油箱中2弹，安定面左支柱中1弹，面上中3弹，方向舵升降各中1弹，中翼中5弹，左上翼中2弹。人机均伤，飞回基地
第21队 中尉本级 分队长	王特谦	伤	E-15 2108	弹伤左足。E-15 2108空战，钢线折断，机翼脱落，人跳伞。该机系二十七年（1938）年10月接受，发动机曾换过一次
第21队 中尉本级 分队长	武振华	伤	E-15 2116	左手掌弹伤，胸部及腰部碰伤，E-15 2116毁。空战被击伤，迫降翻毁
第22队 中尉本级 分队长	龚业悌	伤	E-16 7533	弹伤足部。E-16 7533损，左中翼中2炮，左前方机身因炮弹爆裂炸伤多处，机身前上方中2弹，滑油箱中1弹。人机均伤，飞回基地
第23队 中尉本级 分队长	曾培复	伤	E-15 2327	弹伤足部。E-15 2327伤，右上翼中6弹，左上翼中3弹，右起落架中1弹，右支柱中1弹，安定面中5弹，升降舵中3弹，方向舵中5弹，机身头部中13弹，右机轮击破，滑油箱击漏。人机均伤，飞回基地

职级	姓名	负伤	机种编号	损伤毁原因
第23队中尉本级队员	徐吉骧	伤	E-15 2310	微伤。E-15 2310 损，中弹 30 发，发动机被击，空中停车，该机落遂宁，中弹部位待查
第23队队员	王广英	伤	E-15 2308	伤，左腿部关节被击断。E-15 2308 毁，跳伞坠毁
第27队上尉本级队长	雷炎均	微伤	E-15 3208	伤。E-15 3208 伤，中弹数十，该机落遂宁，中弹部位待查
第21队少尉本级队员	高又新		E-15 2107	E-15 2107 损，中弹四十余，该机落遂宁，中弹部位待查。
第23队中尉本级队员	温炎		E-15 7127	E-15 7127 损，发动机右前包皮中 1 弹，发动机中 3 弹，左上翼中 3 弹，右上翼中 2 弹，左下翼中 4 弹，右下翼中 3 弹，中翼中 2 弹，方向舵中 3 弹，直尾翅中 2 弹。飞回基地
第24队中尉本级队员	蔡名永		E-16 713	E-16 713 伤，机身中一弹，人安全
第24队中尉本级队员	周廷熊		E-16 703	损，发动机右前包皮中 1 弹，发动机中 3 弹，左上翼中 3 弹，右上翼中 2 弹，左下翼中 4 弹，右下翼中 3 弹，中翼中 2 弹，方向舵中 3 弹，直尾翅中 2 弹。飞回基地
合计		受伤9人		飞机伤 11 架，毁 13 架

烈士简历

曹　飞：广东　少校　生于 1909 年 10 月　海军航空班

何觉民：广西　上尉　生于 1915 年 6 月　广西航校

黄栋权：广东　上尉　生于 1917 年 10 月　空军官校第七期

康保忠：山东　中尉　生于1916年6月　空军官校第八期

雷廷枝：广西　中尉　生于1917年　空军官校第八期

刘英役：安徽　中尉　生于1916年11月　空军官校第八期

司徒坚：广东　　生于1918年3月　广东航校第七期

余拔峰：广东台山　生于1913年12月　广东航校第七期

张鸿藻：广东　上尉　生于1914年12月　空军官校第七期航炸班

杨梦清：天津　少校　生于1914年　中央航校第四期

台湾珍藏的空军忠烈录，第272、274、276、280、281页中，有如下记载：

杨烈士梦清：原名春瑞，天津市人。在中央航校第四期毕业。升至空军第4大队第24中队上尉三级中队长。曾独立击落敌机两架。

1940年9月13日，日轰炸机45架，驱逐机9架，袭渝。我第4大队大队长郑少愚率E-15机9架，空军第3大队第28中队中队长雷炎均率E-15机6架，先后飞渝迎战。到渝时，敌已投弹东逸。因另批敌机又将袭川，我机队向遂宁返航。途中，突遇敌驱逐机30架，发生激战。因敌机系最新机种，性能速度均远较我机优越，致空战结果，我机伤亡颇大，阵亡10员，伤者8员。飞机损伤11架，毁13架。敌机亦颇有损伤。烈士之机在空战时被击中，着火跳伞，阵亡。生前因功奉颁二星星序奖章。追赠少校。

刘烈士英役：安徽省怀宁县人。生于中华民国五年十一月十五日。在中央航空学校第六期毕业。历任空军第5大队第29队队员、空军第4大队第23中队飞行员，升至中尉本级。迭次随队参加抗战各役。如二十六年十月六日，在广东乐昌上空搜索敌机，七日及九日，参加广东韶关空战，二十七年五月三十一日及八月三日，参加汉口空战，二十八年五月三日，六月九日、十一日，七月二十四日，八月二日，参加渝市空战，二十三及二十八日，在四川忠县截击敌机，九月三日参加渝市夜间空战，二十九年六月二十八日及七月四日，八月十一日，参加渝市空战，均勇往直前，抱定牺牲决心，曾击落或击伤敌机，博得长官及僚友的称赞。

二十九年九月十三日，日轰炸机45架，驱逐机9架，袭渝。我第4大队大队长郑少愚率E-15机19架，E-16机9架，空军第3大队第28中队E-15机6架，先后飞渝迎战。到渝时，敌已投弹东逸。因另批敌机又将袭川，我机队向遂宁返航。途中，突遇敌驱逐机30架，发生激战。因敌机系最新机种，性能速度均远较我机优越，致空战结果，我机伤亡颇大。阵亡10员，伤者8员。飞机损伤11架，毁13架。敌机亦颇有损伤。烈士在激战中，机身中弹累累，英勇阵亡。追赠上尉。遗妻姜氏。

张烈士鸿藻：广东省东莞县人，生于中华民国三年十一月十一日。在空军军官学校第七期毕业，升至空军第4大队第21中队三级飞行员，参加抗战各役有功。

二十九年九月十三日，日轰炸机45架，驱逐机9架，袭渝。我第4大队E-15机19架，E-16机9架，空军第3大队第28中队E-15机6架，先后飞渝迎战。到渝时，敌已投弹东逸。因另批敌机又将袭川，我机队向遂宁返航。途中，突遇敌驱逐机30架，发生激战。因敌机系最新机种，性能速度均远较我机优越，致空战结果，我机伤亡颇大。阵亡10员，伤者8员。飞机损伤11架，毁13架。敌机亦颇有损伤。烈士在空战中阵亡。追赠上尉。遗妻父母。

康烈士保忠：山东省潍县人，生于中华民国五年六月十二日。在空军官校第八期毕业。历任空军第25队队员、空军第4大队第23中队少尉一级飞行员。

二十九年九月十三日，日轰炸机45架，驱逐机9架，袭渝。我第4大队E-15机19架，E-16机9架，空军第3大队第28中队E-15机6架，先后飞渝迎战。到渝时，敌已投弹东逸。因另批敌机又将袭川，我机队向遂宁返航。途中，突遇敌驱逐机30架，发生激战。因敌机系最新机种，性能速度均远较我机优越，致空战结果，我机伤亡颇大。阵亡 10 员，伤者 8 员。飞机损伤 11 架，毁 13 架。敌机亦颇有损伤。烈士在空战中阵亡。追赠中尉。遗妻父母。

雷烈士廷枝：广西省贵县人，生于中华民国六年。在空军军官学校第八期驱逐组毕业。历任空军第 18 队、空军第 5 大队第 17 队队员、空军第 3 大队第 28 中队少尉三级飞行员。

二十九年九月十三日，日轰炸机 45 架，驱逐机 9 架，袭渝。我第 4 大队 E-15 机 19 架，E-16 机 9 架，空军第 3 大队第 28 中队 E-15 机 6 架，先后飞渝迎战。到渝时，敌已投弹东逸。因另批敌机又将袭川，我机队向遂宁返航。途中突遇敌驱逐机 30 架，发生激战。因敌机系最新机种，性能速度均远较我机优越，致空战结果，我机伤亡颇大。阵亡 10 员，伤者 8 员。飞机损伤 11 架，毁 13 架。敌机亦颇有损伤。烈士在空战中阵亡。追赠中尉。遗妻父母。

◎ 31. 惊心动魄的成都大空战

四川是中国八年抗战中的大后方，可是大后方的战火几乎没有停息过，日本为了迫使中国政府投降，妄图通过对大后方的恐怖性轰炸来摧毁中国人民的抗战意志。所以成都和重庆一样，是日寇战略轰炸的重要目标，成都遭受敌机空袭的损失仅次于重庆。据相关史料记载，自 1938 年至 1941 年，成都多次遭受日机空袭，房屋损毁无计其数，死伤人数达 4000 多人。

"跑警报"是成都人求生存的重要部分。成都古老的城墙上不仅安装了警报器，竖立在城门口高高的木杆上还悬挂着"警报灯笼"。挂上黄色的"警报灯笼"，学校马上停课，集市收摊，店铺打烊，市民纷纷向城外疏散，因为日本飞机将从武汉或宜昌飞来了。一旦挂起红色灯笼，听到一长两短"呜–呜呜！"凄厉的警报声，全城百姓扶老携幼赶快向城外疏散，百姓要跑，政府人员和军警也要跑。如果是黑色灯笼，"呜！呜！呜！"短促的紧急警报响彻全城每个角落，也紧揪住了每个人的心，空中传来敌机马达的轰鸣声。这时，全城戒严，各街道禁止通行，来不及疏散的人只得就近隐蔽。若是晚上，死一样的气息恐怖地笼罩着这座千年古城，成都在爆炸声中震颤，在燃烧，硝烟弥漫，尸横遍地。

> 停车夜宿锦官城，重向御街行。暗中空想楼台景，荒芜独心惊。腥！血债记分明。——《仙侣游四门劫后成都》

这是我国著名元曲、戏曲专家卢前先生七十多年前记述成都遭到空袭后的惨相、控诉日寇暴行的一首抗战诗。为了保卫四川，保卫成都，英勇的中国空军在敌强我弱的形势下，不怕牺牲，顽强拼搏，空战中出现了许多撼敌丧胆的民族英雄。

1938 年 11 月 8 日，敌机首次空袭成都，18 架敌机向城北的凤凰山机

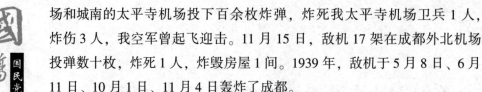

场和城南的太平寺机场投下百余枚炸弹，炸死我太平寺机场卫兵 1 人，炸伤 3 人，我空军曾起飞迎击。11 月 15 日，敌机 17 架在成都外北机场投弹数十枚，炸死 1 人，炸毁房屋 1 间。1939 年，敌机于 5 月 8 日、6 月 11 日、10 月 1 日、11 月 4 日轰炸了成都。

1939 年 6 月 11 日下午 19 时 30 分，27 架敌机从东北方向成"品"字形向成都袭来，在空中巡逻的中国空军第 5 大队 17 中队队长岑泽鎏率领战友从高空扑向敌机，击落敌机 3 架、击伤数架。由于空战发生在黄昏，我空军捕捉目标不易，乃使敌机窜进成都上空，并在市中区盐市口一带投下了大量炸弹和燃烧弹，引起大火。炸死市民 226 人，伤 5 人，损毁房屋 4700 多间。被毁房屋中，除平民住宅和工商店铺外，还有华西大学、省立成都师院、华阳县中学等文化机构。

1939 年 11 月 4 日，日寇出动轰炸机 54 架，分两批由鄂向川进袭，上午 10 时 30 分敌机临近绵阳时，成都发出紧急警报。10 时 38 分，我空军第 5 大队 17 中队队长岑泽鎏率领 14 架驱逐机起飞，在凤凰山与温江之间 5000 公尺高度的上空巡逻。第 27 中队队长谢全和率领 7 架 E-15 在太平、成都和凤凰山之间的上空巡逻。10 时 40 分第 29 中队队长马国廉率领 9 架 E-15 在太平、成都和凤凰山之间巡逻，第 5 大队副大队长王汉勋率领第 26 中队 6 架 E-16 在太平寺、温江之间巡逻。装有无线电装置的长机，在发现敌机距成都 20 公里左右时，即以无线电指挥各机，集中兵力，给予敌机迎头拦截痛击。

11 时整，第一批敌机 27 架已飞抵新繁上空，当敌机从 4000 米的高度进入我空军警戒圈时，我空军第 27 中队谢全和队长发现后立即发出攻击信号，并率僚机和第二、第三分队对敌发起攻击。第 26 中队的段文郁率僚机石干贞从敌后上方的高空俯冲下去，作上下左右各方的猛攻。段文郁紧追敌机至成都东北 70 公里的中江县上空，终于击落敌机 1 架，该敌机当场坠毁于简阳西南。段文郁也遭敌密集火力攻击，腿部负伤，因失血过多，昏死在机舱里，在金堂县附近坠落后牺牲。

第 17 中队队长岑泽鎏，即以编队队形向第一批敌机发起攻击，击落 1 架敌机，该敌机坠落于成都东南方。第 29 中队队长马国廉发现第二批敌机由城西北往东南方向飞蹿时，率队追击，从太平寺之南追至中兴场一带的崇山峻岭上空时，从敌上方向敌发起猛烈扫射，4~5架敌机当场冒烟，其中敌总领队机二号僚机着火下坠。

前排左起分别为叶炳琪、王汉勋、岑泽鎏、郭耀南

第29中队在成都郊外，与从西北向东南飞行的第二批敌机遭遇。深知敌陆攻机性能的第29中队副队长邓从凯，率先扑向敌机群的领队机，虽然邓从凯战机上的四挺7.62毫米的机枪火力不及敌机的7.7毫米的四挺机枪的火力厉害，但邓从凯仍然紧紧咬住敌领队机不放，一路穷追猛打，从成都上空一直追到仁寿与简阳交界处，终于将敌机击落于距简阳县三岔坝的观音桥10余公里的山坡上。邓从凯在攻击奥田喜久大佐座机过程中，亦遭数架敌机围攻而身负重伤，击落奥田喜久大佐后，因已冲入敌轰炸机群火网内，被击中阵亡。邓从凯生前曾创击落敌机3架半的纪录。

事后，四川省防空司令部派刘景轼前往敌机坠落现场对敌机残骸进行检查。刘景轼指挥民工将残机抬运至仁寿县文公场，再由汽车运回成都，并将在机上检查到的档案、地图及3张图片亲自交给航空委员会主任周至柔。经有关部门翻译查核，证实邓从凯所击落的敌机为敌海军第13航空队司令长官奥田喜久大佐的座机。奥田喜久大佐是日本海军航空兵的"轰炸之王"，是被中国空军在空战中击落的最高指挥官。

这次空战中，我方击落敌机 4 架，击伤多架。击毙敌寇奥田喜久大佐、分队长细田直次郎大尉、森千工大尉等数十人。

我方在空战中英勇牺牲的空军英雄是邓从凯、段文郁。

进入 1940 年之后，日寇对成都的大轰炸主要集中在 5、7、10 这三个月中。5 月 18 日和 19 日，敌机连续两次夜袭成都，中国空军第 5 大队飞行员林日尊在 18 日空袭结束返航时，因夜色茫茫，坠落于成都东门外狮子山殉职。

7 月 24 日午后，敌机 36 架空袭成都，投弹 135 枚，轰炸区域为城东一带，炸死 103 人，炸伤 114 人，房屋被毁 3425 间。空战中，我空军击落敌机 1 架。

进入 10 月，敌机对成都的轰炸达到高潮。4 日，敌轰炸机 27 架，在 27 架战斗机掩护下，于 9 时左右侵入成都市上空，由北校场一直轰炸到新东门城墙，投弹 33 枚，炸死我平民 32 人，炸伤 79 人，损坏房屋 139 间。

1940 年九一三璧山空战中，中国空军遭敌零式飞机重创后，只得将空军主力全部集中在成都附近。为了抗击敌机空袭成都，我空军多次升空浴血奋战，以血肉之躯捍卫着祖国的领空。

1941 年 3 月 14 日，初春的成都，天气阴沉，第 5 大队大队长黄新瑞率机 9 架，岑泽鎏率机 11 架，周灵虚（第 3 大队中队长）率机 11 架升空，采用以老带新的方法进行编队飞行训练。就在这时，突然发现 18 架敌机袭成都，成都空军司令部下令出击，大队长黄新瑞率领副大队长岑泽鎏、中队长周灵虚等人，出动 31 架 E-15 机参战，采取双层空域战术，与日军在崇庆、双流上空展开激战。鏖战中，突然有 40 多架零式驱逐机从高空呼啸而下，向我方发起突然袭击，尽管零式机加速快，性能灵活优越于我，但我空军健儿为雪九一三璧山空战之耻，仍不怕牺牲，奋力搏杀，经过一番苦战，终于击落日机 6 架。

激战中，岑泽鎏遭 3 架敌机围攻而血洒蓝天。同时为国捐躯的还有大队长黄新瑞，中队长周灵虚，队员江东胜、任贤、林恒、袁芳炳、陈鹏扬等 8 位空军英雄。

1941 年 7 月 27 日，日军对成都的轰炸达到抗战以来最高点，这就是著名的七二七惨案。

当日，日军出动 108 架飞机，分四批，每批 27 架对成都进行轮番轰炸。被炸地点主要为省城公园、盐市口、春熙路、大慈寺一带，被炸街道达 82 条。日军共投弹 358 枚，炸死成都百姓 575 人，炸伤 632 人，毁坏房屋 3585 间。这是抗战中成都遭日军飞机轰炸损失最严重的一次。

许多成都百姓亲眼目睹了中国空军为保卫国家领空，浴血奋战、英勇杀敌的壮举，这些抗日英雄的故事在老百姓中代代相传。

1940 年 10 月 26 日午后，日寇 18 架新式战斗机肆无忌惮地在成都上空横冲直撞，突然，一架中国双翼小型飞机从云层里出现，只见他径直冲向敌机群俯冲扫射。遭到突然袭击的敌机群，队形顿时大乱，四处窜逃。只见这架小飞机左冲右突，频频开火，将一发发子弹射向敌寇。跑警报的市民忘却危险，翘首仰望着空中，观看着高空这场以寡敌众的血战。敌众我寡，小飞机不幸被敌击落，市民们不禁为这位以身杀寇的英雄而失声痛哭。这位空军英雄就是毕业于空军官校第八期的空军中尉石大陆。

石大陆的父亲石杰，曾与蒋介石同在日本士官学校留学，当时任中央军校技术总教官。儿子殉国后，石杰将军没有流下一滴眼泪，他抱着儿子烧焦的遗体，拍了一张告诫国人不忘中华民族之恨的照片。

四川仁寿籍空军英雄戴元一，1937 年抗战爆发后，抱着抗日救国的决心毅然报考四川空军军士学校，成了空军官校第一 11 期特班学员。经过严格训练，毕业后任中国空军第 8 大队轰炸机飞行员，他的妻子喻晓茹是新津机场的地勤人员，夫妻俩一个天上一个地下，为保卫成都做着贡献。身为机场地勤人员的喻晓茹，亲眼目睹了日寇一次又一次地对成都狂轰滥炸，欠下了成都百姓的累累血债。1939 年 6 月 11 日傍晚，在刺耳的警报声中，27 架敌机从东北方向朝成都袭来。这时恰好在成都东城门附近的喻晓茹和同事只得就地隐蔽。肆虐的敌机丢下了许多燃烧弹。一小时后，解除警报响了，喻晓茹和同事哭着向城东门方向奔去，只见燃烧的房屋废墟和无数具尸体，幸存者在大呼小叫地寻找着亲人。就在喻晓茹边哭边跑的同时，正在高空巡逻的丈夫戴元一，紧紧追击敌机，戴元一瞄准敌机，"嗖！嗖！嗖！"连连开火，被击中的敌机，尾部拖着浓烟栽下地面。空战中，戴元一的左脚中弹负了伤。在治伤过程中，为了尽快痊愈早日投入战斗，他拒绝使用麻醉药，忍着剧痛一声不吭，任凭医生用镊子把子弹取了出来。伤愈后戴元一又飞上蓝天，继续杀敌。1945 年 3 月 2 日，戴元一在甘肃天水驾机到兰州执行任务途经华家岭时，飞机不幸失事。事发前，他和喻晓茹的爱情结晶已出世，但为了抗战，戴元一始终坚守在自己的战斗岗位，直至牺牲，他都没有见过、抱过、亲过可爱的儿子戴玉松。正是这些恪守军人天职、精忠报国的壮士，以自己的血肉之躯保卫了成都。白驹过隙，七十年的光阴荏苒，戴夫人喻晓茹已在 2001 年去世。当年襁褓中的娃娃戴玉松，现在已是一位大学教授。

台湾珍藏的空军英烈录，有如下记载：

邓烈士从凯：广东省防城县人，生于中华民国四年。在广东航空学校第七期、中央航空学校第五期高级班毕业，升至空军第 5 大队第 29 中队本级副队长。烈士赋性忠勇爽直，处事公平合理，不避嫌怨，肯负责任，为长官所器重，为僚属所悦服。

二十六年八月三十一日，日本轰炸机 9 架，首次空袭广州，我第 29 队霍克三式机 8 架升空警戒，在东莞上空发生激战；烈士首先击落敌机 1 架，这是华南第一次空战，也是烈士第一次的光荣记录。二十七年四月十三日，敌驱逐机 18 架，轰炸机 8 架，侵入广州市上空，我第 5 大队机 18 架迎击，双方激战达 40 分钟之久，共计击落敌机 7 架，我方亦阵亡队员二人，另重伤三员，飞机 5 架全毁。烈士在缠斗中追逐敌九五式驱逐机 1 架，击中着火下坠，继在石牌上空，又击落敌九五式机 1 架。六月十六日，敌重轰炸机 6 架袭南雄，我第 5 大队大队长黄泮扬率格机 9 架升空搜索，烈士驾 2908 号机首先发现敌机，我机合力击落敌机 5 架，击伤 1 架，我机亦被敌机击焚 1 架，人跳伞，烈士之机微损。二十八年四月二十九日，敌机 7 架袭南郑，我第 29 队队长马国廉率机 6 架分组迎战，烈士与敌机 1 架缠斗，马队长则乘机爬高取得优势，将敌机击伤后坠落。此外，烈士在广州、汉口、衡阳、兰州上空，皆有辉煌的战绩。

十一月四日，敌重轰炸机 54 架分两批袭蓉，每批 27 架；我第 5

大队第一批第 17 中队地瓦丁机 7 架，第 27 中队 E-15 机 7 架，在成都及温江上空巡逻。第二批第 29 中队 E-15 机 9 架，由队长马国廉率领，在成都附近上空巡逻。第 26 中队 E-15 机 6 架，由副大队王汉勋率领，在温江附近巡逻。第一批敌机，在凤凰山机场投弹，第二批在温江机场投弹，我机分区迎击，共击落敌海军九六式重轰炸机两架，毙敌官兵 18 人。内第 29 中队马队长所率 E-15 机 9 架，系与敌机第二批 27 架发生激战。烈士驾 2908 号机奋勇当先，冒着火网冲入重围，击其领队机，毙敌所谓轰炸之王奥田大佐，敌队形遂混乱而逃。烈士在追击中机身中弹多处，他牢记飞机重于生命的信条，不肯跳伞，身经百战的勇士，就在仁寿县属向家场，坠落阵亡。生前因功奉颁三星星序奖章。追赠上尉，遗有父母。

段烈士文郁：河北省高阳县人，生于中华民国六年五月二十八日。家住县城东南十余里之农村。高阳县之特产是"高阳布"，其祖父经营布庄，亏损颇巨。民国初年，李石曾先生在该村设立"留法工艺学校"，凡在该校毕业者，送法国学习工艺或做工。烈士幼年所进的小学，就是"留法工艺学校的旧址"。18 岁中学毕业，曾报考中央航空学校第五期，因体格矮小未取。以父亲经营之铁工厂破产，到一家大药房做工，一面补习功课，稍有积蓄，乃随母赴南京，进赫金汽车公司做学徒，修理汽车，暇时便学习驾驶。自思汽车的修理与驾驶，与飞机的修理与驾驶，原理及技术总有些相近，因鼓起莫大的兴趣，很勤恳地学习。嗣遇中央陆军军官学校第 12 期招考，初试获取，榜尾揭示，如愿学习航空，可由军校保荐转考航校，大喜过望，遂转考中央航空学校第八期，亦经录取；于是多年学习航空的志愿实现了。毕业后，任空军第 5 大队第 26 队少尉本级队员。烈士身体健壮，精神饱满，对任何人都是和蔼可亲的面孔。喜运动，尤长篮球，是航校同学所组织"血汗篮球队"的队长，每天早晨练习铁杆。自己制作日人九六式驱逐机模型两架，每天拿着这两架小模型机练习各种技术的格斗，其报仇雪耻之心，可知已非一日。二十八年十一月四日，敌轰炸机 54 架，分两批袭蓉，每批 27 架，我第

5 大队亦分二批警戒。第一批第 17 中队地瓦丁机 7 架，第 27 中队 E-15 机 7 架，第二批第 29 中队 E-15 机 9 架，第 26 中队 E-15 机 6 架，在成都及温江附近上空巡逻。第一批敌机，在凤凰山机场投弹，第二批在温江机场投弹，我机分区迎战，共击落敌机两架，领队奥田大佐被击毙。当敌机第一批 27 架到达我警戒圈时，烈士驾 2609 号，石干贞驾 2604 号机最先发现。一同俯冲下去，其他我机亦陆续加入战斗，一刹时将敌机冲散，烈士腿中二弹，鲜血直流。正在归途中，第二批敌机赶来，烈士又奋不顾身，迎头痛击。烈士一连串铁弹，射中敌领队机的要害，敌机遂仓皇投弹而逃。烈士紧追敌领队机不舍，终将该机击坠于中江。烈士在多次俯冲、多次攻击之后，也昏迷过去，机坠金堂附近，阵亡。追赠中尉，遗有父母。

林烈士日尊：广东省文昌县人，生于中华民国四年六月十五日。在广东航空学校第七期、中央航空学校高级班毕业，历任广东空军第 8 中队，中央空军第 7 大队第 6 队，空军第 6 大队第 5 队、第 15 队队员，空军第 5 大队第 27 中队飞行员，升至中尉本级，参加抗战各役有功。

二十九年五月十八日夜，敌机三批袭川。前二批各为 9 架，第三批为 18 架。22 时许，第三批敌机通过遂宁到达简阳时，我机升空警戒。烈士驾 E-15 机 2711 号巡逻于温江上空。24 时解除警报，下降时，因夜色苍茫，坠东门外狮子山失事，殉职。生前因功获颁三等宣威奖章。追赠中尉，遗妻陈氏及女一。

石烈士大陆：河北省香河县人。在空军军官学校第八期毕业，任空军第 3 大队第 28 中队少尉本级飞行员。曾参加重庆、成都各地空战，有功。

二十九年十月二十六日，敌机第一批 8 架、第二批 27 架、第三批 18 架袭四川成都，我轰炸总队及空军士校各机分别疏散，驱逐机分三群，飞向邛崃以西待命。途中与敌驱逐机遭遇，遂发生战斗，我机被击落 5 架。烈士驾地机 P-5302 号被击落于蒲江县效厚场附近，殉职。追赠中尉，遗有父母及妻。

◎ 32. 符保卢悲壮转身

1936 年 8 月 1 日，第 11 届奥林匹克运动会在德国首都柏林隆重开幕，有 53 个国家 4000 余名运动员参加。此次中国派出了 143 人的代表团，包括运动员、教练员、工作人员和一个体育考察团去了柏林。比起1932 年中国只派出一名短跑运动员刘长春参加第 10 届奥运会，已经是鸟枪换炮了。

在奥运会的开幕式上，五十多个国家的运动员在经过大会主席台时，在震耳欲聋的欢呼声中，向德国元首希特勒行举手礼；而美国队却干脆不向希特勒行礼，受到部分观众一片嘘声。中国队则采取折中方式，仅脱帽在胸前，行注目礼。在他们当中就有撑杆跳运动员符保卢。

中国队在柏林的最大困难是没有热身场地。第一天首轮比赛，在百米跑、跳高、铅球预赛中，中国选手们纷纷落马。8 月 5 日上午，举行田径预选赛，撑杆跳预赛及格标准为 3.8 米，中国选手符保卢在第二次试跳中一跃而过，成为中国队唯一的"宝贝蛋"。

符保卢，1913 年生于吉林省长春市，后移居哈尔滨。自幼爱好运动，上小学时，经常练习短跑、跳高，也喜爱各种球类，尤其对撑竿跳高产生了兴趣。他的母亲是俄国侨民，通过其母亲，他认识了擅长撑竿跳高的俄侨哥复登，在其指导下开始进行比较正规的训练。后来，符保卢转入东三省特别区第三中学读书，该校体育教师王立疆是从体育院校毕业的，在他的指导训练下，符保卢的撑竿跳成绩不断提高。1930 年，17 岁的符保卢被选拔为东三省特别区体育代表团成员，前往杭州参加第 4 届全国运动会，他以 3.18 米的优异成绩获得撑竿跳的冠军。在第 5 届全国运动会上，符保卢又获得撑竿跳锦标。

在柏林奥运会的选拔赛中，中国运动员符保卢创造了 4.015 米的成绩，成为唯一获得复赛权的中国运动员。但那时的中国实在是太穷，穷得就连一根撑竿跳比赛的竹竿都没有，每次试跳，符保卢只能忍气吞声地向日本选手借比赛用竿，而那根撑竿的一端已经破损，这件事对符保卢刺激很大。

在蒙蒙细雨中，符保卢凭借有力的冲刺，在第二次试跳中一下子跃过及格标准，获得决赛资格。当横杆升至 4 米时，符保卢由于身体过于劳累，加上日本运动员借给他的撑竿长度仅为 4.15 米，符保卢连续跳了三次都未过杆，排在第 14 名，还不如在国内训练时的最好水平。真是"解名尽处是孙山，其人更在孙山外"。

他暗自发誓，回国后一定要加紧练习此次在奥运会上从欧美运动员那里学来的技巧，争取在 4 年后再夺好名次。

没想到，第二年，抗日战争就全面爆发了。冠军梦就这样破灭了，符保卢悲壮转身。

符保卢是 1949 年以前唯一在奥运会上取得复赛资格的中国运动员。更让人钦佩和怀念的，符保卢还是一位在抗日战争中为国牺牲的飞将。

日本悍然挑起七七卢沟桥事变和八一三淞沪战役，抗日战争由此在中国全面爆发。符保卢看到国土沦丧，同胞惨遭杀害，想起自己在柏林奥运会上的遭遇，所受的屈辱，他深深体会到，国家落后要挨打，贫穷就会受欺凌。

符保卢怀着宁死不当亡国奴的爱国心和民族责任感，悲壮转身，毅然在 1938 年报考了中国空军军官学校。因为他学过驾驶，加上他超常的智慧和强健的运动员体魄，经过刻苦训练，符保卢很快就掌握了飞行技术，从空军官校第十二期驱逐组毕业后，曾任空军第 4 大队少尉 3 级飞行员，后被派在美国驻华第 14 航空队服务。他多次驾驶战机鏖战于蓝天，曾参加鄂西大会战，炸射敌人机场，支援陆军作战。在鄂西会战大捷后，《新华日报》发表文章，赞誉道："这次鄂西大捷，空军协同作战，重创敌人是造成胜利的重要条件之一。"

1943 年 7 月 8 日，抗日空军英雄符保卢在四川巴县白市驿机场驾 P-43 战机训练飞行，于着陆转弯时失速坠地，壮烈牺牲，时年 29 岁。

台湾珍藏的空军英烈录有如下记载：

符烈士保卢：吉林省滨江县人，生于中华民国三年三月十三日。在空军军官学校第十二期驱逐组毕业，任空军第 4 大队少尉三级队员，派在美国驻华第十四航空队服务。

　　三十二年七月八日，烈士在四川巴县白市驿驾机练习飞行，于着陆转弯时失速坠地，殉职。遗有父母。

◎ 33. 空中虎将陈瑞钿

　　早在辛亥革命初期，孙中山先生就预见到飞机在未来战争中的重要性。1910 年孙中山先生在美国檀香山成立同盟会分会的时候，就鼓励爱国华侨筹建中华飞机公司，培养自己的飞行人才。广东是辛亥革命的策源地，旅美华侨大多是广东籍人士，从那时起，一些广东籍的爱国华侨青年就开始学习飞行了。1920 年，孙中山提出了"航空救国"的思想，指出，飞机将是未来战争决胜的武器，中国应该建立自己的航空工业和强大的空军，并在广州创办广东军事飞机学校。从 1924 年至 1936 年，广东航校培养了飞行员 527 名。抗日战争开始后，广东、广西、福建三省共有 700 多名飞行员投身于抗日洪流，其中包括 100 多名回国参战的两广籍华侨飞行员。他们牢记着"空军救国、有我无敌，为国捐躯、杀身成仁，服从命令、冒险敢死，死中求生、持颠扶危，自强不息、雪耻复仇"的誓言，八年抗战中，北自长城，南至珠江南海，西起新疆陇陕，到处都

华桥飞行员陈瑞钿

有广东飞行员和华侨飞行员血洒长空、奋勇歼敌的壮举。在南京抗日航空烈士纪念碑上 884 名中国抗日空军烈士中，广东、广西、福建三省籍的烈士就有 204 人（广东籍烈士 172 人、广西籍 32 人、福建籍 19 人）。祖籍广东台山县大江村的陈瑞钿就是一位搏击蓝天、奋勇杀敌的空军英雄。陈瑞钿的父亲早年赴美，母亲是秘鲁人。1913 年 10 月 23 日，陈瑞钿在美国俄勒冈州的波特兰市诞生，给这个中西合璧的家庭带来

了许多欢乐。小天使般的陈瑞钿继承了父母双方的优点：聪明，可爱，漂亮。年轻时陈瑞钿英俊潇洒，身材挺拔，高耸的鼻梁，白皙的皮肤，炯炯有神的蓝眼睛显示着刚毅和智慧。20 世纪 30 年代，当陈瑞钿还在中学读书的时候，就十分向往自己能成为驾着飞机在蓝天翱翔的飞行员，他是旅美华侨子弟中首批被挑选出来学习飞行的 15 人之一。经过美国阿尔—格林纳达飞行训练学校的严格训练，勤奋好学的陈瑞钿很快就掌握了飞行技能，1932 年 5 月从该校毕业。

九一八事变发生以后，已经从美洲航空学校毕业的陈瑞钿参加了由波特兰市华侨组织的志愿军，和其他 13 名爱国华侨青年回国投身于抗日救国运动。1932 年 11 月中旬，陈瑞钿进入广东空军华侨班接受预备军官教育，同年 12 月 1 日任见习飞行员，军衔少尉。1935 年广东军阀陈济棠向德国订购亨克尔 He-111A-0L 轰炸机，选送陈瑞钿等一批优秀飞行员前往德国学习。在德国完成过关考试以后，又转到德国纳粹空军勒切费特基地进一步接受更高级的科目训练。1936 年秋天，德国纳粹"秃鹰军团"向中国飞行学员传授在西班牙内战中空军作战的经验。正是接受了这些从理论到实战的训练，使陈瑞钿这批年轻的飞行员在日后抗击日本法西斯的空战中大显身手。1936 年爱国的广东空军为摆脱广东军阀内战，300 多名飞行员集体驾机北飞，投奔南京中央空军。1937 年 2 月陈瑞钿赴笕桥中央航校担任教官。在笕桥中央航校期间，陈瑞钿经常作为僚机配合航校教务长丁纪徐为学生进行飞行表演，组成 V 字形编队，在空中倒飞、横滚、翻内外筋斗等特技动作，使航校学生钦佩之至。1937 年八一三淞沪战争爆发后，陈瑞钿担任了中国空军第 5 大队第 28 中队副中队长，和战友们一起参加了保卫上海和南京的空战。

8 月 16 日早晨，日本鹿屋航空队 6 架三菱九六式和 G3MI 轰炸机在新田慎一中尉率领下，从台湾松山机场起飞，向句容机场发起突然袭击。新田慎一率领第一小队的三架九六三菱轰炸机在前，御杉中尉率领第二小队的三架在后。当敌机快到句容机场上空时，我驻守句容机场的第 17 中队、28 中队立即起飞迎敌。17 中队队长黄泮扬驾驶 1701 号波音 281 战斗机率先起飞，黄新瑞、黄子沾、邓政熙以及 28 中队队长陈其光、陈瑞钿的 2802 号霍克 2 也升空迎战。

黄泮扬在高空 900 米追上了那三架九六式轰炸机，并击中了带队长机的油箱。被击中的敌机立即在空中爆炸，像秤砣一般向地面坠落。

击中敌机后的黄泮扬回首发现战友黄子沾正与敌指挥官新田慎一的座机交战，黄泮扬马上推杆俯冲到这架九六式轰炸机腹下，改平后一阵猛射，新田慎一的座机下半部机身中弹起火，并引爆了挂在机身外的炸弹，随着一声巨响，化作火球的敌机坠落在句容南面。

敌人第二小队的御杉中尉是带队长机，当御杉看到新田慎一惨死的下场后，便惊慌失措地抛下炸弹，加速向长江口逃跑，一直紧追着御杉座机的陈瑞钿哪能让它逃脱！陈瑞钿将座机霍克 2 的油门推到最快，对准御杉座机的尾部连续发射，击中了敌机的油箱，还打伤了敌机上的一名机组人员。为了保命，御杉将机上可以抛弃的东西，包括轰炸瞄准仪都扔掉了。这架被陈瑞钿打得千疮百孔的九六式轰炸机，最后在朝鲜南部的济洲岛降落时坠毁。在这次空战中，陈瑞钿开创了他个人击落敌机的首次纪录。

1937 年 9 月 27 日，日本海军航空队从台湾起飞的九六式舰上陆攻机对粤汉铁路进行空袭，驻防在广州的第 29 中队的陈顺南率领 3 架霍克 3 从天河机场起飞，陈瑞钿率领 4 架霍克 2 从韶关机场起飞，在乐昌县上空攻击敌机。陈顺南率领的 29 中队击落敌机 1 架，陈瑞钿击伤了由吉田中尉驾驶的九六式陆攻机，吉田座机的机身和油箱均严重受伤，最后从汕头出海后迫降在海上，机上的一名炮手因伤重而死亡。

1938 年 5 月 31 日下午 13 时许，日本海军航空队 9 架中岛九五式水上侦察机从安徽宿松起飞向湖口方向进袭。13 时 20 分，陈瑞钿率领 28 中队的四位飞行员前去拦截，在湖口上空 2000 米高度发现了敌机正呈 V 字形编队飞来，这时陈瑞钿占有 500 米高度的优势，立即和队友们一起向敌机俯冲射击，打得敌机乱了方寸。陈瑞钿向一架敌机后下方俯冲后迅速拉起，避开敌机后座机枪手的射击，不料对方也快速避开了，陈瑞钿再次拉高后冲到敌机腹部，连续射击将敌机击毁。在这次战斗中，除陈瑞钿击毁 1 架敌机外，他的队友周灵虚也击落敌机 1 架，还有邓从凯、关燕荪、范新民也击伤敌机多架，而我方无一损伤。

1938 年 6 月 1 日，陈瑞钿由副队长提升为第 28 中队队长。6 月 16

日，日本9架九六式轰炸机从台湾起飞前来袭击南雄。黄泮扬大队长率领九架斗士战斗机从韶关机场起飞，驾驶2908号的邓从凯在始兴上空3940米的高度发现在他们下方2000米高度有6架中岛九七日本重型轰炸机正成两个V字队形飞来，邓从凯马上摇动机翼通知大家，陈瑞钿、邓从凯、黄泮扬率先向敌机俯冲下去，黄泮扬选中了敌人的带队机，他俯冲到敌机腹下，发射出一连串复仇的子弹，击中了九六式轰炸机下面的炸弹，8枚60千克的炸弹同时引爆，巨大的冲击波吓得另外两架九六式轰炸机在空中乱窜，陈瑞钿立即朝惶恐的敌机连连开火，被击中的一架九六式轰炸机在空中爆炸。

在陈瑞钿返航着陆滑行的过程中，他看到地面上一位机械师朝着他飞奔过来，对着他大喊："刚刚接到电话，有一架落单的九六式轰炸机正沿着海岸飞行。"接到此报，陈瑞钿再次起飞，在乐昌吴水河附近追上这架敌机后，把飞机上所有的子弹全都射向这架敌机，被击中的敌机立即冒着浓烟坠毁了。

在这一个多小时的空战中，我方损失两架斗士机，关燕荪在跳伞时，面部灼伤，大队长黄泮扬也受了轻伤。

1938年7月29日，陈瑞钿率第28中队由韶关调到汉口参加武汉保卫战。到了汉口不久，一位广西籍机械师在陈瑞钿2809号战斗机的驾驶座背面，装了一块从一架被击落的苏制战斗机上拆下来的钢板，说来也巧，这偶然的举措居然第二天就派上了用场。

第二天，即8月3日早上7时40分，日本18架九六式轰炸机经过广德，向汉口飞来。9时，又有70多架日本战斗机逼近汉口。

中国空军和苏联援华空军志愿队驻防在汉口的混合大队立即派出52架战斗机前去拦截。其中有20架E-152、13架E-16-10、11架斗士和7架霍克3。第一分队由第3大队大队长吴汝鎏指挥，第二分队由陈瑞钿指挥。当第一分队与敌机交战时，陈瑞钿率第二分队向汉口西南方向4000米高度爬升，正当飞行员们因高空缺氧而感到不适时，突然发现左上方有一大群日本九六式轰炸机，为了防止敌机向我方俯冲攻击，陈瑞钿马上率领队友们向7000米高度攀升，但敌机还是比我机高出600多米。正当30多架日本九六式轰炸机向我第二分队俯冲时，我26中队的3架

E-16 也发现了敌机群，赶来支持第二分队。雷炎均副中队长驾驶的 5732 号斗士机被两架敌机夹击，陈瑞钿和沈木秀见此情景，立即驾驶着 2804 号机前来营救，可是前面又有一架 E-16 遭到敌机的攻击，范新民驾着 2805 号驱逐机随即俯冲下去驱赶敌机，却又陷入敌机的包围之中。陈瑞钿见僚机范新民被围，马上飞过来救助，敌我双方陷入一片混战。追逐中，陈瑞钿击中了咬住范新民的那架九六式轰炸机，正当陈瑞钿再想彻底干掉敌机时，他突然感到自己背部被击中了，"这下可完了。"闪过这念头的陈瑞钿却马上发现自己竟安然无恙，原来是昨天才装上去的那块钢板救了他。回过神来的陈瑞钿断然决定，如果敌机再度攻击他，他就驾着受伤的飞机与敌机同归于尽。当这架不知死活的九六式轰炸机再次俯冲下来向陈瑞钿开火时，陈瑞钿用尽全力将座机翻了个筋斗撞向了敌机，陈瑞钿的右翼和机头撞在敌机的尾部，一下子就把敌机撞得向汉口近郊的地面坠落。

此刻，陈瑞钿的座机也同时坠落，在坠落的过程中，他还没有来得及解开安全带爬出机舱，空中巨大的离心力使陈瑞钿的头猛的一下子撞在飞机的风挡上，飞机在空中剧烈地旋转起来，陈瑞钿拼命挣扎着脱离了座舱，及时打开降落伞，当座机坠落在附近山中时，他也在一个名叫梁家店的地方着陆了。闻讯赶来的中国军民把受伤昏迷的陈瑞钿送回附近的基地。随后他被送往医院治疗。陈纳德将军听说陈瑞钿用撞机的方式拼掉一架敌机之后，特地赶来看望他，对陈瑞钿这种大无畏的精神表示钦佩。

在这次空战中，第 32 中队的朱家勋队长击落九六式轰炸机 1 架，僚机何家民击落九六式轰炸机 1 架，陈瑞钿击伤 1 架、撞毁 1 架，第 28 中队副队长雷炎均击落九六式轰炸机 1 架，队员刘领阳击落九六式轰炸机 1 架，5922 号机刘凌基也击落敌机 1 架，还有第 26 中队 21 岁的江苏溧阳籍飞行员狄曾益（中央航校第六期生，军衔中尉），在驾驶 E-16 与敌人作战中，击落敌机 1 架后，自己也因军机被击落而牺牲。检查狄曾益的座机时，人们发现座舱周围有 60 处弹痕。

1938 年 12 月 1 日，陈瑞钿被提升为空军少校，12 月 20 日担任第 3 大队副大队长。1938 年底至 1939 年初，陈瑞钿率领韦一清、陈新业、唐信光等 5 人担任南宁北面的防空任务。

在 1939 年 8 月至 12 月昆仑关战役爆发前，陈瑞钿与他的战友们以 5 架飞机参与了 7 次大小空战，击落敌机 7 架。这期间陈瑞钿借用了从黄泮扬那里学到的高空俯冲后拉起攻击腹部的方法，击落一架敌双引擎轰炸机。

11 月 15 日清晨，华南沿海的钦县、防城、合浦、小董、灵山等地的军事设施突然遭到从日本航空母舰上起飞的轰炸机的猛烈轰炸；在舰艇炮火的掩护下，日军先头部队及川支队的第 9 旅团在及川源七郎少将的率领下，冒着海岸炮火，于 11 月 15 日 8 时 10 分强行登陆。紧接着，日军先头部队第 5 师团、第 8 师团、盐田兵团、中村支队均在钦县的企河、蚁虫山、梨头嘴、横山等地强行登陆，并与第四战区所属第 46 军新 19 师发生激战。之后，第 5 师团突破中国军的防线，兵分三路向北突进，17 日，南宁前线告急。我国与越南连接的西南交通线暴露在日军的军机下。

桂林行营主任白崇禧冒着敌机的轰炸，驱车来到迁江指挥部，与杜聿明讨论作战部署。他们一致认为，目前的形势只宜固守昆仑关，等主力军集结后一举反攻。12 月 3 日，因防守高峰隘方面的 135 师迭遭敌机狂轰滥炸，损失惨重，该师苏师长下落不明，师主力只剩数百人，阵地被日军攻破。南宁以北约 50 公里的战略要地昆仑关失守，一下子打乱了国民党军的进攻计划。

12 月 16 日晚 22 时许，第 5 军指挥部内，军长杜聿明在召集团以上军官会议，指示作战机宜。在马灯的光亮之中，杜聿明与下属神情严肃。

杜聿明俯向桌前的敌我态势图，指着地图说："我军以收复南宁为目的，决定于 18 日拂晓开始攻击；以一部迂回八塘敌阵地之右侧翼攻略八塘、昆仑关后，先以一部，向二塘追击，主力于五塘、横岭、谭蓬村一线，整理态势，再继续向南宁攻击前进。"著名的昆仑关大战打响了。

为了配合地面部队向日军盘踞的昆仑关进攻，我空军积极配合，数次飞临上空轰炸日军阵地。

12 月 27 日在昆仑关争夺战中，陈瑞钿率最后 3 架斗士战斗机和 3 架 E-15-2 机为 3 架苏联志愿队的轰炸机护航，轰炸昆仑关日军。他们在二塘上空与日军驻海南岛第 14 航空队的 10 多架飞机相遇，陈瑞钿和队友们为保护苏联志愿队的轰炸机，在一个多小时的鏖战中，击落敌机 3 架。但是我方的斗士机全部损失了。28 岁的广西籍飞行员韦一清（空军上尉、毕业于广西航校）不幸牺牲。陈新业后背受伤后跳伞。

激战中，陈瑞钿紧紧咬住敌人的一架九六式轰炸机，并开枪击中了敌机机尾，就在这架敌机下坠时，另一架敌机击中了陈瑞钿座机的油箱，烈火迅速蔓延，浑身着火的陈瑞钿已无法在座机坠落前飞回驻地。机智的陈瑞钿跳出机舱后并没有马上打开降落伞，他希望高空气流能熄灭身上的火，直到临近地面时才把降落伞打开。这时他身上已被大面积烧伤，昏迷在农田里，后来才被我军发现救回。

这一天是陈瑞钿生命中永远也不能抹去的黑色记忆，因为就在这一天，身受重伤的他失去了亲爱的妻子伍月梅。

这是发生在残酷的战争年代里，一个悲壮而又令人欷歔不已的爱情故事。

战争年代医疗条件很差，交通又不便利，被烧伤后的陈瑞钿没有及时送往医院治疗，而是暂时在柳州机场附近的小屋里疗伤，由他的妻子伍月梅（原孙中山南京临时政府司法部总长、北京政府外交总长伍廷芳的女儿）带着两个年幼的孩子在照顾他。英俊的陈瑞钿的伤势十分严重，头和脸都被纱布包了起来，只剩下眼睛一条缝。他忍着伤痛对妻子说："我破相了，伤好了也一定会很难看，你不会离我而去吧！"

伍月梅嗔怪着："你就会胡说，你变成鬼我也跟着你！"

这天半夜里，刺耳的防空警报声惊醒了伍月梅和两个孩子，她抱起两岁半的大孩子和六个月的小女儿跑进了防空洞。两个孩子被吓得哇哇大哭，伍月梅听到洞外一阵阵炸弹爆炸声，她的心牵挂着小屋里受伤的丈夫，可又放心不下一双幼小的儿女，她咬咬牙，放下啼哭的孩子，匆匆赶回丈夫身边。

敌人的空袭是有目标的，炸弹接二连三落在机场周围，震得小屋摇摇欲坠，为了受伤的丈夫不再受伤，伍月梅奋不顾身地扑在陈瑞钿的身上。这时，一块罪恶的弹片击中了她的背部，并直穿心房。警报解除后，陈瑞钿发现伏在他身上的妻子不动也不说话，这才发现为了保护他，妻子已经香销玉殒了。眼睁睁地看着亲爱的妻子死在自己的身上，陈瑞钿悲痛万分，所有在场的空军弟兄们也很悲愤，更敬重这位忘我献身的伟大女性。

时任航空委员会主任周至柔和空军第一路司令张廷孟都向陈瑞钿表示慰问。立即决定：厚葬亡者，速医伤者。并急电重庆，要求派专机即刻飞来柳州，把陈瑞钿接到重庆医治。张廷孟司令亲自送陈瑞钿上飞机，安慰他说："你放心养伤吧，我们全空军都决心为你复仇，你太太的身后事，我们一定尽力妥善料理。"

听了这些话，陈瑞钿摇动了几下身体，喉咙中发出几声咯……咯……的声音，如此凄惨的情景，令在场的人都哭了。

到了重庆后，在飞虎队队长陈纳德和宋美龄的帮助下，陈瑞钿曾先后在衡阳、香港治疗过，最后回到美国接受治疗。虽然他的面容已经无法再回复到以前那样英俊，但他杀敌救国之心依旧那样坚贞。5年后即1945年陈瑞钿又返回祖国，重回蓝天，为运输抗日物资飞行在著名的死亡航线——驼峰航线上。

每当忆起发妻伍月梅，陈瑞钿深情地说："月梅没死，她永远活在我心里。"

抗战胜利以后，陈瑞钿在1949年回到了美国，在波特兰市的一家邮局里从事信件分发工作，1983年后退休。

话又得回到1940年陈瑞钿回美国治疗烧伤时，在旅途中的一次偶遇。与陈瑞钿同机的还有"飞虎队"的飞行员肯恩·杰恩斯特。肯恩·杰恩斯特在援华抗日过程中，曾在空中击落日机5架，击毁地面日机7架，为此他获得了美国空战英雄（ACE）的称号。当肯恩·杰恩斯特得知陈瑞钿有着击落8.5架日机，

空军英雄陈瑞钿

荣获国民政府颁发的五星星序奖章、六星星序奖章后，他认为陈瑞钿是一位名副其实的空战英雄。退役后的肯恩·杰恩斯特一直担任着俄勒冈州的参议员，他竭力向美国空军历史博物馆举荐陈瑞钿入选空战英雄榜，因为凭着陈瑞钿击落敌机8.5架以上的战绩，拥有空战英雄称号是当之无愧的。经过肯恩·杰恩斯特的不懈努力，1997年，陈瑞钿的名字终于刻在美国空军历史博物馆的英雄榜上了，正式成为美国第二次世界大战中的第一位华裔空战英雄。

1997年10月4日，美国空军战斗英雄纪念馆将特地为陈瑞钿举办表彰仪式，得知这一消息的陈瑞钿正准备前往参加这次表彰活动，却不幸于9月病故了，享年84岁。

◎ 34. C-53 号机的迷踪

1996年9月，一名缅甸猎人在离中国边境137米处发现一架坠机，当地政府获悉后，立即派人前往现场进行勘察，并组织百姓日夜守护着坠机。经过对飞机的机型、编号、坠落的方位等辨识，最后确定这就是半个多世纪前坠毁的中国航空公司的C-53号运输机。

50多年过去了，1998年当地政府把C-53号机的残骸搬运到离坠机地点50多公里的片马镇更好地保护起来，作为八年抗战的历史见证。

1943年3月11日，由于运输任务繁重，从昆明至汀江之间已经飞了一个来回的C-53号运输机，还必须从昆明巫家坝机场飞往汀江机场。担任机长的是美国飞行员詹姆斯·R.福克斯，担任副驾驶的是中国飞行员谭宣以及报务员王国梁。这次与C-53号机同时起飞的还有48号运输机，机长是古蒂亚，副驾驶是吴子丹。

那天天气晴朗，能见度很高。起飞后，53号和48号两机一直相随而行，飞行途中，古蒂亚还兴致盎然地掏出随身携带的照相机拍下了53号机的飞行照片。但就在飞抵海拔6000多米的高黎贡山脉上空时，48号机上的古蒂亚和吴子丹突然发现前方一公里左右的53号机，就像失重的秤砣似的直落地面，待他们反应过来意识到是怎么一回事的时候，53号机已经坠落在一个山洼里了。

原来，飞机能在天上飞，靠的是飞机的机翼对空气产生的"升力"，使飞机"浮"在空中，如果没有了空气，后果也就可想而知了。众所周知，地球被厚厚的空气层包围着，任何地方都有空气存在，然而海拔6000的云南高黎贡山的上空，就出现过这种被称为"空气袋"的真空现象。抗日战争中，很多在驼峰航线上飞行的中美飞行员，就是因为遇上这种怪现象而坠机丧生。

心急如焚的古蒂亚和吴子丹在C-53号机坠毁的上空一圈又一圈地盘

旋着，他们希望找到战友生还的可能性，希望能看到战友发出求救的信号……可是几十分钟过去了，C-53号机的残骸无声地躺在那里，一点儿动静也没有。此刻天气骤然大变，晴好的天气竟飘起了鹅毛大雪，飘向地面，飘向长眠在雪山峡谷里的詹姆斯·R.福克斯、谭宣和王国梁。

眼看前面就是驼峰了，古蒂亚和吴子丹强压住心中的悲痛，最后一次向山洼里的C-53号机摇摇机翼无可奈何地飞走了。

两天后，吴子丹和机长陆铭逵飞过这里时，吴子丹指着失事的位置告诉陆铭逵这就是53号机坠落的地方，陆铭逵在53号机残骸的上空盘旋一周后，不顾满载物资的飞机若摇摆机翼会有危险的可能，怀着沉重的心情向牺牲的战友摇摆机翼，还大幅度倾斜机身以示告别。

C-53号机失事的全过程，是"中航"在飞越驼峰时，唯一有同伴亲眼目睹和及时测出事故方位的一次，情况很快就被通报给所有飞越驼峰航线的飞行员。

以后，只要时间允许，飞行员们在执行任务时都尽量把航线往这边靠一靠，都企盼会有奇迹出现，看到同伴从破残的机舱里钻出来。后来古蒂亚有一次飞过这里时，发现冰雪消融后，C-53号机的一只机翼拦腰插入一棵大树中，他彻底失望了。

三个多月过去了，另一位驼峰飞行员弗莱彻·汉克斯听说了53号机失事的情况以后，就把寻找詹姆斯·R.福克斯作为自己义不容辞的责任。1944年10月21日高黎贡山被中国军队收复，弗莱彻·汉克斯马上和赫尔莫斯、康斯克两位战友一起加入了搜索队进山寻找53号机。在九天九夜的搜索过程中，他们克服了高黎贡山里的野兽、荆棘、疾病、饥饿等困难，却始终没有找到坠机。回到昆明后，弗莱彻·汉克斯把返程坐标和53号坠机时的坐标相对照，这才发现搜索队离坠机还不到1英里。

在南京王家湾抗日航空烈士公墓的纪念碑上，镌刻着三位C-53号机坠机时牺牲的烈士名字，其中谭宣是旅美华侨飞行员，报务员王国梁是香港人，他们和美国飞行员詹姆斯·R.福克斯一样，都很年轻，三个人加起来还不到70岁。

1943年牺牲在驼峰航线上的中国航空公司的飞行员还有：

3月13日：驾驶49号机的副驾驶王铭佩，籍贯：苏州

飞行报务员董少华

4月7日：58号机上的报务员王跃东

8月11日：驾驶48号机的副驾驶陈锡庭，籍贯广东台山，上尉

　　　　飞行报务员胡仲文

10月3日：72号机飞行报务员陈哲，籍贯江苏

10月28日：驾驶空军运输机C-47号机的正驾驶林大刚，籍贯福建闽

　　　　侯，军衔：少校

　　　　副驾驶房荫枢，飞行报务员萨本道

11月19日：驾驶63号机的副驾驶陈重

　　　　飞行报务员梁承德

　　　　飞行报务员张启容，籍贯苏州

12月18日：驾驶89号机的正驾驶陆铭迷，籍贯上海

　　　　副驾驶王仲英

　　　　飞行报务员陈国精，籍贯香港

　　　　83号机上的飞行报务员龚武忠，籍贯上海崇明

◎ 35. "峨嵋"号失踪之谜

在驼峰航线上的飞行员，个个都是有着非凡胆略的飞行家。

林大纲和衣复恩就是他们中出类拔萃的佼佼者。

林大纲，福建福州人，生于 1912 年，笕桥中央航校二期毕业生，曾赴德国深造，飞行技能相当高超。抗日战争全面爆发后，曾任蒋经国乘坐的专机驾驶员。

衣复恩，原籍山东莱阳，1916 年生于济南，中央航校第五期毕业。1941 年赴美国接受训练，在 140 名接受训练的人员中，他的成绩名列第三，美国军官厄尔美来特（Ermerritt）亲自给他戴上领航员胸章。衣复恩成为中国第一位取得此项专长的中国空军军官。

1942 年 12 月 10 日，衣复恩驾驶着 C-47 型飞机离开美国，飞越大西洋，平安飞抵四川成都空军基地。衣复恩的壮举震动了整个抗战大后方，各家报纸竞相刊载衣复恩的照片和事迹。蒋介石在官邸设宴招待了他，并将衣复恩所驾的 C-47 飞机命名为"大西洋"号，衣复恩后任蒋介石座机驾驶员。

1942 年 8 月 25 日，林大纲驾驶着一架容克斯型飞机从昆明飞抵重庆九龙坡机场，平稳地降落在机场跑道上。林大纲的落地动作相当漂亮，飞机着地后即减速滑跑了近百米。这时一架银灰色的 DC-2 突然在跑道的另一端降落，两机相迎的后果不堪设想。首先发现情况的林大纲立即将容克斯来了个急转弯，迅速脱离了滑行道，翼尖差点都打地了。

对面的 DC-2 那时已冲到容克斯面前，就在两机相撞的千钧一发之际，DC-2 怒吼着又腾空而起，紧贴着"容克斯"的机背擦了过去，当时的场景比美国好莱坞惊险片中的镜头还要惊险千万倍，因为这是真的，在场者的灵魂都惊出窍了。

DC-2 在机场上空飞了一圈之后，重新降落了，从飞机上走下来的是委员长蒋介石，站在容克斯旁边的是蒋经国。

九龙坡场站的站长看到蒋家父子，差点就吓晕过去了！

是啊！如果林大纲未及时转弯，如果 DC-2 的机长衣复恩没有把飞机重新腾起，那么中国的历史……

当然，历史是没有如果的。

正是有了这些智勇双全的飞行员，中国抗战才一步步走向胜利。

当时能飞夜航的飞行员很少，夜航有个专业名词叫"盲飞"，就像盲人走路一样，什么也看不见，因此很多飞行员苦练盲飞技术，就此出事故的、机毁人亡的还是大有人在。更何况是在驼峰航线上，林大纲是在中航公司中数得着的能飞夜航的飞行员之一。

1942 年底，航委会抽调出中航公司中飞行技术最佳的三名飞行员去执行"特殊任务"，这三人就是林大纲、井守训、萨本道。

林大纲高超的飞行技能前面已做了介绍，这次与他合作的副驾驶井守训是中央航校第六期的毕业生，具正驾驶资格，调到机组后才担任林大纲的副驾驶。

萨本道也是我空军早期航校的毕业生，到机组后改任报务员。

萨本道是名门之后，其祖父是北洋水师"康济"号的管带萨镇冰，堂兄弟萨本栋是首任国立厦门大学校长，叔伯兄弟萨师俊是"中山"舰舰长。1938 年 10 月 24 日，在湖北武昌附近，6 架日本飞机对我海军舰艇进行狂轰滥炸，"中山"舰全体官兵在萨师俊率领下奋起抵抗，直至流尽最后一滴血。

三人的组合可谓是一个强强联合的最佳机组。

航空委员会挑选指定的精英机组，是专门执行特殊飞行任务的。飞行航线绝密，就连航委会都不知情，机组直接由委员长侍从室调动。林大纲的夫人苏蔓莎回忆，接受特殊任务以后，精英机组总是昼伏夜出。

1943 年 10 月 28 日凌晨两点，林大纲机组从印度汀江机场飞往重庆。起飞 40 分钟，萨本道发回地面的电报是"一切正常"。

但从此就信息全无了。飞机失踪了？在哪里失踪的？

从时间和行程上推算，这架"峨嵋"号 C-47 是在驼峰航线最危险、最难飞的那段航线上与地面失去联络的，究竟发生了什么？连最后的呼叫和求救电文也没有呢？

10月29日清晨，C-47没有按原计划降落在重庆珊瑚坝机场，整整一天，航空委员会不断地与重庆、昆明、汀江联络，寻觅C-47的下落，但最终只得确定，C-47在飞越驼峰时不幸失踪。

是气候恶劣所致？还是中途遇到日机被击落？据汀江地面站所测的气象资料表明，C-47起飞时天气情况良好，是一个难得的月明风清夜。与日机遭遇？可能性不大，因为我方夜间飞行，就是为了避开日本的零式飞机，日机明知驼峰航线的艰险，夜间是不敢出来的，那究竟是什么原因使C-47就这样无影无踪了？

凌晨两点，凄冷的月光下，C-47从印度汀江起飞，在安全系数为零的情况下，开始全程"盲飞"。飞机全靠仪表在海拔5000多米的峰峦与云海中飞行，林大纲凭着高超的飞行技术和多次飞越驼峰所积累的经验，谨慎小心地飞行着，唯一能依赖的安全保证，就是飞机上的仪表。也许就是在那时，他们觉察到曾经飞行过多次的航线变得十分陌生，怎么回事？方位不对了？副驾驶井守训问机长林大纲："罗盘是否出了故障？"林大纲也意识到了："是的。"

飞行报务员萨本道很想知道究竟发生了什么情况？他想……

可是阴险的死神已经不允许他们再有任何思考了，巨大的冰峰扑面

在驼峰航线上繁忙运输的美机

而来，林大纲和井守训同时大喊："拉高！"

迟了，一切都迟了，与冰峰相吻的 C-47 运输机，随着撼天的巨响和燃起的烈焰，林大纲、井守训、萨本道三位飞行精英的生命被定格在耸入云霄的驼峰上。

虽然这仅仅是福尔摩斯式的推断，但三位中国空军早期飞行员的突然离去，抛下三个破碎的家庭，还有他们的妻子和孩子。在林大纲牺牲53 年后，他的妻子苏蔓莎在 1996 年致信给居台湾的蒋纬国先生，欲为天国的丈夫讨个说法。

病中的蒋纬国先生亲笔回复：

> 曼莎嫂：
>
> 时序轮转，岁月不居，一峡之隔竟成海天之隔。曩昔，大纲兄于抗战时，壮烈成仁，纬国与其公私情谊，至深悲悼，此后未尝忘怀，而吾嫂情况时在念中。
>
> 前日托人转来五月十日大札。雒诵之余，往事回环，吾嫂遭遇，仍不禁鼻卒。
>
> 敬稔吾嫂，备尝人间艰苦，而终能克服困境，其不移志节与坚忍不拔精神，令人敬佩。复念侄辈均已成家，业有长所，所慰奚如。料大纲兄九泉有知，当亦颔首也。
>
> 有关大纲抚恤之事，接嫂来信后，即亲与此间国防部蒋仲苓部长联系，兹接蒋部长来函，略以大纲确系民国十六年元月三十一日（注：应为三十二年十月二十八日）以战时空中殒命，奉恤二十年有案，惟政府迁台后，领恤中断，嗣经修改有关条例，以 1949 年以前在大陆地区依法核定应发给之各项公法给付，其权利人尚未领受或领受中断者，于国家统一前，不予受理，云，又谓本案须俟国家统一后，始能依法研处，并对吾嫂历尽艰辛，抚育遗孤之志节与所遭困境，至表敬佩与同情。兹将该函转印附上，用请参考。此并颂
>
> 阖府安康！
>
> 蒋纬国敬上
> 1996 年 9 月 5 日

如果真如蒋纬国复信末尾所祝福的那样，阖府安康！"阖府安康"了几十年的苏蔓莎，还用得着给蒋纬国写讨说法的信吗？

　　蒋纬国复信中转致蒋仲苓"部长"的答复："于国家统一前，不予受理，云，又谓本案须俟国家统一后，始能依法研处……"显然系不负责任的推脱之辞。

　　台湾珍藏的空军忠烈录第一辑（上册）第408-411页，有着如下记载：

　　林烈士大纲：福建省闽侯县人，生于1911年。中央航空学校二期毕业、德国汉莎公司仪器飞行学校毕业。历任欧亚航空公司飞机师、航委会同少校飞行员，派中央航空公司服务。1943年10月28日，烈士自印度汀江驾C-47机峨嵋号飞返云南昆明，中途人机失踪。遗有父母及妻苏氏与子女各一。

　　井烈士守训：山东省观城县人，生于1915年8月25日，中央航空学校第六期毕业。历任各部队飞行员，及中央航校洛阳分校、空军官校飞行教官，空军第三路司令部军官附员等职，升至上尉一级。1943年10月28日，烈士由印度汀江与林大纲同驾C-47机峨嵋号飞返云南昆明途中，失踪。遗有父母及子女各一。

　　彭烈士成干：广东省陆丰县人，1915年生，遗有老母。

　　林烈士天彰：福建省莆田县人，1917年生，遗有老父。

　　杨烈士鼎珍：广东省梅县人，1917年生。

　　罗烈士瑾瑜：江西省南昌县人，1920年5月6日生，遗有父母。

　　高烈士士恒：陕西省长安县人，1920年6月7日生，遗有老父。

　　空军第3大队第28中队少尉三级飞行员彭成干、林天彰、杨鼎珍、罗瑾瑜、高士恒等5人，前三人为空军军官学校第13期毕业生，后两人为第14期毕业生，他们均是自美国完成战备训练，途经印度汀江返国的第二批新血，10月28日搭上峨嵋号，在飞越驼峰航线、返抵国门途中失踪。一次牺牲七位成熟飞行员，是中国空军极大的损失。

衣复恩在《我的回忆》一书中有所记载："当时由于横跨驼峰时，无法载重太大（不能超过 20 人）。同时为了避免在航线上遭到日机拦截，所以飞行都在夜间。

当天晚餐时，我还特别和林大纲讨论航行问题，因为汀州机场紧临山边，我认为起飞后应在原场上空盘旋一周，待取到足够高度后，再向山区前进。然而林大纲却认为 C-47 的载重减轻后，理应可以直接对着山区爬高。显然没有得到结论，我们就各自按本身的计划上路。"

这段无头公案，在 57 年后终于谜底揭晓了！看来蒋纬国和蒋仲苓说得都不对。

◎ 36. "空中骑士" 归来

抗战初期，中国空军涌现出"四大天王"，即高志航、乐以琴、刘粹刚和李桂丹。他们被人们亲切地称为空中"红武士"。四烈士相继牺牲以后，敌机在中国的领空中横冲直撞，恣意妄为。中国人多么盼望空军中再出现"红武士"啊。

抗日战争的后期，中国空军终于再次赢得"红武士"的称号，他们是周志开、臧锡兰和高又新。其中周志开击落日机 3 架，而高又新以击落日机八九架获得抗日战争中国空军王牌的称号。

周志开，河北开滦县人，生于 1919 年 12 月，1943 年 12 月 14 日在湖北长阳牺牲时才 24 岁。

周志开的祖父周采臣曾是前清举人，为清朝二品大臣，开滦煤矿创办人之一。父亲早年留学日本早稻田大学，任司法官。母亲出身名门。身为官宦之后的周志开，在富裕舒适的环境中无忧无虑地长大。少年时代的周志开聪慧英俊，他想与当时著名的美国影星罗奈尔得·考尔曼（罗纳德·科尔曼）一样，在银幕上演绎多彩的电影人生，可是九一八的枪声，粉碎了他浪漫的明星梦。血气方刚的周志开毅然报考笕桥中央航校，1937 年抗日战争爆发后，因战局所需，周志开从就读的第七期学员班提前毕业，从此开始了保家卫国、浴血蓝天的战斗生涯。

1939 年冬季，周志开所在的空军第 4 大队奉命从重庆调至桂林，与第 3、第 5、第 6 大队共同掩护第 1 大队的轰炸机出击南宁东北的昆仑关敌军阵地，夺取战场制空权，配合地面部队歼击日寇。

12 月 21 日中午 12 时 50 分，我空军第 4 大队 10 架 E-15 驱逐机在副大队长郑少愚的率领下飞抵昆仑关上空，俯冲对敌地面部队连续攻击 3 次，14 时 28 分返航。是日，空军第 3 大队、第 4 大队 CB 式轰炸机 3 架，E-15 驱逐机 9 架，7 时 25 分从柳州机场升空飞抵昆仑关上空，准备掩护第5军步兵进攻。由于地面部队未铺信号布，恐误伤友军，盘旋至9时45分返航，降落不久，机场空袭警报骤响，日轰炸机18架前来轰炸第四战区张发奎司令部，第3、第4大队驱逐机冒着敌机扫射轰炸的危险，强行升空，展开空战。日机1架被击中起火，驾驶员、投弹手被击毙，其余跳伞逃命，我空军机群追至来宾后返航。

12月22日，第4大队第22中队队长张威华率领周志开，随副大队长郑少愚到昆仑关上空实施制空作战，与日机遭遇，虽然这是20岁的周志开首次实战，但周志开毫无畏惧，敢打敢拼，机智勇猛，与郑少愚合力击落了敌机1架。首战告捷，使周志开信心大增，从此越战越勇，克敌纪录不断刷新。攻打昆仑关的战斗开始了。

26日16时40分，当攻击开始时，3架我军爱司勃轰炸机和1架格式机，在费金大队长率领下再次抵达昆仑关、九塘上空，协助200师的进攻。很快，飞机看到地面铺的信号布，盘旋之后，开始对准九塘敌阵地俯冲。"轰轰轰"一枚枚50公斤重的炸弹落在日军阵地上，碉堡、辎重、尸体飞上天，不少地堡的机枪停止了叫唤。在空中支援下，200师的士兵训练有素地向高地冲去。荣1师师长郑洞国命令第3团由罗塘南端高地向昆仑关攻击。天逐渐黑下来，但200师和荣1师的攻击势头依然不减。士兵们通宵激战，当东方的旭日喷薄欲出时，在我军两面夹击之下，荣1师第3团率先冲进了昆仑关，但被日军反击退出。到12月31日，我22师终于夺取了昆仑关。

1940年6月，日军大举进攻宜昌，欲将宜昌作为进攻重庆的空军中转基地。同时，日本飞机频频空袭重庆。在保卫重庆的空战中，周志开屡立战功，有一次在航空委员会秘书长宋美龄主持的座谈会上，周志开汇报了空战经过，当宋美龄听到他的飞机上有99个弹洞和一个炮弹片炸开的窟窿时，马上关切地询问："那你人呢？"周志开笑着回答："没事儿。"周志开临危不惧、不怕牺牲的英雄气度感动了所有的与会者。

在国民党中央的国父纪念周上，蒋介石曾这样说过："我们每架驱逐机每日要与敌军五倍以上兵力继续三个至六个小时的始终苦斗，每一队飞机至少有三分之二皆被敌机枪炮弹击中的，有一次，周志开同志所驾驶的飞机被击中99颗枪弹，又加一颗炮弹……"

这是对周志开最高的褒扬。

1943 年 6 月 6 日，重庆梁山机场上整齐地排列着二十多架 P-40 战斗机，等待蒋介石前来视察。岂知此消息被日寇侦悉，即派机群偷袭。中午时分，我空军第 4 大队 23 中队中队长周志开率领的 12 架 P-40 战斗机，在完成袭击鄂西聂家河日军的战斗任务后返回梁山机场。当时机场地勤人员正忙着给这些飞机加油挂弹，飞行员们准备吃饭的时候，突然日军第 33 战队的 14 架中岛一式隼战斗机，第 90 战队第 3 中队的 8 架 99 式轻型轰炸机钻出云层，出现在梁山机场上空，分两批俯冲直下，轰炸我刚降落的 12 架 P-40 战斗机。在这危急关头，周志开奋不顾身，迅速跨进一架刚刚加好油的飞机起飞迎战，升空至 500 米高度时，他就直接冲到一架敌机的肚皮底下，拉高机头，瞄准敌机后上方，一揿按钮，这架倒霉的敌机便拖着浓烟坠落在万县分水附近的山崖下了。紧接着他迅速爬高，发现两架已无驱逐机掩护的敌机企图逃跑，便咬住不放，急起直追，一直追到万县太白岩附近时，他突然发现一件怪事，其中一架敌机后座的机枪居然指着天空而纹丝不动，周志开断定那敌射手已被击毙，是尸体压得机枪翘起来的。于是他决定，先干掉后面那架尚有战斗力的敌机，一阵猛追，一阵猛扫，这架被击中尾部的敌机，一头坠向云阳地面。周志开随即锁定那架死了射手的敌机，强迫他降落投降。哪知这架敌机的飞行员十分顽固，竟一拉机头，向周志开冲来，企图与他同归于尽。千钧一发之际，周志开来了个侧滚躲开，转身一阵猛扫，终于将这架敌机击落于西陵峡中。这时，其他敌机均了无影踪。子弹已打光了的

准备进犯我领空的日本航空队

周志开，只得掉头返航，飞回梁山机场上空，看到地面一片火海，浓烟滚滚，无法降落，只好忍住悲愤，飞往重庆，在白市驿机场安全降落。这次日寇对我梁山机场的偷袭，造成我第 4 大队的二十多架战机受损。战后，蒋介石特地赶到空军第 4 大队，亲手授予一举击

落 3 架敌机的周志开勋章一枚，军衔从上尉升为少校、副大队长。在不久后的常德会战中，周志开率领的飞行中队一次击落日机 4 架，再创 4：0 的战绩。

1943 年 11 月，日本第 11 军司令官横山勇中将，调集 10 万日军和空军第 16、第 25、第 44、第 45、第 85、第 90 战队及独立第 17、第 18、第 55 中队，计 253 架飞机侵犯鄂西、湘北地区，企图消灭中国抗日军队的主力，摧毁第六战区的抗日根据地。我方投入空军第 1、第 2、第 3、第 11 大队，美国第 14 航空队，共 200 架战机，由空军第一路司令官张廷孟上校坐镇恩施机场，指挥作战。周志开一到恩施就立即要求出战，张司令官笑着说："勇气可嘉，但你不要忘记现在你是一队之长，作战就应该时刻想到集体的安全和力量，还是等一等。"

在这期间，升任为第 23 中队长的周志开，几乎每天都出战，轰炸敌军阵地或交通线。

12 月 3 日，周志开奉令率领 P-40 式战斗机 9 架，掩护高又新中队向守卫常德的陆军部队空投 9 万发 79 口径子弹。第 4 大队大队长李向阳则率机 9 架去前线袭敌。他们三个编队起飞不久，即与敌零式战斗机 17 架、99 式轰炸机 22 架遭遇并展开激战。我方当即击落 3 架 99 式轰炸机。周志开中队击落敌零式机两架。常德会战中，周志开屡立战功，荣获一等宣威勋章。

1943 年 12 月 14 日，周志开和高又新奉命各驾驶一架 P-40N 战斗机从恩施起飞，沿长江侦察日军动向并伺机歼敌。两架飞机先在孝感上空略作盘旋，确认未有大批敌机后，二人决定分头行动，高又新转向江北，侦察沙洋、皂市、钟祥、荆门、宜昌。周志开则按计划向西南飞行，前往沣县、石首、华容、安乡等地。4 时 50 分，高又新驾机经兴山返回恩施，周志开

"空中骑士"周志开

却迟迟未归。

直到傍晚 6 时 10 分左右，高又新判断以 P-40N 的续航力，周志开不可能继续飞行。

恩施基地司令官田振声下令第六战区全部防空监视哨所进行空中搜索，空军第 1 路司令部命令恩施、梁山、白市驿三座空军电台轮流呼叫，但均无音讯。晚饭后，长阳县龙潭坪乡长来电报告："我机一架在空中着火，坠落于龙潭坪附近山崖中，发现驾驶员身上有青天白日国徽，空军第 57 大队出入证。"

稍晚，国民党谍报部门截获一份日军电文，其中提到那天下午，曾有一架中国飞机偷袭汉口机场，日军地面设备略有损失。日军立即出动战机与之进行激烈空战，这架中国飞机在击落两架日机后负伤向长江南岸逃离。

生龙活虎的周志开再也不会回来了，基地上下一片肃穆。

获悉噩耗后，恩施基地司令官田振声立即命令参谋刘毅夫和分队长严仁典驾车前往坠机地点加以确认。刘毅夫和严仁典连夜乘坐大卡车前往巴东，翌日至三斗坪，登上母猪峡，过生姜坪，到长阳县后又连续爬了两天大山，终于到了坠机地——龙潭乡。

刘毅夫在回忆录中这样写道：我们先是在山下问了几个目击的乡民，他们说昨天下午曾有两架飞机一前一后在山顶盘旋，前面的为黑色，后面银白色的体型略小，天空中还不时有断续的枪声。后来那架黑色的飞机坠落在山谷里，白色飞机则向东面飞走了。

刘毅夫和严仁典沿着崎岖的山路来到飞机残骸前，一眼就认出那是我方的 P-40N 战斗机，P-40N 战斗机的残骸有三分之一深陷在积雪中，左侧主翼已经折断，油箱下方有十几个弹孔，汽油溅了一地，但没有燃烧和爆炸。机头前方的发动机被撞成了碎片，机身部分尚完整。旁边的一棵大树，树冠的枝杈上明显有被刮擦过的痕迹。

周志开的遗体端坐在血迹斑斑的驾驶座上，奇怪的是周志开下颚以上部分竟然没有了，除此之外身上并无大伤。他俩在周围反复寻找，可就是找不到周志开的头，只好把他的身躯放进棺材抬上了车。经分析，周志开的 P-40N 战斗机在遭到日军的零式舰载战斗机的追击时，油箱被打漏，燃油迅速外泄，导致飞机丧失动力而坠毁。

周志开牺牲时年仅 24 岁，他是中国空军在抗战后期涌现出来的一名英勇善战的骁将，生前有战绩 38 次。有着丰富空战经验的周志开，牺牲后的头颅一直没有找到，这就令他的死变得扑朔迷离，周志开究竟死于谁之手，只有从日军方面去探寻，可在日本相关史料中，对这次战斗的记录却意外的简略，有人认为日本在 1945 年战败回国前，曾烧毁了许多重要资料。目前能够找到印证的，是两名日军老兵的回忆，而他们的回忆却又大相径庭。一个是当时担任陆航 25 战队队长的清野英治，战后被问及此事时，他出人意料地回答："那次战斗中根本没有敌机被击落。"另一人是时任 85 战队队长的齐藤斋吾，他声称，是当时刚刚接替洞口光担任 85 战队第一中队队长的细藤才驾驶的钟馗 II 型战斗机，击落了周志开的 P-40N，并说那天参战的还有根岸中尉、柴田上士等多人。也许齐藤斋吾的话有一定的可信度。

周志开牺牲后的第二天，长阳县突然天降大雪，当地一位德高望重的长者，将准备自己百年后的紫檀木寿材敬献给了为国捐躯的飞将军周志开。由于山高雪深汽车无法进入，由二十几个人将周志开的灵柩一路抬着、拖着走了十多天，终于走出了大山，在三斗坪上了船，才安然地回到恩施基地。下葬那天，基地专门为其鸣炮示哀，百余名将士无不落泪。

周志开牺牲后不久，英雄的母亲擦干眼泪，把周志开的弟弟周志兴送进了四川灌县的空军幼年学校。我们又一次看见了"母亲送儿打东洋"的悲壮场面。

为了抗日，为了中华民族，这位伟大的、深明大义的母亲，让世人知道了什么叫作"前赴后继"！

臧锡兰，空军军官学校第八期毕业。从 1943 年 5 月开始的鄂西会战到 1944 年 8 月常德会战期间，中国空军共出动 216 次，臧锡兰多次随队对湖北藕池口、石首、华容等地之日军进行轰炸和扫射。

1943 年 2 月，日本大本营向支那派遣军下达第 757 号大陆作战令："支那派遣军总司令官应确保现占领地区之安定，并尽可能继续压迫中国军，摧毁、消灭其抗战企图。"

日军派遣军总司令官即着手制定新的战略，"扫荡"长江北岸以沔阳为中心的产粮区，相机夺取长江南岸宜都至石碑要塞，卡死长江水道。鄂西、湘北战云密布，酝酿着一场大战。

1943年5月3日晚，在重庆的蒋介石正准备上床睡觉，此时侍从室转来第六战区司令长官陈诚的电话。陈诚在电话中说："据报白螺矶4月27日到敌机12架，天门、岳口一带近增敌3000余人，汉川南近日增敌伪军5000余人。潜江、沙洋、沙市各据点敌军雇用挑夫运兵频繁，判断敌军有向江汉间地区行局部窜扰的企图。"5月5日凌晨，日军主力由华容、藕池口分路开始向洞庭湖北岸中国军队右翼兵团发动攻击，防守部队利用既设工事逐次予日军阻击，日军眼看打不动，便于7日晚窜抵南县、安乡附近，再次攻击，双方鏖战彻夜，一方死攻，一方死守，互不相让，伤亡均重，最后中国军队守防处于不利地势，迫不得已于8日放弃南县、安乡。

在此期间，我空军多次出动，对在藕池口、石首、华容等地行动的日军进行轰炸和扫射，以支援地面作战。先后有多名飞行员在空战中牺牲。他们分别为：

杜兆华27岁（1916—1943），广东省海南县人，先入广东航空学校肄业，嗣转入空军军官学校第七期驱逐组毕业。历任空军第3、第4大队飞行员，空军官校高级班驱逐组教官，第4大队第23中队副队长，升至上尉二级。曾参加1939年5月2日重庆空战、1940年6月12日万县空战、1941年10月24日南郑空战等役。独立击落敌机两架。

1943年5月25日，第4大队大队长李向阳由四川巴县白市驿率P-40E机15架起飞，分为两批，轰炸湖北长阳及宜昌一带日军。李大队长亲率第一批机7架，于上午9时许到达目标上空，因浓云迷漫，无法穿云下降。杜兆华为第3组领队，所驾飞机发生故障，不能维持平飞，在宜昌以北地区脱离队形，单独飞至日军阵地上空扫射，在安福寺附近被日军地面炮火击中油管，发生爆炸，人机俱焚。生前因功奉颁武功状及二星星序奖章。追赠为少校，遗妻林氏。

张祖骞26岁（1917—1943），湖南省长沙市人。空军军官学校第七期驱逐组毕业。历任空军第1大队第27中队队员、空军第4大队第23中队飞行员、第 24 中队分队长、第 22 中队副中队长，升至上尉二级。曾参加 1939 年 11 月 14 日四川成都空战、1940 年 1 月 1 日湖南零陵空战、1942 年 10 月 27 日山西运城空战等役。

1943 年 5 月 27 日，第 4 大队自四川巴县白市驿出击湖北长阳一带敌军，张祖骞驾机对敌军阵地俯冲投弹时，被敌高射炮火击落，坠毁于长阳县境，不幸阵亡。生前有战绩四次，奉颁武功状及一星星序奖章。追赠为少校，遗有老母。

薛凤翥 25 岁（1918—1943），安徽省灵璧县人。空军军官学校第十一期驱逐组毕业。升至空军第 4 大队第 22 中队中尉三级飞行员。

1943 年 5 月 27 日，第 4 大队自四川巴县白市驿出击湖北长阳一带敌军，薛凤翥与副队长张祖骞同机，飞机俯冲投弹时，被敌高射炮火击坠于长阳县境，同时阵亡。烈士因功奉颁武功状，追赠为上尉，遗妻马氏及子女各一。

郭岳生 30 岁（1913—1943），湖南省益阳县人。空军军官学校第八期毕业。升至空军第 1 大队 第 1 中队中尉一级飞行员。

1943 年 5 月 27 日，第 1 大队大队长姜献祥自四川温江率爱司勃Ⅲ机 7 架轰炸鄂西敌军。返防途中，飞至四川石柱县境，因天气不良，队形分散，郭岳生所驾 117 号机发生故障，在迫降时失事，殉职。生前因功奉颁武功状。追赠为上尉，遗妻臧氏及子二。

5 月 31 日，臧锡兰所在的第 4 大队与中美第 14 航空队共同作战，在湖北荆门上空与敌零式机相遇。面对数倍于我的敌机群，各编队无所畏惧，勇猛冲向敌机。在激烈的空战中，美空军安利生上校的飞机被几架日机围攻，密集的火网射向安利生的飞机，眼看就要被击落。就在千钧一发的刹那间，臧锡兰驾机突然从斜刺里杀进来，对正在围攻的日机射出一阵猛烈的机关炮，就像掠过一阵旋风一样，敌机当即着起大火。正是由于臧锡兰的施救，安利生才侥幸虎口逃生。

事后，美军第 14 航空队特意电邀臧锡兰去昆明美第 14 航空队做客，畅叙友情，并对其英勇行为表示由衷的感谢。中国战区美军总司令史迪威将军总部也特意颁发给臧锡兰银星勋章，表彰他援救安利生上校的勇敢精神。

美国第 4 航空队少将队长陈纳德

中国战区美军总司令史迪威

1944 年在长衡会战中，衡阳被日军围困达 47 天之久。是年 4 月下旬，日军发动了打通大陆交通线的"一号作战"。日军夺取豫中之后，阴谋南犯湖南、广西，主力集结达 22 万人之多，而空军兵力也集结了 5 个战队，有飞机 168 架，分布于武汉前线基地，长衡会战已是一触即发之势。

我空军为应付此一盛大攻势，也集中 5 个大队与中美混合团、第 14 航空队并肩作战，严密戒备。拥有轰炸机 68 架，驱逐机 113 架，分别集中于桂林、芷江、丹竹、南雄、遂安、成都等机场。

日军以决战姿态向长沙发动的猛烈攻击，势如狂涛，我军武器窳败，加上指挥官准备不充分，难以像前三次长沙会战那样令敌铩羽，为确保实力，不得不作战略转进，长沙、株洲相继弃守，敌我两军主力于衡阳外围相峙。

衡阳困守了整整 47 天，内线城防部队方先觉的第 10 军坚贞不拔，外线反攻部队前仆后继，敌寇虽连连增援，其主力却大受损害。因此，屯兵于坚城之下达两月之久。衡阳之所以能苦撑如此之久，除了归功于地面部队以外，空军日夜鏖战的劳绩，同样是不可埋没的。

空中"红武士"高又新每天要出动 8 次到 10 次，给地面部队运送、空投弹药，并轰炸敌军堡垒，扫射敌军阵地，对日军威胁甚大。

一次，高又新冒着敌人密集的炮火，勇敢地轰炸敌军阵地，协助陆军兵不血刃地光复了金兰寺，打下了衡阳外围敌寇最坚固据点。他的另一次出击，掩护部队攻占了俯瞰永丰的三个高地，使湘乡方面的战局稳定下来。更有一次他击毁敌 4 个炮垒，炸毁一列辎重车。他昼夜作战，一连苦撑了两个月。

衡阳陷落后，空军依然继续出动，高又新在湘西春水两岸，差不多打残了日寇一个联队，这种硬拼的精神，说明了空军在长衡会战中的地位。长衡会战中虽然中国陆军打了败仗，但高又新却因战功荣获青天白日勋章。空军的胜利，是整个战局逆转下唯一的光荣。

因此，周志开、臧锡兰和高又新三位飞行员，被航空委员会主任、空军前敌总指挥周至柔誉为"英雄世纪"的"空中红武士"，成为继高志航、李桂丹、刘粹刚、乐以琴"四大天王"之后杰出的空军战斗英雄。

◎ 37. 蓝天记得朱嶷华

雾都重庆的傍晚，一名空军飞行员在度周末之后返回郊区基地。在骆园路上，突然与一群身背大刀、手持标枪、军装破烂、脚穿草鞋的川军士兵不期而遇。就在双方即将擦肩而过时，川军看清了对方是一名飞行员，身穿美式翻领夹克军装，腰上还挂着美式手枪，顿时嫉妒的眼睛都红了。

其中一人骂道："龟儿子，硬是神气得很！"

"我认得他，上次就是和老子打架，报信的那一个……"

"弟兄们，上去缴他狗日的枪，再扒他龟儿子的军装，让他神气！"

"对头！对头！整！整！"

一群人起哄围了上来。

飞行员一下子从腰间拔出左轮手枪对准士兵，大喊："都是抗日的，不要乱来！"

霎时，川军被镇住了，就在这当儿，飞行员转身就跑，川军喊道："狗日的跑尿了，追！"

川军们嗷嗷叫着追了上来。

飞行员一路狂奔，一直到城门口，但此时天色已晚，城门已经关闭，只见后面士兵仍在追赶，就在这进退两难之际，飞行员依仗良好的体能素质，利用残破的城砖，三扒两够，纵身一跃上了城墙，后又施展跳伞技巧，纵身飞下城墙，等后面的士兵气喘吁吁地爬上城墙时，飞行员已远离城墙百米之遥。

面对远去的飞行员，川军没有一个敢冒险往下跳。

"狗日的，不愧飞将军！"

一场虚惊，化险为夷。

他——就是朱嶷华。

朱黼华凭着强健的体魄，精湛的技术，靠的不是飞机的性能优势而是个人智慧和灵活的战术，与日寇作战 7 年，只受过两次轻伤。有一次，4 架日寇飞机围攻他一架单机，他左右迂回，穿插于敌机之间，当他发现机枪弹药已耗尽，便急中生智，拉高飞行高度，挑战飞行极限（因当时他没有戴氧气面罩，升高超过极限，会发生缺氧而呼吸困难），终于脱离危险，安全返回基地。而此时他却因严重缺氧造成耳朵鼻孔流血不止，经基地军医奋力抢救而脱险。朱黼华曾任第 26 中队副队长、作战参谋、中队长等职，最后升至上尉三级。

朱黼华是上海市人，生于 1917 年 1 月 29 日。家境殷实。其祖上为浙江湖州望族，其父朱榜生是上海有名的大律师。朱榜生夫妇共有 12 个子女，黼华排行第七，三个儿子中排行第三，家人称他"老七"。这孩子长得身体结实，上学以后又十分注意锻炼身体，举杠铃、哑铃、游泳、跑步等体育运动都是班里尖子，他肌肉发达，体格强壮。同学和家中弟妹见了他都让他三分，戏称他是"七大亨"。他还有一个习惯，晚上睡觉除了冬季特别寒冷外，一年四季不关窗，冬天也坚持用冷水洗澡，却很少有伤风感冒。

朱黼华读中学时，学习十分努力，喜欢阅读书报，特别关心国家大事，从小就有爱国之心，无论是九一八事变东三省的沦陷，还是1932 年一·二八淞沪抗战，朱黼华对日寇的侵略行为义愤填膺，具有强烈的民族责任感。

他中学毕业以后就投笔从戎，去杭州报考笕桥空军军官学校。经文化考试及体能测试均特别优秀，被空军学校录取。

当朱榜生夫妇知道老七报考空军军官学校并以优秀的成绩被录取时，大为震惊。常言道"好男不当

第 5 大队 26 中队中队长

朱黼华

兵，好铁不打钉"，朱家这种大家庭，原本应该读大学、出国留学的老七，怎么去当飞行员了呢？父母的反对未能动摇朱黼华参军保国的决心。"国家有难，匹夫有责"，国之不存何以有家，他以岳飞精忠报国为例，终于说服父母，只身赴杭州笕桥空军军官学校报到。

杭州笕桥空军军官学校大门（朱黼华摄）

半年以后，思子心切的母亲邱丽云，执意要去杭州笕桥看望儿子。当朱榜生邱丽云夫妇风尘仆仆来到笕桥军校，在传达室与儿子见面时，只见昔日有着强壮体魄的儿子，剃了一个光头，人显得又黑又瘦，母亲难过得落了泪。朱黼华笑着说："今天艰苦训练，就是为了今后更好地打击日寇，人瘦了点，但体质比在家时更好了。"说得母亲转悲为喜，朱黼华俏皮地向母亲立正敬了个军礼就赶回军营。

杭州笕桥空军军官学校建于1931年，根据蒋介石指示利用原笕桥兵营，扩建机场，大兴土木，成立中央航空学校。学校聘请美国顾问，向美国购买各种型号飞机作为教练用机。航校成立后，蒋介石自兼校长，毛邦初为副校长，负实际责任，并请美国飞行总教练进行飞行教学。一切有关飞行员的训练、教材、战术等，全用美国教案，连使用教练机和以后各部队作战飞机、汽油、武器、装备等也大部分都是美国的。后来也采用部分苏联提供的飞机及装备，以及欧洲等国的飞机。

1937年七七事变后，抗日战争全面爆发。这一年也是朱黼华即将毕业的一年。一天，蒋介石亲自来到笕桥中央航空学校，召集全体空军飞行人员训话，号召空军将士奋勇杀日寇，保卫国家领空。朱鬸华热血沸腾，恨不得立即飞上蓝天与日机作战。而当时接到的命令却是笕桥空军军官学校迁移至昆明。

7月中旬，学校经过紧张准备，内迁大西南。当时在航校受训的有第七期、第八期、第九期共三期学生。全体师生、器材经浙赣铁路陆续南运。

由于战事日益紧迫，航校的各方面条件都跟不上，但教学任务却抓得更紧了。课程一切从实战出发，训练强度又大，对学员的体能、智能、反应、灵敏度要求极高，极为严格。这批学员后来在抗日战争中成为了中国空军的有生力量，其中大多数飞行员在对日空战中先后为国捐躯。朱鬸华因为体质优良，业务成绩优秀，在航校三年学习中成绩一直名列前茅，顺利地从昆明空军军官学校第八期毕业。

这时第八期学员在学校的高级飞行课程已经训练完毕，朱鬸华是驱逐机专业，被派至空军第4大队第23中队任见习飞行员，他当即驾驶战斗机参加巡逻任务。

1938年年底，中国空军驱逐总队迁到兰州西固城基地，因为此地尚无空中被攻击的顾虑，各驱逐大队轮流前来，不但可以安心接受训练，

朱鬸华于休闲时在兰州滑冰娱乐

朱鬸华任见习官时在霍克2型驱逐机前

同时也可接受苏联 E-15 及 E-16 驱逐机换装整补。此外，新疆哈密也成为空军重要基地之一。

朱黼华训练完毕，随第 4 大队第 23 中队派往重庆广阳坝驻防，广阳坝机场在重庆市东面长江上的一个小岛上，此地的阳光相对较多，所以雾比其他地区较早消散，故称广阳坝。该大队主要任务就是保卫重庆免于日机之轰炸。

日寇想通过狂轰滥炸迫使蒋介石放弃抵抗，几乎每天都对重庆实施轮番轰炸，国民党空军战斗机超负荷战斗在重庆上空，其战斗之频繁、牺牲人员之众多是国际空战中罕见的。朱黼华曾在空军基地一块石碑前拍照留影，石碑上写着："我们的身体，飞机和炸弹当与敌人兵舰阵地同归于尽。"这就是当时中国空军的真实写照。

1940 年朱黼华转派空军第 3 大队第 28 中队，驻扎在四川成都，先后担任飞行员、分队长之职。此时日本新型零式战机出现于中国的空中。9 月 13 日于璧山上空发生中日飞行队遭遇战，我方依旧以老式的苏制战机 34 架出击，由第 4 大队大队长郑少愚领军（第 3 大队第 28 中队派出 6 架 E-15 战机）。此战我机被击落 20 余架，飞行员中有 10 位阵亡，8 位受伤，是中国空军建军史上损失最惨重的一次空战。因无法同零式机作战，因此空军只能避战以保存实力。

朱黼华在 7 年空战中的表现是十分英勇的。由于当时中国不能制造飞机，只能从国外购进。当时国民党政府一些官员腐败，从欧洲购进的陈旧战机斗与日本的零式战斗机性能相比大相径庭。当时朱黼华驾驶的战斗机是单人驾驶的苏制老式双翼飞机，必须手脚并用操纵飞行，十分笨重，速度又慢，在空战时还必须腾出手来扳动重机枪机，不像日寇零式战斗机操作灵活，飞机上的机枪只需按电钮便可自动射击。

朱黼华牺牲后，其子畴莘曾从父亲的日记中发现，朱黼华的飞机还经常发生机械事故，日记中有某月某日升空前发现飞机"发动机性能不良"等记载。

当时，中、日两国在作战飞机数量上处于 1：23 的劣势，中国空军由于人员牺牲数量大，培训跟不上，因此飞行员配备严重不足，而且没有预备队，飞行人员刚结果战斗返航，当发现新的敌情后又必须立即起飞参战。

日寇每次发动对重庆大轰炸时，总是出动几个轰炸机大队，并有几十架歼击机护航，一齐飞向袭击目标，而我方只有最多不过十几架歼击机升空迎敌。因而中国空军只有凭自己的英勇机智，抱着有敌无我、有我无敌、视死如归的决心，与敌机在空中肉搏，但往往寡不敌众，而且双方武器优劣明显，造成我方机毁人亡。所以当时空军航校毕业后能活过六个月的飞行员就算"长寿"了。朱黼华航校的同学，在八年抗战中，几乎全部壮烈牺牲在空中战场上。其中包括他在航校的要好同学——国民政府行政院长翁文灏的儿子等。

在此期间，朱黼华被派往空军士官学校担任飞行教官。朱黼华当时已是中尉空军分队长，不但有扎实的理论知识，又有丰富的实战经验，因而航空学校经常聘请朱黼华到学校授课，是学校兼职教师。飞行士校学生皆为高中学历报考，校舍在成都市南门外簇桥东太平寺机场，其一切教育设备、教学方法，完全与官校相同，但毕业后则以士官授阶，故而引起许多风波，幸上级及早发现改进，以毕业时间先后并入官校某期，以特班区别，问题迎刃而解，士校办至第七期停止。

由于战争环境恶劣，空军减员大增，而有经验的教官却十分缺少，因此航校校方曾要求朱黼华放弃战斗出任航校专职教官。这对一般空军军官来讲是个求之不得的好机会，朱黼华却坚决拒绝了航校的要求。他认为自己是一个天生的斗士，为了民族尊严、祖国领土的完整，宁可转战沙场而死，决不愿苟且偷生。最终他实践了自己的信念，把一腔热血和宝贵的生命贡献给了国家和民族。

朱黼华于空军士校任职飞行教官一年余，便多次请调作战单位，终于被派往空军第5大队第17中队任副中队长一职，但此单位因日本空军在一次偷袭行动中将一批新到的苏制E-153型机击毁而损失惨重，蒋介石一怒之下下令取消第5大队番号，以"无名大队"代替，此为第5大队士气最低落的一刻。

这种敌强我弱的形势，直到1941年日寇偷袭珍珠港后才有所改变。美国参加对日战争，以陈纳德为首的"飞虎队"正式以美军空军部队身份参加中国战场，同时美国政府开始大量援助中国先进飞机、航空汽油、弹药并提供技术支持。中国终于有了盟友，美军第 14 航空队成立，1943 年 10 月中美空军混合团成立，两国空军战士携手并肩作战，给日寇以沉重打击。

中国空军第 3 大队 4 个中队，分别于印度训练接收美式 P-40 战机后返国驻防华南各基地。第 5 大队改组后只留下部队长，被派往印度接收新机及留美飞行队员。

美国还动用了当时最新研制的 P-51 型战斗机（野马）投入远东抗日作战，该机型在当时航速最快，火力又猛，是战斗轰炸机。日寇零式战斗机迎战美国野马战斗机时几无招架还手之力，被野马战机击落的日机日益增多，战争初期日寇空军的嚣张气焰被打跑了。到抗日战争末期，日机见到 P-51 型战机就不敢恋战。在中美空军联合打击下，日寇逐渐丧失了对中国领空的制空权。

1944 年 7 月，中美空军混合团第 5 大队及由朱黼华率领的第 26 中队和张济民率领的第 29 中队曾三度袭击日军洞庭湖畔的白螺矶机场。第一次是 7 月 9 日，第二次是 7 月 11 日，第三次是 7 月 28 日，此三次奇袭击毁了十数架日本战机，不但支持了国民党军作战，还攻击了日军的补给线。

1944 年初冬，中国反法西斯战场已经从战略相持阶段进入战略反攻阶段，日寇失败已成定局。为挽救败局，日寇妄图打通云贵战场通道，孤注一掷发动柳桂战役，特别是妄图袭击位于芷江的中美联合空军基地，消灭中美空军的主力部队，从而重新夺回在中国战场上的制空权。中国空军协同美国空军并肩作战，保卫空军基地及支持中国陆军部队的战斗。

朱黼华的妻子张瑞芝是无锡一商人的女儿。在无锡读完小学以后，到上海读中学，成了朱黼华的校友。在学校中朱黼华是一个活跃的学生，不仅是引人注目的体育明星，而且是一个文艺爱好者，能弹一手动听的西班牙吉他（他小时候就跟表姐邱冰玉的丈夫朱松林学习吉他多年）。在学校举办文艺表演时，他会露一手，曾吸引许多女同学的目光。这把心爱的吉他黼华一直带在身边，从空军航校学习时到以后参加战争，这吉他一直伴陪着他。当他在苦闷寂寞时就弹奏一曲，这是他的精神寄托。因他从小生得高大英俊，很有男人气概，当时有不少女同学暗恋于他，向他暗送秋波，但他不为所动。唯有一个女同学引起了他的好感，这就是无锡姑娘张瑞芝。张瑞芝不但长相秀美，而且学习成绩优良，待人接物总是柔声细语，有苏锡一带女孩特有的美妙吴音。随着日趋频繁的交往，到毕业时他俩已经确立了初步恋爱关系。朱黼华到杭州笕桥读航校以后，两人鸿雁传书，感情与日俱增……

1937 年南京沦陷以前，大学纷纷跟随国民党政府内迁，张瑞芝也跟着学校迁往昆明的西南联大读书。这时的张瑞芝出落得更加俊俏，被联大同学誉为"校花"，追求她的人确也不少，其中不乏有俊才之士，但都不为张瑞芝所动，她心目中只有身着戎装的朱黼华。

1939 年，她风尘仆仆只身来到成都找朱黼华。那时黼华的大姐琴珊之夫汤吉禾正任齐鲁大学校长，琴珊也在该校任教授，他们在成都郊区骆园有一套住房，张瑞芝就暂时在大姐家安顿下来。张瑞芝千里来寻未婚夫、放弃联大学习的举动，使大姐琴珊感动不已，在他们的帮助和安排下，朱黼华和张瑞芝当年就在成都骆园汤吉禾家结了婚。战争年代，婚礼只能简单举行，但却别有一番情趣。上海的父母、亲朋好友被困在"孤岛"，当然不能前来，参加婚礼的只有大姐琴珊和姐夫汤吉禾、五姐朱月珊和汤吉禾的一个妹妹。大姐琴珊用风琴弹奏一曲"婚礼进行曲"，营造了战争年代浪漫的婚庆氛围。好在汤吉禾家里房子还算宽敞，琴珊为他俩整理出一个房间作为新房。朱黼华每两个星期回家休息一次。有时出差缅甸等国（在 1941 年底太平洋战争爆发前，中缅有公路可通，空中道路也畅通。直至太平洋战争爆发，日寇占领东南亚各国才关闭陆上通道），经常带一些工艺品给外甥及外甥女玩耍，与全家聊一些国外见闻。

第二年张瑞芝怀孕了，在大姐一家的照料下，年底前顺利分娩，生下一个女婴，按父亲排列的辈分，取名畴蓉。后来又生下一个男婴，取名畴苇。朱黼华对儿子的降生甚感欣慰，他说今后如果我牺牲了，儿子可以为我报仇了。

大女儿出生时姑母琴珊替她取英文名蓓蒂"Betty"，儿子出生时琴珊又替他取英文名乔奇"George"。后来畴苇过继给心珊后就一直用此名字。当女儿畴蓉出生时，成都物资供应已十分匮乏，但通过关系，还可

朱藴华、张瑞芝夫妇和女儿朱畴蓉（1940年摄于成都）

弄到一些国际救济总署支持的婴儿奶粉等营养品，因而女儿的生长发育尚好。但到儿子畴苇出生时，因抗战进入了第六年，经济更糟，成都的供应情况越来越差，奶粉在市面上已不见踪影，由于缺乏必要的营养，儿子体质从小就差。作为空军战士的家属，由于经常为丈夫安全担忧，所以张瑞芝得了忧郁症，身体也越来越差。等到老三（女儿）出生时，成都供应情况更差了，到处可以看到饥民饿死街头，即使像汤吉禾这样的校长家庭，也只是免遭饥饿而已。张瑞芝身体弱，孩子没有奶水，市场上又没有奶粉可买，这样，一条小生命就夭折了……

张瑞芝与大姐一家同甘共苦长达5年之久，到1944年才搬至朱藴华所在的空军基地宿舍。

有一次朱藴华和战友在一酒店喝酒时与四川军阀邓锡侯部几名士兵发生口角，都是年轻人互不买账，结果打了起来，飞行员身体强壮，占了上风。川军吃了亏，其中一人逃出去报信。川军士兵大多是袍哥出身，一人有难，大家支援，于是来了一个排的人，将飞行员包围在酒馆中。朱藴华从后窗跳出，回基地搬兵，几十名空军又对川军实行反包围。正当朱藴华带领战友突围时，邓部又来了不少士兵再次将空军包围起来。

双方都不肯让步，陷入僵局。消息不胫而走，既惊动军阀邓锡侯，也令航空委员会秘书长宋美龄感到事态严重。大敌当前，岂能容忍地方军阀与空军火并，但作为"空军之母"的宋美龄怕遭"护犊子"的非议，不便出面调解，便请出美国顾问调解，又请袍哥龙头大爷出面，在茶馆中吃"讲茶"，给负伤的士兵一定的赔偿，从而避免了一场一触即发的内乱。因此，才有了本文开头时的那一幕情形。

1944 年 11 月 20 日，朱黼华在湖南祁阳上空经过一场空中恶战后，奉命凯旋返航。在返飞途中，因座机汽油耗尽，他只得迫降因而造成机毁人殉。他和他的战机一起消失在贵州黎平县境六寨中黄乡的一片茫茫大山之中。朱黼华为了中国抗日事业长眠于他热爱的青山绿水之间。"青山处处埋忠骨，何必马革裹尸还。"

朱黼华经历过大大小小多次空战，与战友们一起，击落击伤敌机数十架，多次因功受到空军部门嘉奖，他生前曾因功奉颁二等宣威奖章，乙种一等干城奖章，三等复兴荣誉勋章。时任航空委员会秘书长的蒋宋美龄女士曾亲自给他颁发过嘉奖状。

作为空军中队长的朱黼华英勇牺牲的消息传开以后，第 5 大队为他举行了隆重的追悼仪式，上级空军机关宣布朱黼华的军衔由原空军上尉追赠为空军少校。遗有父母及妻子张瑞芝与子女各一。

1945 年 8 月，日本天皇宣布无条件投降，全国人民沉浸在抗战胜利的欢呼声中。抗战期间内迁到四川的朱家子弟也陆续踏上返乡征途。琴珊夫妇带着二女一子，朱黼华遗孀张瑞芝带着一子一女，月珊夫妇带着一个女儿，经过长途跋涉，带着抗日胜利的喜悦奔向上海与父母和兄弟姐妹团聚。那时，朱榜生已家道败落，朱家已没有能容纳那么多人的地方，只好全部住在三女儿心珊家中。朱家三代人八年离别，今日得以相聚，特别是与从未见过面的孙辈在一起，全家兴奋不已。那些从四川来的孙辈，操一口四川话，一个家庭两种口音，上海的亲戚们风趣地称这批四川归来的孙辈为"四川帮"。一家团聚，独缺朱黼华，榜生夫妇不禁老泪纵横。经儿女们再三劝导，也只能从人死而不能复生来宽慰自己，况且儿子是为抗日而献身，也是朱家的荣耀。

对于张瑞芝今后的生活，琴珊、珍珊、心珊征求母亲邱丽云的意见。邱丽云十分开明，认为张瑞芝年纪尚轻，应该让她改嫁，不要耽搁她的青春、前途，并把这个意思告诉了张瑞芝。心珊将七弟的儿子朱畴苇收养为儿子，女儿畴蓉由祖母邱丽云抚养。事已至此，张瑞芝思考再三，最后还是把朱黻华的一双儿女留给了朱家。1948 年，张瑞芝远赴贵阳市改嫁给贵阳金城银行经理李某为妻。

"文革"期间张瑞芝曾因是朱黻华的妻子而受到冲击。有人胡说："她的前夫朱黻华没有牺牲，而是跑到台湾去，现仍是台湾国民党的高官。张瑞芝是潜伏下来的特务，与其台湾前夫朱黻华有联系……"在这特殊的岁月里张瑞芝有口难辩，在"牛棚"内苦思冥想，突然想起了一个人——朱黻华笕桥航校同届同学刘善本。他们同为笕桥校友，刘善本是轰炸机专业的同学，曾一起并肩参加过多次战斗，是一对很好的战友。

1941 年 12 月太平洋战争爆发后，刘善本被送到美国空军学校进修、深造，直到抗战胜利前回国参战。1947 年以后，刘善本对蒋介石发动中国人打中国人的内战很反感，他受到共产党地下党的教育和策反，同年毅然驾机投奔延安解放区，他是国民党空军第一位驾机投奔延安的飞行员。他在延安曾受到毛泽东、周恩来的接见。后来他受命参加组建空军学校，为新中国培养了一大批解放军空军飞行员。全国解放以后，刘善本被任命为北京空军师长，1955 年授予空军少将军衔。张瑞芝写信给刘善本，告诉她蒙冤的情况刘善本仗义作证，写出书面材料，以铁的事实证明朱黻华已于 1944 年 11 月 20 日在贵州黎平上空对日作战时英勇牺牲。这样张瑞芝总算得以解放，走出"牛棚"。但在"四人帮"揪"军内一小撮"时，刘善本师长也难逃厄运，被军内一部分人整死，诬陷他是美蒋特务，假起义。他帮张瑞芝逃过了一劫，而自己却被逼死于非命。直到"文革"结束两年后，刘善本才得以平反昭雪。

父亲为国牺牲，母亲改嫁离去，儿子朱畴苇于 1948 年过继给三姑母朱心珊、三姑父黄开平作儿子，改名黄乔奇。女儿朱畴蓉跟随祖母邱丽云，祖孙三代仍住在心珊家。畴蓉在祖母的抚育下，从小懂事，在上海第三女子中学毕业后，以优异的成绩考上复旦大学。毕业后分配在中国科学院从事生物化学科研工作。20 世纪 80 年代中期，随着国家改革开放政策的贯彻，她以学者身份去美国进行学术交流，然后定居在美国，在路易斯安那州立大学从事科研工作。丈夫沈谋章是一名颇有名气的职业医生。夫妇俩生有一子，叫沈承华。现儿子沈承华也已从大学毕业，并取得博士学位，在美国一家企业工作。畴蓉与谋章已先后退休，在上海和美国两地轮番居住，晚年生活其乐融融。

儿子畴苇在心珊姑母的关爱下成长，"文革"期间和黄家一起经历了一场磨难和坎坷，后来成家立业，生活安逸。现在他的女儿黄亦平在澳大利亚读完大学，已在一家银行工作。朱黼华烈士如泉下有知，看到一双子女争气成人，孙辈也学有所成，当可安息。

朱黼华小传：

朱烈士黼华，上海市人，生于中华民国六年（1917 年）一月二十九日。在空军军官学校第八期毕业。历任空军第 4 大队第 23 中队队员、第 23 中队飞行员，空军第 3 大队第 28 中队飞行员、分队长，空军士校飞行教官，空军第 5 大队第 17 中队副队长、第 26 中队副队长、作战参谋、中队长，升至上尉三级。

1944 年 11 月 20 日，烈士驾机出击湖南祁阳之敌。返航时，在贵州黎平县境六寨中黄乡迫降，机毁人殉。生前因功奉颁二等宣威奖章、乙种一等干城奖章、三等复兴荣誉勋章。追赠少校，遗有父母及妻张氏与子女各一。

国民党正面战场空军抗战纪实

◎ 38. "一门忠烈" 的郑海澄

1944 年冬季，清晨，山城重庆大雾弥漫。白市驿机场笼罩在一片白茫茫的雾气之中。

飞行员郑海澄起得很早，他心里很着急，又是一个大雾天，又没法起飞了。一连几天，常规的飞行训练都停止了。

太阳出来了，阳光从云雾之中透射过来。"天晴了!"郑海澄迫不及待地爬上战机，跃进座舱。机械师劝他："再等等吧，等雾全部消散。"

"不能再等了，等雾全部散去，日本飞机就有可能空袭，再说，这架飞机刚刚从修理厂出来，不试飞磨合，怎么能执行任务?"

郑海澄毅然决然发动了战机，在跑道上滑行，越来越快，刹那，飞机的轮子腾空，越来越高，机腹下的轮子收了进去，翱翔于蓝天……

郑海澄，一个有着中国血统和日本血统的年轻人，生于 1916 年 10 月 28 日。当时正是袁世凯复辟帝制不成，遭到全国上下的反对羞愤病死后的 4 个月。由于国务总理段祺瑞拒绝恢复孙中山的临时约法，全国的局势依然处在杌陧不安的氛围之中。

郑海澄的家庭有很好的背景，父亲郑钺是个检察官。1906 年考取浙江省官费留日生，漂洋过海，远赴东瀛。先入日本岩仓铁道学校，1909 年入东京法政大学清国留学生法政速成班，研习法律。1911 年、1912 年，郑钺两次毕业于该校的专门部。这期间，他与日本茨城县真壁町的一位女子木村花子相识到相爱，并于 1911

郑钺

年成婚。第二年就有了大女儿真如，1913年，又添了二女儿苹如。

中华民国成立后郑钺曾回国，浙江都督汤寿潜邀其为金华县执事，未就。1913年因参加反对袁世凯的"二次革命"，失败后遭通缉，郑钺又随孙中山等革命党逃至日本，复考入法政大学本科。郑钺在日本期间，积极从事反清革命和反袁活动，在护国战争和护法战争期间，与革命党人于右任结为至交。故而学习时断时续，直到1916年7月毕业于法政大学第32届本科。

郑海澄

三个月之后，即1916年10月28日，郑钺的第一个儿子郑海澄出生了。1917年1月，郑钺返国，通过资格认证，由司法总长张耀曾颁发给他律师证书，在上海做职业律师，兼职在上海复旦大学教书。1919年应陕西靖国军总司令于右任之邀，任靖国军总司令部一等秘书兼军法处处长。之后，跟随于右任进行革命活动。

1927年4月，南京国民政府成立后，于右任为监察院院长。郑钺历任中央法官惩戒委员会秘书处机要科长、中央特种刑事临时法庭审判员、江苏高等法院第二特区分院检察官、山西省高等法院第一分院院长、福建省高等法院第一分院首席检察官、江苏省高等法院第二特区分院首席监察官等职。所谓的特区分院，是指当时中国政府在上海租界内设立的特区法院。

1936年，20岁的郑海澄和18岁的弟弟郑南阳联袂赴日本留学，郑海澄进名古屋飞行学校学习飞行。该校创办于1913年，是一所民营航空学校。三个月后，郑海澄在掌握了一些简单的飞行原理和操作技术后，于同年12月毕业。之后，他又留在日本继续深造。其弟郑南阳在东京成诚学院学习日语，准备报考医学院。

1937年7月，卢沟桥事变爆发，很快演变成中日间的全面战争。身处于敌国的郑海澄兄弟在日本人眼中突然成为敌人，他俩受尽日本人的欺辱与谩骂，决心回国参加抗战，保卫祖国。但日本政府严禁中国留学生回国，尤其是学习飞行的人员更被严格控制起来，对郑海澄等派有"同学"监视。幸亏其母木村花子和亲戚帮忙，以重金买通一名经常往返中国和日本的船长设法将其儿子偷渡出来。紧接着木村花子木村花子赴日探亲，带着孩子和亲朋去郊游野餐。郑海澄将平时骑的摩托车借给那位负有监视任务的"同学"之后，只身混入了那艘轮船，于10月初到达上海。

11月上旬，中国军队在淞沪前线失利，从淞沪撤退，日军占领上海。1938年春，中央航空学校正式易名为空军军官学校。新婚不久的郑海澄后来去了香港，转道昆明，报名考入国民政府空军军官学校第11期。一年以后，即1939年9月26日，他的儿子郑国基出世了。

空军军官学校就是原来的笕桥中央航空学校，由于淞沪前线中国军队的败退，该校奉命西迁，辗转到柳州，后来又到昆明。郑海澄报名入驱逐科学习战斗机驾驶，目的就是要在蓝天上与日本飞机进行格斗。

其时，国民政府对学习飞行的学员审查特别严格，对其背景、学历、社会关系需要调查得一清二楚。郑海澄是从日本归来的，而且又有日本血统，有关部门对他的甄别就特别严格，审查了很长一段时间，且波折颇多，迟迟不予批准。为此，郑海澄非常痛苦，但拳拳爱国之心，使其不达目的誓不罢休。直到1941年，他才终于被批准进入空军军官学校第11期驱逐机科学习。毕业后奉派到空军，先后任第26中队、第3大队第32中队、第4大队第24中队飞行员，多次执行重要任务，升至中尉三级。

郑海澄留下远在上海的双亲和弟妹，还有在娘家的妻子程氏和1岁多的儿子郑国基。年幼的小孩在回到爷爷家时，常能感受到家里的气氛非常凝重，缺少欢乐。爷爷、奶奶、叔叔还有小姑姑成天唉声叹气，愁眉不展。

郑海澄家除了二姐郑苹如为中统刺杀大汉奸、汪伪特务头子丁默邨而牺牲外，为国牺牲的还有他的父亲郑钺。

1937年11月，国民党军队西撤，上海租界沦为"孤岛"，郑钺留守"孤岛"坚持执法，1938年2月又兼任最高法院上海特区分院检察官，与郁华、钱鸿业等广大爱国司法人员同侵华日军及汉奸败类抗争。因对汪伪特务分子的暗杀、捣乱给予公正的审判而屡遭恐吓与迫害，郁华、钱鸿业先后被汪伪特务刺杀。而对郑钺，汪伪集团与七十六号则派夏仲明去游说，希望郑钺与他们合作，但遭到拒绝。其时汪伪妄图强夺租界内的中国司法机构，原高等法院院长徐维震等一批软骨头被拉下水。郁华被害后，形势迅速恶化。郑钺受命主持留沪司法人员内迁，负责安排路线、签具路费单，内迁者持单至汇中银行杜月笙表弟、律师朱文德处领取路费，按预定的路线携家转移。

1938年夏，华中宪兵司令部翻译山崎晴一多次前来"拜访"郑钺，"希望"他与日军"合作"，出任伪司法部长。对这些纠缠，郑钺都以种种借口予以推辞。1939年11月23日，郁华遇害后，丁默邨对郑苹如说："你父坚持不参加和平运动，七十六号迟早要取他性命。"

郑苹如从事情报工作，郑钺开始是不知情的，后来自然也看出了端倪，便有意无意地教育女儿："只要是对抗日有利，对国家有利，对四万万同胞有利的事就应该做！"

郑苹如刺杀丁默邨失手被捕后，藤野来电明确表示："只要郑钺先生能和我们合作，我们将说服七十六号马上释放郑小姐，请考虑后回复。"

当时，郑钺也想虚与委蛇，先答应日本人的要求，等郑苹如放出来后再想办法逃离上海。但怕被日伪利用而作罢。女儿罹难后，郑钺心情悲伤，身患癌症，终于在1943年4月8日逝世。

郑苹如的母亲木村花子也是一位了不起的女性。1911年她从家乡去东京谋生，认识了还只是穷学生的郑钺，支持他与他的同志从事的反清革命，对他们"工作之掩护、文件传递等，协助良多"。婚后，相夫教子，十分贤惠，还不顾家人的反对，随郑钺来到中国，并取了个中国名字，叫郑华君。直到1925年才回了一次家乡，为父母重筑了坟墓，以"郑花健"的名字为父母立了墓碑。还给了长兄木村浅次郎一笔钱，用于重造住房。1937年爆发

郑苹如（王开摄）

的中日战争，使她陷入无比的痛苦之中，她说："丈夫是中国人，孩子姓郑，也是中国人。我爱日本，但也爱中国。"

女儿殉难，丈夫忧亡，家中一连串的不幸袭来，内心够痛苦的了。但这一切还因自己是生活在中国人圈子中的敌国人，而更加令人痛苦。小女儿郑天如上学去，被同学呼为"小东洋"，不时飞来石块砖头，连个别老师也曾用粉笔敲过她的头。

看着天如哭着回来，又能说些什么呢？一天，木村花子站在阳台上，忽听得"啪"的一声，左臂上被击了一下，接着一阵疼痛袭来，一看血已从被打穿的衣服破洞中渗了出来，很快地浸润了一大片。原来是对面不远的屋子中，有孩子用气枪在打她这个"日本鬼子婆"，她赶快拉着身边的孙子进屋，并告诫他不要站到阳台上去。

远在昆明的郑海澄并不知道，他的父亲在一年前就去世了，自己的弟弟郑南阳在一次外出时，遇到日本兵在马路上戒严。他用日语与对方交涉，说自己是个医生，有病人需要他出诊，请准予通过。这时来了个日本军官，见郑南阳讲一口流利的日语，很高兴地说，现在日本军队正需要像他这样的人去做军医。郑南阳心里很害怕，于是去了反战人士花野吉平处商量对策，花野最后将郑南阳送到沈阳躲避了一阵。

此时，郑家的日子更为艰难，在郑国基两岁左右，爷爷郑钺去世，外婆把他送回上海奶奶家抚养，妈妈离他而去。幼时的小国基因营养不良，身体瘦弱，个子又小，和奶奶、表姐生活在一起。他不敢出去和别人家的孩子玩，成天待在家里。祖母就经常给他讲述岳飞抗金的故事听，并说：在日本只有最优秀的青年才能参军报国，为国家做贡献。你的爸爸是一个军人，他也是最优秀的人。小国基没有见过爸爸，只对着墙上挂着的爸爸的照片说："这是爸爸，他是个为国家做贡献的英雄。"

等风声过去，郑南阳才秘密返回上海，此时他也帮助中统收集情报，为抗战默默贡献一份力量。

镜头又拉回到1944年1月19日。

驾机上天不久，四周的云层又涌了过来，绵绵密密、重重叠叠地将郑海澄的飞机包裹起来。飞机在浓云中颠簸、摇晃，郑海澄紧握操纵杆，努力保持飞行的高度，挣扎前行。突然，他最担心的事情发生了，新修不久的发动机突然在空中停车了，他试图重新发动，却没有成功。危急之中，他只得牙一咬、心一横，冒险迫降。待飞机钻出云层，已经接近地面，他再拉操纵杆，但一点反应都没有，只听得"轰隆"一声巨响，机头触地，燃起熊熊大火。郑海澄被人从机舱里救出时，已经身亡。

烈士的遗体埋在重庆黄山航空烈士陵园第 54 号穴。

7 个月后，即 1944 年 8 月 7 日，郑海澄的战友，曾经是他姐姐郑苹如的恋人王汉勋，也不幸殉职了。

1938 年 10 月 5 日，第 5 大队副大队长王汉勋自湖南衡阳率 E-15 机 12 架飞经汉口，落地后正准备加油。据报敌轰炸机 18 架，有进袭武汉企图，王汉勋当即命令该大队飞机升空迎击。但许久未发现敌机，于是陆续下降，再度加油，准备依原计划掩护爱司勃轰炸机，每机携带 1000 公斤炸弹准备前往罗山轰炸敌陆军大队。当第 9 架飞机降落时，忽见机场西南上空敌驱逐机一架穿云而下，向我未降落的一机攻击，我在空中其他两架飞机立往助战。已降落飞机中的 3 架冒着被敌机击中的危险，再度强行起飞，协同追击，敌机见机不妙，立即逃窜。黄汉文的飞机于激战中被敌击伤，迫降汉阳郊外，人受了重伤。后赴香港医院疗治，至1939 年 3 月 20 日，黄汉文在医院做手术时死在手术台上。追赠为上尉。遗下新婚不久的妻子钟氏。王汉勋闻讯，欷歔不已，更加思念久未有音讯的恋人郑苹如。

两年后，在成都太平寺空军基地苦等郑苹如的王汉勋，才从郑苹如之妹郑天如处获悉未婚妻郑苹如"病故"的噩耗，不知真相的王汉勋痛心地说："我不要她死，宁可她别恋，也希望她好好活着。"

两年后，王汉勋才从失去恋人的阴影中走出来，与一位姓姚的女子结婚。

1944 年 6 月，日军发起长衡会战，很快，长沙失陷。从 6 月 22 日起，日军主力包围了衡阳，守军在军长方先觉的指挥下，顽强抵抗，到 8 月上旬已经弹尽粮绝。能战斗的士兵把能够吃的东西，包括草根、树皮都吃完了，饥饿的士兵有的甚至拿不起枪来。他们每时每刻都盼着援军和空投物资。7 日上午，王汉勋偕同队附唐元良通信长吴之骅等由云南霑益驾驶运输机到湖南衡阳上空，给守军投送补给弹药和粮食。至湖南芷江县属绥宁上空，因天气骤变，视线不明，飞机撞山失事，王汉勋等不幸殉职，时年32岁。生前有战功6次，奉颁三等宣威奖章、六等云麾勋章。追认空军上校。

与王汉勋同时在绥宁上空牺牲的还有：队附唐元良、通信长吴之骅以及队员许葆光、孙中岳、贺瑞华等人。

抗战胜利后，里弄里很多小孩的爸爸都回家来与久违的家人团聚了。看见别人的爸爸都回来了，小国基也更加想念自己的爸爸。等啊等啊，爸爸最终没有回来。在全国人民与共产党的呼吁下，国民政府开始惩治汉奸。木村花子以受害者家属身份向高等法院起诉丁默邨。可是，在日本投降前夕，丁默邨又与军统、中统搭上了线，自称是主动自首营救过被捕人员，且于日本投降之初维持浙江地方"有功"，诉讼阻力很大。连曾是郑苹如的同志与上级的稽希宗，也持了陈立夫的信，前来劝说郑家不要起诉丁。丁默邨的老婆，就是那个曾经大发雌威，必欲置郑苹如于死地的赵慧敏，还有丁默邨的妹妹，拉着丁的一个孩子，提了一只装满了金条的皮包，来到万宜坊88号，又求又哭又下跪，只望郑家放过丁默邨。郑老夫人气愤地说："我不要你的钱！我女儿的尸骨在哪里？"

郑华君与小儿子郑南阳多次向法院控告丁默邨迫害郑苹如的罪状。1947年7月，丁默邨在南京监狱刑场被执行枪决。

迭经丧女、丧子、丧夫之痛的郑华君后赴台湾，1966年1月5日，80高龄的木村花子在台北与世长辞。蒋介石赠送的挽联上有"教忠有方"四个大字。

有人这样评价郑家：郑钺守节，苹如尽忠，海澄成仁，郑母明义，一门忠烈。

郑海澄、王汉勋烈士小传：

郑烈士海澄，浙江省兰溪县人，生于中华民国五年（1916年）十月二十八日。在空军军官学校第11期驱逐科毕业。历任空军第26中队、空军第3大队第32中队、空军第4大队第24中队飞行员，升至中尉三级。

1944年1月19日，烈士在重庆加强练习时，不幸失事，殉职。遗妻郑氏及子一。

王烈士汉勋，江苏省宜兴县人，生于中华民国元年（1912年）二月六日。在中央航空学校第二期毕业，及曾奉派赴意国航校深造。历任空军驱逐第1队飞行员，空军第6、第8队队员，空军部队训练处教官，空军教导总队训练处攻击组组员兼代第3队队长，空军第9大队第26队队长，空军第5大队副大队长，空军第21大队大队长，驱逐总队副总队长，空运队队长等职，升至中校三级。烈士爱护国家、爱护民族的意识极为浓厚。日军入侵，誓死报仇雪耻，故每次出征，均抱定不成功便成仁的决心，奋勇当先，完成任务。飞行技术特别优良，自练习飞行及执行任务从未失事，迭次受到奖励。处理队务，对作战部署及经理、训练等，均纲举目张，井然有序，驭下宽严适宜。

1944年8月7日，烈士偕同队附唐元良等由云南霑益驾机投送湖南衡阳守军补给物品，至湖南芷江县属绥宁上空，因天气骤变，视线不明，撞山失事，殉职。生前有战绩六次，奉颁三等宣威奖章、六等云麾勋章。又得意国政府赠与骑士勋章。追赠上校。遗有老父及妻姚氏。

于右任表彰郑家

◎ 39. 中美空军中的中国英雄

1941 年 12 月 7 日，日本派出六艘航空母舰和数十艘军舰偷袭珍珠港，使停泊在港内的美国太平洋舰队主力遭到重创，9 分钟后亚利桑那号美舰沉没，战舰上的船员 1177 人丧生。这就是第二次世界大战期间著名的珍珠港事件，太平洋战争由此爆发。

1941 年 12 月 8 日，美、英、加、澳、荷等国正式宣布对日作战，已抗战五年的中国从此不再孤立，中国成了全世界反法西斯战争中不可缺少的重要部分。

1942 年元旦，中、美、英、苏等 26 个国家在华盛顿发表反侵略共同宣言，蒋介石担任中国战区盟国最高统帅，统一指挥在中国、越南、泰国等地作战的盟国军队。

经过五年艰苦抗战的中国空军损失惨重，再要依靠自身力量与日军继续抗衡困难很大。而日本在这几年中却越打越狂，乃至利令智昏地偷袭珍珠港，又连续攻击美国在太平洋中的关岛、威克岛等重要基地，日本陆海军航空兵也配合陆军占领了东南亚的菲律宾、泰国、缅甸。

日本的狂妄嚣张，恰好应验了佛家有关因果的一句谶言："不是不报，时辰未到，时辰一到，通通要报。"太平洋战场的全面开战，无疑敲响了日本法西斯灭亡的丧钟。中国空军在盟国的帮助下度过了最艰难的时候，中国空军的后备力量正在紧张接受训练。根据中美双方协商，1941 年和 1942 年中国空军军官学校第 11 届、第 12 届、第 13 届毕业生均被送往美国，分别在美国的亚利桑那州雷鸟（桑德伯德）基地、门瑞那（马拉纳）基地、威廉斯（Willianis）基地接受高级战术飞行训练，学习美国空军的标准课程。毕业于空军军官学校 12 期特班的陈国祥和 13 期的温凯奇，都是被派往雷鸟基地接受培训的新血。

1919 年 3 月 1 日出生在江苏无锡的温凯奇，天生一张胖乎乎的娃娃脸，甜兮兮的面孔就像无锡惠山的泥娃娃笑阿福。

1937年8月，淞沪战役打响后，无锡百姓弃家外逃，背井离乡去求生。当年11月28日无锡沦陷，日寇进城后放火焚城三天三夜，据老人回忆，那时站在西门吴桥顶上，就可以看到城中心崇安寺里的大自鸣钟，全城一片废墟。国恨家仇袭心头，18岁的温凯奇毅然投笔从戎，1938年考入中央陆军军官学校第16期，经过刻苦训练，又进入空军军官学校学习飞行。从空军军官学校第13期毕业后，即被送往美国雷鸟基地受训，接受美国飞行标准课程的特种训练，学习驾驶美制轰炸机，学习实战中轰炸和射击技能，掌握B-25诺顿轰炸机瞄准器等技术要领，学习轰炸机和战斗机协同作战的战术及低空编队等专业战术。当时和中国飞行员一起受训的还有一些英国飞行员。深知肩负救国重任的中国飞行员们为国发奋苦练的作风深深感动了美国教官。在教与学的过程中，彼此结下了深厚的友谊，21岁的温凯奇，被美国教官亲昵地称为"凯"。训练结束后，他们驾着美国援助的50架B-25轰炸机飞回中国，这批高素质的年轻飞行员成了抗战后期空军的中坚力量。

1943年7月，陈纳德建议成立"中美空军混合联队"，经过两个月的筹备，由中国空军第1、第3、第5大队和美国陆军航空队及原来飞虎队的部分人员组编成"中美空军混合团"，同年10月1日正式成立。

驻防于桂林的中美空军混合团，由美方摩尔斯上校任司令，中方司令为张廷孟上校。陈纳德任总指挥。中美空军混合团各大队下辖4个中队，各级指挥官由中美双方担任。各大队的指挥官是：

第1大队：中方李学炎少校，美方布兰契中校。

第2大队：中方苑金函少校，美方本奈特中校。

第5大队：中方向寇生少校，美方柔斯中校。

装备：60架中型轰炸机，100多架P-40战斗机。

事实证明，中美空军混合团在协助地面陆军部队对敌作战，打击日本驻华空军，重新夺回中国的制空权起了很大的作用。

从美国受训回国的空军少尉温凯奇，是中美空军混合团主力第1大队第2中队的三级飞行员，曾参加湘桂会战及南海巡逻各役。在抗日战场上，日军坦克对我陆军威胁最大，从1943年初开始，中美空军混合团就成为我方反日军坦克的主要力量。温凯奇所在第1大队，在第3、第5大队的掩护下，经常主动出击，轰炸地面战场上的日军人员，以及骡马、坦克、装甲车辆等辎重部队，不断袭击日军后方物资转运中心、仓库、堆栈、兵站、通信中心、雷达站，斩断敌人后续部队和后勤补给，阻止和延缓敌军推进速度。如在豫、湘、桂战役中，中美空军混合团配合兄弟部队打击日军的装甲部队，共摧毁敌人坦克、装甲车辆、各式军车、火炮1400辆（门）。

1943年9月9日下午，中美空军混合团的8架B-25在P-40K的掩护下，袭击了被日军占领的广州白云机场。白云机场上的敌机库和敌营房中弹起火，炸掉敌人中隼战斗机一架，日军的陆军飞行第23、第33、第85战队仓皇起飞迎战，在我方密集的炮火下，第85战队的中队长中原义明大尉被击落身亡。

无巧不成书，还有一批日军将官不合时宜地赶来送死。侵华日本陆军航空兵第三飞行师团团长中园盛孝中将、作战主任参谋宫泽太郎中佐、情报主任参谋高田增实少佐等人，乘坐军用运输机从台湾嘉义飞往广州。途中，恰与在黄埔附近上空前来攻击的中美空军混合团第二批战斗机遭遇，在我数架P-38战斗机的夹击下，日机被击中，机上所有日军人员全

美国志愿航空队在昆明

部丧命，其中，中园盛孝中将之死，使日军内部惊骇万分。

为了解除驻扎在台湾岛上的日军航空兵力对盟军的威胁，阻断日军从南洋经台湾与本土相连的重要通道——台湾海峡，中美双方从1943年夏天起，就开始缜密研究轰炸台湾日军机场的计划，最后决定袭击新竹海航基地。该基地驻有日本陆军第9师、日本海军新竹航空队，还有燃料场等重要军事设施，是日本侵略中国领空的重要军事基地之一。

1943年11月25日，陈纳德令中美航空混合团第3大队的P-40E率先向北飞行实施佯攻，在日军中计的情况下，中美空军的战机抵达台湾外海南寮时，台湾海岸线已尽收眼底，中美机群自西南方向接近新竹机场，按计划由8架洛克希德的P-38G闪电担任向地面日机扫射任务，杀开一条路之后，再由B-25D从300米高空投弹，最后由P-51A野马战斗机俯冲攻击跑道上的残余敌机。就在8架P-38G闪电抵达新竹上空时，恰有日军20余架九六式舰上爆击机（D1Y2）正在升空进行训练。我方的P-38G闪电立即对敌开火，空中击落日机12架，并击毁地面敌机10架。随后从300米高度投弹的B-25轰炸机炸毁了地面14架敌机，P-51A野马战斗机亦对敌扫射，摧毁敌机12架。

第14航空队飞机攻击日机

这次新竹奇袭，共有 50 到 60 架日本军机被击毁，还有一些被击伤。新竹海军航空队从此一蹶不振。成了惊弓之鸟的日本空军为了避免台湾再遭空袭，紧急从伪满洲国调来了第 12 飞行团主力南下，企图以此拦截中美空军的再次袭击。我方获悉，日本从海上运来 40 余架战斗机抵达九龙，为了消除这批敌机对我华南战场的威胁，中美空军决定在上岸之前就炸毁它们。

1943 年 12 月 1 日，中美空军混合团出动 8 架 P-51A、P-40K 战斗机，掩护 13 架 B-25G 型轰炸机从桂林起飞，下午 13 时 57 分由西向东背对着阳光飞抵香港九龙码头和红砧船坞，我 B-25 开始密集投弹，使码头和船坞立即燃起熊熊大火，一艘敌人的大型货轮和一艘待修船当场被炸沉，码头、船坞、厂房、起重设备均遭到严重破坏。中美空军在胜利完成任务返航途中，在中山县上空与前来拦截的敌机相遇，激战中，我方机群击落敌机两架，我方损失一架（美机）。

屡遭重创的日本当局深感危机四伏，面临战火即将燃上日本本土的残局，日本方面加紧利用"南洋—台湾—日本"、"恒春—高雄—马公—基隆"、"汕头—厦门—福州—宁波"等航线，欲把东南亚的石油、木材、橡胶、铝土、铁砂以及粮食等物资抢运往日本本土。为了粉碎日军阴谋，中美空军混合团加紧对南海的空中巡逻，多次袭击日本军舰，轰炸敌军机场。

第 14 航空队轰炸被日军占领的黄河大桥

陈纳德与飞行员

1943 年 12 月 27 日，中美空军混合团再次袭击广东，日本陆军飞行第 9 战队队长役山武久少佐率 10 架战斗机升空迎战。中美空军同仇敌忾，一举击落敌机 9 架，曾在侵华战争中欠下中国人民累累血债的役山武久少佐一命鸣呼，日陆军飞行第 9 战队从此一蹶不振。

1944 年 2 月 11 日，中美空军混合团第 1 大队 6 架 B-25 轰炸机各携 4 枚 500 磅炸弹，在第 3 大队 14 架 P-40N 战斗机掩护下，第 14 航空队 6 架 B-25 轰炸机，在 6 架 P-40N 战斗机掩护下，于中午 11 时 45 分从桂林二塘机场起飞，前往轰炸香港启德机场。13 时 30 分分别到达启德机场上空，从 5000 英尺高度投弹，敌方损失惨重。日海军起飞零式战斗机 10 余架与我护航的 P-40N 展开激战，空战中第 3 大队飞行员邓力军、田云祥各击落敌机一架，我方有两架未能返航。（注：一为美方 635 号机，一为 32 中队杨应求少尉，被敌机三架围攻受伤，迫降广东博罗，因伤重延至 15 日不治殉国）

中美空军混合团以强大的机动兵力不断主动出击，轰炸铁路、桥梁、港口、码头、机场，战果卓著，不仅夺回了制空权，而且为一年后抗战的全面胜利奠定了基础。

抗日空军飞行员温凯奇就是屡次参加上述空战的英雄之一。不幸的是，一个月后，年仅 25 岁的温凯奇殉职牺牲。

◎ 40. 战争中的女人

中国空军英勇杀敌的壮举令人振奋，那些与抗日空军血肉相连的女人们，更让我们无数次地感动。特别是那些和抗日空军英雄一样，"生当作人杰，死亦为鬼雄"的烈女们，在一寸山河一寸血的八年抗战中，她们同样用青春、鲜血甚至生命，书写了悲壮、凄美、可泣的一页。

自古英雄爱美人，美人历来敬英雄。年轻的空军成了姑娘们心中的白马王子，随着战火在华夏大地上蔓延，一曲曲天鹅之恋的绝唱也随之奏响。嫁给战时的空军战士，就意味着在与死神对弈。

抗战时军人生活是艰苦的，军人的恋人和家属就更艰难，她们颠沛流离、居无定所，长达数年的苦恋，也许对方早已阴阳两隔，人间天上，犹在梦中相遇；或晚上和丈夫还相拥在一起，说不定第二天就佩上了黑纱。她们时刻为丈夫的安危担忧，更要为抚养烈士的遗孤呕心沥血。

1931 年一·二八事变后，刚从上海大同大学理科毕业的王汉勋，毅然放弃出国留学，决心报考杭州笕桥航空学校，经过严格的体检和考核，终于成为中央航校第 2 期学生。训练中，王汉勋不畏艰难，发奋苦练，1934 年 2 月以各科成绩优秀毕业。即被保送意大利航空学校学习低空攻击，兼习空降。后又赴美国继续深造，掌握了全面的飞行技术。20 多岁的王汉勋，成为中国当时为数不多的全天候飞行员之一，回国后历任空军驱逐第 1 队飞行员，空军第 6、第 8 队队员，空军部队训练处教官，空军教导总队训练处攻击组组员兼代第 3 队队长，空军第 9 大队第 26 中队队长，空军第 5 大队副大队长，空军第 11 大队大队长，驱逐总队副总队长，空运队队长等职，升至中校三级。由于他飞行技术优秀，能飞各种不同类型的飞机，因而深得宋美龄的信任和器重，每次赴美商谈购买战机时，宋美龄总要选他当随员。

八一三淞沪抗战开始后，时任中国空军第 9 大队第 26 中队中队长的王汉勋，奉命率领第7大队的20架低空攻击机，从南京大校场飞赴上海，轰炸日军军营、军火库，沉重打击日本侵略者。在保卫上海和南京的多次空战中，王汉勋多次立下战功。

1938年8月3日7时40分，日军出动18架96式陆攻机飞过广德前来袭击武汉。9时左右，70多架敌机逼近汉口。驻汉口的中国空军和苏联志愿队四个大队派出了52架战斗机前去拦截（20架E-152，13架E-16，7架霍克3，11架斗士），时任第26中队长的王汉勋与战友们不顾高空缺氧，在我方战机性能远不如日本96式陆攻机的情况下，在4000米高空中与敌缠斗。激战中，王汉勋击落敌机1架。返航后，检查王汉勋的战机时，发现机身中弹99发，当别人为此惊愕时，王汉勋却拿着被敌人子弹划破的飞行帽，轻松地说："算上这一颗，恰好是整数，100发！"

在大同大学校长胡敦复家的一次聚会上，王汉勋遇见了胡校长女儿的闺中密友郑苹如，漂亮聪敏、活泼开朗、举止大方的郑苹如令王汉勋怦然心动。而英俊潇洒、身材魁梧、沉稳理性的王汉勋同样也吸引了比他小两岁的郑苹如。

王汉勋在赠给郑苹如的照片背面亲笔写上：送给我最最亲爱的人——苹如。

郑苹如赠给王汉勋的照片背面同样写着：最最亲爱的汉勋——你的苹如。郑苹如亲昵地称王汉勋为"大熊"（宜兴方言"勋"与"熊"皆读雄）。爱神丘比特悄悄地眷顾了这对对美好生活有着炽烈追求的青年男女。

1939年，王汉勋曾准备与郑苹如前往香港结婚，可是战争局势日益严峻，前后方关山重重。两人最后决定：抗战胜利之日，就是步入婚礼殿堂之时！

在一次社交聚会上，时任国民党上海市党部常务委员、调查

王汉勋

统计室负责人陈宝骅（陈果夫、陈立夫的堂弟），见到年轻漂亮、能讲一口流利日语的郑苹如后，便动员她为抗日出力。郑苹如凭着赤诚的爱国热忱步入了抗日营垒。她利用母亲是日本人的背景，频频出入日本情报机关，周旋于日本官佐之间。当她获悉汪精卫"将有异动"的情报后，即通过她的上司嵇希宗电告重庆当局（嵇希宗与她同是上海法政学院学生），可惜这个情报未引起重庆方面重视。直至汪精卫出走河内，发表"艳电"，重庆方面才意识到郑苹如的能量所在。

1938 年底，郑苹如单独绑架了日本首相近卫文麿的儿子近卫文隆，由于近卫文隆在上海"失踪 48 小时"，日本军方惊恐万分，四处设卡严密搜查，尽管近卫文隆回去后说一直和女朋友郑苹如在一起，并没有发生什么事。但日本人已对郑苹如生疑，并开始监视和跟踪她。

其实，重庆方面得知郑苹如"软禁"了近卫文隆后，担心日本温和派近卫首相因此倒向强硬派，这对中国抗战不利，便急令郑苹如中止冒险举措。

当时在上海，只要提起专门杀害爱国人士的杀人魔窟 76 号，人们就会毛骨悚然，国民党在上海的抗日地下组织屡遭 76 号的破坏和追杀。1939 年冬天，国民党令郑苹如"尽快行动、剪除丁逆"。

獐头鼠目的丁默邨早年曾参加共产党，叛变后投靠国民党，抗战前出任调查统计局三处处长，与戴笠平级。抗战爆发后，丁默邨奉命在汉口招待张国焘，被戴笠指控贪污招待费而遭调查。受排挤的丁默邨空挂少将军衔，于是托病香港。日军占领上海后，与汉奸李士群一起组建了一支汉奸特工队伍，总部设在上海极司非尔路 76 号（今上海万航渡路435 号）。熟悉国民党地下组织、富于特工经验的丁默邨领导 76 号里的特务，大肆从事恐怖暗杀活动。

郑苹如曾在丁默邨担任校长的民光中学读过书，于是借"师生之谊"为名接近丁默邨。屡次变节的丁默邨是个"色中饿鬼"，年轻漂亮的郑苹如出现在丁默邨身边，引来了许多流言蜚语。与丁默邨面心不和的李士群则在暗中窥测，伺机行事。

有一天，郑苹如请丁默邨到家里做客，但汽车驶至万宜坊郑家门前，多疑的丁默邨突然婉拒进去，因此失去一次机会。

1939 年圣诞节前，丁默邨电话邀郑苹如去沪西朋友家吃饭，饭后要去虹口参加周佛海等人的重要约会。在汽车里，郑苹如要求丁默邨陪她到西比利亚皮货行买一件皮大衣，算是送她的圣诞礼物，丁默邨答应了。在皮货行挑大衣的时候，丁默邨突然发现马路对面有形迹可疑的人，便掏出一沓钞票甩在柜台上，说了声："你挑吧，我有事先走了。"然后迅速冲出另一道门，直奔座车。在外等候多时的嵇希宗等人，眼看大功即将告成，却万万没料到狡猾的丁默邨会有此举动，便匆忙开枪，但为时晚矣！

事后，郑苹如打电话向丁默邨表示"安慰"，逃过一劫的丁默邨恶狠狠地说："你算计我，马上来自首，否则杀你全家！"郑苹如急忙解释说她也吓坏了，根本不知道是怎么回事。奸诈的丁默邨"安慰"了她一番，但已布置三日内抓她。

郑苹如的被捕，有多种版本：

其一，她与一位熟识的日本宪兵走进 76 号，即被老奸巨猾的李士群将两人分开，继而被捕。

其二，"你算计我，马上来自首，否则杀你全家！"丁默邨杀气腾腾的威胁，给了郑苹如很大的心理压力。为保护家人，她抱着同归于尽的决心，约丁默邨共度圣诞夜，怀揣一支勃朗宁手枪，走出了万宜坊郑家大门……

其三，圣诞节下午，76 号特工队长林之江率多名特务，分乘 4 辆汽车，直扑沪西舞厅将郑苹如逮捕。

郑苹如被捕后，汪伪方面曾通过她母亲出面劝降，被宁死不屈的郑苹如所拒绝。

"杀与不杀？"丁默邨曾经犹豫过，在李士群的步步紧逼下，遂决定：杀！

丁默邨、李士群、吴四宝的老婆们气急败坏破口大骂"小妖精"，丁默邨老婆赵慧敏更是"醋意加杀意"，暗中指使林之江将郑苹如秘密处决。

1940 年 2 月中旬，受尽酷刑的郑苹如被秘密处决于中山路徐家汇火车站旁的荒地，时年 26 岁。

上海史志专家许洪新这样写道："郑苹如身穿金红色羊毛内衣，披了件马皮大衣。面无惧色的郑苹如从容地向刽子手说：'帮帮忙，打得准一些，别把我弄得一塌糊涂。'面对这样一位'可杀不可辱'的美丽姑娘，行刑者竟举不起枪来，残忍的林之江骂他们是废物，便亲自开枪，二中头部一中胸脯。郑苹如刚倒地，恶棍林之江就跑上去，将郑苹如的大衣和颈上佩戴的项链扯下劫走。"（据女作家张爱玲曾经的爱人、汉奸胡兰成说，劫走的还有一枚钻戒。）

两年后，在成都太平寺空军基地的王汉勋获悉未婚妻郑苹如"病故"的噩耗。不知真相的王汉勋痛心地说："我不要她死，宁可她别恋，也希望她好好活着。"

浙江省嘉兴籍的抗日空军少尉沈人燕，是空军第 4 大队第 24 中队分队长，1945 年 3 月 7 日牺牲在四川。他年轻的妻子怀抱着襁褓中的女儿，坚定地说："为国牺牲、求仁得仁这是人燕的志愿，哪怕再难，我也要把他的孩子抚养成人。"好一个坚强的女性。

世上有情人，未必皆成眷属。更多的已成为眷属的却鸳鸯失伴，不求同年同月同日生，但愿同年同月同日死的也有不少。

刘洪福和他的妻子陈影凡就是这样的悲壮：

刘洪福（1913—1939），察哈尔省万全县人。初求学于东北，九一八事变后，鉴于国势阽危，决意从戎。考入中央陆军军官学校第 9 期，中央航空学校第 2 期毕业。历任空军侦察第 1 队飞航员、第 5 队队附、第 10 中队分队长、空军第 8 大队第 10 中队分队长，及第 30 中队、第 10 中队副队长，第□中队队长，升至上尉本级。八一三事变后，多次参加各役抗战。

山西运城是日本空军西线根据地，对我抗日军民威胁甚大。1939 年 2 月 5 日 12 时许，刘洪福自成都率菲亚特 B2 轻型轰炸机 4 架，飞往炸运城敌机场，过汉口后，因所驾 147 号飞机速度过快，致使分队长李永训的飞机落后。刘洪福率 3 机于 16 时许到达运城上空，投下 40 余枚弹；一时浓烟四起，炸毁敌机 10 余架及敌机场之一切设备。任务完成后，在返航时刘洪福飞行速度仍然过快，致使发动机温度过高，飞至陕西临潼新丰镇附近，天色将黑，气候转劣，刘洪福所驾驶的飞机发动机突发故障，空中停车。刘洪福爱惜自己的战鹰，不肯及时跳伞，仍勉力滑行，想寻找平地迫降，不幸机身坠地着火，殉职。追赠为少校。

当时，刘洪福的妻子陈影凡就住在成都，每次丈夫出征前都要依依惜别。一次，刘洪福在出发前用开玩笑的口吻问："像你我这样好的感情，万一我要死了，你怎么办？"

陈影凡急忙捂住丈夫的嘴，不许他瞎说。刘洪福拉开妻子的手问："你还没回答我呢。"

陈影凡凄然泪下："你死，我也不活！"

三天以后，噩耗传来。陈影凡悲痛欲绝，发誓不独活于世上。8日晚，乘人不注意时服毒自杀。幸发觉尚早，送仁济医院救治始脱离危险。但陈女士伉俪情深，殉情之念依旧存于心中，由于家人看得紧，佯装要好好活下去。16日晚间，乘家人不备，取出丈夫生前遗留下来的手枪，对准自己的太阳穴，一声枪响，玉殒香消。

刘洪福队长殉国和妻子陈影凡殉夫的悲壮史实，顿时传遍大后方。陈影凡女士原籍苏州，自上海、南京沦陷后，寄寓汉口。年仅20岁的她，经好友介绍认识了刘洪福，一见钟情，即倾心爱慕。当时家人就劝她不要找飞行员，一是长期夫妻分离；二是职业太危险。陈影凡却坚定地说："非他不嫁！"

二人苦恋数月，陈影凡颠沛流离到了四川成都。1939年1月5日，两个有情人终于在成都举行了婚礼。

陈影凡在自杀前，将婚房布置井然，对于妆阁中之剩粉残脂及衣物饰物，均留言分赠好友作为纪念，并有遗书多封叮咛后事。内一封系致刘洪福的好友，请将她的遗骸与烈士合葬，达成"生不同房死同穴，发不同青心同热"之遗愿。

还有一个痴情女子杨全芳，是烈士黄荣发的未婚妻。1941年8月11日，黄荣发在成都上空壮烈牺牲。杨全芳获得黄荣发牺牲的消息后，陷入巨大的悲痛绝望之中。她将零星购来的安眠药积存起来，以便一次服用，随后她分别写下给两家双亲与两方好友的几封遗书。为了避免引起黄荣发好友的注意，她不得不压制着苦痛的心情，并极力强作镇静。8月16日，她来到烈士队部参加追悼会，瞥见宿舍的一张床上有一支左轮手枪。她对烈士战友说："天气太热，我要换一件衣服，请你们回避一下。"她趁大家出门的机会，便拿起手枪，对准头部猛扣扳机，"砰"的一声，倒在血泊之中。

死后，人们发现她的遗书内有下面几句话："还有我至死的要求，是将来能埋在阿发的近处，不要分离太远"云云。

黄荣发（1914—1941）27岁，广东省台山县人。早年家境并不富裕，初中毕业后到一家铁路公司服务。因家庭不需要负担，赚得的工资，一部分储存，一部分购置体育活动用具以锻炼身体。两年后，父母期望他能深造及满足家庭的幸福，乃给予川资，叮嘱他到香港继续升学，并寻觅一个可为终身伴侣的女友。黄荣发到了广州，听人说上海的学校多，可能找到女友机会还比香港多，所以他一到香港，便随亲朋乘轮赴沪，进了复旦大学附中。

黄荣发向来重视运动，后又爱好音乐，故保持着健壮的身体和愉快的精神。高中毕业后考进杭州国立艺术专门学校音乐系，学习音乐及绘画，约有两年。因为看到国民政府对日外交迭遭屈辱，遂决意投笔从军，考入空军军官学校第8期，一心一意，要救国雪耻。

从此，黄荣发离家时的读书与寻觅女友的两个目的全部放弃了。空军军官学校毕业后，历任空军第3大队第8中队飞行员，空军第5大队第29、第26中队飞行员，第29中队分队长，升至中尉三级。

1940年五六月间，黄荣发所部驻在重庆、成都两地，担任空防任务。他每天总是天未明即起，守在飞机旁边，一遇警报，便立即起飞警戒。直到夏末秋初，总算得到了休息的机会。去峨眉山旅行时，邂逅了热情漂亮的姑娘杨全芳。杨女士，北平人，就读于成都华西大学，也爱好运动。英雄美女，加上共同的爱好，两人一见倾心，越谈越投机，由相慕相爱而互定终身，两人遂谈婚论嫁，去照相馆拍了婚纱照。

1941年8月，敌机经常分批空袭四川，实行疲劳轰炸，几乎昼夜不停息。

8月11日清晨5时许，敌驱逐机9架，侦察机1架，轰炸机7架，相继侵入成都市区上空，紧接着敌驱逐机分批向我双流、温江、太平寺、凤凰山等机场进行低空扫射。因大雨如注，情报迟缓，我机起飞时间过促。我第 5 大队 E-15 Ⅲ 机 4 架，分别由第 29 中队副队长谭卓励、分队长王崇士及队员黄荣发、陈康 4 人，各驾一机上天迎击，在温江附近上空与 7 架敌轻轰炸机遭遇。谭副队长等正向敌机猛攻时，敌驱逐机赶到，遂又发生激战，我机合力击落敌机一架。谭副队长驾 7260 号机在空战中阵亡，机坠于华阳县境倒石桥。追赠为少校，遗妻杜氏及子女四人。

王分队长驾驶的 7293 号机，在激烈的空战中中弹起火，坠落于华阳县境内，不幸阵亡。追赠为少校。

黄荣发驾 7288 号机，在激战中与队友陈康中失去联络。黄荣发机枪子弹打光了，飞机操纵失灵，于是赶快离开了敌人的包围圈，回到新津机场上空准备降落；不料，该机场没有飞机降落的信号，只得改在附近的河滩上迫降，不幸失事，机毁人亡。追赠为上尉，遗有父母。

按照杨全芳的遗愿，部队将其与黄荣发合葬。这段凄婉的恋情，堪比梁山伯与祝英台的千古恋情，只是前者是戏文，不断演出，影响渐远渐大；而抗日空军与恋人的一段刻骨铭心的爱，随着如烟往事，逐渐为人们所遗忘。

曾参加过 1932 年一·二八淞沪之战的空军少校，后任空军第三总站总站长的狄志扬，1944 年 1 月 18 日从四川小梁山乘 2053 号机，飞往湖北恩施空军基地，查看中美空军混合团营房工程，并视察所属各场站。至利川时，因天气恶劣，机撞柏阳坝七洋山，殉职。这位身经百战的老空军牺牲后，留下七个子女，妻子陈观滔带着孩子们回到了丈夫的家乡江苏溧阳中棠下村。作为一名乡村女教师，她教书育人，勤勤恳恳；为抚育子女，她含辛茹苦。她对子女说："要和你们的父亲一样爱国，做人诚实善良。"这位伟大的母亲在"文革"中去世，她的儿女们始终牢记母亲的谆谆教诲，个个都和父亲一样爱国，和母亲一样善良，良好的家风在狄家代代相传。

1938 年 5 月 20 日凌晨，空军第 14 大队队长徐焕升和佟彦博各驾着一架马丁式双引擎轰炸机飞抵日本九州上空，撒下了 100 多万张谴责日本侵略中国、残害中国人民的罪行，呼吁日本人民唤醒日本军阀、放弃侵华迷梦的传单。1945 年 1 月 4 日，参与这次人道飞行的空军英雄佟彦博牺牲在四川新繁。他的恋人胡女士是一位大学生，悲愤使她全身心地投入抗日活动，在地下党的指引下走上了革命的道路，成了一名光荣的共产党员。

1937 年 10 月 12 日，中国空军第 7 大队副队长吴元沛和恽逸安驾驶着意大利制的双翼机从山西太谷县出发，飞抵崞县执行轰炸任务。抵达崞县上空后，对准目标即俯冲投弹，炸毁日军的营房、两个步兵连，还有许多大炮、辎重等军械设备。胜利完成任务返航时，恽逸安因为迷航和油料不足，被迫降在霍县的北校场外。10 月 15 日飞机加油后起飞，因山西境内山势峻险，飞机触山坠毁，23 岁的恽逸安不幸遇难。噩耗传到烈士家乡常州，家乡人民举行公祭以悼念为国捐躯的英雄。无锡姑娘唐三才是恽逸安的未婚妻，毕业于上海大同大学外语系，相爱多年的他们原决定抗战胜利之日就是他们成婚之时。恽逸安牺牲后，唐三才女士悲痛欲绝，立誓终身不嫁。

陈怀民的女友、浙江大学女大学生王璐璐，从报纸上看到爱人壮烈牺牲的消息后，不顾家人的劝阻，只身赶往武汉奔丧。当她得知陈怀民撞机牺牲后遗体坠入江中，经多次寻觅才打捞出水的详细经过后，深受刺激的她，竟也纵身一跃……滔滔江水吞没了她，悲哉！凄美的生死恋！

这一曲曲天上人间的天鹅绝唱，令人欷歔不已。虽说抗日战争的硝烟早已散尽，湮灭人性的战争离我们已经很远很远，但是生活在和平环境里的人们，应当记住这些在战争中似梅花傲霜斗雪，却又不争艳的烈女们。

◎ 41. 把生命定格在驼峰航线上的英雄们

第二次世界大战期间，空中有三条最危险的航线，这就是阿拉斯加航线、北大西洋航线和中国的驼峰航线。

1942 年，日军占领缅甸，入侵中国云南，运送支援中国抗战物资的滇缅公路被切断，为了抗击日本法西斯，中美双方经过反复研究，决定开辟从印度阿萨姆邦汀江到云南的空中航线，即驼峰航线。

驼峰是中国和印度之间一系列山脉的统称，是喜马拉雅山支脉的一部分，其中包括野人山、高黎贡山、怒山等许多荒无人烟终年积雪的峻岭峡谷，高度一般都在海拔 4000 米至 5000 米，最高达 7600 多米。澜沧江、怒江等汹涌湍急的江河从高山峻岭中穿过，地形复杂险要。驼峰航线有南线北线之分，南线即从云南昆明起飞，飞越驼峰直达印度东北边境的汀江机场。北线由汀江起飞抵印度的杜姆杜摩，然后改向飞往云南程海，再改向飞抵昆明，全程 819 公里。南线山峰较低，天气情况也较好，但距离密支那、八莫等日军的空军基地较近，容易遭到敌机袭击，因此通常多飞北线。

在飞行高度达 25000 英尺以上、气候条件恶劣、危险性最大的驼峰航线上，优秀的飞行员们每天要把成百上千吨美国援华的战略物资运往各大战区，为此曾有几百架飞机坠毁在这条航线上，牺牲了许多中美飞行员。27 岁的空军少校曾培复和妻子费尔曼，战前都是上海音专的学生，两人的小提琴都拉得相当好。当曾培复在驼峰航线上牺牲后，费尔曼悼念丈夫的不是眼泪，而是音乐。在汉中、西安等地举办的劳军音乐会上，她披着黑纱站在舞台上，演奏着丈夫生前最爱听的乐曲，悠扬的琴声寄托着对丈夫的哀思，并以此激励空军战士的斗志，全场听众无不为之动容。

1942 年 5 月至 1945 年 8 月，平均每天有一百多架次各种型号的运输机起降，经过印度把美国的援华物资源源不断地运到中国。为了保障航线畅通和防止日军袭击，陈纳德的飞虎队和中国空军担负着护航和支援中缅印战区的战斗任务。在这 3 年多的时间里，中美双方共投入各种运输机、战斗机和轰炸机 2000 多架。最初通过这条航线运往中国的物资每月为几百吨，到后来增加为上千吨、上万吨，最多时达 78000 吨。规模如此巨大的空中运输，以及所付出的代价，都是中外战争史上绝无仅有的。

在这条航线上，美军第 14 航空队原拥有的 629 架运输机损失 563 架。三年中，美国共损失飞机 1500 架以上，牺牲优秀飞行员 3000 人。

总共拥有百余架运输机的中国航空公司，损失率达百分之五十，先后损失飞机 48 架，飞行员 168 人，这 168 位牺牲的飞行员都是中国空军的精英。

兵贵神速，时间往往决定胜负，为了尽快把抗战物资运到中国抗日前线，将航线延伸到中国内地，减少航线上的中转站，无疑是赢得时间的最好举措。为了避开日本飞机，按国民政府航委会的意见，"中航"决定将航线延长，即从汀江延长至叙府（即四川宜宾）。四川冬季雾多，1943 年 12 月 18 日，叙府机场上空的能见度为零。83 号与 75 号这两架满载汽油的 C-47 运输机，从印度汀江飞往叙府。途中他们曾遭到日本零式机的追截，幸亏机灵的飞行员立即穿入云中，逃过一劫。飞抵叙府上空后，因为雾大，无法看清跑道，飞机只能在天上久久盘旋，机组人员报告地面，机上余油不多了。机场通知他们赶快转场，到场外跳伞。就在飞机声渐渐远去的时候，也就在地面人员预测他们已安然无恙时，却传来空中无线电一声短促的"啊!"一声连尾音也没有的"啊!"紧接着响起了天崩地裂的一声"轰隆"，又是一声"轰隆"，地动山摇后，大地一片寂静，死一般可怕的寂静。

两架装满汽油的 C-47 在浓浓大雾中，双双撞山坠毁。宜宾全城人都看见了燃起的大火和滚滚浓烟。

在撞机现场，烈士的遗骸仅剩下巴掌大的一块骨头。

让我们记住英雄的名字吧！他们是：

83 号的 C-47 机长赖特（A. M. uright），

副驾驶库克（角河厨师），报务员龚式忠。

75 号的 C-47 机长陆铭遒，

副驾驶王钟英，报务员陈国精。

2008 年清明，在南京航空烈士墓，镌刻着王钟英烈士名字的纪念碑前，肃立着王钟英烈士的儿子和两个孙女，他们是从安徽赶过来的，因为这一天是航空烈士纪念馆的奠基日。他们凄然地告诉空军烈士的遗属们，当地政府如今尚未承认其父为抗日烈士，他们寻到南京，就是希望有关部门能帮助他们父亲正名。王钟英烈士牺牲得那么悲壮，63 年过去了，他的后代却还在为正名而奔波。为此，台湾何邦立教授在台寻找相关资料，遗憾的是，由于战争年代的残酷，空军人员流动性大，王钟英烈士个人资料缺漏，实有遗珠之憾！据曾参加过驼峰航线飞行的幸存者回忆，当年在印度汀江机场的调度室里，有一个挂铜牌的黑板，每个飞行员每次飞行前，都把写着自己名字、机号、飞抵目的地的铜牌挂在黑板上，如果回不来了，调度就把铜牌摘下来扔进一个竹筐里，没多久就是满满一筐，一块块叮当作响的铜牌，就是一条条鲜活的生命。那么属于王钟英的那块铜牌在哪里呢？

中国空军牺牲在驼峰的飞行员还有不少，华侨马国廉也在其中。

1938 年 4 月 29 日，中国空军曾在武汉保卫战中，一举击落日寇的 21 架飞机，这次空战被称为武汉大捷，因为 4 月 29 日是日本天皇的生日，日军原来是想向天皇献上一份生日礼物的，万万想不到的是吃了一个大

飞越驼峰的美国运输机内

败仗。

转眼一年过去了，1939 年 4 月 29 日，又到了一个"天长节"，不死心的日本鬼子又蠢蠢欲动了。这一天日本鬼子出动了 7 架战斗机偷袭陕西南郑机场。为了避免再像去年一样受到我空军的沉重打击，日军派遣号称"编队之王"的外村一雄中尉亲自带队。这位被日军称为"编队大王"的外村一雄，是日本空军鼓吹的一个"英雄"，也是一个欠下中国人民累累血债的恶魔，这天外村一雄率队悄悄地飞过了大巴山屏障，然后下降高度，组编成攻击队形，向南郑机场发动攻击。

我空军第 5 大队第 29 中队中队长马国廉接到命令后，迅速率领 6 架战斗机升空拦击敌机。在 3000 英尺高度的空中，马国廉发现了敌机，立即下令向敌人开火。有着丰富作战经验的马国廉深知擒贼先擒王的道理，他奋勇当先向敌人的长机猛扑过去。

此刻正一心一意搜索目标的外村一雄被马国廉打了个正着，措手不及的外村一雄还未回过神来，随着一声巨响，这位杀害中国人民的刽子手，与他那架尾巴上冒着黑烟的飞机一同坠落在山谷。

紧接着又有两架敌机被我空军击中，迅速向地面坠落。余下的四架敌机见势不妙，便惊慌失措地冲出包围圈，狼狈地逃走了。

身经百战的马国廉是位旅美华侨飞行员，1917 年 9 月 20 日出生于广东台山，在加拿大学习飞行技术。抗日战争爆发后，他毅然回国，投身于抗日杀敌的洪流，凭着一颗爱国的赤子之心和高超的飞行技能，和战友们一起在空战中多次创下击落敌机的纪录。

1942 年开辟驼峰航线后，他便在这条航线上运输美国援华物资，1944 年 8 月 1 日，担任正驾驶的马国廉，其 73 号座机发生故障在昆明坠地，牺牲时年仅 27 岁。

台湾珍存的空军忠烈录第一辑（上册）第 466 页中，有着下列记载：

马烈士国廉：广东省台山县人，生于中华民国六年九月二十日，在加拿大航空学校毕业。历任广东空军第 6 队，第 2 中队飞行员，中央空军第 3 大队第 17 队队员，空军第 5 大队第 17 中队中队长，美国志愿队中国人员管理处主任，航委会军官附员，派在中国航空公司任正飞机师，升至上尉一级。烈士学术科均优，迭参加抗日各役，曾击落敌机数架。

1944 年 8 月 1 日，烈士与副飞机师邓显刚在云南昆明驾民航机，飞至市郊西山上空，机生故障坠地，殉职。

生前有战绩七次。遗有父母及妻黄氏与女二。

据不完全统计，1942 至 1945 年驼峰航线飞行牺牲人员名单如下：

驼峰航线中国抗日空军牺牲人员表

姓 名	职务	牺牲日期	机 号	备注
杨光鎏	飞行报务员	1942.11.1	60	
谭 宣	副驾驶	1943.3.11	53	
王国梁	飞行报务员	1943.3.11	53	
王铭佩	副驾驶	1943.3.13	49	
黄少华	飞行报务员	1943.3.13	49	
王跃东	飞行报务员	1943.4.7	58	
陈锡庭	副驾驶	1943.8.11	48	
胡仲文	飞行报务员	1943.8.11	48	
陈 哲	飞行报务员	1943.10.13	72	
陈 重	副驾驶	1943.11.19	63	
李承德	飞行报务员	1943.11.19	63	
张启容	飞行报务员	1943.12.18	59	
龚式忠	飞行报务员	1943.8.28	83	
陆铭遂	正驾驶	1943.12.28	89	上海
王钟英	副驾驶	1943.12.28	89	
陈国精	飞行报务员	1943.12.28	89	香港
林大纲	正驾驶	1943.10.28	空军运输机 C-47	
房荫枢	副驾驶	1943.10.28	空军运输机 C-47	
萨本道	飞行报务员	1943.10.28	空军运输机 C-47	

国殇
国民党正面战场空军抗战纪实

姓　名	职务	牺牲日期	机　号	备注
王克礼	副驾驶	1944，2.20	75	
张由桐	副驾驶	1944.5.15	90	
陈继祥	飞行报务员	1944.5.15	90	
梁汉华	副驾驶	1944.5.26	82	
刘求锋	副驾驶	1944.5.26	82	
郝跃国	副驾驶	1944.6.8	85	
周颂华	飞行报务员	1944.6.8	85	
梁文锦	见习报务员	1944.6.8	85	
马国廉	正驾驶	1944.8.1	73	
邓显刚	副驾驶	1944.8.1	73	
阚龙飞	飞行报务员	1944.8.1	73	
高德彰	见习报务员	1944.8.1	73	
林秀隐	见习报务员	1944.8.1	73	
朱晦吾	副驾驶	1944.8.31	97	
费毓文	飞行报务员	1944.8.31	97	
陈柏源	副驾驶	1944.10.7	101	
王差利	飞行报务员	1944.10.7	101	
张泽溥	副驾驶	1944.11.30	56	
闻德彬	飞行报务员	1944.11.30	56	
郑国威	副驾驶	1945.1.6	77	
周文楠	飞行报务员	1945.1.6	77	
戴　赓	见习报务员	1945.1.6	77	
沈宗进	副驾驶	1945.1.6	74	

姓　名	职务	牺牲日期	机　号	备注
刘仰圣	飞行报务员	1945.1.6	74	
周汝琛	副驾驶	1945.1.14	70	
郭荣锦	飞行报务员	1945.1.14	70	
朱新铭	副驾驶	1945.1.17	102	
林长庆	飞行报务员	1945.1.17	102	
伍瑞良	副驾驶	1945.4.10	88	
冯华植	飞行报务员	1945.4.10	88	
冯智军	副驾驶	1945.5.9	94	
张梓祥	副驾驶	1945.9.11	113	
王作民	飞行报务员	1945.9.11	113	不完全统
潘敬敏	副驾驶	1945.11.29	96	计：53 人

仅 1943 年失事的飞机，据不完全统计：

1943 年 1 月 8 日：58 号 C-47 坠毁。

1943 年 2 月 13 日：46 号 DC-3G 坠入江中。

1943 年 1 月 8 日：58 号 C-47 坠毁。

1943 年 2 月 13 日：46 号 DC-3G 坠入江中。

1943 年 10 月 6 日：69 号 C-47 由昆明飞汀江，起飞后 10 分钟坠毁。

1943 年 10 月 17 日：84 号 C-47 由昆明飞往汀江途中坠毁，机长佩塔奇（J. Petach）和机组人员无一幸免。

1943 年 10 月 23 日：78 号 C-47 从昆明至汀江途中坠毁，机长柯里帕特里克（Kirk Patrie）和机组人员无一幸免。

1943 年 10 月 26 日：78 号 C-47 机长霍克斯恩达（Hockswinder），历尽艰险飞越驼峰后，不幸在汀江坠毁。

41. 把生命定格在驼峰航线上的英雄们

国民党正面战场空军抗战纪实

◎ 42. 抗日空战拾粹

张光明

　　61 年岁月流筋，八一四笕桥空战的战史，依然鲜活地存留在曾于抗日战争期间，参加过多次大小空战的中华民国空军英雄张光明的脑海里。那些曾经并肩作战、飞天入地穿云过雾的伙伴，有许许多多已在这场抗日大战中为国捐躯，然而，曾经发生在张光明与他同胞身上的故事虽然真实地存在过，但却很少有记载。张光明说："老天爷让我活到今天，可不就是要我把它们写出来吗？"

　　张光明决定写下"抗日空战拾粹"中的一个个故事，因为他一直认为："在我们这个年龄层，那个时候参加抗战，为的就是捍卫国家，大家都有为国捐躯的决心与准备。因此也才能写出八一四的空战英雄史。"这个是时代所创造出来的。张光明认为，发生在自己与同胞之间的大小故事，是从军报国所必须经历的。能够为国牺牲是个人的光荣，只要对国家有利，能够报国杀贼，更是人人争先，不肯落于人后，因而，这许许多多的空战英雄入事，都是真实的存在。

　　八年间，全国人民投入对日抗战，"一寸山河一寸血"的昭示，激励多少青年投笔从戎，誓驱日寇；而抗日战史，更是中国百年近代史上最重要的一页，不论海峡两岸的政治立场如何不同，政治归政治，历史归历史。因为八年抗战，是中华民族生死存亡的大事。

　　"我不是历史学家，没有治史的才学。我只想说出自己身边曾经发生过的故事。"

　　现侨居在美国洛杉矶的张光明，是河北昌黎人。1933 年日本威逼于北平订下城下盟，让中国蒙耻受辱，导致民众激愤。当时在北平就读师范大学一年级的张光明，受到校长李蒸、军事委员会北平分会政务处长刘健群的昭示，决定投笔从戎。次年，他通过多次严格的体检，学科初复试，考取中央航空学校。当时在北平有 5500 余人报考，仅录取 50 人，瞒着父母家人报考的张光明，很高兴自己获得了投军报国的机会。这年他 21 岁。

1934 年 1 月，张光明在杭州笕桥接受严格的飞行训练，想到自己即将飞上蓝天打日本鬼子，可以和敌人在天上周旋，即便经历一个甲子后的今天，回想起当年的点点滴滴，张光明依然有着青年期待上战场，准备一展身手奋勇杀敌的澎湃情绪。

回顾自己的一生，张光明自 1969 年从军队退休前，全在军旅中度过，他所参加过的大小空战无数，其中有许多更是名列中华民国空战青史的著名战役。谈到这些空战，他表示，能参加便是荣耀，而每回驾机升空迎敌，大家所想的便是如何痛击敌机，即便是被击落地，也宁愿牺牲报国，不肯为日军所俘，同胞间从没有人想过个人的生命安危。

1936 年，张光明自中央航空学校毕业，留校担任一年教官后，分派到空军第 4 大队 22 中队任飞行员，开始了搏击长空浴血杀敌的生命历程。

空军 4 大队调到南昌集中训练，不及一年，战况日紧。七七事变后，4 大队于 7 月 13 日进驻河南周家口集结，奉命备战，当时绥远百灵庙机场已为日军所占领。8 月 13 日，在上海地区，我陆军已与日军于地面接触，展开惨烈的淞沪保卫战，空军 4 大队奉命飞赴笕桥，在 13 日这天，大队长高志航已打下 1 架日本战机，次日拂晓，日机分三批空袭杭州，我空军健儿打下 6 架敌机，创下名闻中外的八一四空战六比零大捷的历史。

接着是保卫首都南京，"天天都升空迎战敌机，每天有个两三次空战是很平常的。"张光明说，日军攻势凌厉，空袭不断，但是空军健儿更不畏战，人人摩拳擦掌，争着出勤，好打落敌机。

直到南京失守前，1937 年 11 月，4 大队转至兰州，接收苏联转来的军机。才刚接到飞机，2 月 18 日便在汉口迎战日机，接着，支援台儿庄大会战……点点滴滴对日抗战初期的空战往事，历历在张光明的心头淌过。

此后，张光明一直在飞行部队作战，他曾经在敌阵的高射炮火中完成任务安然返航，也曾在空战中只身迎敌，座机中弹 210 余发而安然无恙，并曾在跳伞降落时遭敌机追击。他驾着战机与顽敌拼搏，度过了 5 年多的岁月。

1942 年，张光明被调到新疆伊犁的训练总队，一年后，美国援助的飞机自滇缅而来，他带着学员重返蓝天。1945 年抗战胜利后，他率部返驻南京，是第一支进入南京的国民党空军部队。"那时候地面部队还未到达，守城的仍是日本兵。"张光明表示，那种胜利后还都的感觉，有着兴奋，更夹着无尽的辛酸苦泪。

后由大陆转入台湾，在少数存活的空军健儿中，张光明丰富的作战经历，成为空军薪传的可贵资材。他历任台湾空军作战司令部政治部主任、联队长及督察室主任等多职。1969 年奉准退役，1975 年移民赴美，至今已有 40 多年。

96 岁的张光明精神矍铄，对抗战往事记忆犹新，"在我们当时那个年纪，一心所想的就是参加抗战。"张光明回忆往事，有许多老伙伴的故事他依然记得。他从来不曾料到能活到今天。在那战机呼啸、炮火隆隆的岁月里，他和战友们穿梭蓝天，奋勇杀寇，峥嵘岁月，历历在目。

老人家觉得，将一个个英雄写出来，是应尽的责任。

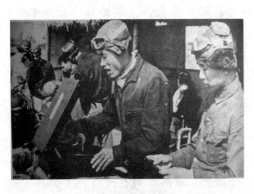

年轻时的张光明

张光明将军

在"一寸河山，一寸血"的时代，地，不分东西南北；人，不分男女老幼，全国奋起抗日。在惊涛骇浪的大时代，孕育了英雄，英雄则创造了历史。

这不是篇空军烈士传记，而是走过抗日战争，空战勇士冒险犯难所经历的故事。在八年抗日的诸多空战中，颇多珍贵可歌可颂的壮烈事迹。惜在空战史中竟无详细记述，实觉遗憾。

拾遗记述，如非当时伙伴，在同一团队，参与同一行动，旁人则无从记之。如今，一个甲子岁月流逝，忆往追昔，拾之述之。

洋人的"土"办法

抗日战初，空军主力战斗飞机，霍克3式（Curtisshauk3）上，所装置的射击瞄准器是一具瞄准杆，前后两端，各装瞄准星与瞄准环，环与星又如同豆之大小。这种适用于昔日地面的小武器瞄准器，竟装置在战斗飞机上，落伍且不适用的程度可想而知。

空中作战，是两个相对的运动物体，在不定的轨迹上运动，速度、高度方向及角度均不同，且双方变化既大又快（战斗机一旦进入战斗，动作变化之速，是以秒或零点零秒来计算）。用这种落伍瞄准器装置在战斗飞机上，想准确地击落敌机，只有"瞎猫遇上死老鼠"。

空军当时的总顾问、美国人陈纳德（Claierl Chennault）（在抗战后期，是美国驻中国战区，第14航空队（Fourteenth Air Force）司令，很清楚把这种瞄准器运用在飞机的空战上，效果是零。民国二十六年（1937年）6月中旬，中日情势紧急，战云密布，为补救这一问题，由南京飞一架双发动机马丁机（马丁）至南昌第4大队基地。在地面将马丁机平架起来（马丁机颇似日本96型轰炸机），亦将霍克3式机在有效射击距离，以不同角度位置平架起来，让每一飞行员登上平架的霍克机上，各以目测绘出马丁机的大小图形，贴在自己飞机的风挡上。在接敌攻击时，比照图形大小来度量有效的射击距离，开枪便可有效击落敌机。在缺乏精准的空中射击瞄准器的情况下，这一"土"办法，确在八一四初次空战时六比零的战绩中发挥了实用效果。

英雄中的英雄

高志航，空军第4大队大队长，笕桥八一四拂晓空战中伤臂愈后，由杭州至南京航空委员会报到。当时敌96式战斗机屡袭南京，我方霍克机耗损殆尽，在飞机性能上、数量上无力相战，乃采避战措施。高志航眼见敌机张狂，毅然请命率四机迎敌而战，双方经激烈对战一场，各无损伤而结束。这种勇敢捍卫国家领空、不畏强敌的精神，是英雄中的英雄。更重要的是，高志航充分发挥空战特性，空战不同于地面作战，空战（战斗机）只有攻击，没有防御；能展现强烈的攻击，就是安全的防御。

中弹的感觉

吕基淳，空军第4大队第23中队分队长。抗战初的1937年8月下旬，在南京与句容之间上空追击敌96式机群时，于攻击后脱离，通过敌机群后方火力网时，大腿中弹，仍带伤安全降落南京机场，送进医院后对前往探亲战友叙述中弹的感觉说："当时穿进大腿肉的子弹是凉凉的，而不是灼热，当时不觉得疼痛，而直觉到腿肉挤进一个胀胀的东西，流出的血渗透飞行衣，也是感觉凉凉的，而疼痛的感觉，是随分秒加剧，当忍痛将飞机降落后，剧烈疼痛情况几达难以忍受的程度。"

被俘又逃脱

苑金涵，空军第4大队第21中队飞行员。1937年8月下旬，在上海蕴藻滨支持地面作战时为敌炮火击中，弹穿右脸并击落右耳，座机亦被击毁，迫降于敌阵内稻田中。飞机翻背腹部朝天，拼力挣扎，以手挖掘稻田泥水，奋力扒出坑外，血和泥粘满头脸与全身，倒卧在田埂上，遂被俘。日军五人看他血泥满头满身，奄奄一息，认为已无生存可能。日军齐去约200米远处一农家，放弃看守。苑金涵偷窥无人看管，乃起身向西狂奔，一口气急跑千余米，进入我军前哨阵地。苑金涵过去是华北10余省市径赛高手，以赛跑的速度带伤跑回我防地，勇哉，壮哉！

空中莲花奇观

我当时任空军第4大队第22中队飞行员。自1937年8月起，空军第

4大队即展开对上海陆上海面各敌军施以日夜空中攻击。8月27日晨，奉命单机执行任务，先行俯冲投弹攻击上海汇山码头，再侦察浦东一带沿海敌情。晨晓由南京飞往上海，飞达上海汇山码头，高度4700尺，俯冲而下，拟投弹轰炸码头，当时一块行云笼罩码头，目标不清，无法投弹，便复行升高，重作再次投弹行动。此时，在我机前方下方与左右方，发现有六组烟花，每组约有五六朵。第一次遇此情况，不免心感奇观，有如游行于荷花池中。

飞行员张光明

一转念便立即意识到，这是敌方高射炮爆炸的景象。立即作不同方向、高度、速度多变化的曲折飞行。约每隔两三分钟，即在机体前后左右上下，爆发一次弹群烟朵。虽在闪避中行动，而终为弹片所击中，发动机冒出缕缕白烟，运作声顿失正常。知为敌高射炮所伤，检视仪表指示还算正常，仍俯冲而下轰炸汇山码头，但无法执行侦察任务，只得脱离战区，航向苏州机场紧急降落。经检查，是发动机外罩和一汽缸盖为弹片击破，幸无大恙。

仰天观战 "回马枪"

刘粹刚，空军第3大队第17中队长，该中队使用的飞机是美国波音公司研制，第一代单翼全金属波音（Boeing281）战斗机。于1934年间由广东购入11架，后隶属空军第3大队第17中队，驻防南京。淞沪抗日战起，多次护航炸机出击任务，主要是护卫首都地区空防。民国二十六年九月间，日机空袭南京，波音中队起飞迎敌。当日晴空万里，双方空战即在南京市上空进行。因来袭无轰炸机，仅是96式敌战斗机，故万民仰天观战。在敌众我寡情况下，刘粹刚被一架敌机尾随追逐，刘则急行俯冲而下，敌机仍尾追不舍冲至仅百余尺高度时，刘机则猛然回头反转升高，显然采取与敌对头攻击战法，而敌机或因技术经验不足，或不想作对头战，在脱离时面与角度及方向上均有不当，正为刘机反转仰攻所乘，被刘机一个"回马枪"击落坠地。万民亲眼目睹，难得一见击落敌机场面，导致群情雀跃沸腾。

"奇"事一箩筐

1938 年 2 月 17 日午后 4 时余，空军第 4 大队（大队长李桂丹）突奉命飞离老河口训练驻地。第 21 中队（中队长董明德，飞苏联造 E-16 型飞机），第 22 中队（中队长刘志汉，飞苏联造 E-15 型飞机），进驻汉口机场。第 23 中队（中队长吕基淳，飞苏联造 E-15 型飞机）进驻汉口北方孝感机场。18 日凌晨 3 时余，传来敌机空袭汉口情报，全体即刻整装进入机场，由大队长作战指示与作战编组。总领队大队长编组为四架 E-15 型飞机，二号机为分队长郑少愚，我是三号机，四号机为巴正清，为第一编组群，第 22 中队为第二编组群随后，第 21 中队为第三编组群，任支援。掩护高度 6000—8000 米，第 23 中队为第四编组群，由孝感飞来加入战斗行列。

至当日上午 9 时余，在紧急警报中起飞，总领队四架编组群，起飞不及 3 分钟，高底仅千余尺（其余编组群尚在陆续起飞中）。我即发现后上方有敌机群，乃迅速靠近总领队机，以手势示警。此时四机编组，仍以大仰角抢升高度，在此同时，敌机 10 余架已由后上方冲下，接近近射距位置，情况如此，十分不利，立即作侧滑飞行以避中弹。遭第一次攻击，即见总领队机即刻着火下坠，二号与四号机，同时均呈螺旋状态而下坠，我未中弹，随即陷入群敌围攻中，展开单机与敌多机的生死战斗。在遭轮攻的情况下，没有还击余地，乃采连续性的大动作特技翻滚飞行，冀求避免在围攻中中弹，以待友机支援解围。

不料雪上加霜的事又发生，因为要上下左右监视围攻的敌机，将头探出座舱时，飞行眼镜突被强风吹歪，遮盖了左眼，双手忙于操纵飞机，根本无暇用手扶正眼镜，只能用一只右眼搜索敌机对战。

被围攻 10 余次后，环视周围空际，仅剩有 3 架敌机，居高仍轮攻不舍。此时相战高度仅有百余尺，无法再作大动作飞行，只有继续多变化飞行,使飞机每秒均不在直线轨迹上行动,以闪避攻击,并向敌机反击。E-15速度虽慢,其灵敏性尚优越,火力亦强,相互缠斗正在机场与汉水之间上空。当时心想,没有友机解围,也无地面火力支援,即使不被打下来,恐亦会被三敌机逼至地面。乃决心采对头攻击。在上海南京诸多空战,每次遭遇均是敌众我寡,由于日本96式机性能佳,速度快,火力亦强,空战中予取予求,绝不采用"机会均等"的对头战法,当稍作平直飞行取得速度时,果由后上方冲下一敌机,我在适当距离,猛然反转作仰角对战,敌机升高脱离,我加大速度随之升高,作有效的一击,敌机冒出白色烟雾,显然被击中。在攻击之同时,我未能察觉有一敌机由后下方跟踪偷袭,我机左下翼与座舱下前方子弹箱顿时"开花",飞机有失去平衡态势,此时冒烟敌机摇摆机翼集合另二敌机,迅沿江东去。后来消息,该三机其中一架迫降于马当北岸。我的左下机翼有断裂危险,立即减小速度倾倾斜斜地迫降于机场。

经检查,飞机中弹210余发,中弹部位均在左下翼与机腹部。最危险的三枚子弹,仍存留在保险伞坐垫内,若再高半寸,我的臀部即将"开花"。尤其令人惊奇的,在双脚中间前面的子弹箱开了花,和机腹两面三侧中弹多发,而双脚及腿竟未中弹损伤,如此情况,除了幸运还是幸运了。

四机编组中的二号机郑少愚,在敌机第一波攻击时即中弹翻滚而下坠,紧急迫降在机场,经检查后仅中一弹,竟打断方向舵的操纵线,飞机立即失去操纵作用,其"巧"实令人称奇。

另有第四编组群,第23中队由孝感飞来参加战斗,出敌不意地来了一股奇兵。先期空战中,敌机已失去高度,被这股奇兵击落数架。其中有23中队飞行员巽守信,在空战中紧迫追击敌机,因距离过近,击中敌机后,敌机漏出滑油,涂满巽机的风挡,而失去视界,终致无法继续战斗,亦属空中少有的新鲜事。

高空缺氧

郑少愚与我是空军第4大队第22中队分队长和飞行员。1937年4月,在汉口上空,捕捉敌侦察机。我们两人起飞后迅速升高,采取最大极限高度。过去，每次敌侦察机临空，均利用大高度与速度安然脱离，因此，必须采取以高度制敌的战法。按 E-15 式机性能高限为 9500 米，我二机升高达到 10500 米时，飞机似乎只在空中飘浮，同时左右摇摆要失速现象。处此状态二三分钟后，感到头晕恶心与视线模糊。E-15 机装备的氧气是用一木制嘴含在口内吸入，或是吸量不足，又或是患感冒数日，身体抵抗力减弱关系，头晕恶心随即加重，更且随之昏厥失去知觉不知经过多少时间，内心微弱。意识中感觉飞机在旋转，习惯性驾驶意识下，踏平舵平衡了飞机，拉成平飞，高度只有 30 余米（或因降到低空，氧气充足而恢复一点知觉）。继续呕吐连连，胃空所呕均为黄水，最后几乎把心脏都呕出来了，极度难受，实非言语所能形容。人近休克状态下，见一机场即行降落，当机轮一触地，恍惚知道飞机就地打转，人又失去知觉，经场站医护救下飞机，昏睡 6 小时醒来后，人竟躺在孝感航空站。

台儿庄之役——空战跳伞

1938 年三四月，空军第 4 大队（驻汉口）与空军第 3 大队（驻孝感）总兵力 E-15 式飞机约 40 余架，应对当时台儿庄中日大会战，曾多次作长距离突击，支援地面部队总攻作战。

驻汉口空军第 4 大队之第 22 中队（队长刘志汉），第 23 中队（队长刘宗武），奉命支援台儿庄作战。于 1938 年 4 月 9 日凌晨 3 时许在星夜中起飞，天明时分降落在驻马店机场，加油后继续飞向归德机场，再行加油挂弹（25 公斤杀伤弹四枚），之后航向台儿庄、枣庄与峄县一带，攻击敌军阵地及补给品。因油量关系，仅能在战地上空停留 15 分钟，即需返回归德。在返归德加油后，正起飞返回汉口，有敌机六架双翼机与三架单翼机突临机场上空。当此情况，不解敌机为何未作居高冲下攻击？各队安然陆续起飞航向原驻地。此时天色将晚，乃在中途周家口机场过夜，待明日飞返汉口。当晚又接获命令，明日再行出击。领队将归德上空敌机突然出现与油量问题报告指挥阶层，然仍照原计划出击行动。大家均有预感及心理准备，明天必然与敌一战，最担心的却是油量问题。

10 日拂晓，航向归德机场，加油挂弹后即飞赴台儿庄，对敌阵地轰炸扫射，返航归德。在返航途中各队高度为：第 23 中队 5000 米，第 22 中队 6000 米，第 3 大队 7000 米以上。10 时余返航至归德附近，第 23 中队发现敌机，突回旋转向，第 22 中队即刻与敌发生战斗，敌我群机互相追逐，混乱成一团。不数分钟，不知什么缘故，双方飞机均全部失去踪影。我急速升高，发现在我下方有敌我飞机各 6 架，敌机为九五式双翼战斗机，其性能、火力与 E-15 式机相若。彼此一前一后，互相追逐战斗，在空中形成一个大圆圈。我单机居高警戒，必要时予友机支援。

因双方飞机性能相近，虽然彼此一前一后追逐，均以最小半径回旋，双方都没有射击机会，不过两分钟时间，圆圈中的飞机顿成敌多我少（后来才知道，我数机因油量耗尽而不得不脱离战斗，有的迫降机场，有的迫降在野外）。正当此刻，敌一单翼机很快速度衔尾一友机，处此情况，我立即冲下，衔敌尾攻击。当敌发现我在其后，猛然回转脱离时，正撞上友机机尾，双方同时翻滚下坠。好戏上演之际，突然发现三架敌单翼机在我上方，且已有一架冲下接近攻击位置，乃以翻滚动作躲避。随之陷入三敌围攻中（敌单翼机速度快，其外形较 96 式敌机较大，在敌机情报资料中，未曾见有此型敌机）。在与一敌机回避攻击，作反转半滚上升动作时，不意被敌击中，我机立刻变成强力外螺旋动作，即刻头胀，失去视力，想拉回油门，改正螺旋动作，而油门操纵系统，松松地失去作用。此时觉得腿及脚热热的，用手探摸，是热的滑油流出，即刻意识到油箱被击漏。在失去视力下，唯恐着火，而决定跳伞。当手轻触保险带扣，两肩迅即冲开座舱小门，人体即刻飞出，人甩到空中，仍转个不停。飞行口袋里（在右左小腿前）的地图。尺、半圆规及鞋子、飞行眼镜、手枪等物，全部甩脱飞去。心想不能在空中飞转，乃用力屈腿，双手一抱，人停止了旋转，感觉到人在下坠中。此时头尚胀眼犹黑，但心里清楚。心想此时是否该拉开降落伞？高度又如何？心里计算接战时高度为 6000 尺，在战斗中失去若干高度，此时应有 3000 尺左右。稍迟片刻，拉开降落伞。当伞张开时，觉得人体下坠加速中，骤然有个拉力发生，身体感受一股很大震动压力后，在缓缓飘荡中下降。又想，伞张开可以安全着陆，如果落在黄河北岸，则将被俘。想到当年在日本的威迫下，订下北平城下之盟，全国沸腾。北平师范大学校长李蒸先生和北平军分会政务处长刘健群先生邀见，面嘱国难当头，应从军报国，以及如何瞒过父母家人进入中央航空学校……

历历往事，迅速在脑海中像电影般一幕幕闪过。此刻令我惊喜的，视力由黑变昏黄，由昏黄渐变淡黄，又变青蓝，又淡蓝恢复了视力。一看高度很高，乃急速操纵伞绳，冀期加速下降。此刻危机又临身，敌机三架轮攻降落伞，第一次攻击，闪光弹穿过伞之上部，将伞顶洞穿数洞，打断五根张力拉绳，而伞呈现偏斜，降速很快，且左右摆荡。第二架敌机又来攻击，将张力伞绳又打断三根，降速与荡摆角度均增大，高度已低，敌机脱离而去。伞与人摔落在归德东方的夏邑县内任楼村旁菜园的垄背上，伤到了腰，至今已数十年，仍隐隐作痛。

乡人告知，在任楼村南约三里处，摔落中日飞机各一架，中国飞行员受了伤。顾不了数日的身心疲惫，急行赶去探视。伤者是第23中队陈怀民，正是被日机击中撞上尾部下坠迫降者。他腿部中弹，乃脱下衬衫扎紧止血，伤痛难忍，乡村又无医药，要求乡长派二牛高轮大车相送。在牛车上抱着呻吟伤痛的陈怀民，星夜西行，天晓抵归德航空站，即刻将陈送进医院。在市区买双布鞋穿上，至航空站进食休息。上午10时进机场，检视一架机翼中弹的E-15机，属第3大队飞机，认为机翼主梁弹穿重伤，尚不致断裂。内心极想早点回到汉口队部，不愿搭两天两夜火车的行程。乃决定以最小航速高度，驾机飞往汉口。失去消息两天，部队人员均认为已战死，出人意料的，我又飞回来了。

60年前参加重庆首次空战纪实

张光明

一、前言

科技之进步，使昨今事物有所差异。武器的创新，可使战争形态有所改变，更何况 60 年前的事物，已是相去千里了。60 年前的飞机性能、装备与地面设施，和现代的飞机性能、装备与地面完备的设施，更不能同日而语了。

就空中作战而言，速度快的飞机对速度慢的飞机来说，可说是予取予求，想攻便攻，想脱离便脱离，完全可主导作战情势；速度慢对速度快的飞机在作战时，除非先行得奇袭，或有制高优势，或者有相对攻击机会，机会失去之后，想寻求再次攻击的机会，可谓大为不易。速度慢的飞机如想脱离战斗，被击落的危险性更大。唯有坚决地、勇敢地与敌机死缠死斗，战胜敌机，方能保住自己。

这文篇是回忆 58 年前的一次大空战经过实况，可以看出，当时中国稚弱的空军，是在怎样的情况下，如何与敌机艰苦周旋作战的。

二、空战实况

（一）当时空军第 4 大队整备兵力概况

1938 年，空军第 4 大队守卫武汉时，空战频繁，并不时出击或支援南昌、台儿庄、武胜关、随樊各地战役，兵力大减。撤守汉口，空军第 4 大队移驻四川梁山机场，进行人员补充与训练。三个月后，奉命赴甘肃兰州，接收苏联第二次军援飞机，E-15 式飞机约 40 架，乃进驻陪都广阳坝机场。除每日加强飞行训练外，并作各项战术研究与演练。为增强大队整体战力，除原有第 21、第 22、第 23 三个中队外，另扩编第 24 中队。初编时，只有副队长是我，另有分队长杨孤帆与飞行员张哲、张南薰共 4 人，暂有 E-15 式飞机三架，当时全大队兵力约有 40 架。

（二）敌机来袭

1938 年 5 月 3 日，日本九六式重轰炸机 54 架，由六个编队组成一个大编队群，初次空袭我政府所在地重庆，这是日本对华军事侵略以来使用其空军兵力最大的一次空袭。

（三）重庆空防兵力

当时我方部署空防重庆的作战兵力，除空军第 4 大队三又四分之一的中队兵力之外，尚有驻重庆西南方白市驿机场的空军第 27 独立中队

（中队长赖逊岩），可用总兵力约有飞机 43 架。双方飞机近百架。我方总领队（空中指挥官）是第 4 大队队长董明德。

（四）激烈空战

当日上午 9 时许，即传来由汉口起飞情报，空军第 4 大队即刻举行作战指示与作战编组。第 21、第 22、第 23 各中队九机编组，大队长 5 架，与第 24 中队两架共编一组，共为四个编组，E-15 式飞机 34 架。

11 时 20 分起飞升空应战，低层作战高度 6500 尺，在重庆上空巡逻。正午时分，即发现敌机大编队群，几乎成一字队形，利用阳光，由南而北飞入重庆。在未投弹前，我机群居高，纷纷俯冲而下，展开猛烈攻击。我两机小组（僚机张哲），正处在敌机领队机之正前上方，认为得此良好攻击位置不易，立即对敌领队机展开猛烈攻击，一直开枪猛攻，不肯停止脱离。因相对速度，俯冲射击角度愈来愈大，形成垂直角度，射击仍不停止。因两相距离过近，即将相撞，几达无法脱离险境，情急之下，无计可施，猛然作了一个快滚动作，只觉得敌机身影迅速掠过身旁，随之又感觉机体有一阵连续敲打声音。当离开敌机群后方时，顿感减速，飞机已无爆发声而停车（发动机停止运作）。立即检查仪表，并迅速检试飞机受损情况，再试启动无效后，随飘随试，进行迫降。此时高度两千余尺，遥望广阳坝机场，尚在隔山的那一边，虽然向机场方向飘，但飞机在失去动力后，失高加快，尽量维持高度和最低速度，也无法预测能否飘进机场，随时准备迫降江边。高度仅余百尺，乃斜向滑入机场，竟安全迫降成功。经检查后，飞机中弹 87 发，发动机被击毁，我的僚机张哲奋勇攻敌中弹，壮烈殉国。

三、作战检讨

（一）我方损失

壮烈殉国者：张明生、李志强、张哲 3 人。飞机毁 3 架，弹伤有 23 架。在短短时间里，一次激烈空战，完好的飞机仅有 8 架。

（二）敌机损失

被击落 3 架（重庆北方两架，中途因伤坠落 1 架）。传来情报，敌机返回汉口机场时，已有 20 余辆救护车等候接运伤亡人员。亦可知敌机损伤之严重程度。至于被击落3架敌机，因我机都作了攻击，也无法确定是谁击落的。

（三）战后汇报

空战落地后，即举行全体作战经过汇报。在举行汇报前，大队部已接获司令部转来电话："蒋委员长用望远镜观看空战的全部情况，有一架飞机猛攻不舍，并直冲敌阵者，查明何人，报来。"在汇报会上，每个参战者报告作战经过说明后，确定是我，即报蒋委员长。因此我特被召见，当面奖颁刻有蒋委员长名特制手表一只，衣料一件，记大功一次并作嘉勉。（抗战期间物资短缺，手表、毛料均为名贵之物。）

（四）指挥对空战之重要性

空军作战，指挥是否适当对空战之成败影响至巨。本次作战指挥官为空军重庆司令部司令毛邦初，对敌情之判断，指挥作战时机之适当，得能占有攻击先机，适时在空中取得制高之利，发挥空中整体战力，予来袭敌机痛击重创，乃属指挥之功。

以 E-15 式战机之性能、速度，而仅有两小时留空油量，如想在空战时取得有利攻击位置与时机，机会实在不多。回忆过去，在多次空战中，来袭的日机战术运用变化多端。如是轰炸机时，则常运用在目标区外徘徊，高空侦察机状况指挥，适时达成轰炸任务。如有敌战斗机随护时，则采急速进入目标空袭。有时敌机交互混合战术运用，使我在作战指挥上失去制高先机，造成空战失利，折损了诸多精英。（南京、汉口、南昌等地诸空战，均有此类问题。）

（五）本次空战是攻击轰炸机群的范例

当攻击大编队轰炸机群时，能取得在敌机前上方的攻击位置，展开攻击行动；脱离时，又能在敌机群火力较小的前方，或者是敌机群的侧方，避开敌机群火力强大的后方，这是最理想的攻击方式。

如各以 E-15 式飞机性能，想取得这种有利的攻击机会，可能性不多。

对敌九六式性能、速度、装备优越的飞机作战，一旦得有前上方攻击机会，常以机会难得，猛攻不舍，脱离较晚。因相对速度关系，脱离时则陷于敌机群后方的火网中，凡是通过敌机群后方网区（亦称之为弹雨区），十之八九必中弹。当敌机投弹后，必然加速脱离战区。E-15式飞机，想得再次攻击机会，则成为空想之事了。本次空战，第4大队二十余架飞机弹伤，正是因此而造成。

四、后语

（一）唯实际身临空战者，方能了解空战飞行员的心理。保国卫疆是一回事，而生与死又是一回事。身躯和生命的保护，是人应有的权利。培育一个能够作战的飞行员，最少需要两三年的时间，而且培训的费用也相当庞大。双方空军作战，纯为优劣对比之势。在作战上，应避免折损相当数量有战力的飞行员，因此极有必要把伤亡的数字减少，也有方法可以减少。当时参战的飞行员在劣势的作战下，都非常希望能有一件防弹背心以保护身体，这也应是作战飞行员的要求和企盼。需求防弹背心并不是怕死，是更有其正面作用，可增加作战心理安全感，也可增加作战冒险性，减少空战的死伤率。

以本次空战论，如有件防弹背心，张明生副队长不致烧伤太重而殉国，李志强与张哲身虽中弹，可能不致阵亡。战初，即应将防弹背心列为空勤人员的必需且重要的装备之一。当时在香港或国外均可买到，相信空军的工厂应能制造。但这样一个轻而易事，所费不多，利益很大的小事，竟无人关心，殊堪费解。

既然如此，为何当初不提出此项要求？事情就是"怪"，世间有许多事情，只能意会，而不能言宣。这事件有其潜隐的墨守的观念。在当时空军里，蕴藏着一种浓厚的空军特质文化精神，而非外人所能了解。更奇的，这种特质文化精神，你知我知人人知，但绝不表露，在当时如任何人提出这个问题，深恐被人耻笑，被人鄙视。当时飞行员的心理，如果被人说飞行技术不好，不勇敢，怕危险，怕死，等于受了奇耻大辱，甚而痛不欲生。这是当时在空军中广泛潜存着的意识。这种特质文化意识，在艰苦的抗战中，淋漓而勇敢地发挥在空战上，以弱抗战、以少胜多的大无畏表现，这就是后来所谓的"笕桥精神"。

（二）当发生一次激烈空战之后，人员和飞机损伤程度之大，非局外人所可想象。由本次空战情况而论，短短过程的一次空战，第4大队飞机损伤达 26 架，约占全部出动兵力四分之三强。空战过程在时间上很短暂，双方互攻后，所造成的损伤率确实惊人。等待复原战力，尚须视修护补充之能力如何而定。由此观之，建设一个科技型、有战力的空军，需要深厚国力的支援。想维护国家和民族的安全，必须提高空军的战力（包括飞机与飞弹），而有待全民之努力。

◎ 43. 笕桥老兵怀往

张光明

"艺高方胆大，胆大艺更高。"空中拒歼敌人，战技和士气是制胜第一条件。中国空军第 4 大队（一般称之为志航大队）能在中华民国二十六年（1937 年）击溃日本"木更津"航空队，实有赖深具战术研究的高志航大队长所订的实战训练计划周详，严格要求，反复演练，不达标准不停训练所致。

空军第 4 大队在笕桥成立数月，移防江西省南昌青云浦的新建基地。大队长高志航厘定部队炸射训练计划，将此一炸射训练，连续竟达六个月之久。如单机之格斗，乃至分队、中队、大队之战斗；空靶和地靶及水上浮靶；各方向角度距离之炸射；各天候状况——拂晓、黄昏、阳光、夜间、云、雨；能见度不佳时之攻击演练。因驱逐部队（即今称之战斗部队）第一任务是拒歼敌机进入领空，故须具备机警而精准的攻战能力，方能达成任务。大队长高志航严格要求所辖三个中队（第 21 中队长李桂丹，副队长刘志汉；第 22 中队长黄光汉，副队长赖名汤；第 23 中队长毛瀛初，副队长李用）全体战斗飞行员的技术及炸射命中率，必须达到百分之九十以上，如在每一课训练最后阶段，其每项成绩不达标准者，"不要休息，不要吃饭"，继续不停飞行演练，达于规定成绩为止。全大队战斗飞行员，在空对空、空对地各类目标炸射测验通过后，在一次空对水上浮动目标射击

晚年张光明

测验中，全体飞行员均通过测验，命中率均达百分之九十六以上纪录。唯独我们的大队长报来的成绩未达规定要求。这位中国空军的"红武士"当即面露愧色，然而仍流露技术超群充满自信的英雄本色，他立刻一次又一次飞上去落下来，作不休止的射击演练。我们全体奉命回营房休息，真的，他不休息，也不吃饭了，由近中午一直打到天黑，才传来他达到射击标准的消息。翌日晨，在飞行线上讲解训练课目时，把他的浮动标靶给全体观看，证明他的纪录是真实的。

艺高则胆大，自然由恃无恐，高昂士气，胜敌信心，自然铸成矣。

当时中日关系情势已达风云紧急阶段，报国卫国之心早已跃跃欲试。八一四之接触，一举歼敌空际，日机被一一击落，火团纷纷坠地。盖制胜因素早已达成矣，八一四空战仅表现而已。

当时中国空军第 4 大队曾引起日本空军之惊惧。日本空军曾对"志航大队"作深切的对策研究，并作为其主要目标。

空中歼敌的士气与信心是潜在精湛的战技中，战技是要严格而反复长期的演练，方能产生有效的一击，克敌制胜。

附注：

（一）以上所述是 45 年前往事回忆，把亲历真实情况写述，作空军八一四胜利纪念日献言，也是空军资料补遗。

（二）时代不同，进步有别，仅作早年空军故事补述，战技士气与必胜信心之训练培育原则仍有其存在性。

（三）令人怀念的"不休息，不吃饭"这句话，这并不是罚则条例，在其中深深含蕴着亲爱精诚部队中深厚情谊的感情，人人都情愿的诚意接受，没有怀疑不合理，也没有去触犯或批评，甚而认为是"铁律"。

（刊载于 1981 年，台北《中国的空军》）

细说八一三、八一四笕桥空战经过

张光明

（中央航空学校五期，中日八一四空战之历史见证人）

70 年来，阅读了许多台湾大陆有关八一四笕桥空战的报道文篇和辑册，而竟将八一三、八一四笕桥空战的时间、日期互相错乱，使国人和读者有混淆不清之感。更令人遗憾者，官方的报道档辑册内容，竟以道听途说的报道文篇，或妄加杜撰的不实写述，作为空军战史的原始资料，有失空军战史的真实性。今特予细述，八一三、八一四两日笕桥空战的实情，以规正空军战史正确性。

笔者是当时空军第4大队第22中队飞行员，是当年实际参与作战的人，现年94岁，或是参加该战役的仅存之人。

淞沪战争前夕的形势

北平天津失守后，在日军侵华战略构想上，认为再攻占中国的上海南京，中国失去政经四大命脉，中国必投降，可结束侵华之战，达到亡华目的。当时日军进攻上海、南京的意图十分明显，淞沪形势日趋紧张，而日军的行动态势，进攻上海已迫在眉睫。

1937年8月9日，日本士兵大山勇夫闯入上海虹桥机场蓄意挑衅，被中国卫兵击毙。日方要求中国撤出驻上海的保安队（注一），并拆除防御工事，中国拒绝。8月13日，蒋介石下令，张治中三个师进驻上海闸北、杨树浦、江湾等地，又急令空军总指挥周至柔，解除原冀北作战计划（注二），将空军作战力量全部转至京沪杭地区，阻绝上海日军登陆，策保南京之安全。8月12日，日本佐世保第二舰队16艘舰只停泊于黄浦江码头，另有舰只5艘进吴淞口，有7艘战舰停在吴淞口外，包括1艘航空母舰。8月13日，日舰发动炮击，日海军陆战队登陆，与我88师发生战斗，淞沪之战从此爆发。

八一三笕桥空战

1937年8月13日，空军第4大队已经进驻在河南周家口机场，准备对华北天津及绥远百灵庙日军作战，该日中午接在南京参加军事会议的大队长高志航电令："命全大队飞机，即刻进驻杭州笕桥待命，余由京赴杭。"第21中队长李桂丹，第22中队长黄光汉，第23中队长毛瀛初，各自率队紧急陆续起飞航向笕桥。

本中队（笔者是22中队飞行员），在滂沱大雨中低空曲折航行，中途降落在安徽广德机场，加油后续航笕桥。在中途天雨云层中发现有数架大型飞机航向广德方向，是什么飞机？多少架？云雨中看不清楚，但有怀疑，分队长乐以琴与笔者偏离队伍，察看究竟，如是敌机，则攻击之。中队长黄光汉示意归队，应依命令及早飞抵笕桥。下午5时左右，飞近笕桥空域时，遥见笕桥在大火燃烧中，已知笕桥不久前被炸，分队长乐以琴率笔者脱队，航向钱塘江口方向，企图追击飞机，终因天雨云低，视界不清，而返回笕桥。

大队长高志航正集合全大队飞行员，讲述击落敌轰炸机1架经过如后：高志航于13日下午3时余，由南京搭机飞抵笕桥，21中队亦飞抵笕桥，稍后23中队亦飞达。正加油时，突发紧急空袭警报，此时只有少数飞机加了油，高志航迅速登上一机起飞，有数机亦随高起飞。其中有尚未加油者金安一在起飞中停车，幸落在机场地面，无损伤。而刘署藩起飞后追击敌机时，油罄停车，而迫降野外，重伤殉国，为中国空军抗战牺牲第一人。

高志航升空后，敌机4架已进入机场上空投弹中，天雨云低，高志航乃急速接近敌机，进入敌机侧后方位置，用大口径枪连续猛攻，敌机1架中弹立即下沉，坠落于笕桥东方，余敌机潜入云层而遁。

高志航讲述后，人人皆兴奋羡慕与赞扬。继作明日作战指示与编组。高志航三机为作战领队群，指定作者为其2号机，巴清正为其3号机。第21中队为其右翼战斗群，第22中队为其左翼战斗群，第23中队为高层掩护支援战斗群。指示后，各自去为飞机加油。

初尝警报轰炸，场站人员躲避空袭，仅少数返场工作，因油罐车被炸（铁路油车），加油非常缓慢。时正天雨夜黑，飞行员遂自动去机场边油库提起五加仑小桶汽油，肩扛至飞机旁，如此在天雨涉水中，往返十余次，甚感劳累。二人互助加油，一直延至午夜后1时半方结束，乃各自去学校单身教官宿舍就寝。此刻已淋雨加油有8小时之久，全身湿透，换上室主不合身的衣服，顿感饥渴又寒冷，也特感疲倦，而昏沉入睡。

八一四笕桥空战

凌晨 3 时余（即八一四的凌晨），在酣睡中为空袭紧急警报惊醒，乃起身奔向机场，在暗夜中各自起飞迎战，顾虑在暗夜中群机在笕桥一地上空有相撞危险。乃决定飞至钱塘江南岸，在杭州市与笕桥之南，云高三千尺，往返巡防，因 13 日劳顿紧张，整日未进饮食，睡眠又少，又无衣御寒，在巡防飞行中，不禁地打寒噤，上牙嗑下牙，特感寒冷难耐，但分秒仍在高度警戒中。

在拂晓时分，视野蒙蒙中，在南方远远地平线上发现有条蠕动黑线，由南渐近，片刻由粗而大，物体蠕动更清楚，再接近时，已认定为机群。辩认为大型双翼 4 架机群，机身机翼是红太阳标志鲜明。立即选定长机为攻击目标，由前侧方进入攻击，用 12.7 毫米的大口径枪，发射十余发子弹，该机立即着火下坠。攻后，由敌机群侧下方脱离，再反转拟作第二次攻击，在转弯时，见另一架敌机着火下坠。攻击之友机脱离在我同方向空域，接近时，见机身号为 2204，乃分队长郑少愚。我尚在进入第二次攻击位置前，见另两架敌机，片刻先后为我另 3 友机分别击落，均着火坠落于钱塘江中。3 友机攻后，在蒙蒙视野中向笕桥方向飞去。此一空战过程，约仅三分钟即告结束。

战斗后，我即接近 2204 机分队长郑少愚（我的驾机编号 2205），编队航向笕桥。此时天已晓，由钱塘江北岸可遥望有敌机群，尾随围攻，该机队被迫偏离笕桥，并遥见有两架敌单翼轰炸机先后被击落，均坠落于半山与临平山之间地区，余敌机仓皇投弹郊区，潜入云层向东而循。作者与郑少愚两机由钱塘江北岸采取直线东飞，意图拦截敌机，然飞至临平又东飞至钱塘江口与金山卫一带，未能发现敌踪，无所获乃飞返笕桥。落地后，知大队长高志航伤臂，已送往杭州医院，其他队友，均安好无恙。但在相视之下，个个面色苍白，嘴唇紫黑，有的光脚，有的穿背心，有的仅穿短裤，有的穿睡衣，有的仍穿着已湿透的飞行衣，着实狼狈不堪，令人不胜欷歔，时已是八一四清晨 6 时矣。

结语：日本发动侵华战争之前，其空军兵力已储备各式飞机 2200 架。其军部认为中国空军兵力有限，飞机老旧，性能落后，训练不足，又无飞机补充来源，且主要作战部队、训练学校和指挥机构均散布在江浙一带，只需出动轰炸机，实施强袭，在三天内就能消灭中国的空军。日本这种轻敌心态，造成用兵的错误，犯下了用兵大忌，亦造成了木更津及鹿屋两航空队覆灭的结果。

中国空军的飞机少、性能差，但日本忽略了被侵略者的心理反弹。中国青年飞行员具备强烈的救亡图存的报国心，加上当时有利的天候，天雨云低，在紧急情况下起飞就能攻击，这也是空战胜利的重要因素。

（2007 年 5 月 25 日于洛杉矶）

注一：1932 年 1 月 28 日，日军侵犯上海之战，在英、美、法、意等国调停下，订立停战协定，中国上海仅驻保安队。

注二：1937 年七七事变，空军作战计划，调派强力部队进驻华北攻击日军。

◎ 44. 飞机上下来了日本投降代表

1945 年 7 月 26 日，中、美、英三国联合发表《波茨坦公告》，限令日军无条件投降。8 月 6 日，美国 B-52 轰炸机将一枚代号叫"小男孩"的原子弹投向广岛；8 月 7 日，美国杜鲁门总统发表声明，敦促日本政府无条件投降……如果日本再不投降，必将带来举国毁灭的恶果。8 月 8 日，苏联对日宣战，并迅速进兵东北，配合中国抗日军民给日本关东军以歼灭性的打击；8 月 9 日，美国的又一颗代号叫"胖子"的原子弹投向长崎。8 月 10 日，日本在走投无路的处境下，接受了《波茨坦公告》。8 月 15 日，日本天皇在东京广播电台向全世界宣读了《终战诏书》，正式宣布无条件投降。

在日本天皇宣读《终战诏书》的当天，中国战区最高统帅蒋介石一面授命何应钦全权受降，一面急电南京日军最高指挥官冈村宁次，指示日军六项投降原则。

中国战区最高统帅蒋中正 于 8 月 18 日下午 6 时电告冈村宁次，将湖南芷江定为日本与中国洽降地点，并规定应行遵守事项如下：

（一）代表人数不得超过五员（内须有熟悉南京、上海附近机场情形之飞行员一员），于 8 月 21 日晨坐日本飞机一架，自汉口附近起飞，经湖南常德上空，此时高度须 5000 英尺，时间为重庆夏季时间上午 10 时（格林威治标准时间为上午 2 时），届时在 6000 英尺上空，当有盟军战斗机一架迎接之，如云层过低，该日机应在云层下 1000 英尺，盟机高度则在云层下 500 英尺。

（二）日机标志在机翼上下各漆带有光芒日本国旗一面；两翼末端各系以四尺长之红色布条，以资识别。

（三）盟军战斗机三架将护送日本飞机至芷江机场着陆，着陆顺序：第一架为盟机，第二架为日机，第三及第四架为盟机。

（四）今井参谋副长须随带驻中国台湾及北纬以北安南地区内所有日军之战斗序列兵力、位置及指挥区分系统等表册。

（五）如因气候恶劣，不能完成上述之飞行时，须于次日依照上项规定之时间与方式实施。

（六）日本飞行人员以波长5860KC收发，用英语呼号与芷江之空中地面指挥取得联络，此种呼号在距芷江一百英里时开始，每隔十分钟一呼叫，直至望到芷江机场为止，芷江无线电指挥降落塔用波长425KC，其英语呼号在望见芷江机场时，日本飞行人员即停止与空中地面指挥联络，应以波长4495KC收发，与指挥塔联络之。

（七）接到此电后，须于8月19日重庆夏季时间午后6时至8时在南京无线电台X、O、N以波长5400 KC答复。

冈村宁次于19日下午6时依限复电如下：

中国战区最高统帅蒋中正阁下：今井总参谋副长一行率同参谋二人、翻译一人，乘中型双引擎飞机飞往指定地点，一切行动，依照尊电办理，但机身标志红色布带改为系在尾部。

尊定用率5860KC，请改为5866KC，又4495KC请改为4493KC。驻华日军最高指挥官冈村宁次。

芷江——一切准备就绪，只等日本代表来临。

在南京到芷江的航空线上，日军总参谋副长今井武夫木然地坐在飞机里面，脸上似乎还残留着为天皇15日颁布《终战诏书》而恸哭的泪痕。他的随员参谋桥岛芳雄、前川冈雄，译员木村辰男、杜原喜八、久保善辅，航空员小八童正里，雇员中川正治，彼此亦默然不语，一个个极像刚从灵堂哭丧出来那般落魄凄凉。

今井武夫从飞机窗向外看去，机尾那飘着标志降机的红色布带格外醒目。想到自己肩负着作为战败国降使去芷江洽降的重任，内心一阵阵的痛楚。面色苍白的今井正思绪万千时，突然机舱内有人惊呼："机枪，舱内有一挺机枪！"

全舱顿时一阵慌乱。机舱内怎么会有一挺机枪？然而人们发现确实有一挺机枪在后机舱内，是包装机舱忙没来得及检查？还是有人出于敌意故意放入舱内？一旦飞机落地被中国人检查出来，将会带来什么样的后果？

今井的脸色更加苍白，冲着前边的桥岛高声咆哮起来："愣着干啥，还不赶快把它丢下去！"

桥岛赶忙拉开舱门，将机枪丢出舱外，下面是碧波万顷的洞庭湖。

一场虚惊，今井双眼疲惫地盯着舱外，深深出了一口长气，如释重负。这架 MC 飞机原是冈村宁次的专机，往日以饱经战难、弹痕驳落为荣耀的"战鹰"形象，今日猛然变得如此寒酸、可怜，在空中像一只无家可归的鸟。

10 时刚过不久，4 架飞机在东方出现，渐渐来到了芷江机场上空。三架是同盟国方面的银色战斗机，一架是深色的双引擎机，翼下清楚地漆着两个太阳徽。人群开始骚动，八年的苦难岁月他们一直忍受着"太阳"的毒日。一年前，这有着"太阳"标志的飞机满载炸弹来到芷江狂轰滥炸，而今天这狂妄的"太阳"带着投降的屈辱来到了芷江。

1945 年 8 月 21 日，这是中国历史上非同小可的一天，全芷江、全中国、全世界渴望已久的一天。

东方刚刚露出鱼肚白，芷江城就沸腾起来了：人们张灯结彩、悬旗放鞭，举行庆祝大典。花队、伞队、狮队、芦笙队，一队接一队，宛如长虹舞动；锣声、鼓声、歌声、唢呐声，一阵高过一阵。人们展开了眉头，露出了笑脸，一片欢乐充溢全城。时针刚指向 8 点，全城各界人士，怀着既喜悦又悲愤的心情，从不同方向涌向机场，欲睹日本投降使者的真容。

4 架飞机盘旋一阵后，降落在跑道上。涂着"太阳"标志的飞机向南滑行，很快消失在野草丛中。少许，中国的一位机械师又领着它在机场西边出现，来到人群前停下，掉过头，把机尾向着人群。

11 时 25 分，陈应庄少校命令打开机门，宪兵毫不客气地登机进舱检查，包括机舱所有的人员和器械。宪兵检查完后，陈少校才对着机舱内不冷不热地说："现在可以下机了！"

顷刻，一顶硬壳帽在机舱门口出现，一顶绿呢军帽，又一顶绿呢军帽……上百名中外记者立刻涌向前来，上万群众使劲向警戒线涌去，荷枪实弹的宪兵拼命拦住愤怒的人群。日军洽降代表共 8 人，戴硬壳帽、穿军服、架黑边眼镜的今井武夫少将走在前边，参谋桥岛芳雄和前川冈雄，全身军服，紧跟在今井后面，翻译木村辰男身穿青色西装，其余4人都是航空员，一个个面带凄容，缄默不语。

洽降会议地点设在芷江机场附近的原国民党空军第5、第6大队俱乐部。为纪念这个神圣的日子，在会场正门扎起一座牌楼，牌楼上端中间扎有一个"V"字，象征胜利；又扎有"和平之神"四个大字。会场门前旷地，高竖中、苏、美、英四国国旗。会场虽然布置得简单朴素，但气氛热烈、肃穆。会议室内正面墙上挂着一张巨大的孙中山遗像及国民党党旗。国父像的前面排成弧形的桌子上，仅仅铺着洁白的桌布，好像是法官的审判台。在桌子前不到两米的地方，面对着摆有四张黑漆的椅子，这是为洽降代表而设的。

肖毅肃中将端坐洽降正席，左边为副参谋长冷欣中将，右边为美军作战司令部参谋长柏德诺将军。张发奎、卢汉、余汉谋、顾祝同、孙蔚如、汤恩伯、王耀武、杜聿明、廖耀湘、吴奇伟、张雪中等高级军官及顾毓秀、刁作谦、刘林士、龚德柏等高级文官均列席了会议。

会议未开始之前，室内显得极为热闹，记者的议论和打字机的哒哒声混成一团。喜气洋洋的中美军官在互相道贺，而最突出的是肖毅肃和柏德诺不时发出的笑声。大约持续了20多分钟，会场渐渐安静下来，像

日本洽降代表到达芷江机场

是法官已入席，只等犯人被带进的那一刻。

一位中国侍卫官走到屋子另一端，抓起电话：“立刻去把日本代表带来，只准四人，那个参谋长、两个参谋和一个翻译，进入会场时要对他们严格检查！”

过了10来分钟，门口传来“来了，来了”的声音，紧接着摄影记者们紧张地准备起来，肖毅肃大声说道：“请日方代表进来！”日本四个代表鱼贯而入，先走到桌前恭敬地行了鞠躬礼。直到肖毅肃冷冷地说：“请坐。”他们才拘谨地坐下。今井武夫居中，左有桥岛芳雄，右有前川冈雄，翻译木村辰男站在今井武夫背后。

没等今井一行沮丧的情绪安定下来，肖毅肃声音洪亮地介绍：“本人是中国战区中国陆军总司令部参谋长肖毅肃中将，今天我代表中国战区陆军司令何应钦上将来接见你们。”然后指着左右介绍道：“这位是总司令部副参谋长冷欣中将，这位是在中国的美军作战司令部参谋长柏德诺将军。”肖毅肃郑重而带着命令的口气对今井武夫说：“对不起，请你们先说明身份，并交出你们的身份证书。”

今井举目环视一番会场后，用极低沉的声音介绍了自己和两位随员的身份。随后说：“日本政府依照天皇的圣谕，接受了同盟国《波茨坦公告》，已派代表到马尼拉向盟军最高统帅麦克阿瑟将军办理投降手续。驻华派遣军则由鄙人作代表向中国方面代表洽谈投降协定……”

没等今井把话说完，肖毅肃不耐烦地打断说：“你怎么答非所问？刚才我问你有没有带身份证明书，如果带来了，请交出来。”今井急忙站起来解释，几乎在同一瞬间，柏德诺将军有意挥手止住了今井的声音，用英文对今井说：“对不起，请你停止发言，等翻译完后再说。”今井被弄得十分难堪。

今井抬眼看看中国方面代表们的脸色：“鄙人没带身份证书，只有冈村宁次将军的‘特别命令’。”说完即呈上特别命令。

肖毅肃看了“特别命令”后问道：“你有没有带来电报上所指定的那些表册？”

“表册没有，只有一份地图，但最近山东省军队向华北调动的详情还没有注明在地图上。至于越南和台湾的情形，因不属冈村宁次将军管辖地区，所以没有注在图上。"今井说完即命令桥岛芳雄交出日军在华兵力配备图。

正当桥岛和木村毕恭毕敬地站在桌前说明他们所交出的兵力配备地图时，会场中的摄影记者一下拥上前，所有镜头全集中到桌上的地图和正在解说的桥岛及木村脸上。

肖毅肃开始宣读，中国陆军总司令何应钦上将致冈村宁次的第一号备忘录。当肖将军高声朗读这份洋洋千言的备忘录时，不仅今井武夫和他的随员显得极度紧张，就是全场的空气也顿时更加严肃起来。日译文稿念到各战区接受投降的具体步骤时，今井武夫取出手绢不时擦着脸上的汗珠。

日译文稿念完后，肖毅肃拿出事先预备好的两张收据摆到今井武夫面前："请你在此签字。"同时将备忘录递给了他。

今井在签字时要求"询问几点"，肖毅肃用幽默而轻松的口吻说："我看不必了吧，因为投降是无条件的。"这句话深深刺痛了今井的心，他只得拿起毛笔，略微抖动地签字道：

今收到中国战区中国陆军总司令一级上将何应钦致日军最高指挥官冈村宁次将军之中字第一号备忘录中文一份，日文本一份（以中文本为标准），并已充分了解本备忘录之全部内容，当负责转送。

驻华日军最高指挥官冈村宁次将军之代表参谋副长今井武夫少将（签字）

中华民国三十四年八月二十一日　　公历一九四五年八月二十一日

地点：中华民国湖南省芷江县

在今井签字时，忙坏了摄影记者们，镁光灯闪耀刺眼，今井武夫不停地在擦脸上的汗水。今井明白，在这样的会议上，他不可能有一点询问的权力，与其说是"洽谈"，不如说是在俯首听旨。他提出"再行讨论"的要求，肖毅肃不予理睬。肖毅肃就中国陆军总部将在南京设前进指挥所，短期内输送军队前往南京、上海、北平各地接收，何应钦与冈村宁次直接通电等问题作了交代。

今井在芷江逗留了 52 个小时，8 月 23 日下午 2 时 15 分乘机返回南京。

8 月 27 日，冷欣率部属、顾问、宪兵等百余人，分乘 7 架飞机抵达南京，设立国民党军前进指挥部；9 月 8 日，何应钦在数十架战斗机的护卫下到达南京。

日军投降签字仪式在 9 月 9 日 9 时举行，中国战区受降典礼仪式的会场，设在黄埔路中国陆军总司令部大礼堂（即原中央军校大礼堂）。

是日秋高气爽，上午 8 时 45 分，日军投降代表冈村宁次等 7 人乘车而来，在中外记者频频闪动的镁光灯下，苦着脸进入礼堂的左侧休息室。他们当即解下所佩军刀，请中方人员转交何应钦等人。

上午 8 时 56 分，受降主官步入会场，为首的是中国战区受降最高长官——陆军总司令何应钦一级上将。他身着笔挺将军服，肩挎武装带，左佩中正剑。依次是陆军二级上将顾祝同、海军上将陈绍宽、陆军参谋长肖毅肃中将、空军上校张廷孟。左侧是中国高级将领和记者席，右侧是盟军要员及外国记者席。

全场中外来宾不约而同地纷纷起身，热烈鼓掌。摄影记者纷纷拍照。何应钦坐在受降席的正中，左边为海军上将陈绍宽、空军上校张廷孟，右边为陆军二级上将顾祝同、陆军中将肖毅肃。

8 点 58 分，日军投降代表冈村宁次率代表在中国宪兵武装护送下来到会场，到大门口时，冈村宁次按宪兵要求，顺从地解下佩刀，以示解除武装，日方代表一个个用手端着军帽走进会场：日军中国方面舰队司令官福田良三中将、日军驻台湾第 10 方面军参谋长谏山春树中将、日军驻印度支那第 38 军参谋长三泽昌雄大佐、中国方面军参谋长小林浅三郎中将和副参谋长今井武夫少将。

冈村宁次等 7 人由中国军训部次长王俊中将引导从礼堂正门入场。他们走到受降席前，脱帽向何应钦等人弯腰 45 度鞠躬。何欠身作答，命令他们在投降席就座，并宣布："摄影五分钟。"

9 时整，签字仪式开始。受降仪式由肖毅肃主持，当他宣布受降仪式开始后，何应钦命令冈村宁次呈上证明文件，冈村起立，出示受权投降证书，由其参谋长小林浅三郎连同日军的编制、人数、武器、装备、驻地分布等清册，一一双手呈给肖毅肃中将。

肖接过后递予何应钦审阅。阅毕，由肖毅肃交还。肖取出投降书两册，小林浅三郎双手接过交给冈村宁次，冈村起立，毕恭毕敬双手接受，坐下匆匆翻阅降书，然后手握毛笔，分别在两份投降书上签名，又从上衣右上口袋中取出一枚圆形水晶图章盖于签字之下，起立将投降书呈递给何应钦，并向其点头。

何应钦在降书上签名盖章后，将其中一份交肖毅肃转交冈村宁次。整个受降仪式只有20分钟。何应钦宣布："日军投降签字仪式，已在南京顺利完成……"

抗日战争结束时，在中国大陆的侵华日本陆、海军航空队已没有几架完好的飞机，但地面设施及人员还不少，主要是陆军航空队的。

在除东北以外的中国大陆上的日本陆军航空部队为第13飞行师团，司令部驻南京，师团长为吉田喜八郎中将。在台湾的为日本陆军第8飞行师团，司令部驻台中，师团长为山本健儿中将。在中国东北地区的为日本陆军第2航空军，司令部驻长春，司令官为原田宇一郎中将。

当时，日本海军航空队也有部分兵力残留在中国。在大陆上的为：驻上海的华中航空队和驻青岛的青岛航空队。华中航空队共有官兵3334人，青岛航空队有2588人。这两个航空队归日本海军中国方面舰队司令官福田良三中将指挥。在台湾的日本海军航空队此时实力较强些，第29航空战队驻新竹，司令官为藤松达次大佐，辖有第132（驻虎尾）、第205（驻台中）、第765（驻冈山）航空队。此外，还有独立的北台、南台航空队及高雄警备府附属飞行队（驻新社）、第61海军航空队（驻员林）。以上各部共有飞机389架，其中完好的289架。在台湾的日本海军航空部队全归日本海军高雄警备府司令官光摩清英中将指挥。

除了在华日本陆、海军航空队向中国投降外，中国空军还接收了汪伪空军及在越南的部分日军航空部队的投降。

日本宣布投降后，中国空军立即组织力量准备对日受降。当时，中国空军各飞行部队主要担负掩护和运送受降官员及部队前往敌占区执行受降任务，并抽出部分空地勤人员组成5路司令部及18个地区司令部

（每地区司令部辖有 1－4 个地勤中队），赶赴各地接收在华日军航空队的武器装备，遣返战俘。有些地区司令部虽已有番号，但当时并没有实体（如东北的几个地区）。受降任务最繁重的是到台湾的第 22、第 23 地区司令部。1945 年 11 月 1 日，以大港口—南浊水溪一线将台湾划分北南二区，南区及澎湖由第 22 地区受降（司令林文奎），北区由第 23 地区受降（司令张柏爵）。接收力量共为 4 个地勤中队、两个无线电台及空军厂库派出人员。年底，第 23 地区司令部被裁撤后，统由第 22 地区司令部负责（移往台北）。台湾全岛被分为 13 个集中区，每区设 1 个接收管理组，负责点验接收日军航空队的飞机及其他武器装备，并进行维护保管，部分飞机及物资随即奉命内运大陆。

从 1945 年 9 月开始，到 1946 年 7 月底接收工作基本上完成。中国空军共接收日本陆、海军飞机 1797 架，其中可用的 291 架，可以修复的 626 架。此外，还接收了驻华日本陆、海军航空队的 460 余万加仑油料、2877 部车辆、2539 万发航空机枪（炮）弹、210259 颗炸弹、陆用枪炮 5.3 万多支（门）以及大批弹药、被服、粮食、装具、照相器材、气象器材、通信器材等。

不可一世的日本航空兵在抗日战争失败时，不但全军铩羽，而且血本无归。中国的抗日战争终于胜利了，年轻的中国空军最终胜利了。

抗战中的中国空军

选自行政院新闻局印行的《中国空军》

（1947 年 8 月）

一、八一四，光辉的一天

抗战军兴，敌寇挟海陆空的优势兵力，企图一举屈服我国。但我国上下团结一心，决心抗战到底，以争取最后胜利。当时我空军即作严密之部署，准备随时应援冀北军事，然淞沪虹桥事件猝发，日寇有事于上海的阴谋，已图穷匕见。空军当局遂不得不变更计划，转移空军主力于京沪杭区，以拱卫首都畿区安全。8 月 13 日，国军争先还击敌寇于闸北，战幕已启，中国空军遂于 8 月 14 日正式出击，在民族存亡最后关头，捍卫祖国的领空！

8 月 14 日，上海的战事已打了一天一夜。

清晨，上海的晴空里有飞机声响过，一队青天白日章机掠过苏州河，一阵猛烈的爆炸，公大纱厂和军械库已浴在火舌乱舞的红光中，整个上海都震动了，但这不过是一个开始。

许思廉飞去后，那边又来了孙桐岗，"东海"大队从广德向上海出击，目标是黄浦江上的敌舰。8 时 40 分，黄浦江卷起愤怒的水柱，"出云"旗舰尾部中了弹创，敌舰第一次受到了膺惩。同时，在汇山码头上空，"东海"大队的机群又扔下炸弹，杨树浦江边火光高烛。

9 时 20 分，扬州出动的"流星"大队到了吴淞口，丁纪徐大队长，统率全师攻击那出没在崇明附近的敌舰，梁鸿云的炸弹一声，怒涛吞噬了一艘敌舰。

经过一段时间的沉寂，下午 2 点 20 分，刘粹刚飞临闸北，再度攻击烟火未熄的公大纱厂和敌司令部兵营,苏州河北但见一片浓烟弥漫,火光已向日寇索回了一部分侵略暴行的代价。

归途中,在真茹、南翔上空,敌机7架露了脸,梁鸿云猝不及防,竟被击落在沪西,成为八一四我方的损伤。

4时,笕桥正大雨倾盆,第一次出击的许思廉又冒险飞沪,当穿过云层,浦江在望时,天际又是长空如洗。公大纱厂仓库的火焰已被暴雨所浇灭,他愤怒的心又燃起了爆炸的火焰。这时,上空机声隆隆,是周庭芳率领着一队青天白日霍克机赶来掩护,但许思廉任务已告完成,正待归航,西南方又来了机影,霍克机在沪滨上空翱翔,胡庄如率领的另一批勇士已在云端出现,于是公大仓库再遭投弹,虹口敌军司令部又经过了一番火煎。

5点钟响过,孙桐岗二次重来,在公大纱厂与招商码头之间,和敌军司令部到狄思威路的一段撒下了一个大火网,11处火舌,照得满天鲜红。在高射炮火里,一架敌机再开始向"东海"攻击,任云阁中弹阵亡,祝鸿信受了伤,但是这一架敌机也变成了殉葬品,祝鸿信负伤滑翔,竟安然在虹桥机场着陆。

其余的机群已在晚幕下落的时光,先后返抵了杭州和广德。

但正在这时候,钱塘江上弹雨交加,志航大队和木更津展开了第一役主力的接触。

志航大队的李桂丹、黄光汉和毛瀛初三中队,匆匆地从周家口赶到笕桥,还未曾准备出击作战,木更津已偷偷地来了。男儿报国此其时,第4大队的勇士立刻跃机腾空。

在钱塘江上空,两军相遇,高志航一机当先,敌机吐着黑烟飘然坠落,郑少愚、李桂丹和乐以琴也杀入重围中,满天只是烟硝和火花,追到曹娥江上空,木更津的侵略群坠落了,浓密的烟卷淹没了晚霞的灿烂。

6∶0,笕桥上空的胜利,赢得了全国同胞的爱戴,八一四这一场压轴的血战,震惊四方。

12小时的出动告一结束,中国空军创造了不朽的第一天,于是为了纪念空军在抗战中的牺牲,八一四被定为"空军节"。

年年此日,全国都在缅怀壮烈,创造将来!

二、敌我实力的消长

敌寇空军在七七事变以后，即调遣陆军航空队200架集中华北担任作战。淞沪战起，敌寇更派遣海军航空战斗队飞机247架，分驻台湾及东海第三舰队母舰群，对我东南展开猛烈空袭，虽经我不断予以歼灭，但补充迅速，始终保持此一数量。

相反，我国空军方在草创时期，兵力薄弱，总兵力不过220余架，而尚有教练机群在内。自战斗开始后，补充困难，经数月之消耗，与敌相较，自见悬殊，所以我国空军始终在绝对劣势下应战。全赐勇敢死拼的牺牲精神，作以一当十的苦战。

在抗战初期，敌空军总兵力，据非正式估计，约有各式飞机1500架，战事开始实际出动兵力约为500架，故双方实力对比，最相近时为五比三。到民国二十九年，双方实力对比几跌至十二比一。因此，我国制空权遂不得不暂时落入敌手，听敌机猖獗四方。

历年敌我双方实力对比

年　份	年　初	年　终
民国二十六年	五比三	五比三
民国二十七年	五比三	六比一
民国二十八年	三比一	四比一
民国二十九年	四比一	十二比一
民国三十年	八比一	七比一
民国三十一年	七比一	五比一
民国三十二年	五比三	五比三
民国三十三年	五比二	五比三
民国三十四年	五比三	

但我国空军在劣势下造成的战绩，使我仅有五年历史的空军部队获

得世界上一致的最高评价，空军史实的骨干是空军在抗战中血战的记载，这些记载是无数空军血洒晴空的硕果。

三、木更津的毁灭

八一四无敌的胜利，带来了我空军苦斗的光荣开始。翌日，我空军再度出击，轰炸沪滨敌舰及仓库，敌舰被创十余艘，敌舰两艘被击沉，但不幸空军志士两人也同时死为国殇。

木更津与鹿屋航空队的失利，激起了敌寇的愤怒。15日敌机60架从台北起飞再袭杭州嘉兴，我机5架起飞迎击，一举击落敌九四轰炸机4架。午后7时，天色微暗，大队敌机又两批袭杭，企图报复，以全力歼灭我空军主力。但是我空军大奋神威，竟一口气打下了16架，敌机狼狈遁去。

同样，在首都附近上空，敌机也开始以大编队暗暗行进，但我机临空而至，秋风扫落叶，敌机又遭遇到悲惨的命运，14架日章机坠向江南大地，而首都仍浴在新月宁静的光辉下。

在8月15日12小时内，敌机34架被击落，其战果之辉煌已使世界震惊，而敌寇从此也不敢小视我甫经成长的空军，它无限神威的奋发力量与无尽止的仇恨敌忾。

8月16日，敌机再度来犯，我空军再接再厉，又击落敌机8架，号称敌海军航空队最精锐主力之木更津、鹿屋两部队，竟于作战三日内被我歼灭殆尽。

三日来，敌机44架被击落，这一光荣的纪录，足以媲美空战史上的任何一页，我空中英雄乐以琴和刘粹刚名震遐迩。

四、男士的鲜血洒遍祖国的长空

轻敌的时期过去了，敌寇开始以全力来博取制空权。我空军虽然英勇，但终无法克服数量上优势的压制，于是空军的出击改在夜间，竭力避免大规模的遭遇战。

北战场战局逆转，晋北和平汉线形势紧张，空军遂不得不以仅有的兵力，成立正北支队，设司令部于太原，支援晋北。在1937年9月中旬到该年岁末，这一支队计轰炸了42次，侦察过12次，使国军在忻口阻遏了敌寇的凶焰。9月21日雁门上空，敌"驱逐之王"三轮宽少佐被我勇士陈其光所击毙，三轮宽号称无敌，但从此陨落了。

全国战局的不利，使空军分别陷于苦斗之中，高志航空战死在周家口，刘粹刚失事在高平，乐以琴阵亡在栖霞，一连串的噩耗，使全国人民同声哀悼。然舍身成仁，在以寡敌众的战斗中是无法避免的不幸。

1938年，徐州会战中，我空军获得苏联志愿队的参战，实力大振。当时"铁鸟"大队在归德、志航大队在武汉、流星群大队在粤北，防御力量极为坚强，因此在武汉会战前后，我空军的战绩更是可歌可泣。

1939年2月18日，敌寇大规模对武汉实行空中追击，38架敌机由长江下游蹿进，志航大队临空而起，李桂丹统率着全军鏖战了12分钟，天际是一片火光流星，12架敌机灰飞烟灭，但李桂丹和吕基淳也殉身在火网交流中。武汉的空战开始予敌寇致命的打击。

远征台北的一幕，是我国空军出国长征的尝试，台北松山机场本是木更津的根据地，在敌寇心目中，我空军再无威胁台北的可能，然而我勇敢的空军部队出动了，悄悄地突入台北的上空，在尖锐的警报声中，爆发浓烟与火光弥漫了整个的松山机场，在我机归航时，台北的上空才有高射炮空洞的声响。

归德上空自3月下旬到4月中旬始终是敌我空中决战的主要场所，加藤和"铁鸟"大队各以全力决胜，加藤的挑战书决定了决战的日期。4月10日，"铁鸟"大队陈师归德，黄莺和张明生驾机先驱，半小时的激战，加藤大尉被击落，敌机损失了6架。

远征日本的使命，"铁雨"大队至今引为无上的光荣，5月19夜，出动命令抵达基地，徐焕升驾驶战机，开始作飞渡重洋的长征。

穿云雾，御长风，在黑暗中飞向九州的海岸。当日本人民从梦中为机声惊醒时，铁雨大队的仁义之师扔下了纸弹，向日本人民揭发军阀的罪恶，不丢炸弹投纸弹，这种不袭击非战斗人员，正充分表示我民族的伟大德性。

远征全师，在黎明时完成使命飞返祖国。大武汉的居民，在晴空下热烈地欢迎他们，全世界都传遍了这惊人的消息。

4月29日，日本天长节，佐世保十二航空队追随木更津、鹿屋死亡的旧路，又向武汉进袭。

"志航"和"正义之剑"以无敌的阵亡枕戈以待，毛瀛初和董明德统率全军，54架敌机分成两路，儿玉少佐在下游出现，田野牧少佐迂回到汉阳上游，先后和志航、正义之剑揉作一团。

武汉上空火花迸发，机群腾飞，志航大队美少年陈怀民，在数十万市民惊心动魄的观战下，表演了他最后的生之传奇。

在围攻中，陈怀民已经击落了1架日章机，但是还身处在以一敌五的火网里，机身被打得发热，发动机被打得冒烟，显然毁灭已在眼前，一个智慧的决定，陈怀民的座机在太空里划起一道白光，向一架敌机直扫，火光迸起，鲜血与火花吞没了一切，陈怀民以一对二的代价光荣殉职。与他同归于尽的高桥宪一，陈尸湿口，陈怀民骨埋青山。四二九的胜利，是空军史上无可比拟的辉煌一页，21架敌机的殒落，使佐世保又成为木更津之续。

5月18日徐州突围，战局重心已移向中原，敌舰开始溯江西上，敌机也更广泛地出击，我空军依然奋斗。南昌之役，"铁鸟"大队击落了南乡大尉。粤北之役，"流星"大队又两次却敌。武汉三次会战，又击落了佐世保，随着战争的逼近武汉，空军的出动日见频繁。六七月间，敌舰已攻达马当附近，我轰炸机群前后出动50次，炸沉敌舰12艘，炸伤29艘。在空战中击落敌机13架。

8月间，敌舰开始掩护登陆，九江湖口一带战事白热，我机继续轰炸以阻遏敌增援，并炸沉敌舰9艘，炸伤23艘；在7次空中遭遇战中击落敌机23架。9月中，战事逐渐西移，空中攻击达于顶点，而陆上掩护作战也开始出动。空军先后在武穴、田家镇及豫鄂边区协助作战，使敌寇攻势顿挫。但牺牲浩大，力无以继。10月中，我地面部队已撤至武汉附近，空军虽以全力打击罗山敌军，使之不克由北面长驱直入，但已无补大局，武汉、广州相继陷落，空战遂告一段落。

在此一年中，空军战果辉煌，但牺牲重大，补充为难，以致二十八年战斗力量日见减退。

五、绝对逆势下的反击

由于我空军力量的不够分配，敌机在二十八年便开始掌握我大部制空权，我空军轰炸部队集中在成都、宜宾一带整训，驱逐部队分驻在重庆、兰州和成都三地。这一年间空战前后 30 次，大规模的战斗均发生在这三处。我流星群大队和志航大队均以劣势击败了敌寇大编队的侵进，2月 20 日兰州上空流星群在岑泽鎏指挥下击落敌机 9 架；23 日，敌机再犯兰垣，结果又击落 6 架；4 月 29 日重庆上空，志航（大队）一口气击落了 10 架，但是我战士的牺牲更惨，张明生在重庆阵亡，邓从凯在遂宁战死，这些都是享负盛名的战将。

11 月间成都的空袭规模最大，敌"轰炸之王"奥田大佐亲自出击，企图歼灭我集中成都的空军主力，但经我空军迎击，奥田大佐阵亡，敌机损失三分之一，使敌寇从此不敢贸然再犯成都。

轰炸部队机虽少，但出动仍频，而且按多小编队出发。2 月 5 日轰炸山西运城，敌机 20 架被炸毁。4 月 11 日轰炸同蒲路，4 月 29 日再袭运城，均获得最大成功。5 月 4 日出击南昌外围战地，使敌军攻势顿挫。10月 3 日，我机 9 架轰炸汉口机场，敌机 30 余架及无数器材被毁；14 日再袭汉口，又炸毁敌机 50 余架，并以轰炸战与敌机作战，击落敌机 3 架，这更是我空军创造的奇迹。

11 月间，敌军在防城登陆，进犯桂南。我空军奉命南调支援陆军御敌，但当时敌机在桂南方面有 251 架，而我机包括苏联志愿队的"正义之剑"部队在内也不过 115 架，兵力相差甚大。然我机以少胜多，在桂林、柳州、零陵、芷江等地空战 11 次，击落敌机 11 架。在12 次出动轰炸中炸毁敌机 15 架，协助陆军克复据点 45 处，击落敌机 3 架，投弹 28 吨，战果相当丰硕。而在柳州会战中，我空军的新彗星周志开首次出战便击落敌机，开始了他以后壮烈的战斗，这是值得在此一提的。

战事旷日持久，空军的力量因无法补充，消耗殆尽，但在 1940 年中，仅余的力量仍与敌机作殊死的狠斗，保卫着大后方的空中安全。

六、99 颗子弹加 1 颗炮弹

1940 年是敌机疯狂滥炸大后方的一年。敌寇妄图以空中威胁，压迫我军中途投降，但我军屹然不摇，于是空袭惨烈，我空军将士亦多数以一当十的壮烈牺牲。

4 月下旬，川中雾季结束，敌寇集中机群 600 架，开始扫荡我陪都外围梁山、遂宁等机场。我空军以力量分散，无法防御，遂改变战略，随时调动部队，待机而动，并使用"空中炸弹"使敌机编队散落，而后突入攻击。

5 月中，敌机大编队之空中轰炸开始，敌机数目动辄百架以上，而且更番出动，渝市外围及市区日日在烈焰爆炸中。我空军奋身作战，但势力单薄，难以遏制敌机之疯狂战略轰炸。

6 月后，敌机进攻有增无减，梁山、重庆、遂宁，无日不在警报中。我军半月里前后击落敌机 14 架，但敌机实力强大，并分头轰炸合川、綦江，我平民死伤甚众。这一个夏季正是我空军未曾遭遇过的大风暴，四川盆地每天的温度都在（华氏）一百度左右，使我仅有的空军斗士几无分昼夜，时时在空中激烈的搏斗着。8 月间，敌机因我空军英勇难敌，改编编队，配备最新式驱逐机掩护轰炸机行动。我空军乃先在遂宁等待，候敌驱逐机逸去后再起飞截击，敌机乃数被重创而返。至 8 月 13 日，敌机又以 66 架轰炸驱逐联合编队来袭重庆，最新式之零式驱逐机也在此时出现，火力、速度、性能均非我机所能及，何况敌机又在数量上占绝对优势，因此我机攻击愈猛，损失愈重，人员与飞机蒙受未有之牺牲，我空军面临如此严重之局面，但亦视死如归，奋战到底。

在中央国父纪念周上，蒋委员长曾这样说过："我们每架驱逐机每日要与敌军五倍以上兵力继续三个至六个小时的始终苦斗，每一队飞机至少有三分之二皆被敌机枪炮弹击中的。有一次，周志开同志所驾驶的飞机被击中 99 颗枪弹，又加一颗炮弹……"

空军的血汗，实令人难以想象当时的景象。死拼的结果，我机消耗到仅余各式飞机 65 架，但在敌机袭川的 102 次空袭中，我机应战 61 次，前后击落敌机 32 架、击伤敌机 22 架，仍予敌以相当损伤，我空军主力已不堪再战，于是在民国三十年，我空军战士便被调赴印接收新式飞机，从事整训，国内仅有的力量也开始避战，以避免无谓的牺牲，这是抗战中空军作战的最黑暗时期。

从此，敌机纵横我国长空，横肆虐杀。1941 年 5 月以后，重庆又遭到空前的轰炸，前后统计 45 次。敌寇为继续执行"空中制胜"战术起见，更利用少数敌机，更番出动，延长空袭时间，妄想使陪都神经中枢至于麻痹，陷整个战时机构于失灵。但我国始终不屈，敌寇企图终于随雾季来临而幻灭。

七、飞虎雄风卫南国

在我国空军难以为继的时候，赫赫有名的"飞虎队"在昆明成立了。1941 年 8 月，美国志愿空军 250 人在陈纳德上校统率下，拥有最新式 P-40 战斗机 125 架，集中缅甸训练。陈纳德是一个有名的空中战术指挥官，由于他的策划，美国志愿队在太平洋战事爆发便大显身手。

12 月宜良上空击敌，一年来未遭遇抵抗的敌机大败而归，四架坠落、三架失踪；接着仰光上空两次战斗，敌轰炸机损失 22 架，战斗机被击落 7 架，此外还有可能被击落的驱逐机 8 架，轰炸机 15 架。战果之大，一时无双，于是"飞虎"名声远播全球。

我空军的避战，到 1942 年冬始正式结束，大批美式 B-25 与 B-38 源源抵印。我空军初级班时已迁至印度拉合尔，大批空军战士得在无威胁的环境里成长，奠定了未来复夺制空权的基础。美式新机的归来，1943 年的空中逐鹿便见大大改观。

太平洋战局的逆转，仅赖长沙三次大捷支撑住大陆的一面，而美国志愿队的以少胜多，也不愧是空中的中流砥柱。当时盟国空军还无力在太平洋还击，全世界同盟国地位都陷于显著的失利。我入缅军因援缅过迟，未能阻遏敌寇攻势，但几次战斗，足以使敌人为之胆寒。美志愿队在仰光失陷后，以垒允为根据地，鏖战于滇缅上空，卓著劳绩。

缅甸军事失利，敌寇侵入滇边后，我避战的空军不得不联合美机出击，虽然我机仍是俄式旧机，但在空军战士勇敢冒险的尝试下，前后轰炸惠通桥、腊戍、龙陵一带达 20 余次，卒使战局稳定，敌寇无力再进。

同时，浙赣会战发生，东线告警，我避战的空军因需要也出动协助作战，先后在金华、衢县、上饶一带出袭，但力量有限，战果绝小。7 月美国志愿队结束，改为 14 航空队，中国战区至此已进入中美空军并肩作战的阶段。

美志愿队半年的活动，前后出击 102 次，击落敌机 193 架，击毁敌机 75 架，击伤敌机 40 架；可能击毁的还有 64 架；击毁卡车 112 辆、仓库 15 座。但美国作战人员也有 20 人牺牲，4 人失踪，不过与战果比较，可算是微乎其微了。

八、空中骑士归来了

1944 年的空中兵力，由于我空军补充完成归国大见增强。在南北战场，我空军计有五个大队，同时更有一部分战士与美空军合组成中美混合团，专司战略轰炸；此外第 14 航空队仍在陈纳德少将指挥下驻防湘桂前线基地，所有机件性能均优，轰炸机计有 B-24、B-25 及 A-29；驱逐机则有 P-40、P-38、P-51、P-43 和 P-66，总数在 200 架以上。

空军力量的增长，使制空权的争夺又渐呈均势。我机在性能上占优，敌机在数量上稍多，所以双方实力渐渐平衡。在新的战术里，空中红武士周志开、高又新、臧锡兰的英雄世纪开始。

九、臧锡兰与周志开的传奇

从鄂西会战到常德会战，我空军前后出动 216 次，对藕池口、石首、华容等地蠢动之敌加以扫射，并在常德附近协同国军坚守城垣，轰炸敌阵地。先后在空中击落敌机 25 架，在地面炸毁敌机 12 架。常德会战的最后胜利之所以属于我们，有空军的力量是一大重要因素。

在鄂西的战斗里，这里指出臧锡兰的故事。因为臧锡兰的英勇，赢得了美国战士对中国空军无上的崇敬和光荣。

5 月 31 日，在荆门上空，敌寇零式机以绝对多数围攻我中美联合出击机群，美安利生上校在战斗中被迫得处处下风，眼看着走上死角，失败已不可避免，但是在这一刹那，臧锡兰飘入火网，对着追猎者猛攻。一阵旋风，敌机随即着火，安利生从虎口逃生，是臧锡兰的英勇消灭了敌人，也救了安利生。

第14航空队特地电邀臧锡兰到昆明去畅叙，史迪威总部也颁给他银星勋章，表彰他勇于取义的仁侠精神。然当臧锡兰被誉为英雄的时候，周志开正也荣获青天白日章，中国的空军在互放着璀璨的光芒。

周志开的勇武早在柳州和重庆上空已震破敌胆。等到从印度整训归来，周志开更是气吞河汉，大巴山的一役，击落敌巨型机一架，梁山追击战中，他更单机猛进，从梁山杀到巴东，周志开在火网中飞翻腾跃，3架敌机，画成一条抑郁的烟圈，直坠大地，3：0的胜利，实是奇迹。

蒋委员长特颁发青天白日章，航委会也给他一个短期的休假。空军勇士们都羡慕臧锡兰和周志开，但英雄也有"有名"与"无名"的区别，而他们的功绩是一样值得歌颂的。

但是周志开毕竟成仁了！在最后一次单机侦察汉口的冒险中，前方电话证实了这孤鹰已受了伤。汉口的广播证实他曾以一当十的苦战几番，然而日落风紧，全国人以悲愤的心，在凭吊一颗明星的陨落。

十、战局黯淡中空军的血汗

敌寇在各战场显著失利，为了挽回颓势，决心遂行大陆决战，企图打通昭南北平铁道。1944年，我国全面惨烈的战斗由北而南的展开，规模之大、动员之众，实足追媲任何一役而过之。但以敌寇兵力陡增，我军实力难与做主力争持，以致损失惨重。而战局千变万化，由中原至湘桂，最后止于黔边。

这是抗战史上军事形势最黯淡的一刻，但空军的实力却日见蓬勃增长。然而空军不能改变地上战斗的颓势，所以1944年的失利正是黎明前最黑暗的一瞬。

中原会战爆发，敌空军集中四个战队，约有飞机156架，另自北战场调来飞机114架，合力牵制我空军作战。而我空军部队分以重庆、梁山、南郑、成都、安康为基础，配备第2、第4两大队，与中美混合团、14航空队的一部协力作战。当时计有轰炸机 26 架、驱逐机 120 架，实力似仍不及敌空军之强大，所以我空军纵一再出击，扰乱敌寇后方补给，但地面战斗失利，空军终也无能为力。

接着敌寇更在华北一带部署，阴谋南犯湘桂，主力集结达 22 万人。而空军兵力也集结达五个战队，有飞机 168 架，分布武汉前线基地。长衡会战已是一触即发之势。

我空军为应付此一盛大攻势，也集中五个大队与中美混合团、第 14 航空队并肩作战，严密戒备，拥有轰炸机 68 架，驱逐机 113 架，分别集中于桂林、芷江、丹竹、南雄、遂安、成都等机场。

但敌寇此一决战姿态，其发动的攻击势如狂涛，我军武器窳败，实难作正面抗拒，为确保实力，不得不作战略转进，使敌寇锐气顿挫，补给线渐长，而待其战斗力减退时，再予痛击。因此，长沙、株洲相继弃守，两军主力于衡阳外围相峙。

衡阳困守 47 天，内线城防部队坚贞不拔，外线反攻部队虽前仆后继，但敌寇连连增援，其主力大受损害，而全盘作战计划，因此迟滞达两月以上，最后竟不克完成。然衡阳之所以能苦撑如此之久，除了归功于地面部队以外，空军日夜鏖战的劳绩更是不可埋没的。

从高又新的苦战来看，他每天要出动 8 次到 10 次，运送弹药，轰炸炮垒，扫射阵地，这些使命，都是空军的责任。

高又新一次勇敢的轰炸，使国军兵不血刃地光复了金兰寺，打下了衡阳外围敌寇最坚强据点。他又一次出击，掩护国军光复了俯瞰永丰的三个高地，使湘乡方面的战局稳定下来。他更有一次击毁敌四个炮垒，炸毁一列辎重车，昼夜作战，一连苦撑了两个月。

衡阳陷落后，空军依然继续出动，高又新在湘西春水两岸，差不多打完了敌寇一连队。这种硬拼的精神，说明了空军在长衡会战中的地位，高又新因此获得青天白日勋章。我空军的胜利，是整个战局逆转下唯一的光荣。

隔了一个月，敌寇的实力已渐恢复，桂柳会战便又展开，我西南各省随着战事的播迁，开始动荡起来。这一役的回忆，至今犹痛在心头，但空军的战绩却没有失败。

下面是三次会战中空军战绩的统计，记录证明了事实。

	中原会战	长衡会战	桂柳会战
出击	199	394	316
击落敌机	89	70	70
炸毁敌机	79	52	70
可能击落或轰炸	6	39	14
轰炸车站	33	13	8
轰炸船只	40	2519	1000
轰炸汽船			120
轰炸桥梁	16	25	20
轰炸机车	22		
炸毁卡车	1931	1858	20

敌寇大陆决战的企图未能达成，海上的失利使本土开始遭受威胁。为挽救颓势，仍想先行解决我国的战斗力，因此在 1945 年先后发动之豫西、湘西两次攻势。豫西的战斗以老河口、安康两空军基地为目的地；湘西的战斗则又以芷江空军基地为目的地。敌寇欲求制胜，先在攻占空军基地着眼，我国空军所施的还击力量由此可以想见。

十一、陆空合作的五次歼灭战

豫鄂边境的战斗，因地势衍平，利于机械化部队的进攻，所以敌寇处处占得便宜，直扑襄樊及老河口。但我军主力并未受损，因此敌军攻势渐呈衰颓，我军立即展开反击战，襄樊、自忠均先后克复。豫西方面因敌寇竭力苦撑，终于对峙在老河口、淅川、西峡口附近，而在西峡口重阳店之间，我空军竟发动五次歼灭战，这是抗战史上空军压制敌军取得最大战果的一役。

第一次的歼灭战，发生在 4 月 1 日到 7 日之间，我空军日夜轰炸敌寇的补给线，在内乡附近予敌辎重列车以最大创伤，使敌寇在西峡口一带军心不稳；4月5日，我军在空军掩护下四面夹击，克复魁门关，歼敌4000余，敌110师团长亦被扫射中弹阵亡。

敌寇心犹不甘，继而增援西峡口，于是又遭遇我空军第二次的歼灭。5月1日我机扫射伏牛山麓松林间的敌寇，敌死伤盈野。淅川方面敌军遂星夜驰援进攻豆腐店，国军张开罗网，与空军配合，将敌寇重重围困，1500名敌军全数歼灭，辎重车辆损失尤大。

5月10日，国军向西峡口附近反击，将公路敌军包围。空军更开始扫射，激战由晨至晚，敌军全数消灭，遗尸1300具，横陈道途，110师团至此几乎全部被歼。

第四次歼灭战接着发生。内乡之敌紧急驰援西峡口，乘锐向国军进击，国军沉着应战，俟空军抵达后，即开始反攻。敌死伤惨重，又损失1500人，敌寇从此无力再犯汉中。

第五次歼灭战发生在陇海路正面。敌军越陕县、灵宝西犯，经我空军配合国军反攻后，先后将敌切成数段，在寺河卫、岔道口附近实行歼灭战，敌陷入隘路内，进退不能，遂被我轰炸及炮击，全数覆灭，死伤3400人。因此，国军在5月底便恢复原态势。

这次歼灭战的胜利，由于我空军尽量利用安康机场，使出击距离缩短，出击次数增加。我轰炸机在两月之内出动159次，驱逐机出动149次，作战的频繁在时间比率上，较之长衡会战实尤过之。

十二、第5大队翱翔在雪峰山

豫鄂激战开始，湘西雪峰山麓也正杀声动地。

湘西会战是我军最辉煌的一役。陆军与空军均获得重大战果，敌军兵力约有8万人，国军正面由第四方面军王耀武部扼守，前后激战两月，敌军大败而归。

湘西会战中，我空军参加战斗的为第5大队、第2大队和第1大队的一部，主力集中芷江及陆良，从下面一页作战日志，可以评定空军在这一役的功勋。

日　期	番　号	目的地	战果
4月1日	第5大队	岳阳、湘乡、长沙、宝庆	炸毁仓库、军火库十余处，机车、卡车十余辆
4月11日	第5大队	宝庆、长沙、衡阳、九江	
4月12日	第5大队 第1大队 第2大队	蓝田、宝庆、长沙、武昌车站、湘桂敌军基地	毁机4架，毁车厢20辆
4月13日 4月14日	第5大队	宝庆、襄阳、蓝田、长沙、零陵、衡阳、洞口、桃花坪、放洞、岩口铺	
4月15日	第5大队	出动22次攻击战地	
4月18日	第5大队	出动33次袭击宝庆敌军	
5月2日	第5大队	出动30次轰炸宝庆、洋溪	
5月3日	第5大队	出动38架轰炸江口、洞口、放洞	
5月4日 5月5日	第5大队	出动45次集中轰炸宝庆、洞口、瓦屋塘	
5月9日	第5大队	出动45次集中轰炸放洞、白马山、宝庆	

　　战斗至5月9日，敌军已呈总崩溃。我方地面部队与空军即协同追击，放洞一役，敌一联队全数为空军歼灭，最著战果。总计自4月10日至5月12日，我第5大队出动700次，第2大队出动两次，第1大队出动25次。战果之辉煌与出动之频繁已达最高极限。而陆空军的密切合作，实是抗战中联合作战最优良的一个实例。湘西会战的胜利，正是敌军投降前受到的一个致命打击。

十三、中国空军璀璨的前程

　　胜利的来临，中国空军对外作战获得了光荣的结束。在 8 年中，我空军始终以不满 300 架的劣势兵力，与敌寇数倍的兵力周旋，前后击落敌机 1543 架、击伤敌机 330 架。更在最后的两年中，获得我领空制空权。空军的成就，实在超过仅仅长 10 年所应有的表现。展读许多空中英雄为国写下的壮烈史诗，中华民族勇敢的精神充分流露，空军在现代战争中已跃居领导的地位。我国空军的前途，正如旭日东升，光芒万丈，成为我国国防上一支不可摇撼的铁军，希望从这一部空军抗战史中使我们获得信任的实证。

　　空中教育继续在战争中发展，牺牲者倒下去，新生的补上去，8 年中全国青年热烈地投入空军。为了克服事实上的困难，空军初级班在 1942 年迁到印度拉合尔，校本部后来也随之迁去。这三年间，空军新战士训练出来的计有 10879 人，后来为了就近取给飞机，更在 1942 年先后成立美国空军训练营，分在哥（科）罗拉多、亚利桑那和得克萨斯各美空军训练营训练。在胜利前，由美返国参加战斗的计有 803 人，还在受训的有 1919 人，最近赴美的尚有 1712 人，此后还准备派选 3392 人前去；如果这一群勇士都能学成归国，我国空军的实力便不可轻侮了。

　　但是建立强大空军，一方面在于储备人才，另一方面却必须发展航空工业。我国的飞机制造工业，至今犹在萌芽时期。在这世界风云瞬息万变之时，我国空军若不迎头赶上，那末（么）空有愿洒热血保卫祖国的勇士，也只能临风兴叹。所以青年不但应该立志做航空员，更应该立志做航空工业的拓荒者。

　　空军在现代国防上已居于领导的地位，立体的战争，将决于优势的空军，没有强力的空军，便谈不到自卫。当每一个青年仰慕神鹰作万里翱翔时，便该联想到空军的重大使命。这本记载，不在激发英雄主义，而是要让大家知道空军将士如何以牺牲来拯救国家，如何以血肉来换取自由和胜利的。这是一册光辉的记载，也是一页我民族可堪骄傲的颂赞。

附：

抗战中我国空袭损害统计

次　　数　　12144 次

架　　数　　24948 架

投弹枚数　　213565 枚

伤亡人数　　762173 人

死　　亡　　335924 人

受　　伤　　426249 人

生命估价（单位千元）　　857495

中国空军作战统计

出击　3337

空战　151

侦察　210

掩护　151

降落伞兵　42

总计　3891

敌空中巨魁的灭亡

三轮宽少佐　　　1937 年在山西忻县上空，是敌陆军航空队的"驱逐之王"。建功勇士为陈其光。

渡边广太郎少佐　1938 年 2 月在湖北钟祥被击落，是敌陆军航空兵团兵器部部长。

藤田雄藏少佐　　1938 年 2 月在湖北钟祥被击落，是敌长时间不着陆飞行纪录保持者。

原敬三郎中佐　　1939 年 10 月在山西昔阳被击落，是敌陆军航空队重要指挥官。

奥田喜久大佐　　1939 年 11 月在四川遂宁被击落，是敌海军航空队"轰炸之王"。建功勇士邓从凯、段文郁。

小谷雄二少佐　　1940 年 6 月在重庆殒命，敌海军 13 航空队指挥官。

潮田良平大尉	1937 年 12 月在江西都昌被击落，是敌海军航空队"四大天王"之一。
白相定男大尉	1937 年 12 月在江苏吴县被击毙，是敌海军航空队"四大天王"之一。
南乡茂本大尉	1938 年 6 月在江西南昌被击落，是敌海军航空队"四大天王"之一。
大角岑生大将	1941 年春在广东罗定被击落，为敌海军大将，曾经任首相。

空战中空军作战统计
（1937 年至 1942 年）

A. 1937 年

（一）轰炸

1. 炸毁次数	238 次
2. 使用机数	858 架
3. 使用弹量	169 吨
4. 炸毁敌机数	10 架
5. 炸毁敌舰数	4 艘
6. 炸伤敌舰数	22 艘

（二）空战

1. 空战次数	73 次
2. 使用机数	367 架
3. 击落敌机数	83 架
4. 击伤敌机数	4 架

B. 1938 年

（一）轰炸

1. 炸毁次数	167 次
2. 使用机数	867 架
3. 使用弹量	254 吨

4. 炸沉敌舰数　　　　17 艘

5. 炸伤敌舰数　　　　75 艘

（二）空战

1. 空战次数　　　　121 次

2. 使用机数　　　　706 架

3. 击落敌机数　　　115 架

C. 1939 年

（一）轰炸

1. 炸毁次数　　　　15 次

2. 使用机数　　　　83 架

3. 使用弹量　　　　42 吨

4. 轰毁敌机数　　　103 架

（二）空战

1. 空战次数　　　　45 次

2. 使用机数　　　　620 架

3. 击落敌机数　　　49 架

D. 1940 年

（一）轰炸

1. 炸毁次数　　　　29 次

2. 使用机数　　　　241 架

3. 使用弹量　　　　100 吨

4. 炸毁敌机数　　　18 架

5. 炸伤敌舰数　　　4 艘

（二）空战

1. 空战次数　　　　51 次

2. 使用机数　　　　965 架

3. 击落敌机数　　　27 架

4. 击伤敌机数　　　30 架

E. 1941 年

（一）轰炸

1. 轰炸次数　　　　　3 次
2. 使用机数　　　　　23 架

（二）空战

1. 空战次数　　　　　5 次
2. 使用机数　　　　　104 架
3. 击落敌机数　　　　13 架

F. 1942 年

（一）轰炸

1. 炸毁次数　　　　　72 次
2. 使用机数　　　　　309 架
3. 炸毁敌机数　　　　30 架
4. 炸毁敌舰数　　　　4 艘
5. 炸伤敌舰数　　　　14 艘

（二）空战

1. 空战次数　　　　　33 次
2. 使用机数　　　　　682 架
3. 击落敌机数　　　　95 架
4. 击伤敌机数　　　　7 架

（此项数字系空军总司令部发表）

［本文材料多参考周至柔将军《中国空军简史》及《中国空军》杂志，并此附志］

抗战期间空军青天白日勋章授勋名录

授勋级别	姓名	籍贯	生卒时间	授勋时间	授勋文号	学历
空军上尉、第4大队23中队中队长	周志开	河北滦县	1919年12月10日，1943年12月14日	1943年8月13日	渝字590号	中央航校七期驱逐科
航空委员会秘书长	宋美龄	海南文昌	1897年3月5日，2003年10月24日	1943年12月25日	渝字635号	美国卫斯理大学博士
空军少将、航空委员会主任、空军前敌总指挥	周至柔	浙江临海	1899年11月30日，1986年8月29日	1944年8月13日	渝字701号	保定军校八期
空军上校、第1路司令	张廷孟	山东青岛	1908年12月8日，1973年5月5日	1944年8月13日	渝字701号	黄埔三期，广东航校、苏联航校
空军少将、第5路司令	王叔铭	山东诸城	1905年10月16日，1998年10月28日	1944年8月13日	渝字701号	黄埔一期，广东航校、苏联航校
空军少将、航空委员会副主任	毛邦初	浙江奉化	1904年，1974年	1944年8月13日	渝字701号	黄埔三期，广东航校、苏联航校、意大利空军学院
空军少校、第4大队中队长	高又新	辽宁锦县	1917年，1947年6月23日	1944年8月13日	渝字701号	中央航校八期

附录3：

南京抗日航空烈士纪念碑中国烈士名单

中国烈士名单　A

陈大权　中尉　浙江临海

陈仰平　中尉　江苏海川

陈国精　飞行报务员　香港

陈日扬　通信员　广西陆川

陈　重　副驾驶

陈　哲　飞行报务员　江苏

陈锡庭　上尉　广东台山

陈其芳　中尉　广东蕉岭

陈金榜　少尉　天津

陈文彬　上尉　云南陆良

陈汉儒　准尉　广东东莞

陈抗日　机械长　辽宁宽甸

陈士育　中尉　广东始兴

陈　略　上尉　广东防城

陈盛馨　少校　福建连江

陈世雄　上尉　广东恩平

陈衍鉴　学员

陈梦鲲　上尉　天津

陈学策　中尉　广东文昌

陈竟筠　上尉　广西容县

陈桂民　上尉　广东东莞

陈元瑾　中尉　江苏淮安

陈以情　中尉　四川江北

陈鹏扬　中尉　浙江镇海

陈元乐　副驾驶

陈　镇

陈　超　飞行报务员

陈弹日　射击士　湖南慈利

陈少成　上尉　湖南武冈

陈家灼　少尉　广东文昌

陈　民　中尉　广东揭阳

陈业干　中尉　广西容县

陈德奎　射击士　江苏武进

陈旭均　射击士　广东文昌

陈怀民　中尉　江苏镇江

陈其伟　中尉　广东番禺

陈涣滔　中尉　湖北荆门

陈顺南　上尉　广东南海

陈庆柏　上尉　广东新会

陈雄基　少尉　广东化县

陈锡纯　中尉　湖南长沙

陈乃安

常凤华　学员

柴耀成　少尉　湖南湘乡

岑　铿　少将　广东台山

岑泽銮　中校　广东恩平

曹志福　中尉　浙江兰溪

曹仁寿　上尉　上海

曹光桂　少尉　湖南益阳

曹　飞　少校　广东番禺

曹芳震　中尉（亦名芳镇）　湖南湘乡
蔡得中　上尉　山东高密
蔡仕伟　中尉　广东信宜
蔡振东　中尉　湖北蕲春
蔡志昌　中尉　广东揭阳
卜槐勋　机械师　广东东莞
卜镇海　少尉　广东博罗
毕玉宝　少尉　北京延庆
鲍光明　少尉　安徽芜湖
白熙珍　上尉　陕西长安
白文生　学员　河北篙县
巴正清　中尉　吉林宾县
敖居贤　中尉　辽宁凤城
安家驹　中校　广东高要
（以上 63）

中国烈士名单　B
付克成　二等机械佐　湖北光化
付学进　上尉　浙江诸暨
付啸宇　中尉　福建闽侯
符保卢　少尉　吉林滨江
符家兴　中尉　广东文昌
冯智军　副驾驶
冯华植　飞行报务员
冯绶麟　中尉　江苏江宁
冯佩瑾　上尉　河北获鹿
冯克和　中尉　河南临汝
冯裕伦　准尉　广东琼山
冯汝和　中尉　江苏江宁
冯干卿　军械长　天津

冯海涛　飞行教官　辽宁昌图

封仕强　少校　广西容县

封成林　中校

费毓文　飞行报务员

房荫枢　副驾驶

方兆骧　少尉　广东凌云

方汝南　少尉　广东普宁

方长裕　上尉　浙江慈溪

范　涛　少尉　吉林延吉

鄂凌翱　中尉　北京

段克恢　中尉　湖南益阳

段文郁　中尉　河北高阳

杜兆华　少校　广东南海

杜中定　中尉　湖南长沙

董斐成　少尉　湖北竹山

董中达　少尉　辽宁营口

丁敦炯　少尉　湖北孝感

丁　炎　中校　浙江杭县

丁寿康　中尉　广东潮安

丁嘉贤　中尉　河北任丘

狄志扬　少校　江苏溧阳

狄曾益　中校　江苏溧阳

邓□纲　少校　广东东莞

邓从凯　上尉　广东防城

邓凤岗　少尉　云南镇雄

戴元一　中尉　仁寿

戴　赓　见习报务员

戴锡炎　上尉　广西苍梧

戴荣钜　中尉　江苏镇江

戴德音　中尉　黑龙江龙江

戴俊英　中尉　广东五华

戴剑峰　中尉　广东惠阳

戴广进　中尉　安徽合肥

戴用章　准尉　江西崇仁

崔临江　中尉　河北唐县

储德育　少尉　天津

程益顺　中尉　山东夏津

陈瑞紘　上尉　河北宛平

陈桂林　上尉　广东东莞

陈鼎峙　飞行报务员

陈华薰　中尉　江苏昆山

陈　置　少尉　广东新会

陈源清　少尉　湖北罗田

陈柏源　副驾驶

陈培植　上尉　湖南资兴

陈本濂　少尉　福建闽侯

陈嘉斗　中尉　河南商城

陈国祥　中士　江苏无锡

陈立志　少尉　安徽五河

陈芳锷　上尉　湖南醴陵

陈国英　中尉　福建闽侯

（以上 64）

中国烈士名单　C

胡乃武　中尉　天津

胡国英　中尉　江西修水

胡宝忠　学员飞行员　广东

胡　畏　学员

胡博安　下士　四川重庆

胡润枢　中尉　广东顺德

侯耀先　少尉　黑龙江肇东

洪彦湜　下士　浙江瑞安

洪炯桓　上尉　福建长乐

洪冠民　少尉　广东梅县

贺瑞华　通信员　四川涪陵

贺火斤　中尉　河北武强

何祖璜　中尉　广东大埔

何国瑞　上尉　广东顺德

何沛泉　上士一级飞行士

何德祥　中尉　广东揭阳

何士讷　通信员　江苏武进

何世煊　中尉　广东乐会

何觉民　上尉　广西容县

何蔚文　中尉　广东顺德

何　信　上尉　广西桂林

何　荣　机械师　广东增城

郝耀国　副驾驶　湖南

郝国梁　学员　西康雅安

郝洪藻　上尉　山东曲沃

韩安丰　上尉　广东文昌

韩　翔　少尉　四川乐山

韩金榜　中尉　河北易县

韩春光　中尉　广东文昌

韩师愈　中尉　江苏泰县

郭凤鸣　上尉　河北武强

郭　俊　中尉　江西吉安

郭荣锦　飞行报务员

郭岳生　上尉　湖南益阳

郭宗荫　上尉　湖北麻城

郭耀南　上尉　湖南常宁

郭而豪　少尉　广东南海

郭家彦　中尉　河北献县

桂运光　中尉　江西临川

关　熙　中尉　广东番禺

关柄权　中尉　广东开平

关　衍　学员　广东

关万崧　中尉　广东开平

关俊杰　准尉　广东开平

关中杰　中尉　辽宁镇东

关孟祝　中尉　广东开平

官招盛　中尉　山东平度

顾青阳　上尉　浙江嘉善

谷　震　中尉　四川大足

龚式忠　飞行报务员　上海崇明

葛文德　中尉　山东寿光

高锡彰　见习报务员

高本荣　少尉　辽宁盖平

高锦纲　中尉　陕西米脂

高　恒　少尉　陕西长安

高洪藻　分队长　福建长乐

高春田　上尉　天津

高传贤　射击士　山东惠民

高春畴　上尉　河北南皮

高冠才　少校　广东文昌

高威廉　上尉　浙江松阳

高熙其　中尉　山东诸城

高志航　少将　辽宁通化

高　谟　中尉　江苏武进

（以上64）

中国烈士名单　D

关龙飞　飞行报务员　江苏扬州

井守训　上尉　山东观城

金　雯　上校　浙江永嘉

金有德　少尉　江苏崇明

蒋景富　少尉　河南商丘

蒋明辉　学员

蒋盛祐　中尉　广西兴安

江东胜　少校　广东花县

江浩雄　中尉　江西余干

姜福盛　上尉　安徽合肥

姜益湘　通信附员　湖南湘潭

姜学均　少尉　湖南零陵

吉承涛　上尉　江苏南京

姬晓集　射击士　河南南召

霍文耀　中尉　河北行唐

黄奕波　广东罗定

黄干存　上尉　广东廉江

黄建中　上尉　湖南安化

黄宗汉　少校　福建思明

黄松三　中尉　北京

黄兆基　正驾驶

黄汉儒　中尉　安徽宿县

黄震中　上尉　河南杞县

黄志卿　上尉　广西邕宁

黄继志　中尉　广东新会

黄胜余　中尉　江苏南京

黄用中　股员　四川眉山

黄葆荃　少尉　安徽桐城

黄奇璋　中士　湖南长沙

黄少华　飞行报务员

黄光润　上尉　浙江杭县

黄普伦　中校　广东台山

黄世杰　学员

黄荣发　上尉　广东台山

黄维旋　中尉　广东普宁

黄新瑞　中校　广东台山

黄炳熙　正驾驶

黄华杰　机械员　广东中山

黄可宽　上尉　广东三水

黄成章　上尉　广东台山

黄栋权　上尉　广东新会

黄善基　少尉　江西萍县

黄兴安　少尉　上海

黄志清　少尉　广东钦县

黄舆缘　少尉　广西隆安

黄汉文　上尉　广东文昌

黄瑞稳　中尉　广东台山

黄　莺　中尉　广西宜山

黄正裕　少校　浙江杭县

黄元波　上尉　广东开平

黄广利　机械士　广东开平

黄　强　队员

黄居谷　上尉　广东揭阳

黄　波　中尉　广东台山

黄保珊　上尉　江苏江宁

黄毓全　中校　广东台山

胡曦光　少尉　湖北武昌

胡碧天　上尉　辽宁辽阳

胡一之　少校　浙江金华

胡仲文　飞行报务员

胡汝丹　中尉　江西东乡

（以上 61）

中国烈士名单　E

梁定苑　中尉　广东文昌

梁国朋　上尉　广东琼山

梁洪云　少校　山东栖霞

李其琳　中尉　湖北京山

李相辅　中尉　山东烟台

李希珍　少尉　广东兴中

李宗唐　少尉　河南淅川

李耀坤　准尉　安徽含山

李景熙　上尉　北京

李项平　上尉　广东梅县

李霖章　上尉　广东梅县

梁承德

李洪龄　上尉　广东新会

李宝诚　中尉　广东中山

李汉民　中尉　广西上林

李　勋　准尉　湖南安化

李香高　中尉　云南保山

李其嘉　准尉　广东鹤山

李之干　上尉　广西田阳

李忠侬　少校　湖南安化

李昌雍　上尉　四川三台

李书良

李维强　中尉　北京延庆

李莆民　中尉　江西泰和

李家綦　准尉　广东中山

李宝珠　中尉

李年侃　准尉　辽宁沈阳

李承训　上尉　广东

李志强　少校　湖北沔阳

李炳辉　上尉　广东台山

李振奇　　　　广东台山

李之英　中尉　云南大理

李克元　上尉　湖北汉川

李康之　少尉　广西苍梧

李赐祯　少校　山东齐河

李煜荣　中尉　河南洛阳

李尹识　中尉　湖南东安

李膺勋　上尉　广西陆川

李促武　少校　贵州贵阳

李鹏翔　上尉　广东澄海

李桂丹　少校　辽宁新民

李嘉礼　中尉　广西全县

李恒杰　中尉　山东莱阳

李锡永　中尉　河北献县

李岳龙　中尉　贵州

李立强　少尉　安徽怀宁

李有干　中尉　四川江油

李文韶　少尉　吉林宾县

李洁尘　准尉　辽宁沈阳

李传谋　中尉　湖南醴陵

李永发　准尉　广东南海

黎联坚　少尉　广东中山

黎宗彦　中尉　广东崖县

雷昌龄　少尉　四川简阳

雷　雨　中尉　陕西长安

雷再鸣　少尉　贵州镇宇
雷天眷　上尉　四川铜梁
雷廷枝　中尉　广西贵县
雷国来　中尉　广西台山
赖崇达　少尉　广西贵平
邝荣昌　中尉　广东台山
邝正始　少尉　广东台山
柯志生　少尉　广东阳江
康保忠　中尉　山东潍阳
（以上 64）

中国烈士名单　F
刘继昌　上尉　山东泰安
刘如柏　上尉　广东新会
刘雍钦　中尉　湖南新化
刘女林　中尉　湖南澧县
刘君泽　学员
刘英役　上尉　安徽怀宁
刘汉垣　中尉　广东中山
刘润田　上尉　广东东莞
刘　铠　中尉　天津
刘果毅　上尉　四川遂宁
刘学礼　少尉　河北涞县
刘盛芳　上尉　广东惠来
刘树钧　厂长　河南孟津
刘仰之　中尉　湖北黄陂
刘福洪　少校　河北万全
刘依钧　中尉　江西萍乡
刘见恒　准尉　江苏江宁
刘光正　准尉　湖南新化

刘崇全　飞行副驾驶

刘若谷　上尉　广东兴宁

刘德修　少尉　四川成都

刘效孔　少尉　内蒙古包头

刘致中　准尉　北京大兴

刘粹刚　少校　辽宁昌图

刘兰清　中尉　广东兴宁

刘炽徽　上尉　广东中山

刘维权　少尉　河北武清

刘署藩　少尉　辽宁开原

凌春堂　射击士　湖南衡阳

林长庆　飞行报务员

林泽寰　上校

林擎岱　正驾驶　福建莆田

林秀隐　见习报务员

林　耀　少校　广东鹤山

林汝澄　少尉　福建莆田

林世庆　少尉　广东梅县

林天彰　少尉　福建莆田

林木镇　通信长　广东揭阳

林　恒　中尉　福建闽侯

林日尊　上尉　广东文昌

林肇权　少尉　广东番禺

林家和　少尉　广东合浦

林全忠　学员

林　佐　少校　广东遂汉

林觉天　上尉　广东台山

林联青　少尉　广东台山

廖隘昌　少尉　广西容县

廖竟成　通信员　湖南衡阳

廖兆琼　上尉　广东台山

梁仲达　中尉　广东南海

梁松宁　中尉　广东鹤山

梁文锦　见习通信员

梁汉华　副驾驶

梁鼎茂　上尉　广东新会

梁建明　中尉　广西向都

梁建中　准尉　河南新蔡

梁国璋　少校　广东万宁

梁持旺　少尉　广东恩丰

梁添成　上尉　福建南安

梁慷荣　中尉　广东新会

梁季崇　中尉　广东南海

梁启藩　上尉　辽宁沈阳

梁志航　中尉　广西宾阳

（以上 63）

中国烈士名单　G

穆郁文　中尉　吉林伊通

莫仲荣　中尉　广东番禺

莫同浙　少校　广东陵水

莫镛新　学员　广东南海

莫　更　中尉　广西蒙山

莫　休　上尉　广西阳朔

闵俊杰　少校　辽宁海城

缪炳文　准尉　湖南华容

缪元僖　少尉　云南易门

孟昭仪　上尉　辽宁义县

孟宗尧　上尉　辽宁铁岭

孟广信　上尉　北京

国民党正面战场空军抗战纪实

蒙文新　准尉　广东梅县

蒙　术　少尉　广西贵县

梅倪丹　少尉　河南偃师

毛冠凤　少尉　湖南华容

毛友桂　少尉　云南个旧

毛英奎　上尉　山东高密

麦振雄　少尉　广东台山

马国廉　上尉　广东台山

马锦章　中尉　河北迁安

马克强　上尉　山东章丘

马毓鑫　上尉　广西桂林

马金钟　少尉　河北南宫

马兴武　中尉　山东郯城

骆春霆　中尉　浙江杭州

罗谦德　副驾驶　广东海丰

罗瑾瑜　少尉　江西南昌

吕儒香　中尉　浙江

吕兆昆　学员　浙江新昌

吕基淳　少校　河北景县

陆巨熙　少尉　广东信宜

陆继祥

陆铭逵　正驾驶　上海

鲁美英（女）　广东博罗

卢誉标　上尉　广东番禺

卢伟英　少尉　广东东莞

卢国民　中尉　湖北汉川

卢　敬　少尉　辽宁大连

楼芝女　飞行技士　浙江浦江

龙震泽　上尉　广西融县

龙　衮　中尉　广西横县

龙荣萱　上尉　广东连县
柳东辉　上尉　河北唐山
柳平亮　少尉　湖南湘乡
刘敏堂　中尉　湖北天门
刘训经　上尉　辽宁沈阳
刘仰圣
刘恩俊　中尉　山东
刘荣春　上尉　四川成都
刘一爱　中尉　湖北汉阳
刘孟晋　上尉　湖南常德
刘国栋　中尉　四川涪陵
刘业祖　中尉　广西武宣
刘求锋　少尉　江西寻邬
刘剑雄　少尉　广东中山
刘锡震　中尉　山东文登
刘立维　中尉　湖南浏阳
刘翔龙　少尉　江苏南京
刘冠臣　上尉　河北束鹿
刘若茜　中尉　黑龙江哈尔滨
刘富庆　少尉　广东台山
刘毓玺　中尉　山东桓台
刘文林　中尉　河北蠡县
（以上 64）

中国烈士名单　H
苏桂珊　学员　安徽怀宁
苏英祥　上尉　广东台山
宋显公　少尉　山东益都
宋恩儒　上尉　天津
宋以敬　中尉　河北深泽

司徒坚　上尉　广东开平

舒　萍　中尉　山东博兴

史昌龄　少尉　江西南昌

石泰庚　上尉　江苏如皋

石大陆　中尉　河北香河

石干贞　上尉　江苏溧阳

盛棣华　飞行报务员　广东

沈人燕　中尉　浙江嘉兴

沈宗进　副驾驶

沈允哲　少尉　江苏南京

沈其超　少尉　辽宁台安

沈崇海　上尉　湖北武昌

申时夏

邵瑞麟　中校队长　辽宁新民

沙兴达　中尉　江苏武进

萨本道　飞行报务员

芮冠雄　中尉　江苏武进

阮模群　少尉　福建厦门

茹康平　机械士

容章灏　少校　广东中山

容广成　中尉　广东台山

任　贤　上尉　河南邓县

任自哲　通信员　湖南长江

任松龄　少尉　河北承德

任云阁　中尉　河北雄县

全正熹　上尉　贵州荔波

屈公敢　三等机械佐　湖南长沙

曲士杰　上尉　山东德县

邱公适　学员

丘　戈　上尉　广东蕉岭

秦少亭　机工长　天津

秦俊生　射击士　河北深泽

秦家柱　中尉　湖北咸丰

乔恒昶　准尉　河南唐县

乔志云　少尉　山东历城

乔　倜　中尉　山西祁县

齐清源　中尉　河北蠡县

普希平　上尉　北京

蒲良楼　少尉　广东大埔

彭先昶　上尉　四川内江

彭成干　少尉　广东陆丰

彭　均　上尉　江西萍县

彭德明　中尉　四川双流

彭仁怀　中尉　山东德县

庞　健　少尉　广西陆川

盘　明　空中机械员　广东

盘贻普　少尉　广东台山

潘万全　少校　吉林农安

潘中楠　飞行报务员

潘伯铭　机械士　北京

欧阳璋　上校　江西吉安

欧阳鼎　上尉　广东中山

欧阳森　中尉　云南文山

欧阳富　准尉　广东新会

宁公灏

宁世荣　中尉　山西稷山

聂学勤　少尉　山东临沂

聂盛友　中尉　广东新会

（以上 63）

中国烈士名单　I

王孟恢　上尉　江苏无锡

王安仁　中尉　辽宁丹东

王自洁　少校　河北丰润

王其　中尉　辽宁营口

王云龙　中尉　辽宁丹东

王廷扬　少尉　天津

王鹤皋　通信员　四川安岳

王远波　上尉　辽宁丹东

王廷元　上尉　辽宁锦县

王鸣秋　中尉　福建古田

王维超　少尉　北京房山

王怡　中尉　北京昌平

王文秀　中尉　辽宁新民

王干　上尉　广东文昌

王志恺　上尉　北京昌平

王天祥　少校　浙江黄岩

汪镜生　技工长　浙江吴兴

汪福来　机械士　广东博罗

汪善勋　少尉　湖南长沙

汪雨亭　中尉　江西

万珏　上尉　江苏高邮

万英芬　少校　广东东莞

涂长安　少尉　湖北汉口

屠敏　通信员　浙江鄞县

佟彦博　少校　辽宁义县

田玉琛　军士长　河北宝坻

滕茂松　中尉　安徽舒城

陶友槐　上尉　江西南昌

唐元良　中校　浙江嵊县

唐飞雄	上尉	广东文昌
唐虞卿	中尉	四川岳池
唐 级	少尉	四川成都
汤 琦	副驾驶	广东
汤卜生	上尉	湖北黄梅
汤威廉	上尉	河南睢县
谭玉芝	上尉	广东东莞
谭 寿	中校	广东台山
谭兆明	上尉	广东开平
谭明辉	中尉	四川壁山
谭廷煌	中尉	广东高要
谭 宜	副驾驶	
谭桌励	少校	广东新会
谭欢在	正驾驶	
谭笑俨	中尉	广东开平
谭伯勤	上尉	广东番禺
谭 文	上尉	山东海阳
孙钟岳	上尉	山东莱阳
孙承宏	上尉	安徽霍丘
孙维淳	中尉	山东牟平
孙世谋	少尉	山东文登
孙龙势	中尉	湖南武冈
孙少亭	机械士	
孙令衔	中尉	江苏无锡
孙省三	上尉	上海
孙世城	中尉	河北河间
孙国藩	中尉	江苏淮阴
孙金鉴	中尉	山东夏津
孙承谦	少尉	山东济宁
隋洪仁	军械士	北京

眭国梁　准尉　江苏丹阳
苏任贵　上尉　广西桂平
苏尚恭　通信员　上海
苏光华　上尉　江苏江阴
苏显仁　少校　辽宁沈阳
（以上 64）

中国烈士名单　J
吴之骅　上尉　江苏武进
吴人光　中尉　福建闽侯
吴文谟　中尉　江苏宜兴
吴村楼　机械士　江苏海门
吴金福　上尉　福建晋江
吴秉仁　　　河北清苑
吴泰廉　上尉　广东中山
吴乃安　上尉　浙江杭县
吴松龄　上尉　广东四会
吴　刚　准尉　北京
吴积冲　科员　浙江平湖
吴　纶　上尉　江西贵溪
吴　□　上尉　四川乐至
吴贻权　通信员　湖南湘乡
吴国智　副驾驶
吴远清　学员　山东滕县
吴　馨　少尉　湖北来凤
吴汝鎏　上校　广东新会
吴伯钧　中尉　广东开平
吴复夏　中尉　浙江东阳
吴　范　中尉　安徽歙县
吴志程　中尉　江西南城

吴可强　中尉　陕西蒲城

吴纪权　中尉　安徽合肥

吴明辉　中校　湖南零陵

邬之纯　飞行报务员

翁心翰　少校　浙江鄞县

翁少珊　少尉　江苏吴县

闻德彬　飞行报务员

温代麟　上士　四川重庆

温凯奇　中尉　江苏无锡

温　炎　上尉　辽宁海城

魏立本　少尉　四川巴县

魏祖圣　中尉　江苏吴县

魏国志　中尉　吉林延吉

韦　超　上尉

韦一清　上尉　广西容县

王河清　中尉　河北元氏

王璞真　上尉　江苏阜宁

王庆利　上尉　河北丰润

王　文　中尉　河北深泽

王差利　飞行报务员

王潮渤　少尉　湖北黄陂

王汉勋　上校　江苏宜兴

王欣才　少尉　浙江新昌

王化普　少尉　辽宁辽中

王业超　上尉　湖南浏阳

王特谦　上尉　广东澄迈

王保安　准尉　云南鹤庆

王仲素　少尉

王克礼　副驾驶

王钟英　副驾驶

王中明　中尉　山东武城

王曾汉　上尉　河北宝坻

王德敏　中尉　天津

王耀东　飞行报务员

王佩铭　副驾驶　江苏苏州

王国梁　飞行报务员　香港

王承鉴　中尉　安徽太平

王富德　上尉　山西晋城

王宗锁　中尉　河北翼县

王俊才　飞行报务员

王崇士　上尉　河南新蔡

（以上63）

中国烈士名单　K

杨焕光　中尉　浙江诸暨

杨鼎珍　少尉　广东梅县

杨光銮　报务员　江苏无锡

杨槐虬　少尉　浙江黄岩

杨广义　中尉　山东寿光

杨冠英　上尉　河北高阳

杨永章　上尉　广西平乐

杨穆齐　学员

杨伯义　射击士　湖北武昌

杨梦清　少校　天津

杨明标　中尉　广东顺德

杨一楚　中尉　湖南岳阳

杨　枢　　　河北武清

杨　权　准尉　广西宾阳

杨华卓　少尉　广东中山

杨　愚　学员　贵州

杨慎贤　中尉　广东梅县

杨如桐　中尉　河北玉田

杨吉恩　中尉　江苏宝山

杨晴舫　中尉　湖南长沙

杨季豪　上尉　上海

宴文庄　准尉　贵州龙里

阎　雷　上尉　辽宁桓仁

阎海文　中尉　辽宁北镇

严仁典　上尉　浙江慈溪

严桂华　分队长　广东英德

颜邦定　准尉　四川华阳

颜泽光　少校　西康雅江

薛凤翯　上尉　安徽灵璧

薛润生　学员

许大钧　少尉　江苏沛县

许葆光　上尉　江苏武进

许成荣　少校　福建闽侯

许晓民　中尉　广东揭阳

许增炬　准尉　福建闽侯

许箕炳　少尉　安徽芜湖

徐　滚　中尉　辽宁海城

徐葆匀　少校　河北玉田

徐干三　学员　浙江诸暨

徐先定　少尉　湖南醴陵

邢肇熙　少尉　山东安丘

邢　遴　中尉　山东东阿

信寿巽　中尉　河北无极

谢中石　通信员　广东揭阳

谢　斌　少尉　江苏句容

谢光明　通信员　河南开封

谢玉辉　少尉　广东梅县

萧国英　通信长　广东新会

萧永庆　上尉　江西

萧德清　少校　福建德化

萧起鹏　少校　浙江吴兴

萧　纪　学员

萧　翔　中尉　四川巴县

向家培　中尉　广东东莞

相德仁　少尉　广东博罗

夏崇本　中尉　北京延庆

伍瑞良　副驾驶

伍国培　上尉　广东台山

伍　翔　中尉　湖南新化

武振华　上尉　吉林延吉

武维志　少校　江苏盐城

吴　坚　少尉　广东宝安

（以上 62）

中国烈士名单　L

张慕飞　中尉　河北故城

张绍文　准尉　浙江杭县

张宗武　学员

张志超　中尉　河南偃师

张德刚　少尉　河北蠡县

张效贤　中尉　安徽合肥

张尚仁　上尉　浙江兰溪

张增琪　射击士　河北

张君泽　少尉　四川灌县

张恒建　无线电员　河北威县

张若翼　中尉　福建永定

张伟伦	少尉	广西宾阳
张益民	中尉	广东开平
张　琪	上尉	山东潍县
张韬良	中尉	河北宁津
张吉辉	上尉	广东五华
张俊才	中尉	湖南醴陵
张锡祜	中尉	天津
曾明夫	少尉	江西赣县
曾培复	上尉	浙江杭县
曾子澄	少尉	广东南海
曾庆权	少尉	广西贵县
曾广荣		湖北黄冈
臧鸣飞	少尉	辽宁长白
恽逸安	少尉	江苏武进
员瀛洲	上尉	山东泰安
云逢增	少尉	广东文昌
乐以琴	少校	四川芦山
岳树骞	少尉	四川巴县
袁宗祺	少校	广东东莞
袁芳炳	中尉	四川威远
袁熙纲	中尉	河北玉田
袁汝丞	中尉	陕西澄城
俞时骧	上尉	江苏昆山
余腾甲	上尉	河南南阳
余子刚	中尉	广东新会
余炳蔚	中尉	广东台山
余拔峰	上尉	广东台山
余喜泮	少尉	广东台山
游云章	中尉	湖北汉阳
尹经行	少尉	浙江临海

易紫富　中尉　湖南长沙

易莹贞　少尉　安徽含山

衣　纯　学员

叶　斌　中尉　湖北

叶望飞　少校　广东梅县

叶恩强　上尉　广东惠阳

叶长卿　中尉　广东电白

叶大生　学员

叶遂安　少尉　广东惠阳

叶鹏飞　少尉　广东博罗

姚　杰　中尉　四川奉节

姚家骥　中尉　山东历城

姚　珍　中尉　江苏昆山

姚元恺　少校　江苏江阴

姚　章　中尉　广东从化

杨元丞　上尉　湖南泸溪

杨克明　中尉　安徽和县

杨辛癸　上尉　安徽芜湖

杨玉祥　中尉　辽宁

杨天雄　中尉　江苏金山

杨伟廉　上尉　福建晋江

杨应求　中尉　广东潮安

杨　枢　上尉　河北武清

（以上 64）

中国烈士名单　M

周莲如　中校　广东东莞

钟景诚　少尉　广东四会

郑　俊　上尉　福建林森

郑国威　副驾驶

郑兆民　中尉　广东中山

郑海澄　中尉　浙江兰溪

郑启涛　三等机械佐　湖北秭归

郑　森　上尉　广东番禺

郑宪廷　中尉　安徽合肥

郑少愚　中校　四川渠县

郑佐乾　中尉　广西桂平

郑乃汉　准尉　广东中山

赵以焱　上尉　北京

赵黄灿

赵圣题　上尉　湖南西平

赵凤歧　下士　江苏铜山

赵保德　上尉　浙江江山

赵上治　准尉　山东观城

赵　环　中尉　浙江瑞安

赵超凡　上尉　湖北安平

赵毓栋　　　河北永年

赵伯英　少尉　北京顺义

赵子敬　少尉　河北安平

赵洪达　准尉　河北雄县

赵茂生　中尉　上海

赵　庸　中尉　辽宁庄河

赵乃俊　少尉　福建晋江

赵甫明　中校　广东三水

张大飞　上尉　辽宁营口

张修安　少尉　福建闽侯

张德言　上尉　山东诸城

张建韬　中士　河北景县

张有信　机械士　云南昆明

张传伟　少尉　安徽郎溪

张启荣　　　　江苏苏州

张相盛　一等机械佐　湖南醴陵

张祖骞　少校　湖南长沙

张思汉　下士　浙江上虞

张汝澄　中尉　广东海南

张君正　少校　广东中山

张云履　少尉　湖北汉口

张　森　分队长　广东开平

张泽溥　上尉　广东开平

张国庆　少尉　广东开平

张建功　中尉　河北丰润

张永彰　中尉　山东宁阳

张乐民　上尉　河南信阳

张由桐　副驾驶

张天民　少尉　云南昆明

张景涛　中尉　辽宁海城

张法敏　中尉　河北南皮

张寿泉　少尉　湖南浏阳

张（日高）　中尉　广西灵川

张永德　机工长　河北安国

张秉康　学员　广东梅县

张洪藻　上尉　广东东莞

张九思　学员

张焕晨　中尉　辽宁建平

张光普　中尉　陕西三原

张增理　学员

张明生　上尉　江苏南汇

张　哲　中尉　辽宁沈阳

张学澄　中尉　四川郫县

张培泽　台长　广东中山

张俊瑞　报务员　福建林森

甄天让　队员　广东台山

周志开　中校　河北涞县

臧著廷　中尉　辽宁海城

余　秋　机械士

许志飞　少尉

吴　凯　少尉　广东恩平

韦汉生　少尉　广西绥渌

王明道　队员　安徽

普廷黻　少尉　北京

刘龙光　队员　广东中山

冯星航　上尉　广东台山

（以上 76）

中国烈士名单　N

左连星　少尉　湖北应城

祖万富　中尉　河北昌黎

邹宗洪　中尉　湖南醴陵

庄　痕　通信士　广东普宁

庄迪华　少校　广东琼山

祝瑞瑜　少校　广东化县

朱新铭　副驾驶

朱黼华　少校　上海

朱晦吾　副驾驶　江苏

朱朝富　学员　辽宁沈阳

朱均球　上尉　广东台山

周耀亭　少尉　上海

周励松　上尉　广东开平

周汝琛　副驾驶

周文楠　飞行报务员　上海

周绮干　上尉　广东顺德

周颂华　飞行报务员

周滨嗣　中尉　浙江诸暨

周鸣鹤　上尉　河北涿县

周志宝　中校　河北涞县

周炳材　中尉　云南大姚

周福心　少尉　江苏南汇

周士铎　二等机械佐　浙江东阳

周诚勋　上尉　湖南湘乡

周树桐　上尉　山东寿光

周秉涛　中尉　山东即墨

周士镛　上尉　广东开平

周锡祺　上尉　广西田东

周宗向　学员　湖南茶陵

周子华　少尉　湖南宁乡

周灵虚　少校　广东南海

周起多　学员　浙江宁波

周　纯　中尉　广西兴安

周　坚　学员

周绥鼎　少尉　湖南长沙

周景儒　准尉　广东开平

周竹君　少校　广东开平

周光昇　上尉　湖南宁乡

（以上 38）

下面 6 位是最近找到的，尚未在纪念碑上

彭文川，江苏溧阳人，1919 年生，1941 年空战阵亡

陈小根，江苏金坛人，1915 年生，1938 年空袭身亡

葛亚峰，江苏溧阳人，1914 年生，1938 年空战阵亡

汤根林，江苏金坛人，1916 年生，1938 年空袭殉职

许振球，江苏武进人，1911 年生，1938 年作战中阵亡

周志高，江苏溧阳人，1921 年生，1941 年对空作战中阵亡

共计 879 位

后　记

爱国心重者，其国必强，反是则弱。

革命先烈的行为没有别的长处，就是不要身家性命，一心一意为国家来奋斗。

——孙中山

八年抗战，抗日空军就是这样一群为了捍卫中华民族的尊严和国家的领土完整而不要身家性命、不怕牺牲的英雄好汉。

小时候，听外祖父说过，我们家有个了不起的人，抗战时，他曾在天上打过仗，击落过日本人的飞机。我问是谁？在哪里？老人家用食指放在嘴唇上：嘘……然后小声地说：台湾。

20世纪80年代改革开放后，我和海外的亲友们陆续取得了联系。2004年，我的姨妈胡同英从纽约寄给我台湾出版的《国父与空军》一书，书中详细记载着姨夫陈崇文在兰州空战中击落敌机的战斗经历，从而萌发了我探究抗日空军的念头。

从收集史料到结集成书，历时八年。为了得到翔实的史料，先后三次采访毕业于中央航校第七期的百岁老人赵桢熊；两次采访毕业于空军官校第二十四期的88岁越南归侨方川。通过各种蛛丝马迹的信息，联系并寻访了抗日空军烈士高谟的表弟沈一新，恽逸安烈士的胞弟恽澜安和他的外甥顾雪雍，沙兴达烈士的妹妹沙荻珂及女儿沙微之，曾参加过一·二八空战的狄志扬烈士的儿子狄正一、女儿狄正勤，还有飞赴日本投"纸炸弹"的抗日空军烈士佟彦博的外甥女贝念德，上海抗日空军烈士朱嘉华的儿子黄乔奇，上海崇明抗日空军烈士金有德的外甥黄群，浙江籍空军烈士郑海澄的家属等人。他们向我讲述了几十年来生活的艰涩和他们多年来渴望为父辈正名的真诚意愿，他们说：为这些不应该被历史遗忘的烈士写本书吧。面对这殷切的眼神，听着这发自肺腑的质朴语言，我应允了。

我们还采访了郑海澄烈士唯一的儿子郑国基先生，他讲述了人所未知的郑海澄以及王汉勋烈士与郑苹如的爱情故事，并提供了珍贵的照片。

我们还参考了许多优秀著作，如高晓星教授的《民国空军的航迹》、姚峻先生主编的《中国航空史》，部分章节引用了作家赵中森的《楚天战鹰——武汉空战纪实》，以及查阅了中国第二历史档案馆大量的空军抗战档案。

历史是亿万人的共业。在撰写的过程中，擦拭尘封积垢，尽可能复原真实的空战史实，往往为了求证一架飞机的编号，某次空战的确切时间，某一烈士生前的一个生活细节，理纷纠误，遍询方家，我得到了诸多友人的无私帮助，他们是：台湾国防大学医学院前政治学科主任周振华教授，台湾航空医学专家何邦立教授，台北《中外杂志》主编陈秀英女士，台湾台北市前议员郑娟娥女士，高雄女作家陈惠群老师，南京的林德先生，南京航空纪念馆馆长任青、馆长助理许虹、副馆长张鹏斗，《常州日报》前主编朱琪先生、记者钱月航、日语翻译诸晓芳女士等人。更荣幸的是，还得到了台湾国民党荣誉主席吴伯雄先生的关注和他的亲笔题字。还有我们的老同学林德先生的无私帮助，他甚至愿意自费来帮助这本书的出版。更要感谢团结出版社的张阳女士，没有她的帮助和鼎力支持，这本书难以列入《国殇》系列顺利出版。所以此书是两岸爱国同胞共同的心血和两岸文化交流的结晶。

另在书稿校对之际，苦于找不到汤卜生烈士的照片，突然有汤卜生的孙子汤伟华先生在博客中与我们联系，并发来汤卜生烈士的遗照多幅以及汤卜生 1938 年 5 月 7 日驾机至南京谒陵，回到汉口后在《中国空军》杂志上发表的《五七飞京谒陵记》一文，弥足珍贵，特此表示感谢！

史海浩瀚，岁月悠远，本书收集的抗日空军英烈的故事，仅是八年抗战空军史中的一小部分，其中不足之处，敬请读者见谅。

作者于 2011 年 3 月 29 日

后
记